프랑스 혁명에서 파리 코뮌까지,
1789~1871

프랑스 혁명에서 파리 코뮌까지, 1789~1871

노명식 지음

cum libro
책과함께

개정판 서문

이 책이 처음 출간된 것은 1980년이다. 그 시기의 우리나라는 박 대통령 시해, 서울의 봄, 광주민주화운동, 신군부의 등장 등 정치적 소용돌이에 열병을 앓고 있었다. 한국의 대학 캠퍼스도 그 북새통에서 예외가 아니었다. 하지만 최루탄 냄새에 눈코를 비벼가면서도 나는 이 책의 집필을 용케 계속 이어 나갈 수 있었고, 이럭저럭 겨우 출간을 하게 되었다.

공교롭게도 이 책 《프랑스 혁명에서 파리 코뮌까지》의 내용이 마무리되는 부분도, 혁명을 치른 19세기 프랑스가 혁명과 반혁명을 엎치락뒤치락 반복하다가 파리 코뮌의 참극으로 막을 내리게 되는 지점이었다. 100여 년 전 저 멀리 유럽 땅에서 일어난 소용돌이의 역사가, 혹 지금 내 눈 앞에서 숨 가쁘게 곤두박질치고 있는 오늘의 우리 역사와 어떤 관계가 있을까? 하는 물음을 던지면서 붓을 놓은 지도 30년이 넘게 흐른 것이다.

그 사이 예상 밖으로 이 책이 많은 독자의 호응을 얻어 저자로서 매우 행복했는데, 이제 개정판을 내게 되니 더욱 그렇다.

지난 30여 년 사이에 지구 위에서는 물론이고 우리 한국 땅에서도 격세지감을 금할 길 없는 큰 변화가 일어났다. 세계화라고 부르기도 하는 이 거대한 변화의 역사적 성격과 그 앞날에 대해 내로라하는 세계의 석학들이 그럴듯한 견해들을 수없이 쏟아내고 있지만 모두가 제각각이다. 만인이 동의하는 어떤 합의가 있는 것 같지 않다. 왜 그럴까?

이 물음에 대한 답을 내 나름으로 찾아보는 가운데에서, 그 큰 변화가 역사학계에 미치고 있는 영향, 특히 이 책의 주제인 프랑스 혁명에 대한 새로운 해석에 관해 이 자리를 빌려 아주 간추린 설명을 해볼까 한다.

오늘의 세계에서 일어나고 있는 역사적 변화에 대한 세계 석학들의 해석이 구구한 이유에는 여러 가지가 있겠지만, 따지고 보면 결국 그 급격한 변화가 사람들로 하여금 미래에 대한 전망을 어둡게 하고 있기 때문이다. 그러면 미래에 대한 전망이 어둡다고 해서 그 큰 변화의 역사적 의미가 무엇인지를 가늠하기가 어려워진 이유는 무엇인가? 그 까닭은 지난날에 사람들이 역사를 보던 시간관의 기준으로는 더 이상 앞날을 예측할 수 없게 되었기 때문이다. 지난날에는 사람들이 현재의 자기 자리에서 미래를 과거에 연결시켜서 보았다. 즉 미래와 과거와 현재가 하나로 통일되어 있었다. 그런데 이제 그러한 역사적 시간의 통일성이 깨진 것이다.

사람은 누구나 현재에서 숨을 쉬면서 산다. 사람들에게 현재에 의미를 부여해 주는 것은 미래에 비추어 그 미래를 준비하기 위해 미래를 바라보면서 오늘의 삶을 스스로 만들어간다는 신념이다. 지나간 역사는 현재의 인간들에게, 미래를 준비하려면 과거의 무엇을 간직하여 잘 보존해야 하는지를 가르쳐준다. 지난날의 인간들은 그 미래의 모습을 과거를 복원하는 형태로 머릿속에 그릴 수 있었다. 그리고 그 과거의 형태는 진보이기도 하고 혁명이기도 하였다. 그런데 갑자기 밀어닥친 급격한 변화는 사람들로 하여금 미래에 대한 예측을 불가능하게 하여 미래에 대한 확신을 가질 수 없게 만들었다. 거기서 과거를 복원하는 형태로서의 미래의 그림을 머릿속에 그릴 수 없게 되었다. 현재의 자리에서 과거를 하나로 연결시켜 미래를 이어주던 그 역사적 시간의 통일성이 깨진 것이다. 역사를 과거에서 미래로 일직선적으로 끊임없이 전진하는 것으로 보던 단순한 모형이 깨진 것이다.

그런데 그 단순한 모형에 의하면 근대 세계 역사는 부르주아 혁명에서 사회주의혁명으로 전진하는 것이고, 프랑스 혁명에서 러시아 혁명으로 단절 없이 이어지는 것이고, 로베스피에르의 공포정치에서, 1848년의 프랑스 2월혁명의 6월 폭동과 1871년 봄의 파리 코뮌을 거쳐, 1917년의 러시아 볼셰비키 혁명으로 한 치의 어긋남도 없이 이어지는 것이었다. 그런데 사회주의권의 몰락과 함께 이 단순 명료한 모형의 허구성이 갑자기 백일하에 들어났다.

그런데 프랑스의 경우를 보면 일찍이 1968년 5월 혁명을 계기로 이데올로기의 대혼란이 일어난 데 더하여, 바스크족 등의 분리주의 운동과 북부 아프리카 이슬람의 대대적인 이민 등 인종적·종교적 불안이 사회 전반에 번져가기 시작한 한편, 급속한 산업화에 직격탄을 가한 1차 오일쇼크와 프랑스 공산당의 두드러진 몰락 등으로, 그 단순한 모형에 의한 역사 해석에 대해 비판의 소리가 벌써부터 대두하고 있었다. 그런 상황에서 소련이 몰락하자 혁명의 종주국으로 자부해 온 프랑스에서 혁명 이념에 대한 신뢰가 현저히 상실되지 않을 수 없었다.

종래에는 그 단순한 모형에 따라 미래를 준비하기 위해서는 혁명 이념에 충실한 과거, 다시 말해 프랑스 혁명을 알아야 했다. 그런데 혁명 이념에 대한 신뢰가 상실되어 가는 이 마당에서는, 새로운 사회를 건설하기 위해서는 오히려 과거와 단절해야 하지 않겠느냐는 생각이 일어날 수밖에 없었다. 혁명 이념이 쇠퇴하기 시작한 동시에 종래의 그 일직선적·연속적 전진 사관도 함께 퇴조하게 되고, 그 자리에 새로 단절로서의 역사관이 설득력을 얻기 시작했다. 그러면서 지금까지 전통적으로 으레 당연한 것으로 여겨왔던 단순한 모형이 거부되고, 역사를 종래와는 달리 보고 달리 해석하는 이른바 수정주의가 대두하게 되었다.

그리하여 1950~1960년대에는 프랑스 혁명을 계급투쟁을 통한 사회혁명으로 파악하고 그 사회혁명이 러시아 혁명으로 완성되었다는 관념이 지배적이었는데, 1970~1980년대로 들어오면 프랑스의 수정주의자들은 프랑스 혁명을 전통사회에서 근대사회로 전환시킨 진보적 혁명으로 보지 않기 시작했다. 즉 합리화 과정, 근대화 과정, 자유의 확대 과정으로 보지 않고, 반대로 비非자유주의적이고 반反다원주의적인 것으로 보았다. 프랑스 혁명의 폭력적 성격을 부각시켜 러시아의 볼셰비키 혁명의 폭력주의와의 유사성을 강조하기에 이르렀다.

이처럼 수정주의가 그 힘을 뻗어가고 있는 가운데서 1989년에 프랑스 혁명 200주년을 맞으면서 전통주의와 수정주의의 정면 대결이 드디어 세상에 그 모습을 드러냈다. 혁명 200주년 기념 세계 학술대회에 수정주의의 대표 격인 프랑수아 퓌레François Furet가 참가를 거부한 것이다.

프랑스 혁명 100주년(1889)과 150주년(1939)에는 혁명에 대한 학계의 해석에 대체적인 합의가 이루어졌는데, 이제 와서는 학계의 주장이 둘 내지 셋으로 갈라졌다. 이는 수정주의도 새롭게 정통적正統的인 역사 해석의 한 자리를 잡기 시작하게 되었다는 것을 말해 주는 동시에 그만큼 전통주의적 역사 해석이 약화되었다는 사실을 방증하는 것이 아닐 수 없었다.

***

이처럼 이 책이 처음 나온 후 30여 년이 지나는 사이에 현대 세계도, 유럽도, 그리고 프랑스도 크게 변화하는 가운데서 프랑스 혁명과 그 역사적 의의에 대한 역사학자들의 시각도 변화하지 않을 수 없게 되었다. 역사는 늘 다시 쓰인다고 하는데, 그 이유는 새 사료가 나타나면 거기 맞추어서 고쳐 써야 하기 때문이기도 하지만, 역사를 보는 역사가들의 역사적 환경이 달라지기 때문이기도 하다. 그렇다면 30여 년 전에 나온 이 책도 그사이에 크게 변화한 오늘의 역사적 환경의 새 자리에서 새로 써야 하지 않겠는가? 그럼에도 불구하고 초판의 내용에는 거의 손을 대지 않고 개정판을 내는 이유는 무엇인가? 이 이유는 당초의 집필 목적이 30여 년이 지난 오늘날까지도 여전히 살아 있다고 판단했기 때문이다.

  이 책은 본래 프랑스 역사에 대한 지식이 별로 없는 한국 대학생들과 일반 독자들이 근대 시민혁명의 전형인 프랑스 혁명과 그 이후에 전개된 19세기 프랑스 역사의 흐름을 이해하기 쉽도록 하고자 기획되었다. 상식적으로 잘 아는 정치적 사건들을 연대순으로 골라 그 정치적 변화들이 왜 일어나야 했는지, 그리고 상식적으로 잘 알려진 경제, 사회, 사상 등과의 관계는 어떠했는지를 어렵지 않게 이해하는 데 도움을 주고자 했다. 그렇기 때문에 전통주의적 혹은 수정주의적 입장의 어느 쪽에도 기울어져야 할 까닭도 필요도 없었다. 그리고 당시는 수정주의가 아직 별로 힘을 발휘하지 못하던 시절이었다. 이 책은 어느 학설의 입장에서 쓴 학술서가 아니라 널리 객관적인 사실로 인정받고 있는 사실들에 근거한 일종의 교본이다. 이 책이 왜 30여 년을 지난 오늘에도 그 존재 이유를 주장할 수 있는가가 바로 거기 있다. 그러므로 아마도 앞으로 30년 후에도 그 존재 이유를 주장할 수 있을지 모르겠다.

이 책은 파리 코뮌의 참극과 그 참극의 역사적 성격을 간단히 설명하면서 끝을 맺었는데, 파리 코뮌의 실패는 프랑스의 혁명적 전통의 종말을 의미하는 것으로서 마르크스의 해석이 잘못되었음을 지적했다. 파리 코뮌은 자코뱅주의와 6월 폭동을 이어받아 러시아 혁명으로 이어지는 사건이 아니라 19세기 프랑스사에서 특유했던 그 혁명적 전통을 끊어버리는 사건이라는 것이 내 생각이었다.

마르크스는 2차 산업혁명이 낳게 될 대중사회의 출현을 예견하지 못했다. 이 책이 나올 당시에는 대중민주주의가 온 세계에서 전성기를 맞이하고 있었다. 소련 사회주의는 마르크스주의의 정통 이론에서 멀리 이탈한 차리즘적 러시아 민족주의의 변종變種으로밖에는 보이지 않았다. 그리하여 당시 내게 비친 소련 사회주의 체제는, 언제 어떤 모양으로 그렇게 될지는 몰라도, 언젠가는 반드시 근본적인 혁명적 변화를 피할 수 없는 날이 올 것으로 보였다. 파리 코뮌에 대한 나의 해석은 바로 그러한 시각의 반영이었다. 그 시각은, 이 책의 초판 서문에서 시사한 바와 같이, 프랑스 혁명은 왜 영국혁명과 아메리카 독립 혁명과는 달리 순조롭게 성공하지 못하고 우여곡절의 시행착오를 거듭해야 했느냐 하는 저자의 문제의식의 소산이었다.

끝으로 이 개정판을 내기 위해 여러 모로 수고를 아끼지 않은 도서출판 책과함께 류종필 대표에게 심심한 사의를 표한다.

2011년 6월
대전 지족산 기슭 우거에서

초판 서문

프랑스 혁명은 프랑스만을 근대국가로 전환시킨 역사적 사건이 아니다. 그것은 낡은 전제주의 유럽 여러 나라에 자유와 평등, 국민주의와 자유주의, 공화주의와 민주주의의 새 씨앗을 뿌렸다. 그 씨앗이 싹트지 않았다면 19세기 유럽의 찬란한 민주주의 문화는 어림도 없었을 것이다. 이렇듯 중요한 의의를 지닌 프랑스 혁명은 중요한 의미를 지니지만 그 자체로서는 성공하지 못했다. 입헌 군주주의의 시도도 민주 공화주의의 실험도, 심지어 나폴레옹 제국마저도 다 실패하고 말았다.

영국은 1689년의 명예혁명으로 성취한 입헌 군주주의의 기반 위에서 의회 민주주의를 발전시켰고, 미국은 1776년의 독립 혁명으로 달성한 공화주의의 기반 위에서 자유민주주의의 꽃을 피웠다. 지난 300년에서 200년은 인류 역사상 일찍이 없었던 엄청난 변화의 시대로서, 영국과 미국은 각각 그 시민혁명의 틀 안에서 흔들림 없이 위대한 근대사회를 발전시킬 수 있었다. 그런데 프랑스는 시민혁명에 실패했을 뿐만 아니라 1815년 이후에도 60년 가까이 군주주의와 공화주의 및 보나파르티슴Bonapartism의 혁명과 반혁명을 되풀이했다. 현대 프랑스가 공화적 민주주의의 기틀을 잡기 시작한 것은 겨우 1870년대에 와서이다.

흔히 영국혁명과 미국 독립 혁명 및 프랑스 혁명을 시민혁명의 대표적인 것으로 꼽으며, 특히 프랑스 혁명을 가장 전형적인 시민혁명으로 평가한다. 그런데 어째서 프랑스는 영국이나 미국처럼 순조롭게 시민혁명의 뿌리를 내리지 못하고 피로 얼룩진 혁명과 반혁명의 역사를 한 세기나 되풀이해야 했을까? 많은 역사가들이 바로 이런 질문을 던졌다.

이 책은 기본적으로 이러한 문제의식을 안고 쓴 프랑스 현대사이다. 프랑스 현대사는 1789년부터 1870년대까지의 전반기와 그 후 오늘에 이르기까지의 후반기로 나눠볼 수 있는데, 이 책은 전반기의 역사이다.

혁명과 반혁명으로 엎치락뒤치락했던 전반기는 민주 공화주의로 안정을 찾은 후반기와 대조를 이루고 있다. 전반기의 불안정이 어떻게 하여 후반기로 들어서면서 안정을 찾을 수 있었는가 하는 문제 또한 전반기에 대한 학문적 흥미 못지않게 우리의 관심거리가 아닐 수 없다. 이 문제에 관해서는 필자가 《프랑스 제3공화정 연구》(탐구당, 1976)에서 다룬 바 있음을 덧붙여둔다.

이 책의 줄기는 필자의 강의 노트에 의거하고 있다. 그렇지만 대학의 교재나 참고서로 이용되면서 동시에 널리 일반 대중의 교양에도 도움이 되었으면 하는 바람에서, 꽤 많은 가지를 새로 덧붙여 달았다.

이 변변치 못한 책이 우리나라 대학의 역사 교육과 대중의 역사의식에 조금이라도 이바지하는 바가 있다면 필자로서 더한 기쁨과 보람이 없겠다. 두렵기는 이 책에 사실의 틀림이나 판단의 잘못이 적지 않으리라는 것이다. 독자 여러분이 가차 없이 꾸짖고 바로잡아주시기를 바라는 마음이다.

1980년 11월

차례

개정판 서문 　_5
초판 서문 　_12

제1장 18세기의 프랑스

1. 경제적 변동 　_19
2. 사회적 모순 　_24
3. 통치 체계의 모순 　_32
4. 계몽사상 　_41

제2장 대혁명의 원인과 국민의회

1. 귀족의 반동과 왕의 무능 　_48
2. 재정 문제와 귀족의 혁명 　_56
3. 혁명의 제1막 　_67
4. 8월의 성과 　_78
5. 혁명의 중심이 파리로 　_89
6. 재정과 교회 　_92
7. 왕의 도망 실패와 그 전후 　_97
8. 1791년 헌법 　_108

제3장 입법의회와 국민공회

1. 전쟁과 왕권 정지 _118
2. 9월 학살과 상퀼로트 _127
3. 공화정의 수립과 왕의 처형 _139
4. 지롱드파의 몰락 _146
5. 에베르와 당통의 몰락 _154
6. 산악파의 혁명 이념 _166

제4장 부르주아 공화국

1. 테르미도르파의 반동 _180
2. 총재정부의 동요 _189
3. 브뤼메르 18일 쿠데타 _198

제5장 나폴레옹 시대

1. 통령정부 _208
2. 전승과 평화와 종교 협약 _216
3. 종신 통령에서 황제로 _226
4. 나폴레옹 제국의 절정 _238
5. 나폴레옹의 몰락 _253

제6장 복고 왕정

1. 1814년의 사회 정황 _268
2. 제1차 왕정복고 _278
3. 나폴레옹의 백일천하 _287
4. 제2차 왕정복고 _292
5. 중도 정책의 파탄과 샤를 10세 _300

제7장 7월왕정

    1. 동요의 전반기   _312
    2. 기조의 보수 정책   _324
    3. 왕국 말기의 위기   _332

제8장 제2공화국과 제2제국

    1. 공화정과 그 좌절   _342
    2. 샤를 루이 나폴레옹   _353
    3. 제2제국   _362

제9장 프로이센-프랑스 전쟁과 파리 코뮌

    1. 혁명과 패전   _379
    2. 파리의 분노   _396
    3. 코뮌 혁명의 발발   _403
    4. 코뮌 내란과 그 의의   _419

참고문헌   _434
찾아보기   _440

제1장

18세기의 프랑스

1. 경제적 변동

태양왕 루이 14세Louis XIV가 죽은 1715년 당시 프랑스의 인구는 1,400만에서 1,500만으로 추산되며, 프랑스 혁명이 일어난 1789년에는 2,400만 내지 2,600만으로 추산된다. 약 70년 사이에 1,000만 이상의 인구가 급증한 셈이다. 인구의 증가는 일반적으로 경제적 번영을 의미한다. 프랑스의 경제는 1730년 이래 계속 상승 곡선을 그렸다. 특히 1763년에서 1775년 사이는 루이 15세Louis XV의 황금시대로 불린다. 신대륙의 발견 이래 새로 재배하기 시작한 옥수수, 감자, 토마토와 같은 새로운 농작물이 등장했을 뿐만 아니라 새 경작 방법이 널리 보급되면서 농업 생산이 증가하였다. 식량의 증대가 사망률을 크게 떨어뜨려 프랑스인의 평균수명은 70년 사이에 21세에서 27세로 늘어났다. 인구의 증가는 경제적 번영을 반영하는 동시에

"짐이 곧 국가이다"라며 절대왕정을 이끌었던 태양왕 루이 14세.

소비의 확대를 뜻한다. 소비가 늘어나면 상업이 활발해지고 물가가 상승한다.

상업의 번창과 물가의 앙등은 상인과 생산자에게는 유리하지만 생산수단을 소유하지 못한 소비 대중에게는 일상생활을 압박한다. 바꾸어 말하면, 자본이 넉넉한 상인 계층과 농업 생산이 넉넉한 지주에게는 유리하지만 도시의 서민층과 농촌의 빈농 및 농업 노동자에게는 불리하다. 마찬가지로 18세기 프랑스에서도 물가의 앙등과 상업의 발달은 빈부의 차를 심화시켰다. 부자가 된 상인들은 귀족의 토지를 매입하고 도시 빈민은 폭동을 자주 일으켰다. 여기서 특히 생각해야 할 문제는 상인의 토지 구입 문제이다.

프랑스는 유럽의 다른 어느 나라보다도 일찍 봉건제도가 무너지면서 왕권이 신장하기 시작했는데, 그만큼 부르주아지도 일찍 성장했다. 이미 중세 말엽 이래 화폐경제의 보급에 따라 상업이 발달하고 상업에 종사하는 부르주아의 경제적 능력이 계속 상승하였다. 이때 국왕은 부르주아지가 가진 돈의 힘을 빌려서 원심적이고 분산적인 봉건귀족들의 정치권력을 약화시키거나 타도하여 국왕 중심의 구심적이고 집중적인 왕권을 신장시켰다. 왕권이 신장하고 부르주아의 힘이 커지면 커질수록 봉건귀족은 그만큼 힘이 약화되고 후퇴할 수밖에 없었다. 부르주아지의 상승세와 귀족계급의 하강세가 어느 시점에서 일정한 균형을 이루어 어느 쪽도 상대방을 누를 수 없는 상태에 들어섰을 때 국왕은 어느 쪽의 제약도 받지 않고 절대적인 권력을 가지고 양자의 대립을 조정할 수 있게 되었다. 이런 왕권을 절대군주권이라고 하며, 절대군주 체제하에서 봉건귀족은 후퇴와 하강을 거듭하면서도 낡은 봉건권을 방어하려고 최후의 몸부림을 친다. 이 같은 상황에 놓인 18세기 프랑스 사회를 앙시앵레짐 Ancien régime이라고 한다. 앙시앵레짐하에서 부르주아는 기회 있을 때마다 몰락하는 귀족의 토지를 사들였다.

프랑스에서는 부르주아가 봉건영주의 봉토를 살 경우 국왕에게 프랑-피에프franc-fief라는 세금을 납부하기만 하면 토지에 대한 영주의 권리를 행사할 수 있었다. 부르주아지는 신분상 귀족이 아니지만 영주가 되는, 즉 영주제에 의한 지주가 될 수 있었다. 여기서 우리는 봉건제와 영주제의 차이를 구분할 수 있거니와, 부르주아지의 영주화 또는 지주화의 추세는 계속 이어졌다. 루이 14세가 죽고 절대군주권이 약화되면서 부르주아가 귀족의 토지를 구입하는 추세는 더욱 촉진되었다. 그 까닭은 부르주아지와 귀족계급의 세력균형 위에서 양자의 대립을 조정하던 왕권이 약화되자 상승일로를 치닫고 있는 부르주아지가 그 힘을 더 발휘하여 귀족계급의 힘을 더 누를 수 있게 되었기 때문이다. 이런 식으로 귀족의 땅이 부르주아의 수중으로 흘러들었다. 18세기에는 부르주아의 소유지가 귀족의 소유지보다 더 많은 지역도 있었다. 토지의 재편성이 일어났던 것이다. 더구나 1730년경 이후 지속된 호경기는 부르주아지의 지주화 경향을 더욱 촉진시켰는데, 다른 한편 자본주의적 이윤의 증대에 따라 사람들의 마음속에 자유 기업에 대한 희망과 절대군주의 중상주의 정책에 대한 불신감을 불러일으켰다. 이러한 배경에서 중상주의를 반대하는 케네François Quesnay를 주축으로 하는 중농학파의 경제 이론이 각광을 받게 되었다. 1758년 말에 그의 저서인 《경제표Tableau économique》가 출판되었는데, 이는 몽테스키외Montesquieu의 《법의 정신De l'esprit des lois》이 출판된 지 약 10년 만이었다. 새로운 경제 이론과 계몽사상은 곧 절대주의에 대한 위험 신호였다.

이러한 위험 신호 속에서 1730년경 이후 지속되던 호경기가 1775년부터 갑자기 불황으로 빠져들었다. 1773년부터 농작물의 흉작이 빈번해졌고, 1775년부터는 식량 부족이 만성화하였다. 더구나 1785년의 대가뭄과 1788~1789년 겨울의 한해는 식량 위기를 더 악화시켰다. 그리고 곡가 앙등은 불황의 결정적 요인으로 작용하였다. 1776~1789년 사이의 평균 물가 상승률은 65퍼센트였다. 밀과 호밀의 가격이 각각 66퍼센트와 71퍼센트 올랐고, 대혁명이 일어나는 1789년 여름 6월과 7월에는 각각 150퍼센트와 165퍼센트 상승했다.

그런데 같은 기간에 포도주 값은 14퍼센트밖에 오르지 않았다. 이것은 생산과잉에 겹쳐서 수요가 줄었기 때문이다. 말하자면 밥도 못먹는 형편에 술 마시는 일은 엄두도 못 냈던, 국민 경제생활의 어려움을 단적으로 보여주는 수치이다. 프랑스인에게 포도주가 빼놓을 수 없는 음료라는 점을 생각할 때 포도주 수요의 감소는 매우 중요한 의미를 지닌다. 그뿐만 아니라 포도주 수요의 감소는 포도를 재배하는 농민에게 큰 경제적 타격을 주었다. 더구나 프랑스에는 포도 생산에 종사하는 농민의 비율이 매우 높아 경제적 타격이 한결 더 심각했다.

그러면 같은 기간에 노동임금은 얼마나 올랐을까? 명목임금은 22퍼센트 올랐으나 실질임금은 반 이하로 떨어졌다. 도시민, 그중에서도 도시 노동자의 생활 압박은 가혹하기 짝이 없었다. 파리 노동자의 생활비의 88퍼센트가 빵값으로 지출되는 형편이었다. 농산물의 생산 감소는 곡물 가격을 높이고, 이것은 다시 식량 이외의 물품에 대한 수요를 떨어뜨렸다. 의류, 가구, 건축, 기타 사치품에 이르는 온갖 분야의 수요가 감소하자 도시의 공업과 상업은 물론이고 농촌에 광범하게 존재했던 가내공업에까지 악영향을 미쳤다. 농촌의 구매력 감소는 도시의 상공업을 위축시키고, 그것이 도시 노동자의 실업을 초래하면서 도시의 사회적 위기를 만들어내고 있었다. 한편 농촌에서 소작농이 받은 타격도 도시 노동자에 못지않았다. 곡물 가격의 폭등은 소작농들에게는 전혀 이익을 가져다주지 않았다. 왜냐하면 지대가 그만큼 더 올랐기 때문이다. 화폐지대의 경우 1776~1789년 사이에 소작료가 98퍼센트 올랐다. 현물지대의 경우에도 지주가 현물을 징수해 가기 때문에 곡물 가격으로 이익을 보는 것은 지주뿐이었다. 화폐 정액 지대cens의 경우가 농민에게 가장 유리하였다. 지대가 일정한 화폐액으로 정해져 있으므로 앙등한 곡가 수입에서 그 정액의 지대를 뺀 나머지는 고스란히 농민의 수입이 되었기 때문이다. 그러나 이 경우에도 지주인 영주들은 토지대장이니 기록부니 하는 옛 문서들을 들춰내어 이미 사라져버린 온갖 명목의 봉건적 공조貢租를 농민들에게 부과하였다.

영주들은 봉건적 권리를 다시 주장하기 위하여 옛 문서를 밝혀내는 전문가들을 채용했다. 샤토브리앙François Auguste René de Chateaubriand은 후일 자기 아버지가 봉건적 권리를 되찾으려고 얼마나 혈안이 되었던가를 회상하였다.

> 나의 아버지 영지에는 황무지와 물방아 몇 대와 숲이 둘밖에 없었지만 봉건적 권리는 가득했다. 아버지는 시효를 피하려고 서둘러 묵은 권리들을 요구하였다.

30년의 시효를 피하려고 29년분의 공조를 한꺼번에 바칠 것을 요구하는 경우도 있었다. 18세기 후반에 이 봉건권의 시효를 둘러싸고 수많은 분쟁이 일어났는데, 이로 인해 농촌에 험악한 분위기가 조성되었다. 이 분위기가 다가올 혁명의 불씨를 들불처럼 번지게 한 중요한 요인이 되었다.

2. 사회적 모순

18세기 프랑스의 사회질서는 제도상으로는 봉건사회의 피라미드형 신분 구성이 그대로 존속하고 있었다. 신분은 세 개로 구성되어 있었는데, 제1신분은 가톨릭교회의 성직자이고 제2신분은 세속 귀족이고 나머지는 모두 제3신분이었다. 앞의 둘은 면세를 비롯한 여러 가지 봉건적 특권을 향유하는 특권 신분이고, 이 특권 신분의 꼭대기에 국왕이 자리 잡고 있었다. 국왕을 꼭대기로 하는 피라미드형의 신분 질서였던 것이다. 그런데 실제로는 각 신분 안에서 이해의 대립과 계급적 분화가 일어났을 뿐만 아니라 신분들 사이의 질서도 무너지고 신분 간 구획에 혼란이 일어나고 있었다. 마치 지진이 일어나기 직전 지층에 균열이 생기는 것과 비슷했다.

제1신분의 경우, 상층의 주교들은 귀족 출신으로서 막대한 교구 재산의 수입과 10분의 1세(십일조)를 독차지할 뿐만 아니라 봉건영주로서의 각종 특권을 향유하고 절대군주와 긴밀한 관계를 맺으며 정치적 지배권에 참여하고 있었다. 1789년 프랑스에는 주교가 143명 있었는데, 이들은 전부 귀족 출신이며 교구 재산과 10분의 1세의 연수입이 약 2억 4,000만 리브르에 달하였다. 이것은 당시 프랑스의 정부 예산액에 맞먹는 금액이었다. 그러나 일반 민중과 직접 접촉하는 하급 사제와 조제들은 대체로 제3신분 출신으로, 그들의 연봉은 최고 700리브르, 조제의 경우는 350리브르에 불과했다. 이들은 제1신분에 속하면서도 이해관계와 이념에서는 제3신분과 일치하는 경우가 많았다.

제2신분인 세속 귀족은 제1신분보다 구성과 이해관계가 더 복잡하다. 귀족 신분은 크게 구귀족과 신귀족으로 나뉘었는데, 구귀족은 대검 귀족noblesse d'épée으로서 오랜 전통을 자랑하는 중세 이래의 봉건귀족이고, 신귀족은 주로 돈과 지식이 있는 부르주아 출신의 법복 귀족nobless de robe이다. 구귀족은 절대군주권이 발달하면서 봉건적 권력을 국왕에게 빼앗겨 정치권력이 크게 약화되었다. 그러나 그들은 이제 왕권에 기생하여 왕궁에 드나들면서 왕의 총애를 받고 높은 벼슬과 많은 연금의 특혜로 호사한 생활을 보장받고 있었다. 베

17세기 후반 루이 14세의 명으로 건설된 베르사유 궁전의 현재 전경.

르사유의 화려한 궁정 생활을 장식한 무리가 바로 이들이었다. 이들은 지방에 넓은 영지를 소유하고 영내의 농민에게 각종 봉건적 조세와 부역을 과하면서 자신은 면세의 특권을 누리고 있었다. 1732년 이래 궁정 출입의 영예는 1400년 이전부터 귀족 신분이었던 가문에만 한정시켰는데, 1789년 당시 그러한 귀족 가문은 942개 가문이었다. 이들이 궁정 귀족이다. 이들의 수입은 영지의 봉건적 수입 외에도 고관으로서의 봉급이 약 3,300만 리브르이고, 연금이 약 2,800만 리브르에 이르렀다. 하지만 그들은 방대한 수입으로도 지탱하지 못할 정도로 호사스럽고 방탕한 생활을 하면서 엄청난 빚까지 지고 있었다. 루이 16세Louis XVI의 사촌 오를레앙 공Duc d'Orléan(일명 '평등공平等公 필리프'인 루이 필리프 조제프 오를레앙Louis Philippe Joseph Orléans)은 7,400

만 리브르, 왕의 아우 프로방스Provence 백작(훗날 루이 18세Louis XVIII)과 아르투아Artois 백작(훗날 샤를 10세Charles X)은 각각 1,000만 리브르의 빚을 지고 있었다. 구귀족 중에서 이 궁정 귀족을 제외한 나머지는 이른바 지방 귀족으로서 봉건 귀족의 특권을 누리고 있었다. 그들 중에는 지방 관리나 장교에 임명된 자가 많았으나 그들 사이에도 빈부의 차가 심해 가난한 지방 귀족은 부유한 농민만도 못하였다.

1789년 당시 프랑스에는 약 1만 2,000의 귀족 가문이 있었고 인구로는 약 16만 명으로 추계되었다. 이 밖에도 귀족 특권의 일부 또는 전부를 주장하는 자가 약 10만이 있었다. 모두 합하면 25만~26만 명의 귀족이 있었다고 생각된다. 구귀족은 물론이고 신귀족도 포함한 숫자이다. 신귀족은 법복 귀족으로서, 자본주의와 절대주의의 발달 과정에서 돈과 법률 지식 및 행정적 재능에 의하여 절대군주 체제 안에 새로 설치된 행정과 사법 관직을 차지함으로써 귀족의 신분을 새로 얻은 부르주아 출신이다. 이들은 관직을 돈으로 사서 자녀에게 세습시켰기 때문에 일단 획득한 관직은 누구에게도 빼앗기지 않았다. 이들은 오랜 가문의 구귀족보다 더 귀족 행세를 하며 신분 유지에 한결 더 예민하였다. 왕의 친임관들은 검은 관복을 입었고 고등법원의 재판관들은 붉은 관복을 입었기 때문에 이 신귀족을 법복 귀족이라고 하여, 검을 찬 구귀족과 구별했다. 신귀족도 구귀족과 마찬가지로 면세 특권을 누리고 많은 토지를 매수하여 영주로서의 권리를 행사하였으나, 이해관계나 감정에서 구귀족과는 일치하지 않고 오히려 대립하는 경우가 많았다.

성직자와 귀족을 뺀 나머지는 제3신분인 평민이었다. 제3신분도 수백 년 동안의 경제적 변화에 따라 압도적 다수의 농민과 소수의 도시 상공업자, 즉 부르주아와 극소수의 도시 노동자로 분화되어 있

스위스 출신의 은행가 네케르. 프랑스 재무 총감으로 활동하며 국왕에게 삼부회 소집을 촉구하기도 했다.

었다. 18세기 프랑스의 공업은 아직 산업혁명의 단계에 이르지 못하고 소규모의 수공업 형태를 띠고 있었으므로 노동자의 수도 하나의 공업 노동자 계급을 형성할 만큼 많지 않았다. 거기에다가 소규모의 수공업 노동자는 자기 자신이 기업주가 될 희망을 가지고 있었고, 공장제 수공업 노동자는 대부분 농업을 주업으로 하고 있었으므로 공장의 부수입을 고맙게 여기고 있었다. 따라서 공업 노동자의 시야는 생업의 범위에 한정되어 있어 정치의식이나 사회의식이 매우 희미하였다. 이 계급은 사회적으로도 정치적으로도 아직 미약한 존재였다.

18세기 프랑스 사회에서 가장 주목되는 계층은 부르주아지와 농민이다. 법적으로 부르주아지는 일정한 도시의 '시민단'에 소속된 계층을 의미했지만 이 협의의 개념은 18세기에는 이미 사라지고 없었다. 위에서 언급한 바와 같이 프랑스의 경제는 1730년경부터 호경기를 맞았는데 가장 큰 수혜자가 바로 부르주아지였다. 프랑스의 무역액은 영국 다음으로 많았고, 식민지 물자를 독점하여 설탕의 생산고가 세계의 반을 차지하였다. 1789년에 재무 총감 네케르Jacques Necker는 "프랑스는 유럽 화폐의 거의 절반을 소유하고 있다"고 말했다. 당시 프랑스의 은행, 증권회사, 보험회사는 제법 번성하였다. 리옹의 견직 공업은 종업원 6만 5,000명을 거느렸고 세계 최대 규모를 자랑하였다. 이 밖에 포도주, 브랜디, 직물, 사치품, 가구 등의 제조업과 광업이 번창하였다.

18세기의 호황기는 자본주의의 발달을 의미한다. 자본주의의 발달은 자본가계급을 부유하게 만든 동시에 상층 부르주아지와 하층 부르주아지의 계급적 분화를 자극하여 상층 부르주아지는 더욱더 부유해졌다. 이 상층 부르주아지는 절대군주와 굳게 연결하여 귀족이 되거나, 귀족이 되지 않더라도 귀족보다 더 호화로운 생활을 하고 귀족 가문과 사돈을 맺기도 하였다. 반면 중소 상인, 길드의 우두머리, 소생산업자 등 하층 부르주아지는 농민과 함께 절대주의 국가의 재정적 부담에 허덕였다. 이들은 자신들의 경제적 발전을 저해하는 절대주의 제도와 상층 부르주아지에 대립하여 앙시앵레짐의 개혁을 요구하기 시작하였다. 이와 같이 제3신분 안에는 노동자, 농민, 부르주아지의 세 가지 사회적 요소가 뒤섞여 있었을 뿐만 아니라 부르주아지 안에서도 빈부의 차와 이해관계의 대립이 일어나고 있었다.

　그러나 앞에서 말한 바와 같이 부르주아는 전체적으로 상승세를 타고 그 힘이 날로 커지고 있었다. 그들은 자신의 실력을 확신하였다. 그러나 부르주아는 제아무리 실력이 있고 자신만만해도 제도상으로는 제3신분이었다. 좋게 말하면 평민이고, 나쁘게 말하면 상놈이었다. 여기서 부르주아는 현실과 제도의 모순을 날카롭게 의식하였다. 이 의식이 곧 대혁명을 일으키는 동력이 된다. 마티에Albert Mathiez는 《프랑스 혁명사La Révolution française》에서 혁명의 궁극적 원인은 번영 속에서 불거진 계급 간의 불균형이라고 말한다.

　혁명은 쇠퇴하는 나라에서 일어나기보다는 오히려 발전하고 번영하는 나라에서 일어난다. 가난은 더러 봉기를 일으키게 하나 사회를 전복시키지는 못한다. 사회 전복은 언제나 계급 간의 불균형에서 생긴다.

번영하고 발전하는 18세기 프랑스에서 바로 그러한 계급 사이의 불균형이 날카롭게 의식되었다. 혁명은 가난한 사람들이 일으키지 않는다. 부유해진 사람들이 자신의 실력이 무시되고 멸시당한다고 느낄 때 모순된 제도를 타도하기 위하여 혁명을 일으킨다. 바르나브 Antoine Barnave가 열렬한 혁명가가 된 동기는, 일곱 살 때 어머니와 함께 극장에 갔을 때 클레르몽 통네르라는 귀족에게 자기들의 좌석을 내주어야 했던 억울하고 불쾌한 기억이라고 한다. 이와 같이 많은 부르주아들이 품고 있었던 불평불만과 자존심의 훼손이 그들로 하여금 앙시앵레짐을 미워하게 하고 그것을 없애버리는 혁명으로 치닫게 하였던 것이다.

끝으로 제3신분의 압도적 다수를 차지했던 농민을 살펴보자. 농민은 프랑스 전체 인구의 약 5분의 4를 차지했으나, 토지는 30~40퍼센트밖에 소유하지 못하였다. 나머지 토지는 전체 인구의 2퍼센트에 불과한 제1, 제2의 특권 신분과 지주가 된 부르주아가 차지하고 있었다. 따라서 자작농은 극소수였고 대부분이 여러 종류의 소작농으로, 농민의 생활 형편도 천차만별이었다. 농민의 대부분은 자유인이고, 농노는 거의 다 사라졌으나 지방에 따라서는 아직 남아 있는 곳도 있었다. 자유농민 중에서 가장 처참한 것은 일종의 농촌 프롤레타리아인 날품팔이였다. 18세기 말엽에는 날품팔이로 전락하는 소작농이 늘어나고 있었다. 소작농은 이들보다 생활 조건이 좀 나은 편이었다. 소작농의 압도적 다수가 수확의 절반을 지주에게 지대로 바치는 절반 소작농이었다. 이들은 경작지가 모자라서 빈곤을 면할 길이 없었다. 그러나 파리 분지의 비옥한 곡창지대에서 그렇듯이 지방에 따라서는 넓은 임대지를 독점한 비옥한 소작농들도 있었다. 끝으로 자작농이 있었다. 이들은 살림이 넉넉한 자작농이다. 그러나

18세기 후반 프랑스 농부의 모습. 당시 프랑스 인구의 절대다수를 차지했던 농민은 가혹한 노동에 시달리며 가난에서 벗어나지 못했다.

대규모 소작농이나 부유한 자작농은 전체 농민의 일부에 불과하였다. 이와 같이 농민층에도 계급 분화가 크게 일어났다. 부르주아지 안에서 일어나고 있던 분화와 대립 못지않게 농민 사이에도 여러 갈래의 계층이 분화하고 있었으니, 제3신분 전체 안에 일어난 분화 현상은 이루 형용할 수 없을 만큼 복잡하였다. 같은 제3신분이지만 경제적 빈부, 정치적 권력, 지적 의식의 차이는 천차만별이었다.

이상에서 간단히 고찰한 바와 같이 프랑스 혁명 직전의 사회질서는 형식상의 제도와 현실의 관행이 전혀 맞지 않는 모순에 가득 찬

것이었고, 앞에서 말한 바와 같이 지진이 일어나기 직전의 지층의 균열 상태와 유사한 것이었다.

3. 통치 체계의 모순

18세기 프랑스의 모순은 사회질서에서만 나타난 것이 아니라 왕국의 통치 질서 전반에 걸쳐 현저히 드러난다. 우선 조세 체계에 나타난 모순부터 살펴보자. 프랑스의 농민과 부르주아는 중세 이래의 각종 봉건적 공조를 영주에게 바쳤을 뿐만 아니라 절대군주가 부과하는 국세도 부담하였다. 이 이중 부담은 특히 농민을 더없이 빈궁하게 만들었다. 그들은 봉건제도하에서는 봉건적 부과를 영주에게만 바치면 되었으나 이제 절대주의 체제에서는 새로 국왕이 부과하는 각종 세금까지 바쳐야 했다. 농민이 부담하는 이 이중 조세 체계야말로 앙시앵레짐의 이중적 성격을 말하는 동시에 그 모순을 잘 보여주는 것이었다.

농민이 부담한 봉건세와 국세에는 어떤 것이 있었을까? 봉건세에는 지주에게 바치는 지대地代, 영주에게 바치는 연공年貢, 방앗간이나 빵솥, 술 짜는 틀 따위의 강제 사용료, 부역 등이 있었으며 이 밖에도 영내 재산 이전세니 도량형 검사세니 교량세니 비둘기세니 하는 것들이 있었고, 교회에는 10분의 1세를 바쳤다. 국왕의 세리가 징수해 가는 국세는 직접세와 간접세 두 가지가 있었다. 직접세로는 북부 지방에서 수입 전체에 대해 부과하는 대인對人 타유taille와 남부 지방에서 부동산에 대해 부과하는 대물對物 타유가 있었고, 1701년 이후 새로 부과된 인두세, 1749년 이래 징수한 20분의 1세, 국왕이 군대 수송과 도로공사에 징발하는 부역 등이 있었다. 간접세 가운데 가장 무거운 것은 포도주와 알코올 등에 매기는 음료세와 소금세였다. 국왕의 국세는 신분을 막론하고 모든 국민이 내도록 되어 있었지만, 실제로는 그렇지 않았다. 타유는 특권 신분에게는 면제되고 제3신분에게만 부과되었는데 주로 농민이 그 짐을 졌다. 인두세와 20분의 1세도 설정 당시에는 전 국민에게 부과하기로 되어 있었으나 실제로는 거의 제3신분이 부담하였다. 부역도 농민에게만 부과되었다. 간접세는 직접세만큼은 신분적 제약을 받지 않았으나 지방에 따라 징세 방법과 세율이 달랐다. 가장 극단적인 예가 소금세이다. 소금세는 지방에 따라 면제되는 지방도 있었고 또 소금의 소비가 자유로운 지방의 소염세小塩稅, 소비하건 말건 일정한 양의 소금을 반드시 사야 하는 지방의 대염세大塩稅가 있었고, 자선단체와 관리에게는 면제해 주는 등 실로 엉망이었다.

더구나 간접세의 징수는 금융업자들의 조직인 '징세 청부인 조합 ferme général'이 담당하였는데, 이 조합이 일정한 금액을 정부에 납부하기로 계약을 맺고 납세자에게서 엄청난 돈을 징수하여 그 차액을 취하였다. 이 세금 청부 제도는 국가에는 비경제적이고 납세자에게는 불리하고 다만 금융업자들에게만 폭리를 보장해 주는 불합리한 제도였다.

프랑스 혁명의 도화선이 된 삼부회의 소집과 함께 국왕에게 제출된 농민들의 진정서를 분석해 보면 지방에 따라 사정이 다르지만, 농민은 대략 수입의 80~90퍼센트를 세금으로 빼앗기고 있었다. 어떤 진정서는 타유 53퍼센트, 음료세와 소금세 19퍼센트, 영주에게 14퍼센트, 교회에 14퍼센트를 지불하고 나면 농민의 수중에는 한 푼도 남는 것이 없다고 호소하고 있다.

더구나 앞서 언급한 바와 같이 1775년부터 불황이 닥치자 영주들이 농민에 대한 봉건적 공조를 더 강화하기 위하여 사라졌던 낡은 부과마저 되살렸는데, 이로 인한 농민들의 원성이 사회불안 요소로 작용했다. 농민과 영주들은 여기저기서 충돌했다. 그리고 농민은 물론이고 누구나 다 불황의 원인이 조세제도에 있다고 생각하였다. 따라서 농민의 원성과 함께 일반 여론이 세금을 공격하고, 세금을 공격하는 민심은 세금액을 할당하는 세리와 세금을 징수해 가는 청부 세리에 대한 원망으로 번져갔다.

그러나 농민의 세금에 대한 원망이 국왕이나 앙시앵레짐에 대한 원망으로까지 발전했다고 생각해서는 안 된다. 국왕에 대한 국민의 전통적인 충성심은 여전히 강하였다. 농민은 억압받고 착취당하고 말할 수 없이 궁핍했으나, 그 원인이 앙시앵레짐에 있다고는 생각하지 않았다. 그들은 사회적 반항의 방법도, 사회질서 개혁 방법도 알지 못하였다. 그러나 농민의 무지를 깨우쳐주는 자들이 있었다. 제1신분의 최하층을 형성하고 있던 농촌 교회의 사제들이었다. 농촌에서는 사제들만이 글을 읽을 줄 알았는데, 계몽사상이 그들의 생각 속으로 스며들기 시작한 것이다. 사제들은 예전처럼 신도들에게 체념을 설교하는 것이 아니라 신도들의 마음속에 분노의 감정을 일게 하는 설교를 하기 시작하였다. 농민의 마음속에 쌓이고 쌓인 이 내면적인 분노가 때가 오면 드디어 불평분자들의 선동에 의하여 폭발할 터였다. 프랑스 혁명이 부르주아의 손에 주도되었음에도 불구하고 널리 농촌으로 번져갈 수 있었던 원인의 하나가 바로 이것이다.

조세제도에서 드러나는 이중성과 모순은 행정제도와 사법제도에도 있었다. 절대왕권의 성장에 따라 정비되어 온 왕국의 통치 조직은 적어도 루이 14세에 의하여 최종적인 형태를 갖추었으나 그것은 결코 합리적인 것도 아니고 수미일관된 것도 아니었다. 왕정은 낡은 봉건제도의 잔재 위에서 새로운 절대군주제를 만들어냈으니, 신구의 겹침에서 오는 모순과 갈등은 날로 심해졌다. 앙시앵레짐 말기에는 그러한 모순에서 비롯되는 무질서와 혼란이 조세제도뿐만 아니라 행정제도와 사법제도에도 뚜렷하게 나타났다.

왕권은 이론상으로는 절대적이고 신성하고 국가의 모든 권력이 국왕의 수중에 집중되어 있었다. 루이 15세는 1766년 3월 3일 파리 고등법원에서 사법관들에게 다음과 같이 언명하였다

> 지상권은 짐의 일신에만 존재한다. …… 입법권은 분할도 종속도 없고 오로지 짐에게만 귀속한다. …… 짐의 법원의 법관들은 법을 제정하는 것이 아니라 법의 등록과 공포와 시행을 맡아 한다. 그것도 오지 짐의 권위에 의해서 행할 뿐이다.

소심한 루이 16세도 1787년 11월 19일 고등법원에서 자신의 의사를 전할 때 "그것은 불법입니다"라는 항의 소리를 듣자 "그것은 합법이다. 왜냐하면 짐이 그것을 바라기 때문이다" 하고 응수하였다. 그러나 현실은 왕의 그러한 자부와는 거리가 멀었고 주권자인 왕은 하나의 허구로 변해 있었다. 국왕의 절대권은 이름뿐이고 현실적으로 별 효력을 발휘하지 못하였다. 입법권만 하더라도 왕권은 고등법원에 의하여 제약을 받고 있었다. 고등법원의 정치적 영향은 날로 커져서 루이 16세에 이르면 거의 횡포에 가까워졌다. 그러나 왕권은 그것을 누르지 못하였다. 왕과 고등법원은 입법권을 놓고 서로 싸우는 꼴이 되어 있었다.

중앙정부의 구성을 보면 그 최고권자는 국왕이었다. 국왕의 행정

과 사법 및 입법 일체를 보좌하는 재상Chancelier de France과 네 명의 대신secrétaires d'état 및 재무 총감Contrôleur général des finances이 국왕의 최고 관리들이었다. 네 명의 대신은 각각 육군, 해군, 외무, 내무를 담당하였다. 재무 총감은 지방행정, 농업, 공업, 상업, 토목 등 광범위한 직무를 맡은 사실상의 총리대신이었다. 그런데 이들 여섯 명은 서로 독립적이고 업무의 책임이 분명치 않고 그렇다고 공동 책임을 지는 것도 아니었다. 권한과 업무가 서로 중복되는 경우도 있었다. 요컨대 여섯 명의 대신들은 조직적이고 통일적인 국가 최고 기관의 구실을 하지 못하였다. 통일적인 국가 예산의 편성도, 정책의 통일성과 일관성도 없었다. 여섯 대신들 가운데는 계몽사상을 지지하는 자도 있었고 탄압하는 자도 있었다. 서로 질시와 음모도 꺼리지 않았다. 그들의 관직과 권력은 국민의 이익을 위해서가 아니라 사적 이익을 위하여 존재한다고 해도 과언이 아니었다. 이들이 대표하는 중앙정부는 왕권을 강화하기는커녕 오히려 왕에 반대하는 여론을 만들어내는 데에 이바지하였다.

중앙정부의 통치 활동의 조정을 실제로 담당한 것은 참의회 혹은 국왕 자문회라고 번역할 수 있는 몇 개의 전문적인 위원회conseil였다. 고등 참의회Conseil d'En-Haut는 국왕 최고 고문 회의로서 외교정책과 같은 중요한 문제를 다루었다. 현대 국가의 각의에 가장 유사한 것이 이것이었다. 이와 병행하여 국내 행정의 통일을 위한 공문서 참의회Conseil des dépêches가 있었다. 재상이 주재하는 친재親裁 참의회 Conseil privé와 쟁의 참의회Conseil des parties는 최고재판소로서 왕의 고문관 자격을 가진 자 전원으로 구성되었다.

이상과 같은 중앙정부 조직은 대체로 루이 14세가 마련한 것이었다. 그 조직은 강력해 보이지만 실제로는 많은 결함과 부패가 숨어 있어, 왕정을 강하게 만들기는커녕 그 활동을 마비시키고 있었다.

지방행정 조직은 조직 자체가 중앙정부처럼 통합되어 있지 않아 무질서하고 혼란하였다. 그것은 중세 이래의 왕권 신장 과정을 그대로 반영하는 것으로, 낡은 것과 새것이 중복되고 낡은 것이 폐지되지 않은 채 새것들이 그 위에 세워졌다. 우선 왕국의 국경이 어디서 어디까지인지가 분명하지 않았다. 나바르 지방은 여전히 나바르 왕국으로 불렸다. 루이 왕의 신분은 브르타뉴 지방에서는 공작이고, 프로방스 지방에서는 백작이었다. 그리고 주교 관구는 로마 제국 시대에 생긴 것이고, 재판구는 북쪽에서는 바이아주bailliage라고 하고 남쪽에서는 세네쇼세sénéchaussée라고 하는데 대체로 12세기에 생겼다. 군사적인 목적으로 만든 감사구gouvernement는 16세기에 생겼고, 재정적인 필요에서 만들어 지사intendant가 관할하는 총징세구généralité는 17세기의 산물이었다. 이러한 행정 구역들은 각기 독립적인 것이 아니라 기능이 중복되어 있었다. 전체적인 맥락이 없고, 국왕의 행정은 계통과 질서가 없어 뭐가 뭔지 알 수 없는 형편이었다.

행정구획과 관련된 것은 아니지만 왕국의 통일을 저해하는 문화적 장벽이 또 하나 있었다. 그것은 '지방'이라고 번역하는 것이 적절하지 않을까 생각되는 역사적·봉건적인 프로방스province이다. 예를 들면 랑그독 지방, 부르군디 지방, 노르망디 지방 같은 것인데, 이런 지방들은 고유의 풍속과 민법, 상법, 도량형 및 방언을 가지고 독자적인 문화적 공동체를 이루고 있었다. 이 지방 공동체들은 대체로 봉건사회의 대제후령大諸侯領에 일치하는 것으로서 중앙집권적 절대왕정의 팽창에 저항하는 봉건적 분권주의의 아성이었다. 이 지방들은 절대왕권의 승리 앞에 정치적으로는 무릎을 꿇었으나 지방들 사이의 관세나 통행세 및 문화적 차이는 여전히 국민적 통합을 가로막는 전통주의의 온상이었다.

어쨌든 이렇게 문화적·행정적으로 난맥상을 이루고 있었던 앙시앵레짐에서 절대왕정의 행정기구로서 가장 중추적인 것은 감사구와 납세구였다. 감사gouverneur는 40명으로 지방에서 중앙의 권력을 대표하고 귀족 중에서 선임되었는데, 루이 14세 이후에는 그저 명예직으로 전락해 버리고 이제 지방에서 왕권을 대표하는 자는 지사였다. 지사는 본래 지방에 파견된 왕의 조사관이었는데, 지방관청에서 선임한 부지사subdélégué의 보좌를 받아 사법, 경찰 및 재무의 모든 분야를 감독하고 지배할 수 있게 되었다. 지사가 왕의 어사로서 지방의 전권을 장악해 가는 과정에서 가장 교묘하게 이용한 통치기구가 엘렉시옹élection이라는 왕의 직접세를 거둬가는 가장 작은 기본 단위인 납세구였다. 지사는 납세구에서 고등법원 이외의 각급 재판에 관여하고 지방의 치안과 산업을 감독하고 조세의 할당과 조세 재판을 처리하여 그 전권을 휘둘렀다.

지사의 막강한 권력 앞에 낡은 행정기구들은 무력해질 수밖에 없었으나 고등법원과 지방 삼부회Etats provinciaux는 완강하게 저항했다. 두 기구는 봉건적 반동의 거점으로서 국왕의 중앙집권적인 힘에 대항하여 귀족의 원심적·분권적인 힘을 대표하고 있었다. 지사는 납세구가 유력한 지방pays d'élection에서는 거의 전능에 가까웠으나 삼부회가 유력한 지방pays d'états에서는 자유로이 활동할 수가 없었다. 그러자 왕권은 지방 삼부회를 파괴하는 데 전력을 기울여 상당한 성과를 거두었다. 그러나 고등법원만은 만만치 않았다.

끝으로 사법 조직을 살펴보자. 왕권이 모든 재판권의 원천이었으므로 왕은 재판에 간섭할 수 있었다. 그러나 중세 이래 재판권은 봉건영주가 가지고 있었다. 여기서 왕권은 조세권 및 행정권의 확대와 병행하여 영주의 재판권을 누르고 그것을 빼앗아 갔다. 국왕의 재판권이 커질수록 영주의 재판권은 축소되었는데, 18세기 말에 이르면 영주의 재판권은 농민에 대한 경제적 지배 수단에 불과했다. 1772년에 이르면 영주 재판권은 사건의 예심을 취급하는 데 그쳤다.

국왕 재판에서 가장 문제가 컸던 것은 최종 법정인 고등법원이었다. 앞에서도 언급했듯이 고등법원은 국왕의 재판 기능의 전문화 과정에서 분화한 것으로, 그 재판권은 왕권에 유래하고 있었다. 그럼에도 불구하고 18세기에는 법률의 등기권droit d'enregistrement과 간주권諫奏權, droit de remontrance을 논거로 무제한적 권한을 주장하여 왕권을 제한하는 정치세력의 전위가 되었다. 파리 고등법원은 역사가 오래되고 왕으로부터 위임된 권한이 크고 관할 영역도 넓어서 세력이 매우 컸다. 파리 고등법원은 1239년에 설치되었으며 1614년 이래 삼부회Etats-Généraux의 소집이 중단되면서 정치적인 힘이 유력해졌다. 그들은 본래 왕의 어전 재판에 함께 참석했는데, 삼부회가 소집되지 않는 마당에서는 자신들이 국민을 대표한다고 주장하면서 왕권에 대항하는 정치세력으로 부상한 것이다. 그리고 왕국이 넓어지고 소송 사건이 많아짐에 따라 고등법원은 파리 이외의 지방에도 열두 곳이 설치되었다. 고등법원은 법령의 등록권뿐만 아니라 등록하기 전에 그 법령을 심의하고 수정할 권리를 가졌다. 왕의 문서와 칙령, 명령 및 외교 조약도 고등법원에 등록되지 않으면 법적 효력을 발휘하지 못했다. 고등법원 판사들은 왕의 새로운 세금 징수를 반대하거나 왕의 정치에 간섭하거나 왕궁의 사치와 낭비와 비정을 세상에 공포하기도 하여 국민들의 인기를 얻고 있었다.

그런데 고등법원 제도에 특이한 것이 있었는데, 재판관 관직의 매매제와 세습제이다. 16세기경부터 왕의 재정을 보충하기 위하여 관직 매매의 관례가 생겼는데 고등법원의 재판관직도 매매되었다. 더구나 17세기 초부터는 매매한 관직을 세습할 수도 있었다. 여기서 고등법원 재판관은 왕이라 할지라도 파면할 수 없다는 원칙이 세워졌다. 돈을 주고 산 벼슬이란 현대인에게는 좀처럼 납득하기 어렵지만, 그런 벼슬이 뇌물과 쉽게 관련되리라는 것은 납득하기 어렵지 않다. 고등법원은 공정한 재판에서 거리가 먼 부패의 소굴로 변하고, 왕도 파면할 수 없다는 독립성에 의하여 이기적인 권익을 옹호하는 정치 세력으로 탈바꿈해 왕권에 저항하는 데 선봉이 되었던 것이다. 왕의 뜻을 충실히 받들어야 할 고등법원이 왕권에 저항하는 선봉이 될 정도였으니, 당시 왕정의 모순이 어디까지 이르렀는가를 쉽게 짐작할 수 있다.

루이 15세는 이들 반왕反王 세력을 분쇄하기 위하여 1771년에 고등법원을 폐지했는데, 루이 16세는 세론을 존중한다면서 즉위와 함께 고등법원을 다시 부활시켰다. 따라서 왕정에 대한 비판은 한결 더 격해져 앙시앵레짐에 대한 국민의 불신과 증오는 더욱 거세졌다.

그러나 이들의 반왕 운동은 결코 앙시앵레짐에 대한 반대나 비판이 아니었고, 어디까지나 왕권을 약화시킴으로써 자기들의 정치권력을 더욱 확대하여 국왕과 궁정 귀족의 권력과 재산을 빼앗으려는 것이었다. 고등법원을 선두로 한 신귀족의 반왕 세력이 절대왕권을 약화시키려고 했을 때, 그들은 실은 자기들의 권리와 신분이 바로 그 절대왕정에 의하여 보장된 것임을 미처 깨닫지 못하고, 오히려 자기들이 서 있는 발판을 무너뜨리는 어리석음을 범하고 있었다. 그들은 왕권의 약화와 귀족의 봉건권의 강화를 도모하는 이른바 귀족의 '봉건적 반동réaction féodale'에 의하여 자기들 자신마저 멸망케 하는 혁명으로의 길을 준비하고 있었던 것이다.

미라보Honoré Gabriel Riqueti Mirabeau는 프랑스는 완전히 "제멋대로 노는 인민의 조직 없는 덩어리에 불과하다"고 말했는데, 그 덩어리의 중심인 왕권이 날로 약화되어 갔으니 그럴 수밖에 없었다. 행정질서도, 사법제도도, 조세체계도 이중 삼중으로 얽혀 있었을 뿐만 아니라, 이런 무질서와 혼란을 해결할 가장 유력한 힘이 왕권이었는데도 왕권을 지지해야 할 세력들이 오히려 반왕 전선의 선두에 섰다. 이제 해결할 수 있는 유일한 길은 제도의 구조적 개혁뿐이었다. 그런데 문제는 무력해지는 왕권이 과연 개혁을 주도할 수 있는지, 그게 아니라면 또 다른 누가 주도할 것인지였다. 반왕 세력의 선봉에 나선 귀족들이 개혁을 주도할 것 같지는 않았다. 왜냐하면 그들은 개혁의 세력이 아니라 후퇴의 세력이기 때문이다. 그들은 왕권의 약화를 통하여 국가 제도의 합리적 개혁을 기도한 것이 아니라 오히려 반대로 낡은 봉건적 특권을 강화하려고 했던 것이다. 그렇다면 이제 남은 것은 경제적으로 실력이 있고 사상적으로 계몽된 시민계급밖에 없었다.

4. 계몽사상

근세의 기계론적 우주관은 철학 사상에서 경험론과 합리주의를 낳았고, 이 두 철학의 흐름은 하나로 결합하여 이른바 계몽사상을 낳았다. 계몽사상이 앞세우는 유일한 최고의 기준은 이성인데, 이 이성은 데카르트René Descartes의 수학적 이성인 동시에 베이컨Francis Bacon의 실증적 이성이었다. 계몽사상가들은 이성의 빛으로 인간 생활과 사회를 조명했는데, 거기에 비친 18세기의 인간 생활과 사회제

디드로와 달랑베르가 편집한 《백과전서》 초판본. 루이 16세가 장서로 소유한 것이다.

도는 불합리와 모순에 가득 차 있었다. 사람들의 사고방식과 생활 태도는 비과학적이고 미신에 사로잡힌 데다, 정치제도와 사회질서는 권위와 전통이라는 불합리하고 몽매한 원리에 의하여 지배되고 있었다. 계몽사상은 이 불합리와 모순에 찬 현실 사회에 대한 날카로운 비판 정신이며, 그 모순을 제거하여 합리적인 사회를 실현하려는 실천철학이었다. 계몽사상가들은 전통적인 편견, 관습, 신념, 권위를 그 뿌리부터 흔들어 사람들을 전통의 속박에서부터 해방시키려고 온갖 노력을 아끼지 않았다.

18세기 프랑스에서는 세계적으로 저명한 계몽사상가들이 속출했는데, 그들은 특히 1748년 이후 18세기 최대의 저작들을 발표했다. 몽테스키외의 《법의 정신》, 볼테르Voltaire의 《풍속 시론 Histoire des voyages de scarmentado écrite par lui-même》, 루소Jean Jacques Rousseau의

《사회계약론Du Contrat Social ou principes du droit politique》, 디드로 Denis Diderot와 달랑베르Jean le Roland d' Alembert 등의 《백과전서 Encyclopèdie》 등이 그것이다.

   계몽사상가들 사이에는 한결같이 이성과 진보에 대한 공통된 신념이 있었다. 그러나 현실 사회의 모순과 불합리를 개혁하는 구체적인 방법에는 결코 의견이 같지 않았다. 몽테스키외는 귀족 출신으로서 절대군주정치를 부정하지 않았다. 그는 공화제도 군주제도 타락할 수 있는 것이므로 국가 형태가 중요한 것이 아니라 타락을 어떻게 방지하느냐가 중요하다고 강조하여, 권력을 분산시키고 분산된 권력들이 서로 견제하는 삼권분립론을 주장하였다. 그는 삼부회나 고등법원 같은 중간 집단에 의하여 견제되는 군주제를 구상하였고, 심지어 영주권을 정당화하고 농노 해방에 대한 대가와 귀족의 면세 특권을 긍정하였다. 이처럼 그는 여전히 낡은 사상에서 탈피하지 못한 귀족주의적 개혁가에 머물러 있었다. 볼테르도 군주제를 비난하지 않았다. 그러나 그는 당시 영국의 군주제와 같은 입헌군주제를 예찬하고, 군주들에게 계몽사상에 의한 위로부터의 개혁을 기대하였다. 그는 200마리 쥐보다 한 마리의 사자에게 복종하는 것이 좋다고 했는데, 한 마리의 사자는 다름 아닌 루이 14세를 가리켰다. 그는 철저한 계몽 전제군주론자로서 이 사회에서 땅도 집도 없는 사람들이 과연 발언권을 가져야 하느냐고 물으면서 무산계급의 정치 참여에 반대하였다. 그는 특권 신분을 사정없이 끌어내리기는 했으나 일반 민중을 끌어올리려고는 하지 않았다. 특권 신분을 공격하는 볼테르의 독설은 역사상 그 예를 찾기 어렵다. 특히 가톨릭교회와 성직자에 대한 비판이 한결 더 그러하였다. "파렴치를 일소하라Ecrasez l' infâme"는 그의 슬로건은 바로 교회를 향한 포격이었다. 그는 이 슬로건을 따서 'Ecrlinf'라고 서명할 정도였다. 그의 교회 비판은 그가 무신론자였기 때문이 아니라 교회의 미신적인 교리와 성직자의 완고한 불관용 정신에 대한 반감에서였다. 그는 자기는 신도 종교도 없이 살 수 있으나, 일반 민중은 제 힘만으로는 도덕적·정치적으로 행동할 수 없으니 신과 종교가 꼭 필요하다고 말하였다. 볼테르에게는 군주제가 정치적으로 좋은 것처럼 종교는 사회적으로 좋은 것이었다. 이처럼 볼테르는 어디까지나 일반 민중을 한층 낮은 차원의 존재로 취급하였다. 그는 특권 신분에 대한 부르주아의 평등은 열심히 주장했지만 부르주아에 대한 민중의 평등은 전혀 고려해 본 일이 없었다.

이에 반하여 루소는 모든 국민의 평등을 주장하였다. 그는 절대왕정을 계몽적인 입헌군주제로 개량하는 미온적인 개혁에는 흥미가 없었다. 그에 의하면 모든 인간 사회는 그 구성원들의 계약에 의하여 성립되고 모든 주권은 그 계약에 동의한 인민에게 있었다. 왕권도 이 인민의 일반의지에 의하여 주어진 것이므로 인민주권의 원리에 위배될 수 없다는 것이었다. 그의 사회계약론에 의하여 비로소 사람은 누구나 나면서부터 천부의 권리를 갖는다는 인권 사상과 앙시앵레짐의 반자연적 신분제를 부정하는 평등사상이 대두하였다. 루소는, 몽테스키외가 귀족계급에게 유보시키고 볼테르가 상층 부르주아에게 유보시켰던 정치권력을 민중 전체로까지 확대하였다.

루소의 평등주의 원칙은 철저한 민주주의 원칙으로서 그 기초는 소규모 토지 소유자들의 평등에 있었다. 모든 시민은 제 먹을 것을 제 손으로 생산하는 소규모의 토지 소유자들이어야 한다는 것이었다. 루소의 '사회계약론'은 원리상 민주주의의 헌장이 되었다. 그것은 프랑스 혁명과 19세기 프랑스의 정치사상과 사회사상에 지대한 영향을 미치게 된다. 다음에 인용하는 글은 그가 디종의 어느 아카데미 회원에게 보낸 편지의 일부분인데, 그의 평등주의적 사회사상이 잘 나타나 있다.

> 사치는 도시에서는 100명의 빈민을 만들어내고 농촌에서는 10만 명의 빈민을 죽이고 있다. 부자와 예술가의 손아귀에서 놀고 있는 돈이 그들에게 쓸데없는 물건을 쥐어주는 바람에 농부의 실생활비로는 돈이 전혀 돌아오지 않는다. 다른 사람들이 장식용 실을 쓰기 때문에 농부들은 옷 한 벌 없고, 우리가 주스를 마시는 바람에 많은 환자들은 미음조차 먹을 수 없으며, 우리 식탁에 채소가 올라야 하기 때문에 농촌에서는 물밖에 마시지 못하고, 우리 가발에 분을 바르느라 많은 빈민에겐 빵조차 없다.

이상에서 본 바와 같이 계몽사상에는 백과전서파, 몽테스키외, 볼테르, 루소 등이 대표하는 갖가지 흐름이 있었는데, 이들 사상은 18세기 후반의 프랑스 사회에서 제멋대로 발전하였다. 특히 왕실 내부의 권력 싸움이 서로 정적을 치기 위한 정략을 목적으로 계몽사상가들을 후원하는 경우가 있었다. 이를 바탕으로 계몽사상은 1750년부터 1763년 사이에 정부의 간섭을 받지 않고 널리 번져갔다. 정부가 탄압을 시작했을 때는 이미 때가 늦었다. 볼테르와 루소가 1778년에 죽은 후에도 계몽사상은 이류 저작가들에 의하여 줄기차게 번져갔다. 보급의 주요한 수단은 인쇄물과 각종 집회, 그리고 학교였다.

책과 팸플릿에 의한 계몽사상의 보급은 문자 해독자를 전제로 하였다. 글을 읽을 줄 알려면 학교에서 글을 배워야 하는데, 읽기, 쓰기, 셈법을 가르치는 소학교가 일반 서민의 자녀들을 위하여 여기저

계몽사상이 유행하자 프랑스는 국내 출판에 대한 사전 검열을 강화했고, 프랑스 출판사들은 이웃 나라로 옮겨 책을 출판해 국내로 비밀리에 유통시키곤 했다. 그림은 오스트리아의 한 서점에서 계몽사상 관련 도서를 판매하는 모습.

기 세워지고, 라틴어, 과학, 역사, 지리를 가르치는 중학교가 부르주아의 자녀를 위하여 여러 도시에 설립되었다. 학교 교육의 보급은 문맹자를 줄이고 문맹자의 감소는 계몽사상의 보급을 더욱 광범하게 하였다.

그러나 농촌은 아직 계몽사상의 영향을 별로 받고 있지 않았다. 앞에서 언급한 바와 같이 농촌에서 글을 읽을 줄 아는 사람은 사제들뿐이었다. 이들만이 볼테르나 루소의 이름을 알고 있었다. 농민은 아직 가톨릭교에 대한 신앙심과 국왕에 대한 충성심을 잃지 않고 있었다. 프랑스 혁명 초기에 일어난 농민 폭동의 원인은 농민들이 계몽사상에 감염되어 있었기 때문이 아니라 쌓이고 쌓인 사회경제적 불만과 1775년 이래의 경제 불황의 격화에 따른 갖가지 모양의 사회적 대립이었다고 보는 것이 타당하다. 계몽사상의 선전은 도시의 울타리를 넘지 못하고 있었다.

프랑스 혁명이 전개되는 과정에서 가장 큰 역할을 한 것은 도시였다. 계몽사상의 혁명적 이상은 부르주아의 물질적 이해관계에 완전히 일치하고 있었다. 자본주의의 발전은 자유를 요구하고 있었는데, 계몽사상의 이상도 그 자유를 요구하고 있었던 것이다. 거기서 부르주아지는 계몽사상의 혁명적 이상에서 자기들의 역사적 사명을 의식하고 계급적 이해관계를 넘어선 차원에서 혁명적 계급이 될 수 있었다. 그들을 혁명적 계급으로 만든 것은 인간과 이성을 최고의 가치로 여기는 계몽사상이었다. 여기 부르주아 혁명의 보편적·세계적 성격이 있다.

제2장

대혁명의 원인과 국민의회

1. 귀족의 반동과 왕의 무능

프랑스 혁명과 같은 세계사적 사건은 결코 한두 가지 원인에 의해 일어나지 않는다. 또 어떤 돌발적인 원인에 의해 갑자기 일어나는 것도 아니다. 프랑스 혁명의 원인에 관해서는 지금까지 세계 각국의 수많은 역사가들이 갖가지 각도에서 여러 차례 연구해 왔다. 우리도 앞장에서 그러한 연구 성과의 일부를 흡수하면서 혁명의 뿌리깊은 원인들이 무엇인가를 이미 살펴본 셈이다. 그러므로 이제 프랑스 혁명을 고찰하려고 할 때 다만 혁명의 직접 도화선이 된 귀족과 부르주아지의 대립 및 이 대립을 조정하지 못한 루이 16세에 관해서만 간단히 살펴보기로 하겠다.

18세기 프랑스는 제도에 앞서 풍속이 사회를 지배하고 있었다. 제도는 봉건적 신분 질서가 잡고 있었으나 풍속은 부르주아의 돈과 재능을 바탕으로 한 성공을 따르고 있었다. 돈과 재능은 본질상 누구에게나 평등한 것이다. 그러므로 제도는 불평등했으나 현실의 풍속은 사회적으로 평등하였다. 이 풍속상의 평등에 불만과 불평을 숨기지 않고 대항한 것이 귀족의 반동이었다. 사회적 풍속을 지배한 것은 부르주아의 이념과 실력이었다. 당시 귀족이라면 허영과 사치와 나태를 대표하고, 부르주아라면 근면과 검약과 합리성과 능률과 자유를 의미하였다. 이때의 자유는 추상적·관념적인 것이 아니라 양심의 자유와 기업의 자유였다. 또한 상공업을 규제와 금지에서 해방시키고, 이성과 과학을 신학과 도그마에서 해방시키고, 양심을 야만스런 편견에서 해방시키고, 토지를 봉건적 지조地租에서 해방시키는 자유였다. 이런 자유를 구가하는 노래는 이제 부르주아의 지휘에 따라 모든 사람이 부르는 대합창으로 변하였다. 대합창 소리를 눌러버릴 자는 아무도 없었다. 이 풍속상의 평등과 자유에 대한 대합창을 시대착오적인 낡은 제도와 권위로 막으려고 할 때 충돌은 불가피하였다.

메티비에Hubert Méthivier에 의하면 귀족이 지위를 회복하려는 운동은 네 방면에서 일어났다.

첫째는 토지의 수익을 늘리려는 갖가지 반동적 방법인데, 주로 봉건적 공조의 강화와 회복의 형태로 나타났다. 이 문제는 앞서 언급한 바 있다.

둘째는 상공업에 대한 동산 획득 방법이다. 귀족이 상공업에 종사하면 귀족 신분을 상실하게 되는 1710년 이래, 몇몇 업종에 한하여서는 귀족의 출자와 경영 참여가 인정되었다. 귀족 기업가들이 나타나게 된 것이다. 18세기 말엽에 이르면 귀족이 상층 부르주아와 결합하여 프랑스 공업을 지배하려고 하였다. 일부 도시에서는 이른바 상업 귀족이 타나났다. 귀족이라는 신분도 돈이라는 현실적인 힘을 무시할 수 없게 되었던 것이다. 아니, 오히려 귀족 신분을 지키는 길은 토지에 의해서뿐만 아니라 새로운 상공업에 의해서 돈을 버는 것이었다. 바꾸어 말하면, 평민인 부르주아지가 만들어낸 자본주의 경제 구조에 적응함으로써만 귀족의 신분도 지킬 수 있었다. 이것은 귀족의 자기모순이었다.

셋째는 귀족이라는 명예의 특권을 고수하는 일이었다. 앞장에서 언급한 대로, 18세기 후반으로 내려오면서 궁정에 출입할 수 있는 귀족 가문을 900쯤으로 한정한 사실은 오랜 전통을 자랑하는 명문들이 부르주아 출신의 햇내기 귀족들을 배격하고 스스로 명예의 특권을 회복하려는 표현이었다. 이것 역시 귀족계급의 자기모순이었다. 귀족이 누리는 명예의 특권을 귀족 자신의 힘에 의해서가 아니라 자기를 무력화시킨 왕권에 의하여 회복하려고 했기 때문이다. 한편 귀족 신분은 전반적으로 부르주아지의 상승에 대항하여 군대의 귀족화를 꾀하였다. 절대왕권이 신장하는 과정에서 유능한 부르주아가 왕군의 요직을 차지하는 일이 허다했는데, 이제 그 왕권을 지키는 군대의 중추를 귀족이 독차지하려고 부르주아를 몰아내기 시작하였다. 드디어 1781년 칙령은 선조 4대가 귀족임을 증명할 수 있는 자만을 장교에 임명하도록 하였다. 거기서 평민뿐만 아니라 평민 출신의 햇내기 귀족도 군대의 요직에서 배제되었다.

넷째는 귀족의 정치적 반동이다. 이는 군대의 귀족화와 궤를 같이하는 것으로서, 국가의 온갖 중추 기관에서 평민 출신을 몰아내고 귀족이 그 자리를 독점하려고 하였다. 루이 14세 시대에는 능력 본위로 인재를 등용했으므로 자연히 상층 귀족들이 국가의 요직에서 밀려나고 부르주아 출신들이 그 자리를 메우는 경우가 많았다. 교회에서도 이런 추세가 상당히 강하여 1780년경 프랑스의 대주교 중 절반이 부르주아 출신이었다. 그런데 루이 14세가 죽은 후부터 귀족의 지위 회복 운동을 벌인 결과, 루이 16세 시대에 오면 교회의 고위 성직은 물론이고 국가 통치기관의 요직도 거의 전부 귀족이 다시 차지하게 된다. 이때의 귀족 신분은 명문인가 아닌가와는 상관이 없고, 단지 가톨릭교에 대한 신앙심이 있느냐, 계몽사상을 품고 있느냐가 문제였다.

그런데 부르주아의 힘이 이러한 귀족의 봉건적 반동에 밀리기만 하는 나약한 존재에 불과했다면 프랑스 혁명은 일어나지 않았을 것이다. 18세기 프랑스의 부르주아는 모든 면에서 상승하고 있었을 뿐만 아니라 귀족과의 불안정한 균형을 깰 수 있을 만큼 지위가 올라가고 있었다. 귀족들이 부르주아가 차지한 고위직을 다시 빼앗을 수 있었다고 하여, 18세기 후반의 귀족이 부르주아의 상승세를 꺾을 힘은 없었다. 더구나 귀족의 반동이 강하면 강할수록 왕권을 약화시키고 있었기 때문에 한결 더 그러하였다. 귀족이 부르주아의 상승을 일시 누를 수 있었던 힘도 귀족 자체의 힘이 아니라 왕권에서 나온 것이었는데, 그 귀족이 왕권을 약화시켜서 먼 옛날 왕권에게 빼앗긴 봉건권을 회복하려고 했으니 그 모순은 이만저만이 아니었다. 이러한 모순을 안고 있는 귀족의 반동은 어차피 귀족 자체의 몰락을 가져오게 마련이었다.

그런데 이런 몰락을 도저히 돌이킬 수 없도록 한 사건이 귀족의 손으로 직접 만들어졌다. 바로 재정 문제에 대해 귀족이 내놓은 해결 방안이었다. 방안의 주요 골자는 귀족이 면세 특권이라는 봉건적 특권을 그대로 누리면서 국가재정의 엄청난 적자를 해결하려는 어이없는 방안이었다. 인구 전체의 2퍼센트에 불과한 50만의 특권 신분이 국가 재산의 반 이상을 소유하고 있으면서 자기들은 세금을 내지 않고 제3신분에게만 모든 세금을 매겨서 국가의 재정 적자를 해결하겠다고 했을때, 상승일로에 있는 부르주아지와 특권 신분의 충돌은 필연적일 수밖에 없었다. 이때 이 두 계급의 충돌을 막을 수 있는 유일한 조정자는 국왕이었다. 국왕이 공정한 조정의 기능을 훌륭히 수행했더라면 프랑스 혁명은 일어나지 않았을 것이고, 또 설혹 일어났더라도 초기에 원만한 해결을 보는 데 성공했을 것이다. 루이 16세는 이렇게 중요한 권력의 자리에 있으면서도 중요한 역사적 역할을 수행할 만한 인물이 못 되었다.

흔히 역사의 도도한 흐름 앞에서 개인의 존재란 아무것도 아니라고 하나, 상황에 따라서 개인의 힘은 결코 무력한 것이 아니다. 역사는 인간이 만드는 것으로서, 개인이 자리한 위치에 따라 역사에 미치는 힘이 클 수도 있고 작을 수도 있으나 그 힘을 무시하는 것은 잘못이다. 백년전쟁 말기에 프랑스의 패퇴를 역전시킨 무명의 소녀 잔 다르크Jeanne d'Arc의 힘은 결코 한낱 전설적인 것으로 웃어넘길 일이 아니다. 역사적 상황에 따라서는 능히 잔 다르크의 출현이 가능한 것이다. 잔 다르크처럼 무명의 소녀도 역사에 지대한 영향을 미칠 수 있다면, 하물며 막강한 공적 권력을 가진 사람의 경우는 더 말할 나위가 없다. 루이 16세의 경우는 잔 다르크와는 반대로, 막강한 공적 권력을 사용하여 프랑스의 파국을 막을 수 있었는데도 본인의 무능으로 실패한 사례로 남았다.

루이는 흔히 말하는 '사람 좋은' 사람이었다. '사람 좋은' 사람이라는 개념에는 유능하다든가 흑백이 분명하다든가 의지가 꿋꿋하다든가 책임감이 강하다든가 혹은 믿음직하다든가 하는 따위의 뜻은 들어 있지 않다. 루이가 바로 그런 사람이었다. 그는 뚱뚱한 몸집에 어디로 보나 호인형의 남자였다. 미식가이고 무도회와 사냥을 즐기고 특히 열쇠를 만드는 취미가 있었다. 취미를 취미 삼아 즐기는 정도라면 골치 아픈 정무에 휴식을 제공하는 오락거리쯤으로 생각하겠지만, 루이는 골치 아픈 정치는 아예 질색이고 사냥과 열쇠 만들기에만 전념하는 편이었다. 그는 국왕 참의회에서 골치 아픈 일이 논의되면 곧 피곤해져서 회의석상에서도 졸곤 했다고 한다. 그러한 인물이었으니 아무리 막강한 권력을 쥐고 있다 한들 무슨 유익한 일을 과단성 있게 해낼 수 있었겠는가? 더구나 프랑스 혁명과 같은 인류 역사상 가장 큰 사건에 직면하여 어찌 일을 제대로 판단하여 책임성 있게 처리할 수 있었겠는가?

이러한 최고 권력자를 두었던 프랑스는 분명히 불행한 나라였다. 그러나 그러한 국왕일지라도 국왕을 보필하는 사람들이 똑똑하면 국가의 불행을 피할 수도 있고 또 불행을 덜 수도 있는데, 루이의 주위에는 그런 사람들마저 없었다. 루이에게 가장 많은 영향을 미쳤던 왕비 마리 앙투아네트Marie Antoinette는 허영심이 강하고 경박하고 수다스럽고, 나쁜 의미로 정열적이고 춤을 즐기고 별별 추문을 다 만들어내는 여자였다. 루이와 프랑스의 불행을 한층 더 악화시킨 것이 이 여자였다. 더구나 그녀는 프랑스 혁명을 반대하는 국제적 음모에 앞장선 오스트리아 황제의 왕녀였다. 만일 루이가 마리 앙투아네트가 아니라 현명하고 정숙한 프랑스 여인을 왕비로 두었더라면 루이와 프랑스의 불행은 정도가 덜했을지도 모른다.

한때 온 세상을 떠들썩하게 한 저 유명한 다이아몬드 목걸이 사건을 간단히 살펴보면 루이와 왕비, 그리고 그들 주변의 궁중 꼴이 어떠하였던가를 어렵지 않게 짐작할 수 있다. 라 모트Jeanne Balois de la

'사람 좋던' 루이 16세와 허영심 가득했던 왕비 마리 앙투아네트.

Motte 백작 부인은 여자 사기꾼이고 로앙 추기경Cardinal de Rohan은 바람둥이 오입쟁이였다. 이 둘은 불륜의 정을 통하고 있었는데 백작 부인은 앙투아네트와 아주 친한 사이인 것처럼 행세하였다. 그런데 값비싼 다이아몬드 목걸이 하나가 파리의 보석상에 있었다. 앙투아네트는 그 목걸이를 사고 싶었으나 루이가 사주지 않았다. 이것을 알았던 백작 부인이 로앙에게, 그 다이아몬드 목걸이를 왕비에게 사드리는 데 중간 역할을 해준다면 왕비의 사랑을 받을 수 있으리라고 넌지시 암시하였다. 백작 부인은 왕비에게 팔아주겠다고 보석상에게서 목걸이를 건네받은 후, 로앙에게는 거저 줄 터이니 그것을 왕비에게 선사해 주었으면 좋겠다는 인상을 풍겼다. 사기꾼에게 속아 넘어간 바람둥이 로앙은 이게 웬 떡이냐고 좋아하여, 어느 날 저녁 왕비라고 확신한 어떤 부인과 베르사유 궁전의 나무 그늘에서 달빛을 받아가며 밀회를 즐겼다.

　얼마 후 보석상이 목걸이 외상값을 궁정에 청구해 옴으로써 이 사건이 발각되었는데, 루이는 이 수치스런 일을 은밀히 처리하려고 하지 않고 고등법원의 손을 빌려서 자기의 명예가 침해당한 데 대해 보복하려고 하였다. 백작 부인은 유죄 판결을 받고 징역을 살다가 탈옥하여 영국으로 도망 가서 《라 모트 백작 부인의 변명서》라는 책을 써서 사건의 전모를 폭로하였다. 게다가 다이아몬드 목걸이는 남편 라 모트 백작이 벌써 영국으로 갖고 도망치고 없었다. 한편 로앙 추기경은 고등법원으로부터 무죄로 석방되어 세간의 갈채를 받았는데, 이 판결은 프랑스의 왕비를 유혹하는 것쯤은 쉬운 일이라고 생각하는 것이 범죄가 아님을 증명한 셈이었다. 이때부터 파리 경찰국의 진언에 따라 마리 앙투아네트는 파리 시민의 시위를 두려워하여 파리에 가지 못하였다. 같은 해 1786년에 스트라스부르 조폐국에서는 루이 금화를 주조하였는데 그 금화에 새긴 왕의 초상에는 뿔이 달려 있었다. 초상의 뿔은 간통한 아내를 둔 남편을 상징하는 것이었다.

　이러한 왕궁의 추태와 악평을 진심으로 걱정하는 왕의 측근들이 있었다면 아마 사태는 그다지 심각하게 악화되지 않았을 것이다. 그러나 루이를 가장 걱정해 주어야 할 왕의 아우들인 아르투아 백작과 프로방스 백작 및 왕의 사촌인 오를레앙 공 등은 걱정은커녕 오히려 루이를 퇴위시키고 자기들이 왕위에 오를 궁리를 하고 있었다. 이들은 고등법원이 루이 16세의 무능력자 선언을 하도록 획책하고 있었다. 혁명 전야의 왕실 꼴이 이 모양인데도 루이 16세의 귀에는 아무것도 들려오지 않았고 그의 눈에는 아무것도 보이지 않았다. 그는 자기 마음속의 권력자로 자리 잡은 왕비와 무책임한 측근들의 예상과 계획대로, 어디로 가는지도 모르면서 끌려가고 있었다.

2. 재정 문제와 귀족의 혁명

앞에서 우리는 18세기 프랑스는 대체로 호경기를 맞았으나 1775년 이래 불황에 직면하게 되었다는 사실을 지적한 바 있는데, 이 불황기에 프랑스 정부는 최소한 두 가지 중대한 정책적 과오를 저질렀다. 하나는 1778년 미국 독립 전쟁의 참전이고 또 하나는 1786년 영-불 통상조약의 체결이다. 미국 독립 전쟁을 돕기 위해 프랑스가 쓴 돈은 무려 20억 리브르였다. 이 돈은 프랑스가 만성적인 재정 적자를 일으키게 되는 가장 중요한 요인이었다. 프랑스가 그렇게 막대한 돈을 쓰면서 미국의 독립을 도운 이유는 따지고 보면 영국에 대한 유치한 복수심 때문이었다. 7년전쟁(1756~1763)으로 영국에 빼앗긴 신대륙의 식민지들이 바야흐로 영국에서 독립한다고 나서자 영국에 복수할 기회가 왔다고 미국의 독립을 도운 것이다. 그러나 그 식민지들이 독립한다고 하여 프랑스에 이로울 것은 없었다. 더구나 신생 아메리카는 프랑스를 닮은 왕국이 아닐뿐더러 왕정을 철저히 부정하는 민주공화국이었다. 아메리카 합중국의 건국이념이야말로 바로 프랑스 부르봉 왕가의 타도를 외치고 나서는 자유와 평등의 혁명 이념이었다. 프랑스가 미국 독립 전쟁에 참전한 사건이야말로, 복수심 같은 원시적인 감정에서 나온 정책이 국가이익에 얼마나 어리석은 결과를 가져오는지 여실히 보여주는 모델이다.

  1786년의 영-불 통상조약은 영국 공업 제품을 수입함으로써 프랑스 공업에 타격을 주고, 프랑스 곡물을 수출함에 따라 곡가의 폭등을 가져왔다. 이는 1775년 이래의 불경기를 타개하기는커녕 오히려 더 악화시켜 주요한 사회불안 요인을 만들었다. 특히 곡가의 폭등은 여러 가지 위기적 요인을 가중시켜 혁명 전야의 분위기를 더욱 심각하게 하였다.

  더구나 이러한 분위기는 세금 징수를 어렵게 하였다. 국가의 세입이 줄면 세출을 줄여서 예산의 균형을 맞추는 방법이 있으나, 당시 프랑스의 재정 상태는 그런 방법을 쓸 만한 여유도 없었고 또 그런 생각도 없었다. 절대군주 국가의 재정은 왕실의 재정으로서 국고와 왕고가 따로 구별되지 않는다. 프랑스 혁명 전야의 왕고는 텅텅 비어 있었다. 루이 14세가 후손에게 남겨준 가장 큰 유산은 빚과 베르사유의 사치 생활이었다. 빚을 갚지 못하면 이자가 누적되게 마련이고, 더 이상 빚을 얻을 수도 없다. 빚을 더 얻으려면 우선 있는 빚을 갚아야 했으므로 빚을 갚기 위해 빚을 내는 악순환이 계속되었다. 이런 악순환은 18세기 프랑스의 재정에 그대로 나타났다.

  그러나 18세기의 프랑스는 호경기 시대를 맞아 번영했기 때문에, 합리적인 조세제도에 의한 조세수입을 도모하면서 세출을 최대한 절약했더라면 빚의 누적을 막을 수 있었다. 그런데 앞서 말한 바와 같이 세제가 엉망인 데다가 왕실은 세출의 절약은커녕 루이 14세 이후로 지속된 사치와 낭비의 습성을 조금도 고치지 않았다.

  루이 16세가 즉위한 1774년 국고의 빚은 약 15억 리브르였는데 혁명이 일어나는 1789년에는 45억 리브르로 늘었다. 15년간에 세 배가 는 셈이다. 루이 16세의 재무 총감 튀르고Anne Robert Turgot는 "적자 없는 예산, 증세 없고, 차입 없는" 재정 3원칙을 세워 개혁을 단행하였으나, 왕실과 특권층의 반대에 부딪쳐 2년 후인 1776년에 물러났다. 그의 뒤를 이른 쥐네브 출신의 신교도인 은행가 네케르는 닥치는 대로 빚을 얻었다. 그는 자기 증권을 1할 내지 1할 2푼의 헐값으로 팔아서 왕실의 빚을 대주기까지 하였다. 그는 재정 보고서에서 매년 약 5,000만 리브르의 적자가 누적되고 있다는 사실을 숨기고 1,000만 리브르의 흑자가 나는 것처럼 거짓 보고했는데, 그 이유는 채권자들의 신용을 잃지 않고 계속 빚을 얻기 위해서였다. 이 거짓 보고는 세제개혁을 반대하는 고등법원 중심의 귀족들에게 개혁 무용론의 강력한 구실을 제공하여, 개혁의 길을 더 좁혀놓고 말았다.

훗날 네케르는 1787년 '명사회名士會'에서 허위 보고서가 폭로되어 프랑스에서 추방당하게 된다. 네케르 이후 1783년 재무 총감에 임명된 사람은 칼론Charles Alexandre de Calonne이었는데, 그도 재정난을 해결하는 데에는 뾰족한 수가 없었다. 그는 세입을 올리려고 새로 벼슬을 팔고 주화를 늘리고 파리 시 입시관세入市關稅를 신설하고 은행에서 7,000만 리브르를 빌리고 징세 청부업자에게서 2억 5,500만 리브르를 먼저 빌려오는 등 별의별 방법을 다 썼지만 1억 100만 리브르의 적자를 보았다. 누적되어 온 빚 가운데서 반제 기간이 만료된 부분의 상환조차 어려운 형편이었다. 더구나 정부는 파리 고등법원을 비롯한 지방 고등법원들과 대립하고 있었으므로, 그들이 왕실의 차관과 새 세금의 등록을 거부할 것은 명백하였다. 칼론은 할 수 없이 1786년 8월 20일 루이 16세에게 국가의 재정 형편을 사실대로 보고하였다.

그는 국부적인 방법으로는 국가를 구할 수 없으므로 근본부터 다

뜯어고치되, 경제개혁에 그치지 말고 국가기구의 불합리함까지 모두 개혁하여 국가 전체에 새 활력소를 불어넣어 주어야 한다고 강력히 주장하였다. 그리고 소금세와 인두세를 완화하고 내국관세를 철폐하고 20분의 1세 대신에 어떤 종류의 토지에 대해서든 구별 없이 공평하게 지세를 부과하고 파리 할인은행을 국립은행으로 개편할 것 등의 개혁안을 건의하였다.

왕은 칼론의 건의를 받아들였다. 그러나 그 개혁안들은 고등법원에 등록되어야 효력을 발생하는데, 고등법원이 그런 개혁을 용인할 까닭이 없었다. 거기서 정치적 편법으로 강구한 것이 명사회를 소집하여 개혁안을 토의에 부치는 것이었다. 여태껏 왕이 선임한 명사회는 왕의 뜻을 거역한 전례가 한 번도 없었으므로 이 방법을 쓴 것이었다. 1787년 2월 22일 왕이 지명한 명사 144명이 한자리에 모였다. 왕족 일곱 명, 귀족 36명, 법관 33명, 주교 11명, 왕의 고문관 12명, 삼부회가 유력한 지방인 페이 데타pays d'état의 대표자 12명, 도시의 시장 25명.

칼론은 이들에게, 넓은 왕국 안에는 너무나 복잡하고 구구한 법률들과 습관들, 특권과 권리, 세제 등이 착종하여 왕국의 통일과 조화를 방해한다는 것과, 왕국의 혼란과 낭비와 모순을 제거하기 위해서는 과감한 개혁이 절실히 필요하다고 역설하였다. 그는 특히 소금세의 악폐 실례를 낱낱이 들어 개혁의 필요를 강조하고, 국가재정의 실정을 사실대로 보고하였다. 명사들을 깜짝 놀라게 한 것은 엄청난 재정 적자였다. 네케르가 허위로 보고한 흑자 재정 보고서만을 믿고 있었던 그들이 놀란 것은 너무나 당연하였다. 그들이 네케르를 프랑스에서 추방한 것도 이때 일이었다.

그러나 네케르를 추방했다고 하여 빚더미에 오른 재정이 흑자로 바뀌는 것은 아니었다. 명사회가 이제 진지하게 접근해야 할 일은 칼론의 정직한 보고를 검토하여 그의 개혁안을 차질 없이 실천에 옮기도록 최선을 다하는 일뿐이었다. 그러나 그것은 자기들의 면세 특권을 포기하고 평민과 마찬가지로 납세의 의무를 지는 것을 의미하였다. 그들은 체면상 평등 과세에 반대한다고 선언할 수는 없었지만 속으로는 반대하고 있었기 때문에 엉뚱하게 칼론 개인에게 화살을 겨누었다. 칼론의 개혁안을 반대할 명분이 없으니 칼론 개인을 인신 공격하여 그를 재무 총감의 자리에서 쫓아내려고 하였다. 사실 칼론은 청렴한 사람이 아니었다. 빚과 정부情夫가 있었고 공금횡령의 혐의도 있었다. 파리 고등법원은 칼론의 공금 집행에 대한 정당성을 심문하도록 명하였다. 칼론은 영국으로 도망하였다.

네케르는 국가재정의 증상을 숨겼다고 추방당하고 칼론은 그 증상을 밝히고 치유 처방을 제시했다고 쫓겨났다. 그렇다면 루이 16세의 프랑스 왕국이라는 중환자를 치유할 명의는 누구란 말인가? 결국 혁명에 의한 수술밖에는 달리 길이 없었다.

칼론의 뒤를 이른 툴루즈의 대주교 브리엔Étienne Charles de Loménie de Brienne은 왕은 좋아하지 않았으나 왕비가 강력히 추천한 사람이었다. 브리엔의 수완이 유별나게 뛰어난 것도 아니었거니와, 이제 누가 재무 총감이 되든 해결 방법은 특권 신분의 면세 특권 폐지밖에 없었다. 브리엔도 별수 없었다. 그런데도 브리엔은 왕비와 명사회의 비위를 맞추고 그들의 눈치를 살피지 않을 수 없었다. 이러한 우유부단이 반동 세력에게 한결 더 용기를 주어서 결국 사태를 전반적으로 악화시켰다.

브리엔은 우선 당장의 재정 파탄을 피하기 위한 6,700만 리브르의 차입에 대하여 명사회와 고등법원의 승인을 얻는 데 성공하였다. 그러나 그가 다음과 같은 개혁안을 제안했을 때 그는 반대에 부딪혔다. 개혁안의 주요 내용은 1685년 낭트 칙령의 폐지로 신교도에게서 박탈한 공민권을 부활시켜주고, 지방 삼부회를 무력화하고, 특권 신분과 부르주아지의 연합을 파괴할 목적으로 두 특권 신분과 제3신분 대표자의 수를 똑같게 하는 지방의회를 창설하고, 부역을 금납으로 대행하게 하고, 귀족과 성직자의 토지에 대해서도 지세를 부과하고, 청원서·영수증·신문·선전문 등에 인지를 붙이는 인지세를 신설하는 것 등이었는데 이 개혁안이 명사회와 고등법원의 반대에 부딪혔던 것이다. 고등법원은 신교도에게 공민권을 부여하는 명령과 지방의회의 설치 명령 및 인지세 신설 명령을 반대하면, 새 세금을 승인할 수 있는 유일한 기관은 삼부회뿐이라고 주장하여 그 소집을 요구하였다. 명사회도 자기들은 귀족과 성직자의 토지에 대한 과세를 승인할 권리가 없다고 꽁무니를 뺐다. 이는 삼부회를 소집하라는 뜻이었다.

 이렇게 고등법원도 또 심지어 왕의 신임이 두터운 것으로 여겨졌던 명사회도 왕권에 반항하고, 1614년 이래 한 번도 소집된 일이 없는 낡아빠진 중세의 신분 의회인 삼부회를 소집하여 그곳을 거점으로 하여 왕권의 약화와 귀족 봉건권의 부활을 꾀하고 있었다. 이때 만일 브리엔이 지혜와 용기를 가지고 삼부회를 소집했더라면, 아직은 왕의 위력이 상당히 강하고 또 부르주아도 아직은 왕의 개혁 약속의 성실성을 신뢰하고 있었기 때문에 왕권이 약화되지 않고 더 강화되었을 가능성이 컸다. 그런데도 브리엔의 지혜와 용기는 거기까지 미치지 못하였다. 그는 특권 신분에 대한 지세 부과안과 인지세를 철회하고, 그 대신 20분의 1세를 모든 신분의 국민에게서 공평하게 징수하는 것으로 타협하는 한편, 삼부회를 1792년에 소집한다는 약속하에 4억 2,000만 리브르의 차입을 승인받았다.

그런데 이때 난데없는 데서 반왕 운동의 신호탄이 터졌다. 1787년 11월 19일 루이의 사촌 오를레앙 공이 4억 2,000만 리브르의 차입금 등록을 명한 왕명을 불법이라 항의해 온 것이다. 왕은 오를레앙 공을 파리 밖으로 추방하고 그의 고문들을 투옥하였다. 그러자 고등법원이 왕의 그런 처사가 불법이라고 항의해 왔다. 왕은 드디어 1788년 4월 고등법원을 무력화하려고 국왕전권 재판소Cour plénière를 신설하여 왕의 명령과 문서를 일체 이 재판소에 등록하게 하고, 고등법원이 관장한 민사 및 형사 재판도 대부분 바이아주 재판소로 넘기게 하고, 소금 재판소니 징세 재판소니 하는 종래의 각종 재판소를 폐지시켰다. 그러나 파리 고등법원을 선두로 전국의 고등법원이 이 새 재판제도에 맹렬히 항거하였다. 그들은 새 재판소의 설치를 반대하고, 모든 법원에 파업을 선동하고, 삼부회와 지방 삼부회의 소집을 요구하고, 경우에 따라서는 사회적 혼란을 야기하는 일도 서슴치 않았다. 이 일로 지방에서 무질서와 폭동이 일어났다. 시위 군중과 군대가 충돌했다. 군대가 시위 군중에 가담하는 경우도 적지 않았다. 성직자와 대검 귀족도 법복 귀족에 합력하였다.

당시 프랑스에서 가장 공업화되어 있었던 도피네 지방의 그르노블 시 고등법원은 6월 7일 "만일 브리엔의 명령이 집행되면 도피네는 왕에 대한 충성에서 완전히 해방된 것으로 간주될 것이다"라고 선언하였다. 그르노블 시민은 봉기하여 추방된 고등법원을 본래의 건물로 복귀시키고 직무를 부활시켰다. 이는 반역에 해당하는 행동이었다. 동시에 도피네의 지방 삼부회는 7월 21일 왕의 승인 없이 제멋대로 모여서, 금후 제3신분 대표자는 다른 두 신분 대표자의 두 배가 될 것이고, 신분별로 표결하지 않고 대의원 각자가 한 표식 투표하여 다수의 원칙에 따라 표결한다는 것을 결의하였다. 이 표결 방식의 개혁은 신분 사회의 원리를 부정하고 시민사회의 원리를 채택한 것으로서 프랑스 혁명은 여기서 벌써 승리를 기록하기 시작하였다. 도피네 지방 삼부회는 다른 지방의 지방 삼부회에도 자기들과 마찬가지 조처를 취하도록 권고하는 한편 전국 삼부회가 소집되지 않는 한 국왕에 대한 세금을 내지 않기로 결의하였다. 이 도피네 삼부회의 영향은 전국으로 파급되어 갔다.

8월 8일 드디어 브리엔은 할 수 없이 다음 해 1789년 5월 1일에 삼부회를 소집하기로 결정했다고 발표했다. 이는 앞서 약속보다 3년을 앞당긴 것이었다. 그러나 때는 이미 늦었다. 반왕 운동의 대열에는 귀족만이 아니라 부르주아도 이미 참가하고 있었다. 부르주아의 반왕 운동에는 영국식의 입헌군주파와 미국식의 민주공화파가 고등법원과 함께 사방에서 활동하고 있었다. 혼란은 세금 징수에 악영향을 미쳐 국고는 거의 파산 상태에 직면하였다. 브리엔은 드디어 정부의 지불정지를 명하였다. 국고가 진 방대한 빚과 이자를 갚지 못하겠다니, 루이의 왕국은 재정적으로 이미 무너진 것이나 다름이 없었다.

8월 25일 왕은 할 수 없이 브리엔을 파면하고 네케르를 다시 불러들였다. 외국으로 추방했던 네케르를 다시 불러들인 것은 왕의 뜻이 아니라 민중의 여론이었다. 왕위는 이제 대신을 자유로이 선임할 수 있는 자리도 못 되었다. 네케르가 왕명을 수락하는 데는 최소한 두 가지 조건이 있었다. 하나는 새로 설치한 재판제도를 폐지하고 고등법원의 기능을 회복시키는 것이고 또 하나는 삼부회를 예정대로 다음 해 5월에 소집한다는 것이었다. 왕은 이 두 조건을 수락하였다. 불과 몇 달 전에 추방되었던 고등법원 판사들이 이제 개선장군처럼 제자리로 돌아왔다. 왕의 무력함이 온 천하에 드러났다. 귀족의 반란이 왕권을 극도로 무력화시킨 것이다. 군중은 열광 속에서 시위와 폭동을 일으켰다. 그러나 고등법원은 이를 진압하기는커녕 오히려 진압에 나선 군 지휘관을 파면하여 혼란을 부추겼다. 이쯤 되면 왕군은 고등법원에게 무장해제된 것이나 다름없었다. 귀족의 봉건적 반동이 그 절정에 이른 것이다. 샤토브리앙이 지적한 대로 "낡은 국가체제에 가한 최대의 타격은 귀족의 손으로 가해졌다. 귀족들이 혁명을 시작하였다".

  샤토브리앙의 말대로 귀족이 먼저 불을 질렀다. 귀족들은 그 불이 절대왕권을 태워버리고 왕의 권력을 자기들에게 돌려준 다음에는 저절로 꺼질 것으로 생각하였다. 그러나 그것은 엄청난 착각이었다. 그들은 역사의 흐름을 전혀 짐작하지 못하는 어리석은 무리였다. 자기들이 지른 불이 절대왕권을 태우는 데 멈추지 않고 자신들마저 다 태워버릴 부르주아 혁명으로 번지리라고는 꿈에도 생각지 못하였다. 그들은 열기를 뿜으면서 개막되는 개혁을 잃어버린 봉건권의 회복으로 간주하고 있었으나, 파트리오트patriote(혁명파)라고 불리는 부르주아 개혁가들은 그 개혁을 일체의 과거를 태워버리는 것으로 생각하고 있었다. 혁명파는 영국이나 미국식 민주주의를 위하여 싸울 뿐, 결코 귀족의 과두정치를 위하여 싸우려는 것이 아니었다. 그리하여 삼부회의 선거 방법과 구성 문제에서 벌써부터 귀족과 평민 사이에는 대립과 충돌이 나타나기 시작하였다. 이 대립은 날이 갈수록 심해졌다.

  맨 먼저 삼부회의 선거 절차와 방법에 관하여 의견이 매우 분분했다. 그도 그럴 것이 삼부회는 1614년을 마지막으로 한 번도 소집된 일이 없는 터라 그럴 수밖에 없었다. 거기에다 부르주아지는 1614년의 삼부회와 이번 소집되는 삼부회를 동일한 성격의 것으로 보지 않고 있었다. 이번의 삼부회는 국민대표 회의의 성격을 가지는 것이기 때문에 첫째, 그 구성에서는 제3신분 대표의 인원이 적어도 제1, 제2신분 대표자의 합계에 맞먹어야 하고, 둘째, 표결 방식이 신분별이 아니라 대표자 각자가 한 표식 행사하는 방식이라야 한다는 것이었다. 이 두 주장은 위에서 말한 바와 같이 이미 지난 7월 21일 도피네 삼부회가 결의한 바 있었다. 그런데 재임된 네케르가 공표한 삼부회의 선거 절차는 1614년의 형식을 따르는 것이었다. 그 형식에 따르면, 바이아주 재판구마다 세 신분의 대표를 각 한 사람씩을 신분별로 선출하고, 표결 방식은 세 신분 만장일치제였다. 부르주아지의 주장과는 거리가 먼 것이었다.

  그런데도 파리 고등법원은 9월 25일 네케르의 포고를 정당한 것으로 판결하였다. 이에 혁명파들은 고등법원과 판사들을 새로운 형태의 전제와 불법과 부패와 월권을 휘두르는 집단이라고 공격하였다. 그들은, 고등법원의 심문은 주교의 심문보다 더 무섭다는 백성의 원성을 소리높이 선전하고 고등법원을 썩어빠진 왕정과 교회에서 분리시키지 않았다. 자기들과 함께 반왕 운동을 전개한 부르주아지의 날카로운 화살을 맞게 된 파리 고등법원은 크게 당황하였다. 따라서 새 명령을 발포하여 제3신분 대표자의 수를 제1, 제2신분 대표자의 수에 맞먹게 하였다. 그러나 표결 방식에 대해서는 언급이 없었다. 고등법원은 부르주아의 공격 앞에 일보 후퇴하기는 하였으나 그 후퇴는 불확실한 것이었다. 왕명도 고등법원의 포고와 마찬가지로 표결 방식에는 언급이 없었다. 12월 12일에 해산한 명사회도 1614년의 방식을 찬성하였다.

  이제 민중의 눈에는 고등법원의 정체가 분명해졌다. 고등법원의 인기는 일조에 증오로 변하기 시작하였다. 귀족과 민중의 충돌이 도처에서 일어났다. 1789년 1월 브르타뉴 지방에서는 대학생 중심의 부르주아와 귀족 사이에 싸움이 일어나 귀족이 졌다. 3월에는 브장송 시에서 민중이 봉기하여 고등법원 판사의 집들을 약탈하였다. 이때 군대는 자기들은 "국가의 적을 공격하는 것이지 시민을 공격하는 것이 아니다"라고 선언하면서 약탈을 방관하였다. 민중의 중론은 이제 양상이 달라졌다. 왕과 전제정치와 국가체제에 관한 것은 부차적인 문제였고, 더 중요한 것은 특권 신분에 대한 제3신분의 투쟁의 문제였다. 민중은 여러 지방에서 소동을 일으켰다.

파리의 레베이옹 공장 폭동(4월 27일)은 약 500명의 사망자를 냈다. 왕국은 물 끓듯이 소란해지고 열기를 뿜었다. 사실, 프랑스 혁명의 진전 과정이 명백히 보여주듯이, 민중의 열띤 전진 앞에서는 특권 계급은 사회의 기생자에 불과한 무력한 존재라는 것이 여실히 드러났다. 거기에다가 특권계급이 분열하고 있었다. 프랑슈─콩테 지방에서는 22명의 귀족이 특권 신분의 결의에 반대하여 제3신분 대표자의 수를 배로 늘이고 조세와 법률의 평등을 선언하였다. 브장송 시에서는 이 22명의 귀족을 제3신분 선거인 명단에 기록해 주었다. 프랑슈─콩테 지방에서만이 아니라 여러 지방에서 귀족들 사이에 대립과 반목과 분열이 일어났다.

이에 반하여 제3신분은 흥분의 열기 속에서 전진만을 계속하였다. 왕은 모든 백성에게 "짐은 왕국의 방방곡곡에서 이름 없는 백성이 모두 자기의 소원과 요구를 짐에게 상신할 것을 윤허하노라"고 명령하였다. 세금을 바칠 때와 부역에 징용될 때 이외에는 불린 적이 없던 백성이 이제 임금에게 자유롭게 자기들의 소원과 불만을 호소할 수 있다니, 정말 꿈 같은 일이 아닐 수 없었다. 민중은 부푼 꿈을 안고 왕에게 감사하였다. 국왕에 대한 경외심과 신앙심은 아직 변함이 없었을 뿐만 아니라 왕을 자기들 편으로 확신하였다. 백성은 이 확신 밑에서 불만과 희망의 목표를 향하여 돌진하였던 것이다. 왕이 자기들 편이 아니라는 것을 깨닫게 될 때 백성은 왕에게서 멀리 떨어져 나가게 되지만, 그것을 깨닫기까지는 아직 상당한 시간이 필요했다.

3. 혁명의 제1막

삼부회의 선거 기구는 꽤 복잡했으나 퍽 '리버럴' 한 편이었다. 제1신분의 경우, 주교는 열 명에 한 명, 사제는 전원, 수도원은 한 수도원마다 한 명씩으로 구성되는 선거 위원회를 만들어서 베르사유로 보낼 제1신분 대표자 308명을 뽑았다. 따라서 이 308명 중에는 사제가 비교적 많았다. 제2신분의 경우에는, 바이아주 재판구별로 세습 귀족의 작위를 가진 자는 전원이 각자 자기 재판소 소재지에 모여서 선거인단을 구성하고 이 선거인단이 대의원을 선출했다. 귀족 대표 대의원은 대검 귀족이 265명, 법복 귀족이 20명 도합 285명이었다. 제3신분의 경우는, 직인 길드 조합원 100명에 한 명, 기타 길드 조합원 100명에 두 명, 비조합원 시민 100명에 두 명을 선거 위원으로 선출하여 바이아주 재판소 소재지로 보내면, 거기서 200호에 두 명꼴로 선출된 농촌 출신 선거 위원들과 합동하여, 최종적으로 베르사유로 보낼 제3신분 대의원을 선출하였다. 제3신분 대의원 총수는 621명이었는데, 약 절반이 법률가들이고 나머지 반은 여러 가지 종류의 직업을 가진 사람들이었으나 진정으로 농민과 노동자를 대표하는 사람은 거의 없었다. 특히 흥미로운 것은 귀족 신분의 미라보나 성직자 신분의 시에예스Emmauel Joseph Sieyès(흔히 아베 시에예스Abbe Sieyès로 알려진) 같은 사람들이 자기 신분 회의에서는 탈락되고 제3신분 회의에서 제3신분의 대의원으로 선출된 사실이다. 두루 아는 바와 같이, 미라보는 프랑스 혁명 초기에 눈부신 활동을 펼쳐 혁명에 공로한 바가 크고, 시에예스는 《제3신분이란 무엇인가?*Qu'est-ce que la tiers état?*》를 써서 "제3신분이란 국민 전체이다"라는 명쾌한 말을 남겨 널리 알려진 사람이다.

삼부회의 대의원 선출 과정에서 국민이 왕에게 올리는 진정서를 많이 작성하였는데, 글을 읽을 줄도 쓸 줄도 모르는 농민의 의견이 거기에 충분히 반영될 수 없었다는 것을 고려하면서 그 진정서들을 조사해 보면, 신분마다 같지 않으나 공통되는 국민의 여망이 발견된다. 특권 신분은 권리의 평등과 기회의 균등 및 개인별 표결 방식 등을 반대하고, 농민은 영주권의 지배와 길드를 반대하고 있다. 신분과 이해관계에 따라 국왕에게 호소하는 것이 같을 수 없는 것은 당연하다. 그러나 진정 내용에 공통되는 것을 뽑아보면, 왕권을 제한하는 헌법, 국민의 선거에 의한 입법부, 입법부에 의한 과세와 납세의 평등, 가톨릭교회의 전제 반대, 배심 재판제도, 언론과 사상의 자유 등이다.

이러한 목표들을 품에 안고 삼부회 대의원 1,214명이 1789년 5월 초 프랑스 왕국의 방방곡곡 원근 각지에서 베르사유로 모여들었다. 그들은 대부분 베르사유는 물론이고 파리도 처음 보는 시골뜨기 유지들이었다. 특히 제3신분 대의원들이 그랬다. 그들은 우선 베르사유 궁정의 호사함에 놀랐다. 백문이 불여일견이라고, 베르사유 궁정이 넓고 아름답고 호화롭다는 말은 들었지만, 눈앞에 전개되는 궁정

1789년 5월 5일 베르사유에서 열린 삼부회의 모습.

은 실로 놀라움을 감출 수 없는 호사와 장대壯大의 극치였다. 그런데 문제는 그들이 그저 놀라는 데 그치고 마는 시골뜨기들이 아니라는 데 있었다. 그들은 자기 나름의 비판력이 있었던 것이다. 베르사유의 장대하고 호사한 궁정과 궁중 생활의 비용은 어디서 나왔던가? 바로 제3신분의 혈세가 아닌가! 국가재정 파탄의 원인이 어디 있는가를 그들은 이제 눈으로 똑똑히 보게 된 것이다. 삼부회의 회의 장소를 파리로 하지 않고 베르사유로 한 것은 왕이 그토록 즐기던 사냥의 편의를 위함이었는데, 이것은 왕의 첫째 실책이었다. 삼부회가 아직 개회도 되기 전에 이미 왕에 대한 적의와 증오가 대의원들의 마음속에 싹트고 있었다.

제3신분 대의원들의 마음을 한결 더 불쾌하게 하는 일들이 잇달아 일어났다. 왕은 특권 신분 대의원들은 응접실에서 정중히 접견했으나 제3신분 대의원들은 왕의 침실에서 한 줄로 서서 접견하였다. 제3신분은 검은색 제복을 입으라는 명령을 받았는데, 이는 특권 신분이 차려 입은 찬란한 황금색과 초라한 대조를 이루었다. 드디어 개회식 날인 5월 5일이 되었다. 왕은 특권 신분 대의원은 양쪽으로 열리는 넓은 출입문으로 당당히 입장하게 하고 제3신분은 좁은 뒷문으로 입장시켰다. 제3신분 대의원 사이에서는, 이쯤 되면 1614년의 경우처럼 꿇어 엎드려서 왕의 개회사를 들으라는 명령이라도 내려지지 않겠느냐 하는 무거운 공기가 흘렀다.

이렇게 시작된 개회식은 제3신분 대의원들을 한결 더 실망시켰다. 루이 16세는 개회사에서 지극히 감상적인 어조로 개혁 정신을 경계하도록 주의를 환기시키고, 무엇보다도 국고를 충실히 하는 방법을 찾는 데에 온 힘을 기울여달라고 부탁하였다. 이어 등단한 법무 대신은 왕의 미덕과 행복만을 찬양하였고, 네케르는 장장 세 시간이나 숫자만을 나열하였다. 그는 재정 적자는 별것 아니고 약간의 개혁만으로 쉽게 메워질 수 있는 것처럼 보고하였다. 그렇다면 무엇 때문에 이렇게 많은 사람을 이곳 베르사유까지 불러올린 것인가! 더구나 왕이나 대신 그 누구도 정치적 개혁이나 개인별 표결 방식에 대해서는 일언반구 언급이 없었다. 제3신분 대의원들은 침묵으로 실망을 표시하였다.

이날 밤 지방별로 열린 제3신분의 집회에서는 모두 같은 결의를 하였다. 신분의 구별 없이 대의원 전체가 합동으로 대의원 위임장을 심사할 것과, 공동 심사가 끝날 때까지 신분별 회의장을 마련해서는 안 된다는 것이었다. 이 결의는 곧 신분의 구별이 실재함을 부정한 것이었다. 그러나 두 특권 신분은 각각 따로 모임을 가지고 제3신분의 결의를 따르지 않았다. 그 후 한 달 이상 특권 신분과 제3신분 사이의 대립이 계속되었다. 그동안 양자 간의 타협을 위한 노력이 여러 모로 진행되었으나 아무 소용이 없었다.

6월 12일에 이르러 드디어 제3신분은 단독으로 대의원 위임장 심사에 들어갔다. 제3신분의 단호한 결의를 행동으로 나타낸 것이다. 제1신분 대의원인 사제 세 명이 제3신분 회의에 합류하자 그 후 수일 안에 16명의 사제가 뒤따랐다. 6월 17일 이들 19명의 제1신분 대의원을 포함한 제3신분 회의는 자기들이야말로 프랑스 전체 국민의 대표자임을 선언하여 490 대 90으로 국민의회Assemblé Nationale의 성립을 결의하였다. 이 중대한 역사적 선언과 함께 국민의회는 자신의 결의에 의하지 않고는 결코 해산하지 않는다는 것과, 어떠한 이유에 의해서건 강제로 해산되는 경우에는 전체 국민이 납세를 하지 않는다는 것과, 국민의회가 가결한 결의에 대해서는 일체 왕이 거부권을 행사하지 못한다는 것을 결의하였다. 이제 제3신분 의회는 제3신분이라는 특정 계층의 대표가 아니라 프랑스 국민이라는 일반의지의 대표 기관이 되어 국민의회라는 명칭을 쓰게 된 것이다. 이렇게 국민의회가 프랑스의 새 주권자가 되었으니 지금까지의 주권자인 왕과의 충돌은 필연적일 수밖에 없었다. 따라서 6월 17일 결의는 왕에 대한 협박일 뿐만 아니라 그 주권에 대한 도전이었다.

이러한 중대 사태에 직면해서 정치적으로 중요한 의미를 띠는 것은 제1, 제2신분 회의의 향방이었는데, 19일 제1신분 회의가 149 대 137로 국민의회에 합류하기로 결의하였다. 이는 왕에 대한 제2의 직격탄이었다. 왕은 성직자들의 합류를 막으려고 황급히 참의회를 열어 방책을 수의했는데, 거기서 얻은 결정이란 고작 국민의회가 열리고 있는 회의장의 문을 닫아버리는 것이었다. 참으로 구차한 발상이

테니스코트의 서약. 1789년 6월 20일 회의장에서 쫓겨난 국민의회는 베르사유에 있는 테니스코트에 모여 헌법이 제정될 때까지 절대로 해산하지 않겠다고 선언했다.

아닐 수 없었다. 그러나 다음날인 20일 국민의회는 회의장을 구기관 球技館, jeu de paume으로 옮겨, 프랑스의 성문 헌법이 제정되고 그 헌법이 확고한 자리를 잡을 때까지 결코 흩어지지 않을 것과 사정이 요구하는 장소라면 어디서든지 집회한다는 것을 엄숙히 선서하였다. 흔히 '테니스코트의 서약'이라고 부르는 것이 이것이다. 20일의 이 서약은 그 후로 굳게 지켜진다. 그리고 국민의회는 왕의 탄압을 받을수록 더욱더 강해진다. 앞서 19일에 국민의회에 합류하기로 결의한 제1신분 회의 대의원 149명이 22일부터 그 결의를 행동으로 옮겼다. 이 149명 안에는 다섯 명의 주교가 포함되어 있었다. 국민의회는 명실공히 국민의 대표 기관의 모습으로 발전해 가고 있었다.

왕은 당황하지 않을 수 없었고 무언가 강경한 방법을 강구하지 않으면 안 되었다. 23일 왕은 세 신분 합동 회의에 직접 나타나서 다음과 같이 언명하였다.

세 신분제를 계속 유지할 것이니 각 신분 회의는 장소를 달리하여 각각 회의를 한다. 과세는 평등의 원칙을 따를 것이나 일체의 재산은 그대로 유지할 것이다. 재산이란, 10분의 1세, 현물지대, 화폐지대, 봉건적 의무, 토지에 대한 실제적 또는 명예상의 일체의 특권과 개인에 속한 봉토 등을 의미한다. 만일 대의원들이 짐의 말을 듣지 않고 따르지 않는다면 짐만을 '국민의 참 대표자'로 간주할 것이다.

이것은 왕의 지시를 따르지 않으면 삼부회건 국민의회건 해산시켜버리겠다는 협박이었다. 끝으로 왕은 이렇게 말을 맺었다.

짐의 특별한 승인 없이는 신들의 어떠한 의안도 결의도 법적 효력을 발하지 못한다는 것을 명심하라 …… 신들이여, 짐은 신들에게 내일 아침 각각 신분별로 할당된 의사당으로 가서 각자의 의사를 재개하도록 명한다.

이렇게 협박과 명령을 남기고 왕은 퇴장했는데, 그의 말에는 정치적·사회적·재정적 개혁 중 어느 하나에 대한 약속도 없었다.

왕명을 따르는 귀족과 성직자 중 일부는 일어나 자리를 떴으나 국민의회 의원들은 일어나지 않았다. 얼마 후 왕의 정리들이 나타나서 이들을 퇴장시키려고 하였다. 이때 미라보가 그들을 향하여 "가서 귀하들을 여기 보낸 자들에게 전하라. 우리는 국민의 의지에 따라 여기 있으니 총검에 의하지 않고는 결코 물러나지 않는다"라고 소리를 질렀다. 이 말은 왕의 정리들을 향한 항거라기보다는 국민의회 전체와 국민을 향한 미라보의 굳은 결의의 표명이었다. 이 한마디 말은 천금의 무게로 국민의회 의원 모두의 가슴을 울렸다. 그들은 모두 그 자리에서 국민의회는 스스로 결의한 바를 굳게 지킨다는 것과, 국민의회 의원의 신체는 불가침이고 이 불가침을 침범하는 자는 누구라도 대죄를 범하는 것이라고 결의하였다. 이것은 사흘 전에 이루어졌던 테니스코트 서약의 재확인이며 왕명에 대한 재항명인 동시에 다가오고 있는 생명의 위협에 대한 강력한 자기방어의 선언이었다. 그리고 그것은 사흘 전의 서약보다 더 대담한 것으로서 극히 주목할 만한 사건이었다. 왜냐하면 이 결의는 사흘 전의 서약과는 달리 왕의 의사를 명확히 알고 난 뒤의 결의이고, 왕의 목소리를 막 듣고 난 그 자리에서 행한 결의였기 때문이다. 이는 더 굳고 더 새로운 항명이었다.

이튿날인 24일에는 성직자 신분 가운데서 새로 더 많은 의원이 국민의회에 합류하였고, 25일에는 왕의 사촌 오를레앙 공을 추종하는 귀족 신분 47명이 국민의회에 합류하였다.

일이 이쯤에 이르자 왕도 국민의회에 양보하든가 국민의회를 무력으로 해산시키든가 양자택일의 길밖에 남지 않았다. 6월 27일 왕은 제1, 제2신분 모두 제3신분에 합류하라는 명을 내렸다. 왕이 양보한 것이다. 그러나 왕의 갑작스런 양보는 사실 의회를 강제 해산시키기 위해 지방의 군대를 베르사유로 이동시키고 있는 사실을 감추기 위한 위장 전술이었다. 전날 밤 왕은 비밀리에 2만 명의 군대를 이동시키기 시작했다. 그러나 군대의 일부가 왕명을 따르지 않았다. 군대가 국왕의 명을 따르지 않는다면 그 왕과 왕국의 운명은 빤한 것이다. 더구나 군대 이동의 낌새를 알아차린 파리의 제3신분 선거 위원 400명이 재빨리 행동으로 옮겨 국민의회와 긴밀한 연락을 취하는 한편 국민 자위대를 조직하고 나섰다. 오를레앙 공의 저택 팔레 루아얄은 파리 반왕 운동의 중심으로서 약 4,000명이 그곳을 중심으로 활약하고 있었다. 이제 곧 혁명의 중심이 될 파리의 공기는 날로 분망해 갔다. 드디어 파리 선거 위원회가 수도로 집결하는 군대의 원대 송환을 국민의회에 청원하였다. 국민의회는 곧바로 청원을 의결하였다. 국민의회는 이제 거대한 혁명의 잠재력을 가진 파리 시민을 동맹군으로 맞게 되었다. 혁명의 잠재력이 폭발할 경우 왕의 운명은 어찌될 것인지, 왕뿐 아니라 왕을 지지하고 국민의회를 적대시하는 세력의 운명은 어찌될 것인지 점칠 수 있는 사람은 아무도 없었다.

파리의 공기는 날로 험악해졌다. 국민의회의 결의에도 불구하고 왕이 군대를 비밀리에 이동시키고 있다는 소문이 파다한 가운데, 빵값은 매일같이 폭등하고 있었다. 파리의 빈민은 굶주린 창자를 움켜쥐고 당장이라도 빵집을 습격할 기세였다. 통계에 의하면 당시의 파리 시민 65만 중 10만이 갖가지 형태의 빈민이었다고 한다. 그들은 거지이거나 거지에 가까운 가난뱅이들이었다. 이 최하층 빈민이 아니라도 파리 시민은 대부분 극소수의 부자 말고는 곡가의 앙등을 견디기가 여간 힘들지 않았다. 이상하게도 파리 시민은 곡가 앙등의 원인이 불황이나 흉작에 있다고는 생각하지 않고 일부 부유층의 사재기에 있다고 믿고 있었다. 그리고 그런 짓을 하는 반사회적인 인간들이야말로 왕을 지지하고 국민의회를 반대하는 자들이라고 믿고 있었다.

이렇게 불온한 사회 분위기 속에서 7월 11일 재무 총감 네케르가

1789년 7월 14일 성난 파리 시민들이 바스티유 감옥을 습격했다.

파면되었다는 소식이 전해졌다. 파리 증권거래소가 곧 문을 닫았다. 파리 군중이 여기저기서 떼를 지었고, 과격한 선동가들의 선동과 구호가 남발되었다. 이튿날과 그 다음 날 군중은 앵발리드 병원의 무기고에서 약탈한 2만 8,000자루의 총과 몇 문의 대포로 무장하였다. 파리의 행정과 질서가 마비 상태에 빠졌다. 7월 14일 무장한 폭동 시민이 학정과 봉건제도의 상징이었던 바스티유 감옥을 점령하였다. 형무소 소장과 파리 시장이 시청 옆 광장에서 폭도에게 처형되었다. 그 후 3일간 폭동은 거리를 휩쓸었다. 최소한 100명이 처형되었다. 당시 파리의 광란상을 목격한 바뵈프François Noël Babeuf(일명 그라쿠스Gracchus 바뵈프)가 고향의 아내에게 보낸 편지에 다음과 같은 구절이 있다.

> 온갖 종류의 처형! 사지를 찢어 죽이는 사열형四裂刑, 수레로 찢어 죽이는 거열형車裂刑, 불에 태워 죽이는 화형, 목을 달아 죽이는 교수형, 갖가지 고문형. 도처에서 행해지는 이 사형은 지난날이 우리에게 만들어준 아주 나쁜 습관이다. 지배자들은 우리를 개화시키지 않고 야만으로 만들어놓았던 것이다. 그들 자신도 결국 야만이었으니까. 그들은 지금 자기들이 뿌린 씨를 거두고 있다. 앞으로도 계속 거둘 것이다.

사흘 후 이 폭동은 성스런 혁명으로 승화되고 폭도는 영광스런 애국자, 즉 파트리오트patriote가 되었다. 15일에는 파리를 포위 중이던 군대가 물러나고 16일에는 네케르가 재임명되고 17일에는 왕이 파리를 친히 방문하였다. 왕은 파리의 폭도가 임명한 새 시장 바이이 Jean Sylvain Bailly와 국민 방위대Gardes nationale 사령관 라파예트Marie Joseph Paul Yves Roch Gilbert du Motier Lafayette 후작을 그대로 승인하고 시장 바이이가 건네주는 삼색 휘장을 받아 모자에 꽂았다. 왕의 파리 방문과 일체의 행동은 혁명의 승인이며 재가였다. 왕은 스스로 왕권의 실추를 행동으로 보여준 것이다. 이제 혁명은 제1막을 내렸다. 혁명에 굴복한 왕은 자신의 왕위를 보전할 수는 있었으나, 그의 머리 위에는 프랑스 국민―그 대표기관인 국민의회―이라는 새 주권자가 있다는 것을 승인하였다.

당시 프랑스 주재 영국 대사는 본국 정부에 "이 순간부터 우리는 프랑스를 자유의 나라로, 그 왕을 왕권이 제한된 왕으로, 그 귀족을 일반 국민의 수준으로 떨어진 귀족으로 인정할 수 있다"고 보고하였다. 그리고 파리의 소식을 전해 들은 세계의 부르주아는 그 소식을 자기들 시대의 도래로 이해하여 기쁨과 희망으로 몸을 떨었다.

4. 8월의 성과

7월 14일 사건의 소식은 삽시간에 프랑스 전역으로 번져갔다. 지방 도시들은 파리를 본떠서 시정을 개혁하였다. 주로 부르주아로 구성된 시정 상설 위원회와 국민 방위대가 조직되어 행정과 치안을 맡았다. 특히, 4대째 귀족 신분이 계속된 자만 장교로 임명한다는 1781년의 반동법에 크게 불만을 품고 있었던 부르주아는 재빨리 군 지휘관을 바꾸어 왕군을 혁명군으로 만들어놓았다.

    파리와 지방 도시들의 반란은 농촌에도 번져갔다. 농촌은 지난 봄 삼부회의 대표자를 뽑느라고 부산한 가운데서 잠시 흥분하였으나 대표자들을 국왕에게 보낸 후에는 새로운 변화를 조용히 기다리고 있었다. 그러나 지방에 따라서는 3월 이래의 농민 폭동이 아직 산발적으로 계속되고 있는 곳도 있었다. 특히 곡가의 폭등이 빈농에게 주는 고통과 불만은 날로 커가기만 하였다. 거기에다가 그들의 대표자들이 베르사유로 떠나간 지도 벌써 두 달이 넘었건만 속 시원한 소식이 없었다. 희망은 실망으로 기대는 좌절로 변해 가고 있었다. 이러한 상황 속에서 7월 14일의 파리 사건이 전해진 것이다. 농민도 무기로 쓸 수 있는 것은 무엇이든 손에 들고 자기들의 바스티유 감옥인 영주의 성곽을 습격하여 토지 문서를 비롯한 영주의 봉건권 문서들을 불살랐다. 만일 귀족이 저항하면 피로써 보복하였다. 농민 반란은 일부 지역에서만 일어난 것이 아니라 걷잡을 수 없는 속도로 전국 곳곳으로 번져갔다. 농민도 파리의 폭도와 마찬가지로 잔인하였다. 그들도 바뵈프의 말을 빌리자면 개화되지 못한 야만이었다. 그리고 농민을 야만의 상태로 방치해두었던 대가를 이제 영주들이 치르게 되었다. 농민은 영주들의 모든 특권과 억압에 폭력으로 항거하고 나섰다. 그리고 도둑의 무리들이 약탈을 자행한다는 소문이 떠돌자 사람들은 스스로의 생명과 재산을 지키기 위하여 스스로 무장하지 않으면 안 되었다. 국가의 공권력은 마비되고 폭력과 공포가 전국적인 규모로 번졌다. 이른바 '대공포La grande peur'가 전국을 휩쓸었다. 이 대공포는 귀족 계급에 대한 농민의 증오와 단결을 부추기고 반봉건적 농민 폭동을 격화시키는 동시에 혁명을 지키기 위한 국민의 무장을 촉진시켰다. 농민반란은 그저 불만을 터뜨리는 폭동에 그치지 않고 광범한 사회 운동으로 발전하였다. 영주제에 대한 농민의 자연 발생적 반항과 혁명의 참가는 세계 역사상 유례 없는 사건이었다.

농민반란과 대공포의 광범한 확대는 귀족뿐만 아니라 부르주아지에게도 큰 불안을 안겨주었다. 부르주아들도 귀족의 영지를 사서 영주로서의 모든 봉건적 권리를 농민에게 행사해 왔기 때문이다. 부르주아는 그들이 장악하고 있는 행정 기구인 상설 위원회와 치안 기구인 국민 방위대를 질서 회복에 이용하여 재빨리 폭동 진압에 나섰다. 어떤 곳에서는 위원회가 재판소의 구실까지 맡아 농민을 사형에 처한 경우도 있다. 이제 부르주아지는 귀족을 대신하여 새로 농민을 착취하고 억압하는 존재가 된 셈이었다. 귀족은 농민을 탄압하는 데에 강한 동맹자를 뜻밖에도 부르주아에서 발견하였다. 이제 농민반란은 있는 자와 없는 자의 계급 전쟁의 양상을 띠었다.

벌판에 번진 불길처럼 무서운 기세로 번져가는 농민 폭동과 대공

제2장 대혁명의 원인과 국민의회 79

포를 바라보는 국민의회—헌법 제정의 임무를 스스로 걸머진 때부터는 제헌의회Assemblée Constituante—의 눈은 심상치 않았다. 제헌의회의 과업은 왕과의 투쟁, 귀족 계급과의 투쟁, 헌법의 제정이었다. 그들은 농민 문제에는 거의 무관심했는데, 이제 두메산골의 농민까지 들고일어난 마당에 도저히 농민 문제에 무관심할 수가 없었다. 무언가 농민을 진압할 방도를 강구하지 않으면 안 되었다. 제헌의회는 8월 4일부터 농민 문제를 토의하기 시작하였다. 그들이 처음 생각한 것은 철저한 탄압이었다. 그러나 그것이 실제로 가능한 일이며 또 가능하다 하더라도 과연 현명한 일일까에 대한 의문이 제기되었다. 결론은, 탄압은 가능하지 않을 뿐만 아니라 농민을 부르주아지의 반대 진영으로 몰아넣어 혁명을 실패로 만들 가능성이 짙은 것으로 내려졌다. 이에 대해 농민 탄압을 생각한 자들도 주저하지 않을 수 없는 딜레마가 있었다.

이 딜레마는 부르주아지가 이기주의를 포기하지 않고서는 타개될 길이 없었다. 프랑스 혁명이나 러시아 혁명과 같은 사회혁명이든, 7월혁명이나 2월혁명과 같은 정치혁명이든, 혁명이란 어떤 경우에도 자유, 평등, 정의, 인도주의와 같은 고귀한 이념에 대한 열광이 없이는 결코 성공하지 못할 터였다. 제헌의회에서 이 열광을 불러일으키는 데 결정적 역할을 한 사람은 브르타뉴 출신의 케랑갈Kerangal 의원이었다. 8월 4일 밤 의회에서 행한 그의 연설은 일체의 탄압적·이기주의적 주장을 봉쇄하고 의원들을 혁명과 열광과 감격의 도가니 속에 들끓게 했다. 프랑스 최대의 영주인 에기용Emmanuel Armand de Vignerot Aiguillon 공작을 비롯한 많은 의원들이 잇달아 자기들의 봉건권과 특권의 포기를 의회 앞에서 선언하였다. 메티비에의 표현을 빌리면 "과거의 폐기가 밤새도록 계속되었다". 이날 밤 의회에 참석했던 고르사Gorsas 의원은 그 감격을 다음과 같이 전한다.

> 사람들은 기쁨에 가득 찬 가슴을 안고 한밤중 2시에 회의장을 나섰다. 그때 나는 아직도 감격에서 깨어나지 않은 듯한 성직자 한 분을 만났다. 그는 나에게 이렇게 말했다. "얼마 안 되는 사이에 두 가지 큰 사건이 일어났군요. 사람들은 네 시간 동안에 생탕투안 구의 바스티유를 점령했는데, 우리는 하룻밤 사이에 이기주의의 바스티유를 무너뜨렸습니다."

파리의 바스티유가 타도된 지 여덟 주 만에 이기주의의 바스티유인 봉건제도가 폐기되었다는 의미였다.

그러나 8월 4일 밤의 선언은 성문화되어 있지 않았다. 그것이 실효를 얻으려면 성문화되어야 했다. 의회는 곧 성문화 작업에 들어갔고, 이 작업은 8월 11일까지 계속되었다. 이 한 주간 사이에 8월 4일 밤의 흥분과 열광이 현실적 이해관계 앞에서 서서히 식어갔다. 더구나 8월 4일 선언이 농민과 프랑스 민중을 열광케 하여 그들의 반항과 압력도 이제는 진정되고 사라졌다. 거기서 한때 열광의 파도에 휩쓸려서 침묵하고 있었던 귀족들이 반동적 태세를 취하기 시작하였다. 그리하여 성문화된 법령은 봉건제도를 깡그리 폐지하지 않고 기묘한 제한을 두었다. 11일에 발표된 이른바 1789년 8월 법령Décret du août 1789 제1조는 다음과 같았다.

국민의회는 봉건제도를 전면적으로 폐지한다. 국민의회는 봉건권이나 공조권 중에서 물적 또는 인신적 노예 상태와 인신적 예속제에 관계된 것과 이러한 것들을 구현하고 있는 일체의 권리를 무상으로 폐

1789년 8월 4일 밤에 열린 국민의회의 모습. 이 회의에서 봉건적 특권이 폐지되었다.

지하고, 기타의 모든 권리는 '되살 수 있음'을 선언한다. '되사기 rachat'의 액수와 방법은 차후 국민의회가 정한다. 이 법령으로 소멸되지 않는 권리는 배상이 끝날 때까지 계속 지속되어야 한다.

이 법령은 첫머리에서 분명히 봉건제도의 전면적 폐지를 규정하였다. 천년 묵은 봉건제도는 이제 제도로서 영원히 매장된 것이다. 이것은 부르주아지의 승리인 동시에 농민의 승리였고 프랑스 민중의 승리인 동시에 세계 민중의 승리였다. 앞으로 어떠한 반동 세력도 프랑스에 봉건제도를 재건하지 못하게 되었다. 그리고 봉건제도의 영원한 후퇴는 귀족 문화의 영원한 후퇴를 의미했다. 바야흐로 평민의 문화가 귀족의 문화를 압도하게 된 것이다.

그러나 제1조는 영주의 봉건적 권리가 무상으로 폐기되는 것과 유상으로 폐기되는 것 두 가지를 규정하고 있다. 전자는 인신에 관한 것이고 후자는 토지에 관한 것이다. 인신적 예속은 실제로 당시 거의 다 사라지고 없었는데 그것을 이제 제도적으로 폐지한 것이다. 봉건제도가 전면적으로 폐지된다면 그것은 논리적으로 너무나 당연한 귀결이었다. 그런데 중요한 것은 토지에 대한 봉건적 권리 문제였다. 이 권리는 무상으로 폐기되지 않고 농민이 일정한 돈을 영주에게 바친 후라야 완전히 폐기된다는 것이었다. 이른바 '되사기의 원칙'이었다. 농민은 해방되었으나 토지는 해방되지 않았다. 농민은 모든 예속에서 해방된 것으로 알고 기뻐했다가, 되사기가 완료될 때까지 지대의 징수가 계속되는 것을 깨닫자 크게 실망하였다. 제헌의회는 되사기의 원칙에 따라 1790년 3월 15~28일 법령과 동 5월 3~9일 법령으로, 되사기의 대상이 되는 권리와 그 권리를 되사는 방법과 액수를 정하여 되사기 제도의 체계를 일단 완성하였다.

그러나 되사기 제도는 1789년 8월 법령 제1조 첫머리의 "봉건제도를 전면적으로 폐지한다"는 선언에 어긋나는 제도였다. 봉건제도의 전면적인 폐지가 아니라, 다만 형태를 바꾸어서 봉건적 권리의 실질적인 부분을 그대로 존속시키려는 술책이었던 것이다. 그것은 국민의회의 상층 부르주아와 자유주의 귀족들이 자기들의 이익을 수호하는 교묘한 장치였다. 봉건제도의 전면적 폐지와 실질적 존속이라는 모순이 과연 얼마나 유지될 수 있을까? 8월 4일의 봉건제도 폐기 선언이 농민반란이라는 혁명적 행위의 산물이라면, 프랑스 혁명 자체가 실패하지 않는 한 그 모순은 결코 오래가지 못할 것이었다. 되사기 제도는 혁명의 진전과 함께 점점 실효를 거두지 못하고 말썽거리가 되다가 1793년 7월 17일 법령으로 국민공회에 의하여 결정적으로 철폐되었다. 이처럼 봉건제도가 명실공히 완전히 사라지기까지는, 봉건제 폐지가 선언되고도 4년이 더 걸렸다.

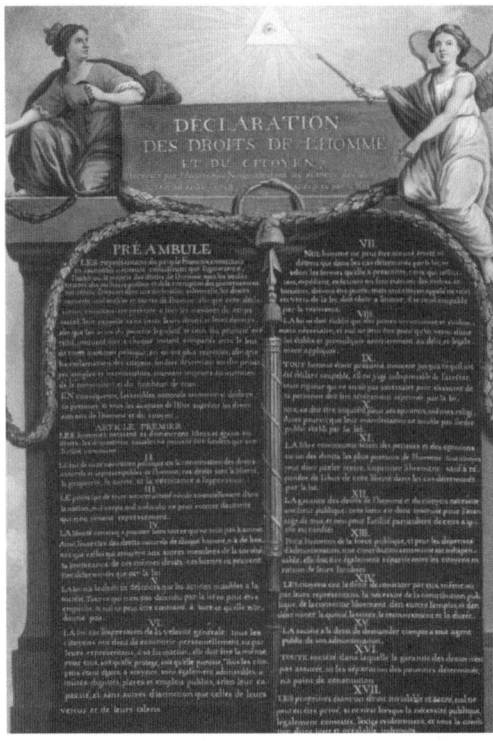

〈인간과 시민의 권리선언〉. 8월 26일 채택되었다.

그러나 8월 4일의 봉건 제도 폐기 선언은 하나의 큰 사회혁명이었다. 이는 농노제, 영주적 특권과 독점권, 신분별 불평등 과세, 10분의 1세, 관직 매매제, 길드 제도 등 신분과 지방과 도시의 모든 특권을 폐지하고 무료 재판제, 법 앞에서의 만민평등의 원칙을 제정했으며, 낡은 앙시앵 레짐의 파괴이자 새 프랑스의 출발이었다. 이제는 가문에 의한 귀족과 돈에 의한 귀족을 구별하는 자도 없고, 모든 프랑스인이 동일한 권리와 의무를 가지고 어떤 직업에도 취임할 수 있었다. 잡다하게 중첩되어 있던 낡은 제도들이 일소되고, 지방마다 다른 관습과 법률, 관세와 도량형이 사라지고 프랑스라는 국토가 하나로 통일되었다. 그리고 그 국토가 깨끗이 고르게 정비되었다.

이제 중요한 문제는 깨끗이 정비된 그 국토 위에 새 나라를 세우는 일이었다. 새 나라를 세우려면 먼저 설계도를 작성해야 했는데, 이것이 〈인간과 시민의 권리선언〉이었다. 흔히 〈인권선언〉이라고 부르는 이 선언은 봉건제도의 폐기를 규정한 직후 의회가 8월 12일부터 토론하기 시작하여 26일에 채택하였다. 전문은 이러했다.

국민의회를 구성하는 프랑스 인민의 대표자들은, 인권에 대한 무지와 망각 또는 경시가 공공의 불행과 정부의 부패의 원인임을 유의하면서 인간이 가지고 있는 타고난, 양도할 수 없는 신성한 권리들을 엄숙한 선언을 통해 명시하기로 결의하였다. 이 선언이 의도하는 바는, 사회체의 모든 구성원이 항상 이 선언에 준하여 부단히 그들의 권리와 의무를 상기하게 하고, 또 입법권과 행정권의 행사가 모든 정치제도의 목적과 부합하도록 비교할 근거를 마련함으로써 권력의 행사가 한층 더 존중받을 수 있도록 하며, 향후 시민의 요구가 단순하고도 이론의 여지가 없는 원칙에서만 제기되도록 함으로써 헌법의 유지와 만민의 행복에 이바지할 수 있게 함이다. 따라서 국민의회는 최고 존재 앞에서 그 가호에 의하여 다음과 같은 인권과 시민권을 승인하고 선언한다.

제1조: 인간은 자유롭고 평등하게 태어나서 생활할 권리를 가진다. 사회적 차별은 오로지 공동 이익을 위해서만 가능하다.

제2조: 모든 정치적 결사의 목적은 시효에 의해 소멸될 수 없는, 인간의 자연적인 권리를 유지하는 데 있다. 이 권리는 자유, 재산, 안전 및 압제에 대한 저항권이다.

제3조: 모든 주권의 근원은 본질적으로 국민에게 있다. 어떤 단체나 어떤 개인도 명백히 국민에게서 유래하지 않는 권력을 행사할 수 없다.

제4조: 자유는 타인을 해치지 않는 범위 내에서 무엇이든 할 수 있는 자유이다. 그러므로 저마다의 자연권 행사는 사회의 다른 구성원에게도 같은 권리를 보장해 주어야 할 경우 외에는 제약을 받지 아니한다. 이 제약은 법률에 의해서만 규정된다.

제5조: 법은 사회에 해로운 행위가 아니면 금지할 권리를 갖지 아니

한다. 또 법에 의하여 금지되지 않은 것은 어떤 일이라도 방해받지 않으며, 또 법이 명하지 않은 것은 누구에게도 강요할 수 없다.

제6조: 법은 일반의지의 표현이다. 모든 시민은 개인적으로 또는 대표자를 통하여 입법에 참여할 권리가 있다. 보호하는 경우든 처벌하는 경우든, 법은 만인에게 똑같이 적용되어야 한다. 모든 시민은 법 앞에서 평등하므로 그 능력에 따라서 그리고 덕성과 재능에 의한 차별 이외에는 아무런 차별 없이, 모든 영예와 공공 지위와 직무에 평등하게 취임할 수 있다.

제7조: 누구도 법에 의하여 규정된 경우이거나 법이 정하는 절차에 의하지 아니하고는 고소, 체포, 구금되지 아니한다. 누구든 어떠한 독재적인 명령이라도 간청하거나, 전파하거나, 실행하거나, 실행되도록 원인을 제공하는 자는 처벌받아야 한다. 다만 법에 의하여 소환되거나 체포되는 시민은 누구나 즉각 법에 순응해야 한다. 이에 저항하는 것은 죄가 된다.

제8조: 법은 엄격히 그리고 명백히 필요한 형벌만을 요구해야 하고, 누구도 범죄 이전에 제정되어 공포된 법률이나 또는 정당하게 적용된 법률에 의하지 아니하고는 처벌받아서는 안 된다.

제9조: 유죄로 선고되기까지는 누구나 무죄로 간주된다. 그러므로 체포가 꼭 필요하다고 판단되는 경우에도 신병을 확보하는 데 필요하지 않은 강제 조처는 법에 의하여 엄중히 제지되어야 된다.

제10조: 누구도 자신의 발언이 법률에 의하여 확립된 공공질서를 교란하지 않는 한, 종교적 견해를 포함한 자신의 의견으로 인해 신변의 불안을 느끼게 해서는 안 된다.

제11조: 사상과 의견의 자유로운 전달은 인간의 가장 귀중한 권리 중 하나이다. 따라서 모든 시민은 자유로이 말하고 쓰고 출판할 수 있다.

다만 법률에 의하여 규정될 경우에는 자유의 남용에 대하여 책임을 져야 한다.

제12조: 인권과 시민권을 보장하기 위해서는 공권력이 필요하다. 따라서 공권력은 모든 사람의 이익을 위하여 마련된 것이고, 그것은 위임받은 사람들의 개인적 이익을 위하여 마련된 것이 아니다.

제13조: 공권력의 유지와 행정 비용을 조달하기 위하여 공동의 조세는 반드시 필요하다. 세금은 시민 각자의 재산 규모에 맞게 평등하게 부과되어야 한다.

제14조: 모든 시민은 스스로 또는 대표자를 통하여 공공 조세의 필요를 검토하고, 그것에 자유로이 동의하고, 조세의 용도를 추구하고, 또 세액과 과세의 기준과 징수의 방법 및 기간을 결정할 권리가 있다.

제15조: 사회는 모든 공직자에게 행정에 관하여 보고를 요구할 권리가 있다.

제16조: 권리의 보장이 확보되어 있지 않고 또 권력의 분립이 제정되어 있지 않은 사회는 헌법이 없는 사회이다.

제17조: 소유권은 신성불가침한 권리이므로 합법적으로 확인된 공공의 필요가 명백히 요구하고 또 정당한 사전 배상의 조건하에서가 아니면 결코 침탈될 수 없다.

인권선언은 앙시앵레짐의 폐해를 암묵리에 비난한 점에서 구제도의 사망증서인 동시에, 근대사회의 기본 성격을 규정하고 혁명의 역사적 위대성을 과시하는 원리들을 세계에 보여준 점에서 장엄한 세계사적 의의를 지니는 문서이다. 개인의 절대성과 자유의 존엄성 및 만인의 평등을 세계만방에 선포한 이 역사적인 선언은 온갖 영역의 모든 인간에 대한 신뢰의 표현이었다. 그것은 모든 사람의 에너지를 해방시키고 억압받는 민중을 열광하게 하여 정의의 지배에 대한 소망을 품게 하였다. 그것은 시민사회의 헌장이 되었을 뿐만 아니라 데모크라시의 헌장이 되었다. 그것은 압제에 대한 저항을 보증하고, 왕의 존엄이 아니라 인민의 존엄을 보증하고, 전제의 위엄이 아니라 법의 위엄을 보증한 근대 철학의 교본이었다. 그것은 다가오는 세기의 세계사가 실현할 모든 정치적 진보의 원칙이었다.

인권선언을 부르주아지의 산물이라고 비난하기도 한다. 소유권의 신성불가침은 말하면서 소유가 없는 자에 대해서는 말이 없고, 결사의 자유를 위협시하여 그 자유를 아주 묵살하였고, 발언의 자유를 법률로 제한할 수 있게 만들었다는 것 등이 비난의 이유이다. 그러나 이는 어디까지나 19세기에 들어와서 산업사회의 실현에 따라 대두한 사회주의적 기준에서 행한 지엽적인 문제에 대한 비난이다. 인권선언은 인류 역사가 시작된 이래 최초로 민중이 역사의 주인임을 선언한 문서이다. 민중의 첫 승리를 축하하는 기념탑이다. 인권선언에 대한 역사적 평가의 기준도 마땅히 거기에 있어야 한다. 인권선언의 작성자들은 사회적 성분이 부르주아지이기는 하나, 그 선언은 결코 특정한 계급적 이익을 대변한 것이 아니라 귀족의 계급적 이익을 부정하고 민중 전체의 이익을 보편적 원리에서 규정한 것이다. 그러므로 인권선언이 노동자계급의 이익을 외면했다는 비난은 그 보편성을 이해하지 못한 데에서 비롯된 것이다. 그리고 사회주의의 이론적 근거도 따지고 보면 인권선언의 보편적 정신에 뿌리박고 있지 않은가? 그만큼 인권선언은 근대사회의 온갖 이념과 주장의 원천이 될 수 있었다.

5. 혁명의 중심이 파리로

8월 4일과 27일의 두 선언은 국민의회의 승리인 동시에 프랑스 국민의 위대한 승리로 기록되었다. 국민의회는 인권선언을 가결한 후 곧 헌법 토론에 착수하였다. 그러나 왕과 주변 일파가 중심이 된 반혁명 세력은 국민의회의 승리를 수포로 만들 궁리에 열중하고 있었다. 왕은 8월 4일 국민의회의 결의와 인권선언에 대한 비준을 차일피일 늦추는 한편 플랑드르 용병 연대를 불러들일 계획을 추진하고 있었다. 용병 연대를 불러들여서 국민의회를 폭력으로 해산시키려는 음모를 진행시키고 있었던 것이다. 이 음모는 곧 드러나게 된다.

헌법 토론이 시작되자 국민의회 안에서 귀족의 이익을 옹호하려는 보수 세력이 대두하여 개혁파와 보수파가 대립하게 되었다. 보수파는 새 헌법의 권력 구조에 왕권과 귀족의 세력을 온존하려고 획책하여, 입법부를 귀족원과 서민원의 양원제로 하여 귀족원으로 하여금 서민원의 개혁을 저지시키려고 하였다. 이 보수파의 주장은 9월 10일 849 대 89(122명 기권)라는 압도적 다수로 분쇄되었다. 그러나 헌법 제정을 분쇄하려는 보수파의 움직임은 오히려 더 커가고 있었다. 의회 밖에서는 물론이고 의회 안에서도 혁명과 반혁명의 대립이 팽팽히 맞서고 있었던 것이다.

파리에는 빵과 일자리가 없었다. 사회적 불안이 커져가는 데다가 혁명의 결과가 어이없이 무산될지도 모른다는 두려운 생각이 번져갔다. 이미 7월 14일과 17일을 경험한 파리는 구區를 코뮌Commune이라는 자치체로 개편하고 있었는데, 각 구의 자치 위원회는 플랑드르 용병 연대를 돌려보낼 것을 요구하였다. 파리의 분위기는 다시 술렁거리기 시작하였다.

파리의 분위기가 이렇게 험악했는데도 베르사유 궁전에서는 경솔한 짓을 서슴지 않았다. 10월 1일 오페라 하우스에서 폴랑드르 용병 연대의 환영 파티를 연 것이다. 이 파티에서는 지난 7월 17일 파리 시장이 왕에게 달아준 삼색 휘장을 짓밟아버리고 백색 휘장과 흑색 휘장을 바꿔 달았다. 백색은 왕을 상징하고 흑색은 왕비를 상징하였다. 이 휘장 사건은 7월 14일 바스티유 사건 이래의 혁명의 성과를 인정하지 않는다는 왕실의 의사 표시였다. 오페라 하우스에서 벌어진 용병 연대 환영 파티와 휘장 소식이 곧 파리로 전해졌다.

파리의 코뮌들은 과격파의 선동에 따라 무장을 하고, 베르사유의 국민의회와 왕궁으로 진군할 채비에 착수하였다. 10월 5일 흥분한 파리의 빈민 부녀자들이 시청으로 몰려들었다. 시청을 지키던 국민 방위대가 여인들의 폭동에 동조하였다. 여인들은 빵을 요구하면서 베르사유로 행진하였다. 여인들의 시위 행렬이 출발한 지 몇 시간 뒤 국민 방위대의 시위가 뒤따랐다. 방위대 사령관 라파예트는 시위군 행렬의 선두에 서지 않을 수 없었다.

이날 오전 국민의회는 왕이 8월 4일과 27일의 결의에 대한 비준을 지연시키고 있는 데 대하여 "헌법적 권력은 왕권 위에 있다. 그러므로 왕은 헌법에 반대할 권한이 없다"고 결의하였다. 이제 왕은 보통법에 대해서는 거부권을 행사할 수 있으나, 헌법에 관계되는 법률들에 대해서는 무조건 승인해야 했다. 따라서 왕은 봉건제도의 폐기 선언과 인권선언에 대해서는 비준이 아니라 무조건 승인해야 했다. 이렇게 왕의 거부권 제한을 결의한 국민의회는 그 자리에서 "의장은 곧 왕에게 달려가서 왕의 승인을 즉각 요구할 것"을 아울러 결의하였다. 의회는 루소의 사회계약설을 실제로 실천하려고 하였다.

이러한 찰나, 오후에 파리의 여인 시위대가 국민의회에 나타났다.

의회는 파리 시민의 요구를 왕에게 전달하기로 결의하였다. 그날 밤 10시경 약 2만 명의 국민 방위대가 베르사유에 도착하였다. 국왕은 이들의 무장을 해제시키려는 의도에서 의회에 8월의 두 선언을 승인한다고 통고하였다. 그러나 이는 혁명의 성과를 확보하게 하는 것은 결국 민중의 봉기밖에 없다는 것을 국민들로 하여금 한 번 더 확인시킬 뿐이었다. 앞으로도 계속 혁명을 추진시키는 중추 세력은 파리의 민중이 될 것이다.

아무튼 그날 밤은 별일 없이 조용히 지나갔는데, 이튿날 6일 새벽 궁성 밖에 진을 치고 있던 파리 시민 중 한 무리가 왕궁 안으로 침입하여 왕비의 내실까지 들어갔다. 그들과 경비병 사이에 충돌이 일어났다. 왕비는 잠옷 바람으로 왕에게로 피해야 했다. 그녀는 하마터면 살해될 뻔하였다. 경비병 몇 명의 목이 잘려 창 끝에 꽂혔다. 왕은 학살을 중지시키기 위해서는 군중의 요구에 응하지 않을 수 없었는데, 군중은 왕에게 왕궁을 파리로 옮길 것을 요구하였다. 오후 1시 대포 소리를 신호로 국민 방위대가 선두에서 행진하고, 그 뒤를 약 6,000명의 여인들이 밀과 밀가루를 실은 수레를 호위하며 따랐다. 여인들의 뒤로 군대, 국왕과 국왕의 가족들이 탄 사륜마차, 약 100명의 국민의회 의원, 군중과 국민 방위대의 순서로 긴 행렬이 뒤따르며 파리로 향하였다. 밤 10시 왕은 튈르리 궁전에 들어갔다. 수일 후 국민의회도 파리로 옮겨 튈르리 궁 북쪽에 위치한 마네지라는 조련원에 자리 잡았다.

파리 민중에 의한 강제 천도의 의미는 바스티유 사건 이상으로 중요하였다. 왕과 의회는 혁명의 인질이 되고 행정부와 입법부는 파리의 손아귀에 들어갔다. 왕이 이미 승낙한 헌법적 법률들은 이제부터는 왕의 의사 바깥에서 그 힘을 발휘하게 되었다. 이렇게 하여 10월의 승리는 8월의 성과를 확보하여 구제도를 철저히 부수고 혁명의 절차를 밟게 된다.

6. 재정과 교회

혁명 사업이 당장 직면한 어려운 문제는 재정이었다. 재정 문제가 본격적으로 토론되기 시작한 것은 10월 초부터이다. 오툉의 주교로서 삼부회의 제1신분 대표자로 국민의회에 의석을 가지고 있었던 탈레랑Charles Maurice de Talleyrand의 제안에 따라 교회의 재산을 국유 재산으로 몰수하기로 하였다. 탈레랑의 평가에 의하면 교회 재산은 약 30억 리브르이고 연수입은 2억 리브르였다. 교회가 소유한 토지와 건물은 국가 전체의 약 5분의 1에 해당했다. 탈레랑의 제안에는 반대가 적지 않았으나 시에예스와 미라보의 강력한 지지에 힘입어 11월 2일 교회 재산의 국유화가 508 대 346으로 결의되었다. 국가가 교회의 토지와 건물을 자유롭게 처분할 수 있게 되었다. 성직자에 대한 봉급과 예배 비용 및 교회의 사회사업비는 국가가 부담하기로 하였다. 그리고 몰수한 교회 재산을 담보로 아시냐Assignat라는 일종의 정부 보증 지폐를 발행하였다. 1789년 12월 19일에 처음 발행한 액수는 4억 리브르였다. 아시냐는 통화의 기능은 하지만, 원칙적으로 국유화한 교회 재산의 구입에 쓰는 정부 발행 어음이었다. 그러므로 정부는 아시냐를 국유재산 매입 대금과 납세금으로 회수하면 전부 태워버려야 했다. 그러나 일부만 소각하고 대부분 그대로 둔 채 계속 발행함으로써 가치의 하락을 초래하였다. 1790년 4월과 9월에 각각 4억 리브르, 1791년 5월에 6억 리브르, 12월과 1792년 4월

프랑스 혁명 기간에 교회는 박해를 받았다. 파리의 교회에서는 귀중한 성상이 사라지고 그 자리에 혁명을 상징하는 조각과 회화가 들어섰다.

에 각각 3억 리브르를 발행하였다. 그중 7억 리브르는 소각했으나 나머지 17억 리브르는 그대로 두었다. 이리하여 아시냐 가치는 날로 하락하여, 1792년 봄, 아직 전쟁이 일어나기 전인데도, 화폐의 가치가 프랑스 국내에서는 평균 25퍼센트에서 35퍼센트 떨어지고 해외에서는 50퍼센트에서 60퍼센트가량이 떨어졌다.

아시냐가 처음 발행되었을 때 아무도 그것을 받으려고 하지 않았다. 그 이유는 교회 재산은 실제로 성직자가 관리하고 있었고, 교회가 진 빚이나 저당에 대한 문제가 해결되어 있지 않아 아무도 교회 소유의 토지를 선뜻 사려고 하지 않았기 때문이다. 말하자면 그런 토지를 샀을 때 과연 소유권이 보장될 것이냐 하는 의문이 컸던 것이다. 거기서 정부는 1790년 3월 17일령과 4월 17일령에 의하여 성직자의 부채와 교회의 비용을 국가가 부담하기로 하고 국유화 재산에 대한 저당권을 무효화하여 아시냐의 신용을 얻는 동시에, 국유재산의 매각은 반드시 코뮌을 경유하도록 규정하여 재산 취득자의 소유권을 정부가 확인해 주었다. 여기서 비로소 아시냐는 본래의 기능을 발휘하기 시작하여 혁명정부의 재정을 충족시켰다.

그러나 위에서 언급한 바와 같이 아시냐의 가치가 하락하자, 상인도 노동자도 아시냐를 받지 않고 경화를 요구하는 경향이 높아갔다. 여기서 대상인들이 발행한 '신용 화폐'나 은행들이 자기 신용으로 발행한 '신용 지폐'가 나돌았다. 신용 지폐는 파리에서만도 63종이나 유통되고 있었다. 곁들여서 위조 아시냐가 대량으로 범람하기까지 하였다. 이러한 경제 질서의 혼란은 경제적 원인에 의한 것이기도 했으나 혁명정부의 신용을 실추시키려는 반혁명 세력의 정치적 책동에 의한 것이기도 하였다.

어쨌든 국유재산의 매각은 토지 소유 관계에 큰 변화를 가져왔고, 아시냐의 가치 하락은 국유재산 매입자에게 이익을 가져다주었다. 국유재산을 가장 많이 취득한 계층은 도시의 부르주아였고 귀족도 성직자도 꽤 많이 소유하게 되었다. 그에 비해 농민은 돈이 없어 많이 소유하지 못했으나 그래도 일부는 살 수 있었다. 국유재산을 취득한 사람들은 혁명의 수혜자로서 새 질서와 혁명을 지지하게 되었다.

그런데 교회 재산의 몰수는 결과적으로 프랑스 교회의 재편성을 불러왔다. 재정 문제와 종교 문제는 깊이 연관되어 있었던 것이다. 국민의회 의원들은 가톨릭교회에 대하여 추호의 적의도 품지 않았을 뿐만 아니라 종교에 대해 깊은 경외심을 분명히 표명하는 사람들이었지만, 종래 왕권이 교회 문제에 관여했던 것처럼 자기들도 국민의 대표자로서 교회 문제를 규율할 권한이 있다고 생각했다. 당시에는 아직 교회와 국가의 분리에 입각한 제도를 생각한 사람은 없었지만 교회 재산의 국유화에 따라 교회 조직의 개혁이 마땅하다고 생각하였다. 역사적으로 프랑스에서는 일찍부터 절대왕권이 발달하여, 프랑스 교회에 대한 로마 교황의 간섭을 배제하고 왕권이 성직의 임면과 교회 문제에 깊이 관여하고 있었다. 교황권 지상주의인 울트라몬타니즘Ultramontanisme에 대하여 프랑스 교회의 독립을 주장하는 갈리카니슴Gallicanisme이 매우 강하였다. 그리하여 세속적인 국가권력이 교회 문제를 좌우할 수 있다는 전통적 사고방식은 근대 시민 국가를 건설하겠다는 국민의회 의원들의 머리에서도 떠나지 않고 있었던 것이다. 거기서 국민의회는 상당히 강력한 반대를 물리치고 1790년 7월 12일 성직자 민사 기본법Constitution civile du clergé을 가결하였다. 이 종교 헌장은 약 150구의 교구를 새로 제정된 행정구역에 따라 83개의 데파르트망département에 일치시켜서 83구로 줄이고, 주교와 사제를 일반 공무원처럼 선거 위원회에서 선출하도록 하였다. 주교와 사제의 신분도 일반 공무원과 마찬가지였다. 그리고 이 종교 헌장은 모든 성직자에게 헌장 준수 서약의 의무를 규정하였다.

그런데 많은 성직자가 서약을 거부하였다. 의회는 1790년 11월 27일령으로 선서 거부자에게 공공 의식을 금지시켰다. 세례식, 결혼식, 장례식, 성체 수여식, 고해와 설교 등을 집례하지 못하게 한 것이다. 이 금지령으로 선서 거부 성직자가 많은 지방에서는 주민의 세례, 결혼, 장례가 일체 거행될 수 없었다. 이것은 가톨릭 국가인 프랑스와 같은 나라에서는 상상조차 할 수 없는 대혼란을 의미하였다. 1790년 12월 25일령은 선서 강제령을 내렸으나 별 효과가 없었다. 이 종교 혼란은 반혁명 진영에게 다시없이 유리하게 작용하였다. 1791년 3월 10일 교황 피우스 6세Pius VI는 회칙을 내려 종교 헌장을 비난하였다. 교황은 인권선언을 신에 대한 배반이라고 비난한 바 있고, 인민주권 사상을 일체의 질서에 대한 위협으로 보고 프랑스 혁명에 크게 불만을 품고 있었는데, 이제 종교 문제를 가지고 혁명을 뒤엎을 기회가 왔다고 판단했던 것이다.

교황의 회칙은 교회의 분열을 크게 부채질하여 모든 성직자를 선서 성직자와 거부 성직자의 두 진영으로 갈라놓았다. 주교는 일곱 명을 제외한 전원이, 사제도 거의 절반이 선서를 거부하였다. 선서 성직자와 거부 성직자는 대체로 혁명 지지와 혁명 반대와 일치하고 있었으나 교회 개혁에 찬성하는 성직자도 서약을 주저하는 경우가 적지 않았다. 종교 문제가 야기한 의외의 혼란에 놀란 국민의회는 1791년 4월 21일령과 5월 7일령으로 파리 지방에서 시작하여 전국에 걸쳐서 거부 성직자에 대한 관용 조처를 취하였다. 그러나 이러한 타협책은 선서 성직자에게 충격을 안겨주었다. 거부 성직자는 이제 종교적 박해에서 승리한 격이 되고 선서 성직자는 마치 종교적 불순이라도 범한 꼴이 되었기 때문이다. 곳에 따라서는 선서 성직자의 예배 집전이 거부되기도 하고, 심한 곳에서는 박해와 모욕과 구타 심지어는 살해당하는 일마저 일어났다. 여기서 선서 성직자들은 당시의 국민의회를 지배한 라파예트와 그 일파에서 일탈하여 더 과격한 자코뱅파Jacobins로 몰려갔다.

자코뱅은 선서 성직자를 지지했을 뿐만 아니라 한 걸음 더 나아가서 가톨릭교회 자체를 공격하고 국가와 교회의 분리를 주장하여, 종교 헌장이 제정한 국가에 의한 교회 예산의 폐지를 강조하였다. 자코뱅의 이 주장은 앞으로 반교권론이라는 형태로 19세기를 통하여 내내 중요한 정치 문제로 등장하게 된다. 반교권론은 국가를 종교와의 관계에서 완전히 끊어버리자는 주장이다.

어쨌든 교회 조직의 개편은 뜻밖의 진통을 겪었다. 교회 재산의 매각을 방해하고 아시냐의 신용 추락을 획책하는 반혁명의 선동은 종교 헌장 반대에 그 중요한 논거를 발견하여 광범한 지역에서 반혁명 폭동을 준비하고 있었다. 그러나 폭동 음모는 실제로 별 성과를 얻지 못하였다. 1791년 봄부터는 선서 성직자의 힘이 착실히 그 뿌리를 내려갔다. 그리하여 반혁명의 기세는 혁명의 불꽃 앞에 사라져 갔다. 혁명의 승리가 결정적으로 확인된 것은 바스티유 사건 1주년을 기념한 1790년 7월 14일에 열린 전국민 연합제였다. 파리의 샹드마르스에 운집한 30만 시민 앞에서 탈레랑이 조국의 제단에 미사를 올리고, 라파예트가 83개 도의 이름으로 "프랑스인 동포를 하나로 묶고 자유와 헌법과 법을 준수하기 위하여 모든 프랑스인을 국왕에게 연결시킨다"고 선언하고, 국왕도 국민과 법에 충성할 것을 서약하였다. 민중은 열광 속에 다시 찾은 연합과 단결에 한없는 갈채를 보냈다.

7. 왕의 도망 실패와 그 전후

라파예트는 이날의 승리자 같았다. 그러나 루이 16세와 마리 앙투아네트도 지방에서 상경한 군중의 갈채를 받았다. 혁명과 계통의 신문들도 "국왕 만세!" 소리가 "의회 만세!" 소리나 "국민 만세!" 소리를 압도했다고 보도하였다. 루이 16세는 폴리냐크Polignac 공작 부인에게 보낸 편지에서 "부인, 모든 것이 절망적이라고는 생각하지 마십시오"라고 쓰고 있다. 그리고 지난해 10월 사건으로 말미암아 영국으로 쫓겨났던 오를레앙 공이 이날 귀국하여 대축제에 참가했으나 별로 사람들의 관심을 끌지 못하였다. 루이 16세가 오를레앙 공을 두려워할 것도 없고 또 모든 것이 절망적이라고 생각할 필요도 없었다면 그것은 대부분 라파예트 덕분이었다. 왕은 국민 방위대를 쥐고 있는 라파예트가 필요했고, 라파예트는 왕의 신임이 필요하였다. 라파예트의 권력을 시기하고 경멸하면서도 항상 아첨과 협력을 약속하는 자가 있었는데, 그는 왕과 의회의 조정 역할을 맡고 있는 미라보였다. 이 두 사람은 서로 왕의 신임을 질투했으나 이 무렵에는 가장 중요한 인물들이었다. 이 두 사람이 왕과 헌법을 수호하여 의회의 과격화와 왕의 반동화를 막고 있었던 것이다.

당시 의회 밖에서 의회에 영향을 미치는 가장 유력한 정치 집단은 '헌법의 벗Amis de la constitution' 과 '1789년 협회' 및 '입헌 왕정 클럽' 의 셋이었다. '헌법의 벗' 은 국회의사당 근처에 있었던 자코뱅 수도원의 도서관을 집회 장소로 정했다고 하여 자코뱅파라고 불렸는데, 이 자코뱅 클럽은 가장 혁명적이고 이론적인 분자들의 집단으로서 전국적인 조직을 갖추어가고 있었다. 이 클럽이 앞으로 프랑스 혁명을 적극적으로 밀고 나가게 된다. 자코뱅 클럽을 좌익이라고 한다면 우익에 해당하는 것이 '입헌 왕정 클럽' 인데, 이 클럽은 명칭과는 달리 입헌군주국을 지향한 것이 아니라 입헌군주국가의 실현을 방해하고 될 수만 있으면 절대왕권과 귀족의 봉건권을 회복하려고 음모를 꾸미고 있었다. 국민의회의 헌법 제정을 방해하여 혁명의 진행을 분쇄하려는 숨은 의도를 왕과 함께하고 있었다. 그 숨은 의도가 왕의 반동과 함께 드러나면서 민주주의 세력의 규탄 대상이 되자 1791년 봄부터는 집회조차 중지하게 된다. '1789년 협회' 는 라파예트 중심의 사교적 살롱으로서 좌익과 우익의 중간노선을 걸었다.

왕과 헌법을 둘 다 지키려는 당시의 집권파였다. 이 협회는 왕의 입장에서는 혁명을 일으킨 세력이기 때문에 미운 존재였지만 의회의 과격화―좌경화―를 막아주고 왕위를 지켜주는 점에서 현실적으로 필요한 존재였다. 이 협회의 조정적 기능이 없으면 의회도 국민도 극좌와 극우의 정면충돌을 면하지 못할 것이고 그렇게 되면 좌익이 승리할 공산이 컸다. 그러한 형편이기 때문에 왕으로서는 밉지만 그들의 말을 따르지 않을 수 없었다. 왕이 이들의 주장을 끝까지 따랐더라면 프랑스 혁명은 당시의 영국과 유사한 입헌군주국가로 정착하게 되었을 것이다. 그러나 불행하게도 왕과 그 측근은 역사적 감각에 우둔하여 이 협회의 노선에서 이탈할 길이 없는가를 열심히 찾고 있었다.

왕은 겉으로는 혁명파에 양보하는 체하면서 헌법적 법률들의 효력이 발생하는 것을 무디게 하고, 입으로는 국내의 반혁명 세력을 비난하면서 은밀히 외국과 연락하여 독일의 왕군들이 프랑스로 쳐들어오기를 기다리고 있었다. 이러한 실정인지라 바스티유 함락 1주년 기념 대연맹제의 열광과 갈채는 프랑스의 통일과 단합을 과시한 것 같았으나, 실은 한낱 환상에 불과하였다. 그 환멸을 입증하는 사건들이 곧 꼬리를 물고 일어났다. 남부 지방에서 귀족이 봉기하여 폭동을 일으키는가 하면 군대도 여기저기서 반란을 일으켰다. 1790년 8월 17일을 기하여 2만 명의 왕당파 방위대가 남부의 작은 마을 잘레스에서 수개월간이나 무력 항쟁을 시도했는데 이를 조정한 사람은 이탈리아에 망명한 왕의 동생 아르투아 백작이었다. 이 왕당파 반란군은 해산되기 전에 "왕에게는 영광을, 성직자에게는 재산을, 귀족에게는 명예를, 고등법원에게는 옛 권한을 회복시킬 때까지 우리는 무기를 버리지 않으리라"고 선언하였다. 또 하나의 사건이 역시 1790년 8월에 낭시에서 일어났다. 망명하지 않은 장교들과 혁명파 사병들 사이에는 도처에서 자주 충돌이 일어나곤 했는데, 부대의 회계 관리권을 요구한 사병들과 이를 거부한 데서 낭시 부대 사건이 일어났다. 이 사건에서는 사병들의 요구가 정당하였다. 그럼에도 불구하고 혁명파 사병의 과격화를 막으려는 라파예트의 강압 정책은, 현지 사령관인 그의 사촌 부이에François Bouillé 장군으로 하여금 낭시 일대를 공포정치로 다스리게 하고 관련 사병 20명을 교수형에 처하는 한편 41명에게 중노동형을 내리도록 하였다. 이러한 처사는 반혁명파에게 용기를 준 동시에 라파예트의 인기를 크게 떨어뜨렸다.

라파예트의 인기 하락은 왕을 불안하게 하였다. 그런데 10월 들어 왕이 라파예트의 표리부동함을 간파하고 드디어 반혁명으로 달음질하는 사건이 일어났다. 그것은 몇몇 대신의 경질 사건이다. 파리 시는 지난 6월, 행정구를 60구에서 48구로 개편했는데, 새로운 자치구들이 혁명에 불성실한 대신들을 규탄하여 그들의 파면을 국민의회에 요구하였다. 10월 20일 의회는 그들의 요구를 부결했으나 찬부의 표차가 근소했으므로 해당 대신들은 자진 사임하였다. 왕은 대신 선임의 헌법적 권한이 침해당했음을 분통히 여기면서 라파예트를 도저히 믿을 수 없는 자라고 단정하였다. 이제 왕이 택할 길은 망명 귀족들과 손을 잡고 외국의 군사 간섭을 끌여들여 혁명을 분쇄하는 것이었다. 왕은 그러기 위해서는 자신이 외국으로 도망해야 한다고 생각하였다.

왕은 왕비를 통하여 왕비의 친정 오스트리아 황실과 비밀 연락을 주고받고 있었다. 마침 오스트리아 황제는 프랑스에 쳐들어갈 좋은 구실을 발견하였다. 알사스와 로렌 지방에는 독일 귀족들의 봉건 영지가 있었는데 그 봉건권이 8월 4일의 선언에 의하여 침해되었던 것이다. 1790년 12월 14일 오스트리아 황제는 정식으로 프랑스 왕에게 항의 각서를 보냈다. 한편 루이는 국경 지방에 숨어 있다가 오스트리아 쪽으로 도망할 계획을 짜고 있었다. 그러나 오스트리아 황제 레오폴트 2세Leopold II는 "먼저 여러 나라의 협조를 실현해야 한다"면서 매부의 도망 계획보다 국가이익을 우선 생각하고 있었다. 당시의 국제 관계에서 오스트리아의 레오폴트는 매우 현명하고 현실적인 정치가로서 프랑스 왕실의 도망과 프랑스와의 전쟁이 가져다줄 결과를 냉철히 계산하고 있었다. 다음 해 5월 루이의 도망 계획이 거의 다 짜여졌을 때에도, 1만 5,000명의 군대 동원을 청한 여동생의 밀사에게 "군대를 보내기는 하겠으나 루이 16세와 왕비가 파리를 탈출하여 헌법 거부 성명을 발표한 후가 아니면 군사행동을 개시할 수 없다"는 뜻을 명백히 하였다. 그만큼 레오폴트는 냉철하고 치밀한 군주였다.

  루이 16세의 국외 탈출 계획은 본인보다도 망명 귀족들이 더 활발히 서둘렀다. 왕의 국외 탈출은 전쟁을 의미하였고, 그 전쟁은 외국군에 의한 혁명정부의 타도를 의미하였다. 그러므로 프랑스 국민과 국민의회는 왕의 탈출 계획을 엄중히 감시하고 있었다. 1791년 초 벌써 파리 신문들은 왕의 탈출 계획을 시사하였다. 당시 프랑스에서는 언론 출판의 자유를 규정한 인권선언 11조에 따라 일간지만도 140개나 발행되었다. 특히 각종 권력의 남용과 온갖 종류의 인권침해를 세론의 법정에 고발하는 것이 창립 목적이라고 언명한 혁명파의 코르들리에Cordeliers 클럽이 여론 형성에 미친 영향은 매우 컸다. 그 주요한 발언자들은 마라Jean Paul Marat, 당통Georges Jacques Danton, 데물랭Camille Desmoulins, 에베르Jacques René Hébert, 모모로Antoine François Momoro, 데글랑팅Fabre d' Eglantine 등인데, 이들은 1793년에 이르면 혁명의 주역이 되는 사람들이다. 1791년 1월 말에는 자코뱅 클럽과 코르들리에 클럽에서 왕의 도망 계획이 폭로되고, 국민의회는 국경 경비의 강화를 결의한다. 왕의 도망을 예방하기 위함이었다. 의회는 2월 21일부터 망명 금지법을 토의하기 시작하여 헌법이 정한 지위를 버리는 왕은 퇴위로 간주할 수 있다든가, 여자를 섭정에 취임할 수 없게 하여 마리 앙투아네트에게서 섭정의 길을 봉쇄한다든가 하여 왕이 도망했을 때에 일어날 사태에 대비하였다.

　이러한 시기에 왕과 의회의 교량 역할을 해왔던 미라보가 4월 16일 급사하였다. 좌익의 입장에서는 왕의 앞잡이가 사라졌고 왕의 입장에서는 의회의 앞잡이가 사라진 셈이지만, 객관적 입장에서는 중도 세력의 중심인물이 사라진 것이었다. 국민 방위대 사령관 라파예트의 일반적 인기가 급속히 떨어지고 있고, 우익의 반혁명 공세가 왕의 도망 계획을 중심으로 국제적 규모로 진행되고 있는 시기에, 미라보의 급사는 좌우 양익의 간격을 메울 수 없게 만들었다.

　4월 이후 루이 16세는 혁명 지지를 자주 표명했으나 이는 국민과 혁명파의 의심을 누그러뜨리려는 완전한 위장 전술이었다. 왕은 외국에 밀파한 첩자들을 통하여 프랑스로 쳐들어올 것을 재촉하는 한편 도망 계획을 은밀하고 치밀하게 진행시키고 있었다. 6월 20일 밤 왕과 왕비, 두 왕자 및 왕의 누이 엘리자베트Elisabeth Philippe Marie Hélène가 왕궁을 몰래 빠져나왔다. 그들을 실은 마차는 오스트리아와의 국경 샬롱과 몽메디를 향해 달렸다. 이 지역 일대에는 당시 사건 당시 사령관이었던 부이에 장군이 고용한 용병들이 미리 배치되어 있었다. 그들은 왕이 안전하게 도망하도록 돕고 있었다. 그런데 21일 아침 6시 튈르리 궁에서 왕의 도망 사실이 발각되었다. 의회와 시청은 당장 경포를 올리고, 파리 각 구 코뮌 의회는 24시간 개회를

궁전에서 도망 나오는 루이 16세 일행의 모습.

선언하고, 수색대와 전령이 사방으로 뛰고, 군중은 왕궁에 난입하여 루이의 초상과 왕실의 문장을 찢고 공화국을 선언하는 등 일대 소동이 벌어졌다.

한편, 국경 지대의 주민들은 그 일대에 배치되어 뭔가 기다리고 있는 듯한 용병들을 수상쩍게 여기고, 일부 지방에서는 국민 방위대를 소집하기까지 하였다. 마침내 큰 마차 두 대가 지나가는 것을 수상히 여긴 드루에Jean Drouet라는 시골 역장 아들이, 아시냐에 새겨진 왕의 초상과 대조하여 마차에 탄 남자가 왕임을 확인하고, 샛길로 마차를 추격하였다. 이때 왕은 클레르몽을 지나 바렌으로 향하고 있었는데 그때에는 벌써 왕의 도망 소식이 이곳에도 전해져서 마을이 발칵 뒤집혀 있던 참이었다. 바렌에서 왕을 기다리고 있던 부이에 장군의 아들은 왕의 도착이 예정보다 다섯 시간이나 늦어지자 잠을 자고 있었다. 그리고 왕의 일행이 바꿔 탈 마차는 강 건너로 이동하여 왕과 연락이 닿지 않았다. 왕은 거기서 주저하고 있었다. 그 사이에 드루에는 주민과 국민 방위대의 힘을 빌려 왕이 건널 다리 위에 바리케이드를 쌓고 무장한 방위대를 다리 밑에 대기시켰다. 왕의 마차가 다리로 다가왔다. 일행은 6만의 바렌 시민과 1만의 국민 방위대에게 포위되었다. 잠자고 있던 부이에 장군의 아들은 도망치고 장군도 부하들을 이끌고 국경을 넘어 도망쳤다.

왕과 일행은 민중의 포로가 되어 25일 저녁 수십만 파리 시민의 분노 속에 총을 거꾸로 메고 두 줄로 도열한 군인들 사이를 지나 튈르리 궁으로 되돌아왔다. 총을 거꾸로 메는 것은 초상의 표시로서 왕정의 장례를 의미하였다. 당시에 뿌려졌던 한 전단지에는 "누구든 루이를 모욕하는 자는 매를 맞을 것이고 그를 갈채하는 자는 목을 달아매리라"라고 적혀 있었다.

왕의 도망 사건은 그의 본심을 만천하에 드러내보였다. 왕이 외국과 통모하여 혁명을 분쇄하고 조국을 팔아넘기려 하고 있었다! 그뿐만 아니라 왕은 도망할 때 왕궁에 글을 써놓았는데, 그 글은 국민의회의 일을 비난하고, 왕당파의 도움을 청하고, 왕만이 왕의 백성을 행복하게 한다는 내용이었다. 왕은 이제 입이 100개라도 변명할 길이 없었다. 그는 조국과 국민을 배반하고 혁명을 일체 부정했던 것이다. 국민은 이제 왕과 왕의 지지 세력을 철저히 불신하고 그들을 감시하고 또 필요하면 감금하였다. 왕도 이제는 국민의 감시와 감금 하에 놓였다. 코르들리에 클럽과 혁명적인 파리와 민중은 왕의 퇴위와 처벌을 요구하고 왕정의 폐지와 공화정의 건설을 요구하고 일어섰다.

그러나 의회는 신중하였다. 왕이 퇴위하면 섭정을 세워야 하는데 과연 누구를 섭정으로 한단 말인가? 오를레앙 공? 아르투아 백작이나 프로방스 백작? 이들은 루이보다 더 위험한 인물이었다. 그렇다면, 왕정을 폐지하고 공화국을 수립할 것인가? 공화국의 수립은 유럽 군주국들과의 전쟁을 의미하는 동시에 국내적으로 내란을 의미하였다. 의회는 신용과 권위가 땅에 떨어진 무력한 왕을 그대로 두어 왕정을 보존할 수밖에 없었다. 따라서 왕에 대한 재판도 면제할 수밖에 없었던 것이다. 바르나브는 7월 15일 의회에서 로베스피에르Maximilien François Marie Isidore de Robespierre의 반대를 무릅쓰고 다음과 같은 연설을 행하였다.

나는 지금 중요한 문제를 제기하려 한다. 우리는 혁명을 끝맺으려는가, 아니면 혁명을 다시 시작하려는가? 우리는 모든 사람을 법 앞에 평등하게 하였다. 또 시민적·정치적 평등을 확립하였다. 주권을 인민에게 돌려주고 모든 권리를 국민에게 다시 회복시켜주었다. 이제 여기서 한 걸음 더 나아가면 불행한 죄악을 저지르게 될 것이다. 자유의 선을 한 걸음 더 넘어서면 왕정의 파괴가 될 것이고, 평등의 선을 한 걸음 더 넘어서면 재산의 파괴가 될 것이다.

모든 혁명에서 혁명이 일단 성공하면 정치적 변혁으로 만족하는 보수파와 그 정치적 변혁을 사회적 혁명의 첫걸음으로밖에 생각하지 않는 과격파의 대립과 충돌이 일어난다. 프랑스 혁명도 마찬가지였다. 혁명 세력은 점차 분열하여 보수파는 혁명에 의해 타도된 낡은 세력과 힘을 합하여 과격파에 대항했다. 혁명 세력 우파의 보수화 현상이 나타난 것이다. 이는 왕의 도망 사건을 계기로 명백히 불거졌다. 바르나브의 연설은 혁명은 이제 정치혁명으로 끝났다는 우파의 생각을 명확히 표명한 것이었다. 그것은 왕정을 폐지하고 공화정을 수립하려는 좌파의 과격한 사회혁명적인 태도에 단호히 맞선 것이었다.

　여기서 혁명파의 자코뱅 클럽이 둘로 나뉘었다. 의회에서 바르나브와 행동을 같이한 라메트Alexandre Theodore Victor Lameth 일파는 16일 자코뱅 클럽에서 분리하여 라파예트 일파와 함께 이른바 푀양Feuillants 클럽을 따로 만들었다. 이제 자코뱅은 로베스피에르와 페티옹Jérôme Pétion 같은 과격파만의 클럽이 되었다. 이들은 17일 샹 드 마르스에 모여 조국의 제단에서 공화정을 요구하는 진정서에 서명하였다. 의회는 질서 유지를 이유로 파리 시장에게 샹 드 마르스의 집회 해산을 명하였다. 오후 7시 계엄령을 선포하고 무장한 국민 방위대가 집회 장소에 침입하여 사전 경고도 없이 무차별 사격을 가하였다. 약 50명이 그 자리에서 쓰러지고 많은 사람이 체포되었다. 수백 명의 민주주의자가 재판에 회부되고, 민주주의적인 신문들이 폐간되고, 코르들리에 클럽이 폐쇄되었다. 권력은 푀양 클럽의 수중으로 옮겨졌다. 의회를 좌우하는 힘은 이른바 삼두파—라메트, 바르나브, 뒤포르Adrien Jean Francois Duport—의 손아귀에 들어갔다. 그러나 자코뱅파와 파리 민중은 샹 드 마르스의 학살을 결코 용서하지도 잊지도 않았다. 이들은 1년 뒤, 이 일에 대해 철저히 보복하며, 또 자기들의 주장을 관철하여 공화국을 세우고야 만다.

　역사가들 가운데는 왕정 몰락의 근본 원인을 왕의 도망 사건과 샹 드 마르스 학살 사건에서 찾는 사람도 있다. 사실 왕의 도망 사건이 있기 전에는 국민 거의 전부가 왕의 본심을 의심하지 않았고, 왕에 대한 뿌리 깊은 신앙과 개혁에 대한 신뢰를 저버리지 않았다. 따라서 왕정의 폐지나 공화정의 수립은 문제가 되지 않았다. 그러나 이제는 상황이 전혀 달라졌다. 혁명에 소극적이었던 민중도 왕과 왕의 지지 세력에 반기를 들기 시작하였다. 공화정과 민주주의를 자기들의 이익에 일치시키기 시작한 것이다.

민심이 이렇게 돌변하고 있을 때 민중의 마음을 더욱더 돌아서게 한 일들이 일어났다. 그것은 1791년 8월 25일의 필니츠 선언과 9월 3일에 발포된 헌법의 반민주성이다. 오스트리아 황제 레오폴트 2세와 프로이센 왕 프리드리히 빌헬름 2세Friedrich Wilhelm II가 필니츠에서 공동성명을 발표하였다. 이 성명은 루이 16세의 왕위를 위협하는 혁명에 반대한다는 뜻을 천명하면서, 프랑스에 대한 무력행사에 유럽 각국 군주들이 협력해 줄 것을 호소하는 한편 프랑스 왕은 자기들의 군사행동을 거부하지 않기를 바란다는 내용이었다. 성명을 발표한 당사자들로서는 프랑스 혁명 정부에 대한 하나의 협박 정도로 가볍게 생각한 면도 없지 않았으나, 프랑스 국민에게는 심리적으로 막대한 영향을 미쳤다. 왕의 도망 사건과 샹 드 마르스 학살 사건의 기억이 생생히 남아 있는 프랑스 국민과 파리 시민이 어떤 기분으로 필니츠의 성명을 받아들였겠는가를 이해하기는 과히 어려운 일이 아니다.

이런 심리적 분위기를 배경으로 하여 9월 3일 드디어 헌법이 제정 발포되었는데, 삼두파가 샹 드 마르스 학살 사건 이후 원안을 상당히 개악한 채로였다. 개악의 내용은 프랑스 국민을 능동 시민과 수동 시민으로 양분하여 참정권과 국민 방위대의 입대 자격을 재산이 있는 능동 시민에게만 한정한 것이었다. 이것은 푀양파의 보수적 혁명관을 그대로 반영한 것으로 자코뱅 클럽을 중심으로 한 민주 세력에게 거센 반격의 근거를 제공했다. 이리하여 바렌 사건과 샹 드 마르스 사건에다 헌법의 반민주성이라는 요인이 하나 더 덧붙어 민중의 불만은 더욱 커져갔다. 게다가 왕은 이 잘난 헌법마저도 비준을 늦추고 있었다. 삼두파는 필사적으로 왕에게 헌법 비준을 권했으나 왕은 좀처럼 움직이지 않았다. 삼두파는 정치적 생명마저 위태로워졌다. 그러한 가운데 9월 10일 망명 중인 왕의 동생들이 루이에게 헌법을 비준하지 말라는 성명을 발표하였다. 일주일 뒤인 18일 왕은 헌법에 서명했지만 국민은 누구도 왕의 행위를 성실하게 봐주지 않았다.

바스티유를 함락시킨 지 2년 2개월 사이에 프랑스 국민은 새 국민으로 변하였다. 그 새 국민의 마음속에 지난 6월 이후 3개월 사이에 갑자기 분노와 불만이 쌓였다. 지금까지 왕당파를 노려보던 프랑스 민중의 눈은 혁명을 반역하고 민중을 배신한 푀양파로 돌려지고 있었다. 민중의 분노와 불만은 막 제정된 결함투성이의 헌법을 그대로 두지 않을 태세였다. 그 헌법을 진정한 민주주의 헌법으로 새로 만들고 왕정을 폐지하고 공화정을 수립하는 데는 앞으로 1년이면 족하였다. 혈통의 특권적 지배를 무너뜨린 민중은 이제 돈의 특권적 지배를 오래 참고 견딜 생각이 없었다. 푀양파와 같은 보수적 부르주아는 헌법의 제정으로 혁명은 끝났다고 생각했으나 민중은 혁명은 이제부터 시작이라고 생각하였다. 그리하여 혁명은 계속 민중의 힘에 의해 추진되어 갔다.

8. 1791년 헌법

1789년 5월 초 특권 신분이 자신들의 특권을 보유하면서 재정 위기를 해결해 보려는 간교한 생각에서 소집되었던 삼부회가 근대적 국민 대표 기관으로서의 국민의회로 발전하여 헌법 제정의 의무를 스스로 짐으로써 제헌의회의 기능을 완수하였다. 이 의회는 근대 프랑스를 만들어내고 근대 프랑스의 틀을 구성한 명예로운 의회였다. 이 의회만큼 존경과 찬사를 받을 만한 의회는 근대 프랑스 역사상 아직 존재하지 않는다. 이 의회는 천년 묵은 봉건제도와 뿌리깊은 전제왕정을 무너뜨렸다. 이 의회가 드디어 만들어낸 근대 프랑스 헌법의 정식 명칭은 '프랑스 헌법, 1791년 9월 3일 국민의회령Décret de l'assemblée nationale du trois Septembre, 1791: La Constitution Française'이다. 이 헌법은 인권선언을 맨 앞에 싣고 봉건제도 폐기의 성과들을 나열한 전문 17조와 본문 7장 201조로 되어 있다. 헌법의 골격은 이러했다.

국왕은 헌법 위에 있지 않고 헌법에 종속하고 헌법을 준수할 것을 선서한다. 종래 루이 16세의 공식 칭호는 '신의 은총에 의한 프랑스와 나바르의 왕 루이'였으나, 이제는 '신의 은총과 국가의 헌법에 의한 프랑스 국민의 왕 루이'이다. 이 칭호의 변경은 중요했다. 프랑스 혁명은 프랑스 왕국 내의 봉건적 유물을 일소하였다. 루이 16세의 부르봉 왕가의 시조 앙리 4세Henri IV가 1589년에 프랑스의 왕이 되었을 때 그는 프랑스 서남부 지방 나바르 왕국의 왕이었다. 가장 유력한 봉건 귀족의 하나였지만 봉건법에 따라 왕호를 가지고 있던 것이다. 프랑스 왕국 안에 또 하나의 왕국이 있었다는 것은 봉건제도의 역사적인 사정을 이해하지 않고는 납득하기 어려운 일이다. 어쨌든 그러한 사정에서 부르봉 왕가의 프랑스 왕들은 '프랑스와 나바르'의 왕이었는데 이제 루이 16세는 일체의 봉건적 유물들과 함께 나바르 왕국도 일소해 버린 통일 프랑스의 왕이 된 것이다.

동시에 왕은 프랑스의 왕이 아니라 프랑스 국민의 왕이 되었다. 이것은 프랑스가 왕에게 속해 있던 절대군주주의의 프랑스가 아니라는 강렬한 표현이었다. 프랑스라는 나라의 주인은 프랑스 국민이고, 국민nation이 곧 국가nation이고, 왕은 국민의 지배자가 아니라 국민의 한 사람으로서 국가를 대표하는 최고의 어른에 불과했다. 루이 14세가 말했다는 "짐이 국가"가 아니라 "국민이 국가"인 나라가 근대 시민국가였다. 왕의 본질이 그러하므로 이때의 왕은 필연적으로 신을 대표하거나 신의 뜻을 구현하는 왕이 아니라 국민을 대표하고 국민의 의사를 구현하는 기관이어야 했다. 따라서 그 왕은 국민의 의사를 표현한 국가의 헌법에 의한 왕일 수밖에 없고 국가의 헌법에 종속될 수밖에 없었다.

이러한 왕이 국민이 낸 세금을 제 마음대로 쓸 수 없는 것은 당연했다. 나라와 백성이 왕의 소유였을 때는 왕에게 바치는 세금은 백성의 것이 아니라 왕의 것이었지만, 이제는 나라가 국민의 나라이고 국가가 곧 국민이니, 국민의 세금은 왕의 것이 아니라 국민 스스로가 나라 살림을 위해 내는 국민의 돈이었다. 따라서 종래에는 왕의 금고와 국고는 같은 것이었지만 시민국가에서는 그럴 수가 없었다. 국가의 재정권은 국민에게 있었다. 왕실의 비용은 국가 예산의 한 항목에 불과했다. 루이는 국가의 최고 유급 관리로서 의회가 정하는 연봉으로 왕과 왕실의 비용을 충당해야 했다. 1791년 헌법은 왕의 치세 초에 의회가 그 왕실비를 결정하도록 했는데, 루이 16세에게는 매년 2,500만 리브르를 책정했고 법정 관리인에게 관리를 위임하기로 하였다. 왕일지라도 왕실비의 세출 항목을 함부로 변경할 수 없었고, 일체의 관리권이 법정 관리인에게 있었다.

그런데 루이는 믿을 수 없는 왕이었다. 언제 또 혁명과 헌법을 부인하고 외국으로 도망하여 외국 군대를 끌고 올지 알 수 없는 인물이었다. 헌법은 왕이 국가를 배신하거나 의회의 허가 없이 나라를 떠나면 의회가 왕권을 박탈할 수 있게 하였다. 그리고 왕이 미성년자이거나 남자 계승권자가 없을 경우에는 섭정을 지명하게 했는데, 각 군에서 한 명씩 선출되는 선거 위원들로 구성되는 선거 위원회가 섭정을 지명하되 지명되는 자는 반드시 왕족이 아니라도 상관이 없었다. 이것은 바렌 사건과 낭시 사건 등을 경험한 프랑스 국민이 왕실에 대해 갖고 있는 뿌리 깊은 불신의 표현으로서 왕위 계승법에 대한 중대한 수정이었다. 왕과 왕실이 또다시 외국으로 도망할 경우와 망명 왕족들의 책동에 철저히 대비한 것이었다.

행정권은 국왕과 대신들로 구성되는 내각에 주어졌고, 행정부의 수반은 국왕이고 국왕은 대신들의 임명권을 가지고 있었다. 그러나 왕은 입법부 의원 중에서 대신을 고를 수 없고, 비록 임기가 만료된 의원일지라도 왕이 임명하는 행정직에 취임할 수 없었다. 이것은 입법부가 국민 대표 기관임을 명백히 하고 따라서 입법부 의원은 행정권과의 이해관계에서 완전히 독립하여 행정부를 감시하고 권력의 행사 과정에서 발생하는 부정부패를 철저히 막기 위한 제도적 장치였다. 그러므로 내각은 의회의 감독과 감시를 받았다. 중앙정부의 행정권은 여섯 명의 대신에게 집중되어 있었는데, 대신은 각기 달마다 그 달에 필요한 예산을 의회에 요구하여 의회의 결의에 의하여 집행하고, 이 예산의 집행 결과와 행정의 업적은 물론이고 대신의 개인 행동에 대해서도 요구가 있으면 의회에 보고할 의무가 있었다. 대신을 사임하면 재직 기간의 재정적·도덕적 보고를 의회에 해야 하고, 이 보고가 의회에서 승인되지 못하면 수도를 떠날 수 없었다. 재직 중에 못된 짓을 하고 외국으로 도망치면 그만이라는 생각은 어림도 없었다. 그리고 내각의 회의는 전부 의사록에 기록되어야 했다.

왕은 대신을 비롯한 고급 공무원의 임명권이 있으나 대신들의 부서가 필요했고, 외교권이 있으나 선전포고·조약의 체결 등을 행할 때 의회의 승인이 필요했으며, 의회가 제정한 법률에 대한 거부권이 있으나 헌법과 재정 및 대신의 책임 등에 관한 심의에는 거부권이 적용될 수 없었고, 또 의회는 '선언'의 형식으로 왕의 거부권을 분쇄할 수 있었다. 의회의 선언권은 다음 해인 1792년 7월 11일 실효가 발효되었다. 의회가 "조국은 위기에 놓여 있다"고 선언함으로써 국민 방위대를 동원하여 파리를 향해 진격하는 프로이센군을 물리치고 적군과 내통한 왕당파의 쿠데타 음모를 분쇄했던 것이다.

왕은 군의 통수권이 없었다. 군대는 육군과 해군 및 국민 방위대의 세 종류가 있었는데 그 어느 것에 대해서도 왕권이 미치지 못하였다. 왕은 보병 1,200명과 기병 600명을 한도로 보유할 수 있었으나 국회의사당에서 약 12킬로미터 내에서는 의회의 승인 없이 주둔시킬 수 없었다. 그리고 의회는 의회대로 자체의 군대와 경찰을 의사당 주변에 배치할 수 있었다. 왕은 의회에 대하여 해산권은 물론이고 회기의 조정권도 가지고 있지 않았다.

이상과 같은 허수아비 왕권에 대하여 입법부의 권한은 막강하였다. 입법의회 Assemblée legislative 의원의 임기는 2년으로 비교적 짧은 편이었으나 그들이 구성하는 의회는 국가 최고의 권력기관이었다. 의회는 왕의 소집에 의해서가 아니라 의회 자체의 권한에 의하여 5월 첫 월요일에 개원하여, 회기와 회의 장소를 의회 자체가 정했다. 의회는 위에서 얘기한 바와 같이 내각과 각 대신에 대한 감독과 감시권, 재정 특권, 외교 감독권, 군 통수권을 가질 뿐만 아니라 행정권에 의한 해산의 위협도, 토론과 입법에 대한 제한의 압력도 받지 않았다. 국회의원은 신체의 불가침권과, 의회의 결의 없이는 기소될 수 없는 사법적 불가침권을 가지고 있었다. 1791년 헌법에 의한 프랑스 왕국은 겉보기로는 왕국이 틀림없었으나 알맹이는 공화국이나 다름없었다. 그리고 1791년 헌법은 삼권분립의 원칙에 따른 것 같으나 실은 의회 만능이라는 권력 구조로 무장된 헌법이었다.

행정조직은 혁명 이전의 착잡한 무질서를 말끔히 씻고 체계적인 통일을 실현하였다. 1장에서 본 바와 같이, 바이아주나 세네쇼세, 제네랄리테généralite(총징세구)나 엘렉시옹, 구베르느망gouveernement(감사구)이나 프로방스 등의 중복과 혼란을 완전히 제거하고 전국을 83도의 행정구역으로 나누고, 그 밑에 군, 면canton, 코뮌으로 체계적·계층적으로 단일화하였다. 도의 행정은 혁명 이전의 지사처럼 왕이나 대신이 임명한 자에게 위임되지 않고, 도 선거 위원회에 의하여 선출된 임기 2년의 도 평의회 36명이 지명한 집행부directoire 여덟 명에게 위임되었다. 이 집행부가 도의 행정을 전담했는데 그 최고 책임자를 총대procureur général라고 하였다. 이 총대가 말하자면 옛 지사의 권력을 계승한 셈이다. 그는 중앙정부의 내무 대신과 행정적 연락관을 맡는 역이었으나 중앙정부의 권위를 대표하지는 않았다. 이처럼 도 행정은 매우 자치적이었다.

군의 행정조직은 도의 그것을 본뜬 것이었다. 열두 명의 군 평의회와 네 명의 집행부와 한 명의 총대(군수)가 있었다. 면에는 고유한 행정부가 없었다. 그러나 코뮌은 강력한 자치정부municipalité를 가지고 있었다. 코뮌 정부는 임기 2년의 코뮌 평의회와 그 의장 및 동장maire으로 구성되었는데, 이들은 모두 주민의 직접선거로 선출되었기 때문에 어느 기관보다도 가장 민주적이었다. 더구나 코뮌 평의회는 국민 방위대와 무장군의 동원 요구권이 있었고 누구에 의해서도 해산되지 않았다. 앞으로 혁명이 과격화하여 정치적 위기가 커지면

이 행정상의 지방분권은 국민적 통일에 위협이 되는 한편 파리와 같은 대도시에서는 코뮌의 민주적 자치 기구가 혁명의 과격화를 더욱 촉진시키게 될 것이다.

사법제도 역시 복잡한 낡은 재판제도를 통일적으로 일원화하고 인민주권의 원리에 의해 법 앞에서의 만인의 평등을 보장하였다. 사법부는 삼권분립의 원칙에 따라 국왕과 내각에서 독립해 있고, 모든 재판은 배심원 제도에 의하였고, 모든 재판관은 유자격자 중에서 선출되고 일정한 임기와 신분이 보장되었다. 재판관 매매 제도는 물론 없어졌다. 그러나 대신과 고급 공무원의 범죄 및 국가의 안전과 헌법에 관한 범죄에 대하여는 의회가 고발권을 가지고, 대법원Haute cour nationale이 재판을 담당하였다. 이때 의회는 그 고발의 소추 임무를 지는 대검사Grand Procureur 두 명을 의원 중에서 선출하였다. 이는 의회가 지닌 중요한 행정부 감시 기능이기는 하나 삼권분립의 원칙에서 어긋난 것으로서, 여기서도 의회 우위라는 헌법적 권력 구조의 모습이 나타나고 있다.

1791년 헌법은 근대 시민국가 헌법으로서는 미국 헌법과 함께 세계에서 가장 일찍 제정된 모범적인 헌법이다. 그러나 미국 헌법은 제정된 후 200년이 넘도록 아직까지 한 번도 폐기된 일이 없는데 프랑스의 1791년 헌법은 1년 만에 폐기되고 말았다. 입헌군주국가의 기도가 1년 만에 실패했던 것이다. 그 이유는 무엇일까? 이에 대한 대답은 매우 어렵기는 하지만, 당시의 미국 헌법과 영국 헌법에 비교할 때 1791년 헌법은 최고 행정권—왕권—을 너무나 약화시켰다는 사실에 주목해야 할 것 같다. 그리고 지나친 지방분권은 미국의 지방자치제를 흉내 낸 모양이나, 미국에서는 그 대신 대통령에게 막강한 헌법상의 권력을 부여했는데 프랑스에서는 그렇지 않았다.

1791년 헌법이 왕의 실질적 권력을 빼앗은 근본 이유는 루이가 새 질서에 진심으로 참여하지 않았기 때문이다. 그러나 미국 초대 대통령 워싱턴George Washington은 독립 전쟁의 총사령관이었다. 급진적인 혁명기에는 국가의 최고 책임자가 어떠한 인물인가는 대단히 중요하다. 루이 16세가 워싱턴처럼 슬기롭고 민주적인 인물은 아니더라도 역사의 변화에 다소라도 민감한 인물이었더라면 1791년 헌법이 왕권을 그렇게까지 무력화시키지는 않았을 것이고, 따라서 프랑스의 입헌군주제의 진지한 시도가 그렇게 어이없이 실패하지는 않았을 것이다.

1791년 헌법이 실패한 또 하나의 주요한 원인은 의회 혁명파의 보수화가 아닌가 생각한다. 1789년 8월 4일 밤의 애국적인 흥분과 열광이 좀 더 오래 계속되었더라면 혁명파는 분열하지 않았을 것이다. 애국심과 인도주의의 열광이 계급적 이기주의로 변질되었을 때 고귀한 혁명 정신은 야수적인 당파심으로 타락하였다. 국민의회가 부르주아지의 계급적 이익에 혈안이 되어, 가난한 민중이 국민의 이름으로 외친 자유와 평등을 자기들의 이익을 위한 계급적 자유와 평등으로 이용하게 되었을 때, 입헌군주제의 실패라는 현실은 너무나 당연한 귀결이 아닐까? 그러므로 계급적 적대감을 불러일으켜서 국가의 통일을 분열시킨 자는 국민이 아니라 국민의회였고 민중이 아니라 부르주아지였다. 이런 사실이 1791년 헌법에 명백히 드러난 것이다.

그 헌법은 인민주권의 원리를 지나칠 정도로 널리 적용하여 입법부는 물론 사법부와 지방자치제에 이르기까지 선거제를 채택했으나, 국민을 능동 시민과 수동 시민으로 양분하여 능동 시민에게만 선거권을 주는 어리석음을 저질렀다. 이는 인민주권의 원리를 근본적으로 부정한 짓이었으며 인권선언에 대한 명백한 배신이었다. 헌법 전문의 첫머리를 장식한 인권선언 제1조는 "법률은 공공 의지의 표현이므로 모든 시민은 개인적으로 또는 대표자에 의하여 입법에 협력할 권리를 갖는다"고 못 박아놓고서, 최소한 3일간의 노동임금에 상당하는 직접세를 납부하지 못하는 국민을 수동 시민이라고 하여 일체의 선거권과 피선거권을 주지 않았기 때문이다. 선거권이 없는 약 300만의 가난한 농민과 노동자와 영세 상인의 눈에 1791년 헌법과 이를 제정한 국민의회 의원, 그리고 이 헌법에 의해 선출된 입법의회 의원 및 각종 공직자가 어떤 모습으로 비쳤을까? 1791년 당시 프랑스의 성인 남자 730만 명 가운데 수동 시민이 300만 명이나 된 것으로 볼 때 1791년 헌법이 오래가지 못한 것은 당연하였다.

  1791년 헌법의 선거법에 의하면, 코뮌에서 능동 시민에 의해 선출된 선거 위원이 군청 소재지에 모여서 제2차 선거 위원을 선출하게 되어 있었는데, 제2차 선거 위원 자격은 10일간의 노동임금에 상당한 직접세를 납부한 자에 한정하였다. 그러므로 능동 시민이라도 한층 더 부유한 자가 아니면 제2차 선거 위원이 될 수 없었다. 제2차 선거 위원들이 도청 소재지에 모여서 국회의원, 재판관, 도 평의원, 주교 등을 선출할 제3차 선거 위원을 뽑았다. 이들은 도에 따라 일정하지 않지만 300명 내지 800명에 불과하였다. 국회의원은 이 선거의원 중에서 뽑되 1마르크의 은화(약 50 프랑)에 해당하는 직접세를 납부한 자에 한정하였다. 이렇듯 1791년 헌법이 겉으로는 제아무리 민주적이고 자유를 표방했다 하더라도 가난한 민중을 원천적으로 정치에서 봉쇄한 만큼, 이는 유산계급의 계급적 이기주의를 제도적으로 보장한 장치에 불과한 것이었다. 더구나 그 헌법은 수동 시민을 정치에서만 제거한 것이 아니라 국민 방위대에서도 제거하였다. 문벌 중심의 귀족 제도를 타도하는 혁명에 앞장섰던 가난한 민중은 이제 부富라는 새로운 귀족 제도의 출현 앞에서 무장해제를 당하였다.

제3장

입법의회와 국민공회

1. 전쟁과 왕권 정지

제헌 국민의회는 1791년 9월 30일 해산하고 이튿날 10월 1일 입법의회가 성립되었다. 745명의 대의원은 정치적 경험이 없는 30세 미만의 젊은이가 대부분이었다. 그 까닭은 앞서 제헌의회 의원들은 자기들이 다음 국회의원에 출마하려고 시도할 경우 공정한 헌법을 제정할 수 없다는 정신에서 자기들의 피선거권을 스스로 포기하여, 1789년 이래 혁명을 수행한 자들이 한 사람도 새 입법의회에 들어오지 않기 때문이다.

입법의회 의원의 정치적 파벌은, 우익의 푀양파가 264명, 좌익의 자코뱅파가 136명, 나머지 중립적인 부동 세력이 345명이었다. 푀양파는 앙시앵레짐을 반대하는 것만큼 민주주의를 반대하고 온건한 입헌군주제와 부르주아의 지배를 바랐다. 이 파는 삼두파와 라파예트파로 갈려 있었다. 좌익의 자코뱅파도 파리 출신의 브리소Jacques Pierre Brissot와 콩도르세Marie Jean Antoine Nicolas de Caritat Condorcet가 이끄는 온건파와 로베스피에르와 쿠통Georges Couthon 등의 영향을 받는 철저한 민주파가 있었으나, 후자의 세력은 아직 강하지 않았다. 전자는 지롱드 지방 출신의 의원들이 많았기 때문에 후세의 역사가 라마르틴Alphonse de Lamartine에 의하여 지롱드당Girondins으로 불리게 된다. 이 좌우익의 중간에서 좌왕우왕한 부동 세력은 혁명을 성실히 지지했으나, 확고한 정견을 가지고 있지는 않았다.

이렇게 입법의회에는 이미 성취한 혁명의 성과를 부정하고 구제도를 회복하려는 반혁명 세력은 전혀 존재하지 않았다. 그러나 집권당이라고 볼 수 있는 푀양파에는 일찍부터 두 갈래의 대립이 나타났고 그 분열에 힘입어 좌익이 현저히 진출할 기회를 잡게 되었다. 이 입법의회 앞에는 헌법만으로는 해결할 수 없는 여러 가지 어려운 문제가 있었다.

첫째, 사회경제적인 문제로서 식량과 일반 식료품 값의 폭등이 도시와 농촌의 가난한 민중의 폭동을 야기했다. 특히 농민은 1789년 8월 4~11일 법령에 의하여 토지 소유의 부푼 희망에 들떠 있었는데, 실은 보상금을 지불하고 사야 하는 되사기 제도에 묶여 있음을 안 다음부터는, 영주제의 전면적 폐지를 요구하는 농민 폭동을 여기저기서 일으켰다. 1789년의 부르주아지는 농민 폭동의 진압에 통일적인 행동을 취했으나, 1791년 가을 이후의 부르주아지는 그렇지 않았다. 자코뱅파는 혁명은 부르주아지와 민중이 힘을 합하여 수행한 것인 만큼 계속 민중과 힘을 합하지 않으면 혁명을 수호하지 못할 것이라고 주장하여 되사기 제도의 완화를 제안하였다. 그러나 푀양파는 그 제안을 부결하였다.

둘째 문제는 선서를 반대한 선서 거부 성직자들의 소요였다. 이들과 반혁명 귀족들의 연합이 도처에서 나타났다. 1791년 8월에는 방데에서 소요를 일으켰고 10월에는 귀족들이 아비뇽 시장을 학살하였다.

다음 문제는 혁명정부에 대한 망명 귀족들의 노골적인 군사 위협이었다. 벨기에로 망명한 왕의 동생 프로방스 백작을 옹립한 망명 귀족들이 트리어 선제후選帝侯 영내의 코브렌츠에 집결하여 프랑스로 진격할 태세를 취하고 있었다. 1791년 11월 의회는 프로방스 백작과 망명 귀족이 2개월 이내에 귀국하지 않을 경우 공민권과 재산을 박탈할 것과, 프랑스 국경에서 망명 귀족들의 불법 집회와 모병을 묵인하고 있는 독일 군주들에 대한 경고를 결의하였다. 의회의 이러한 결의는 독일 군주들과 망명 귀족, 프로방스 백작에 대한 최후통첩과 같은 것으로서 전쟁을 도발하는 행위였다. 이와 같이 엄청난 의회 결의는 전쟁을 바라는 브리소파와 푀양파의 연합에 의해 비로소 가능하였다. 결국 그 뒤 다섯 달 이내에 전쟁이 일어나고 만다. 그러면 왜 전쟁은 일어나야 했으며 또 푀양파나 브리소파는 어째서 전쟁을 바랐던 것일까?

기이하게도 전쟁을 반대한 것은 자코뱅의 좌파 로베스피에르뿐이었고 지롱드파도 푀양파도, 왕비와 왕도 모두 전쟁을 바라고 있었다. 그러나 이들 주전론자가 전쟁을 주장하는 이유는 모두 달랐다. 브리소와 콩도르세의 지롱드파는 빈번한 폭동의 주요한 원인을 외국의 전제군주들과 망명 귀족들의 선동과 이에 호응하는 국내의 거부 성직자들의 소행으로 보고, 외국 군주들에게 프랑스 혁명을 승인하게 하고 망명 귀족의 조직을 해산시켜서 그들과 내통하고 있는 거부 성직자들을 섬멸하는 길은 전쟁밖에 없다고 주장했다. 이들은 열국은 서로 이해와 보조가 맞지 않고 또 그 국민들은 프랑스군이 쳐들어가기만 하면 전제 반대의 봉기를 일으킨다고 판단하여 승리를 낙관했다.

우익의 라파예트파가 전쟁을 찬성하는 이유는 이와 달랐다. 그들은 주로 군인과 귀족이었는데, 전쟁이 나면 군부가 실권을 쥐게 될 것이고 전쟁에 이기면 자신들이 독재권을 장악하여 왼쪽으로는 자코뱅을 누르고 오른쪽으로는 왕과 의회를 자기들 뜻대로 움직일 수 있다고 생각하였다.

왕과 왕비가 전쟁을 바라는 이유도 달랐다. 이들은 왕좌만이 아니라 자기들의 생명마저도 혁명에 의해 위협을 받고 있다고 생각하여 이 위협을 제거하는 유일한 길이 열국의 무력 간섭에 의한 혁명의 분쇄라고 확신하였다. 이 확신은 바렌의 도망 사건 이후에도 전혀 바뀌지 않았다. 1791년 12월 3일 루이 16세는 프로이센 왕 프리드리히 빌헬름 2세에게 비밀 사신을 보내 "나는 프랑스의 반란 분자들의 숨통을 끊고 바람직한 치안 상태를 회복시키고 또 프랑스가 당하고 있는 불행이 다른 유럽 국가들로 번지지 못하게 하는 최선의 수단으로, 유럽 주요 국가들의 군대에 힘입은 회담을 개최할 것을 독일 황제, 러시아 황제, 스페인 왕 및 스웨덴 왕에게 제안하였다"는 말을 전한다. 이렇게 왕은 열국에 전쟁을 재촉하면서도 겉으로는 의회에 나가서 "만일 트리어 선제후가 영내에 망명한 프랑스인들의 집회와 적대 행위를 중지시키지 않는다면 그를 프랑스의 적으로 인정한다"고 선언하였다. 그러나 루이는 왕궁으로 돌아오자마자 열국 군주들에게 의회에서의 선언을 정당한 것으로 간주하지 말라는 비밀문서를 발송했다. 그리고 그는 "이번에는 내란이 아니라 전쟁이다. 그렇게 되면 사태는 훨씬 좋아질 것이다. …… 프랑스의 물질적 · 정신적 상태는 일전은커녕 반전半戰도 계속할 수 없는 상태이다. 그러나 나는 전쟁에 열중하는 척할 필요가 있다……"고 하였다. 이렇게 왕과 왕비는 전쟁이 나면 프랑스가 참패할 것으로 확신하고, 프랑스의 패배가 잃어버린 왕권을 도로 찾아줄 것으로 믿으며 프랑스를 전쟁으로 몰고 갔다. 그의 속은 겉과는 사뭇 달랐다.

오직 전쟁을 반대하는 자는 극소수의 로베스피에르 일파뿐이었다. 로베스피에르와 브리소 사이에는 석 달 동안 논쟁이 벌어졌다. 로베스피에르의 주장은 이러했다. 전쟁이 일어나면 지휘권을 쥐게 될 자는 필연코 혁명을 실패시키려는 세력이다. 그리고 전쟁이 일어나면 프랑스는 반드시 진다. 프랑스군에는 제대로 훈련된 장교가 없고, 있다 해도 반혁명적이며, 국민 방위대는 훈련도 무장도 빈약하기 때문이다. 또 전쟁이 외국으로 확대되더라도 외국의 민중은 아직 반전제의 봉기를 일으킬 만큼 성숙되어 있지 않기 때문이다. 따라서 전쟁이 일어난다면 반드시 군사독재자가 나타나서 프랑스를 반혁명과 패전으로 이끌고 갈 것이다. 이런 주장으로 볼 때, 로베스피에르는 나폴레옹 보나파르트Napoléon Bonaparte(나폴레옹 1세)의 출현을 예언한 셈이다.

그러나 로베스피에르의 주장은 극소수의 의견에 불과했고 대세는 전쟁으로 기울어져 갔다. 1792년 1월 14일 프랑스는 오스트리아에 1756년의 프랑스-오스트리아 방어 조약이 아직도 유효하느냐고 물었다. 열흘 후에 온 레오폴트 2세의 답은 유효하지 않다는 것이었다. 이 답은 프랑스에 대한 선전포고나 다름없었다. 그런데 3월 1일 갑자기 레오폴트 2세가 죽고 프란츠 2세Francis II가 오스트리아 황제에 즉위하였다. 프란츠 2세는 부왕 레오폴트 2세만큼 신중하지 못하고 프랑스에 개입할 의사가 더 강하였다. 이렇게 독일 쪽에서 먼저 침입할 위험성이 커지고 있을 때 프랑스에서는 지롱드당 내각이 출범하였다. 4월 20일 의회는 만장일치로 오스트리아에 대한 선전을 결의하였다. 반대는 불과 열 표밖에 없었다.

전쟁은 주전파의 모든 계산을 다 뒤집었다. 전쟁이 시작된 지 넉 달이 안 돼 왕정이 몰락했고, 1년이 안 돼 지롱드당이 무너졌으며, 2년이 안 돼 자코뱅당이 몰락하였다. 로베스피에르의 예측이 정확했던 것이다.

일선의 장군들은 왕당파의 앞잡이들이었다. 라파예트는 1791년에 벌써 국민 방위대 사령관에서 국경 경비군 사령관으로 밀려나 있었는데, 그는 적과 내통하고 있었다. 일선에는 프랑스군이 10만이고 오스트리아 군은 4만에 불과했으나 프랑스군은 항복과 후퇴를 거듭하였다. 싸워 이길 수 있는 싸움에도 고의로 항복하거나 후퇴한 것이다. 5월 1일 로베스피에르는 자코뱅 클럽에서 "나는 장군들을 조금도 믿지 않는다. …… 오로지 민중을 믿을 뿐이다"라고 하였다. 적의 침입을 불러들이는 왕당파와 장군들에 대항하는 민중과 의회의 대결이 곧 다가오고 있었다. 의회는 왕비가 조정하는 오스트리아 위원회의 정체를 폭로하여 근위병 해산을 선언하는 동시에 2만 명의 연맹병fédéré의 병영을 파리 교외에 설치할 것을 가결하였다. 연맹병이란 프랑스 83개 도의 통일과 혁명을 지지하는 의용군인데, 왕궁을 지킨다는 명목의 근위병을 해산시키고 연맹병의 병영을 설치한다는 것은, 왕과 파리를 혁명 세력의 손아귀에 넣는 것을 의미하였다. 동시에 그것은 지롱드당이 직접적인 방법으로 정권을 노리고 있다는 의사의 표현이었다.

이에 대하여 왕과 푀양파는 지롱드파 대신들을 몰아내고 푀양파 일색의 개각으로 대항하였다. 일선에서는 패전의 보도만 들려오고 있었다. 라파예트는 일선 군대를 파리로 회군하여 쿠데타를 단행한 다음 자코뱅을 해산시키고 국민 방위대 제도를 폐지하고 귀족을 귀국시키고 의회를 양원제로 개편하려는 음모를 진행시키고 있었다. 이러한 상황에서 6월 20일 파리의 민중이 왕궁으로 난입한 사건이 일어났다. 6월 20일은 테니스코트의 서약 3주년 기념일이고 바렌 도망 사건의 1주년 기념일이었는데, 왕궁 난입 사건은 지롱드당이 조종한 것으로서 직접적인 방법으로 정권을 잡으려는 시도였다. 여기서 라파예트파는 이 사건의 책임을 추궁하여 자코뱅파의 파리 시장 페티옹을 파면하고, 원내외에서 자코뱅에 대한 일대 공세를 폈다. 그들은 의회에 자코뱅 클럽의 해산을 청원하였다. 이는 라파예트의 쿠데타 계획 중 하나였다. 그러나 의회와 국민은 일선 장군들과 라파예트가 왕과 연결되어 있음을 확신하고 있었고, 일선에서 패전한 진짜 원인을 알고 있었다. 의회는 라파예트의 청원서를 의사로서 토의하지 않고 12인 위원회에 회부하는 데 그쳤다. 12인 위원회란 육군 대신의 전황 보고를 심사하고자 6월 13일 의회 안에 설치한 특별 위원회였다. 여기서 라파예트는 파리의 국민 방위대를 동원하여 쿠데타를 결행하려고 했으나 국민 방위대가 움직이지 않았다.

　자코뱅당은 위기가 절박함을 눈앞에 보고 잠시 당내의 분열을 잊었다. 브리소와 로베스피에르는 자코뱅 클럽의 단결을 호소하여 라파예트의 처벌을 요구하였다. 의회는 푀양 내각에 패전의 책임을 묻고, 프랑스의 모든 행정기관의 공개를 명령하고, 7월 14일의 혁명 기념 연맹제에 83도의 연맹병이 모두 참가할 것과 그 여비를 국고에서 지불할 것을 결의하였다. 동시에 의회는 한 걸음 더 나아가서 왕의 음모를 폭로하고 왕을 협박하는 연설마저 감행하는 형편이었다. 이러한 가운데서 오스트리아군이 드디어 국경을 넘어 프랑스 안으로 들어왔다. 7월 10일 푀양 내각이 총사퇴하고 11일 의회는 "조국은 위기에 놓여 있다"고 선언하여, 프랑스 국민 방위대 전원에게 무장을 명령하였다. 수일 내에 파리에서만도 1만 5,000명이 군에 입대하였다. 13일에는 6월 20일 사건에 책임을 지고 쫓겨났던 페티옹이 파리 시장에 복직되었다. 이튿날 혁명 기념 연맹제에서는 "국왕 만세"의 구호는 없고 "페티옹 만세" 소리가 장내를 뒤덮었다. 장내는 지방에서 상경한 무장한 연맹병으로 꽉 찼다. 이들은 자코뱅 편이었다. 그들은 17일에 왕의 실권을 요구하는 진정서를 의회에 제출하였다. 지방의 연맹병은 계속 파리로 집결하고 있었다. 25일 로베스피에르는 입법의회의 즉시 해산과 헌법 개정 및 국민공회의 소집을 요구하였다. 그리고 새 선거에서는 능동 시민과 수동 시민의 구별을 없앨 것을 주장하였다.

 8월 3일 드디어 왕에게 결정적인 타격을 가하는 일이 일어났다. 《모니퇴르Moniteur》라는 신문이 오스트리아와 프로이센의 연합군 사령관 브룬스비크Brunswick의 성명을 보도했는데, 이것이 왕과 적군의 내통을 백일하에 폭로했을 뿐만 아니라, 자코뱅과 프랑스의 모든 애국자를 협박하였다. 성명의 내용은 프랑스 국민으로 하여금 루이 16세의 모든 권한을 도로 회복시켜줄 것과 루이 16세와 연합군에 대한 저항과 반대를 중지하고 연합군에 복종할 것을 요구하는 것이었다. 또한 무장한 국민 방위대를 반란 분자로 처리하고 공무원이든 민간이든 상관없이 연합군에 반대하는 자는 국법으로 다스리겠다고 위협하고 있었다. 그뿐만 아니라 왕실을 모욕하거나 상해하거나 왕궁에 침입하면 파리를 철저히 징계하고 전멸시켜버리겠다는 협박도 들어 있었다. 왕의 적대 행위를 증명할 증거로 이 이상 확실한 것은 없었다. 왕의 어떤 변명도 소용이 없었다. 파리의 48개 구의회들이 곧바로 왕의 퇴위를 요구하는 진정서를 의회에 보냈다. 의회는 주저하였다. 이튿날 가장 혁명적인 노동자 구인 생탕투안 구가, 의회가 8월 9일 자정까지 왕의 폐위를 결의하지 않으면 튈르리 궁을 공격하겠다는 최후통첩을 의회에 보냈다.

왕과 의회는 부자들이 사는 구의 국민 방위대와 왕궁을 지키는 스위스 용병을 강화하였다. 8월 9일 자정 종소리와 북소리가 울리자 무장한 연맹병과 국민 방위대와 수동 시민이 일제히 봉기하였다. 철저한 왕당파였던 파리 시 국민 방위대 사령관 망다Mandat가 폭도들에게 피살되었다. 시의회의 실권을 장악한 혁명파는 생탕투안 구의 영웅 상테르Santerre를 그의 후임으로 임명하였다. 왕궁은 폭도들의 공격을 받았다. 스위스 용병들은 쓰러져 갔다. 10일 새벽 왕과 그의 가족은 의사당으로 피신하였다. 폭도들은 왕궁에 난입하였다. 파리 시는 또 한 번 무질서의 광란 속에 빠졌다. 왕의 초상과 흉상이 닥치는 대로 부서지고 불태워졌다. 왕궁을 공격한 쪽과 방어한 쪽의 사망자가 모두 1,300명에 이르렀다. 폭동 쪽이 400명, 왕궁 쪽이 900명이었다.

8월 10일 사건은 파리 시의회 즉 파리 코뮌을 프랑스의 실권자로 만들었다. 입법의회는 파리 코뮌의 요구대로 왕권의 일시 정지를 선언하고 보통선거에 의한 새 국회인 국민공회의 소집을 가결했다. 왕권은 우선 잠정적으로 정지되었지만 결국 영원히 폐지될 터였다. 왕은 탕플Temple에 유폐되었다. 그는 거기서 다섯 달을 더 살다가 처형되고 만다. 라파예트는 8월 10일 사건에 반격을 시도하여 일선 군대를 파리로 회군시키려다 실패하여 벨기에로 도망했다. 왕정을 수호하여 입헌군주 체제의 테두리에서 혁명을 성취하려던 사람들은 이제 라파예트와 함께 몰락하였다. 8월 10일 사건의 주동 세력은 온건

프랑스 혁명에 참가한 시민들의 모습. 귀족들이 입는 '퀼로트culotte'라는 바지를 입지 '않는sans'다고 하여 '상퀼로트sans-culotte'라 불렸다.

한 부르주아가 아니라 파리의 노동자와 빈민과 영세 상인이었다. 이들이 앞으로 혁명을 한결 더 과격하게 만든다. 이들은 귀족이 입는 퀼로트라는 바지를 입지 않는다고 하여 상퀼로트sans-culotte라 불렸는데, 이제 이 상퀼로트가 파리 코뮌의 실권자로 나타났다.

2. 9월 학살과 상퀼로트

왕권이 정지되었으니 집행권자가 필요했다. 여섯 명의 대신들로 임시정부가 짜여졌다. 내무에 롤랑Jean-Marie Roland de La Platiere, 외무에

제3장 입법의회와 국민공회

르브룅Albert Lebrun, 재무에 클라비에르Étienne Clavière, 법무에 당통, 육군에 세르방Joseph Servan, 해군에 몽주Gaspard Monge였다. 이들은 이제 대신이라고 칭하기보다 장관이라고 칭해야 했다. 왜냐하면 왕정은 없어지고 이들을 임명한 것은 왕이 아니라 의회였기 때문이다. 그런데 합법적인 의회 앞에 크게 맞서 나타난 혁명적인 파리 코뮌은 왕에 대해서만이 아니라 의회에 대해서도 불신하고 협박하고 비난하였다. 의회와 코뮌의 대립은 합법적인 힘과 혁명적인 힘의 대립이며 부르주아와 민중의 대립이었다. 이 대립은 앞으로 국민공회가 소집되어 왕정을 폐지하고 공화정을 선포하기까지 6주일간 계속된다.

파리 코뮌이란 무엇일까? 그 뜻은 파리 시의회City Council라는 뜻이었다. 파리는 본래 행정구역이 60구district로 나뉘어 있었는데, 1790년 5월에 48개의 섹시옹section으로 개편되었다. 섹시옹마다 1,800명 정도의 능동 시민이 있었는데, 그들의 대표자들이 시 코뮌을 구성하여 반혁명 세력에 대항하고 있었다. 그런데 8월 10일 사건을 계기로 각 섹시옹이, 특히 노동자들의 섹시옹이 그들의 코뮌 대표자들을 수동 시민으로 교체하여 코뮌의 능동 시민을 압도하게 되었다. 수동 시민은 선거권도 피선거권도 없었으므로 이런 처사는 합법이 아니었다. 그러나 입법의회가 파리 코뮌의 압력에 의하여 능동 시민과 수동 시민의 차별을 없애고 보통선거에 의하여 새 국회인 국민공회의 소집을 가결하였으므로 코뮌의 불법성은 현실적으로 문제가 되지 않았다. 왜냐하면 그 합법성의 기준은 이미 개정하기로 선포한 낡은 헌법의 원리에 의하여 측정될 것이 아니라 새 헌법의 원리에 의하여 측정되어야 하기 때문이다. 새 헌법의 원리는 보통선거의 원리였다. 그런데 이 보통선거의 원리를 입법의회로 하여금 승인케 한 것은 파리 코뮌이었으니, 입법의회는 파리 코뮌의 실력에 종속될 수밖에 없었던 것이다.

그런데 파리 코뮌의 지도자는 코뮌을 대표하여 임시정부에 입각한 법무장관 당통이었다. 당시 당통은 자코뱅 클럽의 좌파로서 로베스피에르와 단짝이었다. 그리고 코뮌에 신설된 감시 위원회comité de surveillance의 실력자 마라도 한패였다.

8월 10일 사건은 프랑스에 외교적 고립과 군사적 위기를 불러왔다. 당시의 유럽 국가들은 군주국가였다. 따라서 민중 봉기에 의한 루이의 실권이 그들에게 준 충격과 분노는 상상을 넘는 것이었다. 8월 10일부터 외국 사신들이 프랑스를 떠났다. 8월 23일 프랑스의 외무 장관 르브룅은 프랑스는 덴마크와 스웨덴 이외에는 만족스런 관계를 유지하고 있는 나라가 없다고 보고하고 있다. 프랑스는 혁명이 격화함으로써 유럽의 국제 관계에서 추방되고 있었다.

동시에 8월 10일 사건은 유럽 국가들을 군사적으로도 자극하였다. 당시의 전황을 간단히 살펴보면, 연합군은 브룬스비크 휘하에 프로이센군이 4만 2,000, 헤센군이 5,000이고, 오스트리아 전선에 망명 귀족 5,000을 합하여 3만 4,000, 벨기에 전선에 망명 귀족 4,000을 합하여 2만 9,000이 있었다. 이들이 프랑스의 동부와 북부에 쳐들어오고 있었다. 당시 외국의 여론은 10월 초에는 브룬스비크가 파리에 입성할 것으로 보고 있었다.

연합군은 대대적인 공세를 취하고, 프랑스군은 후퇴를 거듭하였다. 프랑스군은 켈레르만François Christophe Kellermann 장군의 중부군 2만 8,000, 디옹Théobald Dillon 장군의 라인군 2만 5,000, 뒤무리에 Charles Francois du Perier Dumoulriez 장군의 북부군 6만 명이 일선에 배치되어 있었다. 프랑스군의 패전은 군사적으로만이 아니라 정치적으로도 중대한 영향을 미치고 있었다. 프랑스군이 곧 항복하고 후퇴한다는 소식은 국내의 반혁명파에게 반란의 용기를 북돋아주었던 것이다. 프랑스군이 후퇴를 거듭할수록 국내에서는 반혁명 반란의 위험이 높아져 갔다. 의회는 12인 위원회에 일선 군대에 대한 독재권을 부여하여 일선에 파견하는 한편, 특별 재판소를 설치하여 8월 10일 사건 때의 반혁명 분자를 처단하기로 했다. 이렇게 숨가쁘게 돌아가던 8월 19일 프로이센군이 또 국경을 넘었다. 이는 광범한 반혁명 반란의 신호탄이었다. 3,000명의 반혁명 용의자가 투옥되고 6만 명의 신병이 모집되고 3만 자루의 창이 제조되고 파리 주변에는 참호가 파였다.

이러한 때에 옥중에 갇혀 있는 반혁명 혐의자들이 반란을 계획하고 있다는 소문이 퍼졌다. 거기에다 8월 10일 사건 특별 재판이 지부진한 데 대한 상퀼로트의 불만과 분노가 치솟고 있었다. 마라가 일선으로 출전할 연맹병들에게 "감옥에 갇혀 있는 민중의 적을 제재하지 않고는 일선으로 출전하지 말라"는 격문을 날렸다. 이에 파리의 가장 과격한 구들이 연맹병이 출전하기 전에 옥중의 혐의자들을 모두 처형할 것을 결의하였다.

공교롭게도 9월 2일 베르됭 요새가 적군에게 포위되었다는 소식이 전해왔다. 베르됭이 함락되면 오래지 않아 적군이 파리로 쇄도할 것이고, 그렇게 되면 반혁명의 반란이 전국을 휩쓸 것이다. 드디어 파리 코뮌의 포고문이 나붙었다.

> 무기를 들라, 시민 제군, 무기를 들라. 적군이 우리 성문 바깥에 육박했다. 당장, 제군의 깃발을 높이 들고 진격하라. 마르스 연병장으로 모여라, 16만의 군대가 당장 편성되어야 한다.

의회가 파리 코뮌의 결의를 뒤따랐다. 9월 2일 밤부터 연맹병은 감옥들을 차례로 찾아 선서 거부 성직자를 비롯한 수감자들을 약식재판에 의하여 처형하였다. 처형 대상자는 마라의 감시 위원회가 이미 골라놓고 있었다. 피살자의 정확한 숫자는 알 길이 없으나 1,100 내지 1,400으로 추계되고 있다. 국민 방위대와 파리 코뮌, 의회와 임시정부는 학살을 방관하거나 방조하였다. 사람들은 이 끔찍한 학살을 태연히 만족스럽게 지켜보고 있었다. 한편 학살이 진행되는 동안 여자들은 성당에 모여서 군복과 붕대를 만들었고, 군수공장에서는 무기를 제조하고, 일선 군인에게 보낼 선물이 줄을 이었다. 애국심의 정열이 폭발한 것이다. 마티에에 의하면 숭고한 정신과 악마의 잔인함이 나란히 나타났던 것이다.

9월 3일에는 코뮌 감시 위원회가 당통이 부서한 회장回狀을 각 도에 보냈다.

감옥에 갇혀 있는 흉악한 음모꾼들의 일부가 인민에게 처형되었다. 이 처형은 인민이 적을 향해 진격하려는 이때 감옥의 벽 안에 숨어 있는 많은 반역자들을 공포로 누르는 데 필요한 정당한 행위였다. …… 이제는 국민 전체가 공안公安을 지키기 위하여 그러한 필요 수단을 기꺼이 취할 때이다.

이 회장은 파리의 학살 행위를 정당화하고 지방도 파리를 본받으라고 재촉하고 있는데, 실은 지방에서도 이미 혐의자들의 처형이 시작되고 있었다. 마티에에 의하면 새 신神인 애국심은 옛 신들처럼 사람들의 목숨을 요구하였다.

9월 학살 후부터 지롱드당이 보수화하여 자코뱅당 좌파에 정면으로 대립하게 되었다. 의회는 6월 20일 이후 두 번에 걸쳐, 왕당 지지 청원서에 서명한 6,000명과 2만 명의 명단을 발표하여 그들의 피선거권을 박탈하기로 결정한 바 있었는데, 이제 지롱드당은 의회에서 2만 6,000명의 명단의 원본을 파기하기로 결의하였다. 그리고 파리 코뮌으로 하여금 시민의 사유재산을 지키겠다는 서약을 하게 하였다. 이러한 결의들은 의회의 코뮌에 대한 승리인 동시에 브리소파의 당통파에 대한 승리였다. 자코뱅당은 브리소의 지롱드파와 당통, 마라, 로베스피에르의 산악파Montagnards로 분열하기 시작하였다. 이 분열은 왕권의 소멸과 함께 우익의 퇴양이 실각함으로써 집권파 내부에서 일어난 권력 싸움이라는 정치적 분열에 그치는 것이 아니라 혁명의 이념과 목표의 차이에서 비롯되는 사회적·계급적 분열이었다. 지롱드파의 혁명 이념이 부르주아의 경제적 자유와 사유권의 절대를 비롯한 시민적 자유에 있었다면, 산악파의 혁명 이념은, 그런 사유권을 자유로이 행사하려고 하여도 소유한 것이 없는 민중에게도 그런 권리를 행사할 수 있는 소유를 보장하려는 것이었다. 산악파의 이념은 자유와 함께 그 자유를 누릴 수 있는 물질적·정치적 평등의 실현에 있었다. 두 파의 혁명 이념의 차이는 앞으로 혁명과 전쟁의 진행에 따라 한결 더 명백히 드러나게 되고, 특히 국내외 반혁명을 분쇄하는 현실적 방법론에서 구체적인 형태로 나타나게 되거니와 1792년 9월 국민공회의 선거 과정에서 이미 그 기본적 차이가 드러나게 된다.

  당시 그들이 벌인 공방전의 중심 문제는 농지법과 징발법이었다. 농지법은 농지를 농민에게 균등히 분배하자는 토지개혁안이었다. 모든 시민은 각자 자기와 자기 가족을 부양할 만한 생산수단을 소유하지 않으면 시민으로서의 구실을 다하지 못했다. 그러므로 시민 국가의 농민은 생산수단으로서의 토지를 소유해야 했는데, 토지는 한정되어 있고 농민의 수는 많으므로 농민 저마다가 소유할 토지는 필연적으로 소규모일 수밖에 없었다. 산악파의 혁명 이념은 모든 시민이 소토지 생산자인 나라를 건설하는 것이었다. 자기와 자기 가족이 먹고살 만한 생산수단을 소유하지 않은 자에게는 자유란 공허한 관념이었다. 산악파는 현실적으로 자유의 가치를 몸으로 이해하는 자만이 자유를 소유할 자격이 있고 자유를 지킬 능력이 있다고 주장하면서 이런 시민들로 구성된 국가가 민주주의 국가라고 설파했다. 따라서 민주주의국가의 시민에게는 누구나 자기와 자기 가족이 먹고살 만한 생산수단의 소유가 보장되어 있어야 한다고 보았다. 이들은 이런 의미의 경제적 평등이 보장되어 있지 않은 나라에서는 시민의 권리나 자유는 한낱 공염불에 지나지 않는다고 했다. 이들의 논리는 사유재산제도를 부정하는 것이 아니라 사유제도를 전제로 하고 있었다. 그것은 원리상 사유권의 절대성을 침식하거나 부정한 것이 아니었다. 따라서 공산주의와는 근본적으로 달랐다. 그럼에도 지롱드파는 산악파의 농지법을 공산주의에 가까운 논리라고 비난하였다. 가히 매카시즘의 원조라고나 할 만했다.

지롱드파가 산악파를 공산주의적이라고 비난한 또 하나의 쟁점은 징발법이었다. 식량 위기와 물가앙등을 완화시키고 전쟁 물자의 공급을 원활하게 하기 위해서는 식량과 차량 기타 여러 가지 물자의 강제 징발이 불가피하였다. 이는 전시에 군대의 강제징집이 불가피한 것과 마찬가지 이유였다. 그럼에도 불구하고 지롱드파는 징발법을 공산주의적 수법이라고 비난하였다. 사실 소유한 것이 없는 일반 민중은 징발당할 것이 없었으니 징발법의 희생자는 징발당할 것을 소유한 유산 계층이었다. 그러므로 지롱드파가 물자의 강제 징발을 반대한 것은 납득하기 어렵지 않으나, 징발법을 소유권의 침해라고 하여 공산주의적 수법이라고 비난하는 것은 잘못이었다. 마라는 소유권이나 자유권 이전에 우선 국민이 살아야 한다고 외치면서 부자에 대항하는 생활권의 정의를 내세웠고, 에베르는 상퀼로트와 연맹병 및 의용군이 없었더라면 부자들도 벌써 프로이센군의 공격 앞에 항복했을 것이 아니냐고 하면서 부자들의 탐욕을 비난하였다. 마라의 주장도 에베르의 비난도 공산주의적 발상은 결코 아니었다.

로베스피에르는 〈나의 유권자들에게 보내는 편지〉에서 이렇게 외쳤다.

> 왕정은 폐지되었다. 성직자도 귀족도 사라지고 평등의 시대가 시작되었다.
> 자기들만을 위한 공화국을 세워 부자와 관리의 이익을 위해 통치하려는 사이비 애국자와 평등과 국민 전체의 이익을 위하여 공화국을 건설하려고 애쓰는 진짜 애국자를 구별하라.
> 소란과 도둑이라는 관념을 민중과 빈곤이라는 관념에 결부시키려는 구태의연한 태도를 주시하라.

이와 같은 말에서 우리는 자코뱅이 분열한 근본적인 원인을 짐작할 수 있다. 로베스피에르는 생활권과 재산권을 혼동하지 않았고 공익과 사익을 엄격히 구별하였다. 그는 생활권에 위협을 가하는 재산권과 공익을 침해하는 사익에 제한을 가하고 남용을 방지하여 민중의 생활권과 국가의 공익을 수호하려고 했으나, 소유권의 폐지를 말한 일은 전혀 없었고 또 생각한 적도 없었다. 그는 혁명에서 이익을 얻은 자들이 가난한 민중을 경멸한다고 부르주아를 맹렬히 공격하면서 그 민중의 대변자로 나섰던 것이다. 이때의 민중은 무장봉기로 왕위를 무너뜨리고, 정치권력을 장악하여 자신의 대표자들을 제 손으로 뽑고, 스스로 무기를 들고 반혁명의 적군에 맞서 일선에서 싸우고 있는 바로 그들이었다. 이 민중이 혁명을 수행하고 혁명을 내외의 위협으로부터 지키고 있었지만, 혁명의 과실은 부르주아가 독점하고 민중은 전쟁과 빈곤에 가장 큰 고통을 받고 있었다. 그럼에도 불구하고 부르주아는 자유와 소유권의 이름으로 민중의 생활권을 위협하고 국가의 공익을 침해하고 있었다. 거기서 로베스피에르와 그가 이끄는 산악파는, 필요하다면 언제라도 개인의 자유와 재산에 대한 제한을 호소할 채비를 하고 있었던 것이다. 이러한 채비가 공산주의와 무슨 상관이 있단 말인가?

그러나 지롱드파는 산악파를 질서를 파괴하는 공산주의자로 몰아세웠다. 브리소는 저서 《프랑스의 모든 공화주의자에게 호소한다》에서 "질서의 파괴자란 재산, 안락, 물가, 사회에 대한 각종 서비스 등 모든 것을 평등하게 하려는 자들이고, 농지에서 일하고 그 대가를 국회에 요구하는 자들이고, 재능과 지식과 덕까지도 평등하기를 바라는 자들이다. 그런데 이자들은 이 모든 것을 하나도 갖고 있지 않다"라고 말하고 있다. 브리소는 그러한 것을 갖고 있는 자들이 그것을 계속 소유할 수 있게 하는 보수적인 정책을 좇았다. 브리소와 그의 지롱드파는 계몽된 지주와 부르주아의 집단으로서 그들이 가진 재산과 지식과 교양을 보존하고 강화하려고 하였다. 그들은 재산의 보존을 위하여 소유권을 절대시하고 경제적 자유주의와 개인주의의 이론 체계를 수립하여 부르주아 공화국을 건설하려고 하였다. 그러기 위해서는 소유권과 함께 정치권력도 독점해야만 하였다. 이미 푀양파와 왕권을 제거하는 데 성공하였으니, 이제 문제는 재산도 교양도 없는 민중을 정치권력에서 제거하는 것이었다. 그들은 돈도 교양도 없는 민중을 본능적으로 혐오하고 무력한 존재로 멸시하고 있었다. 그런데 바로 그 민중이 푀양파와 왕권의 제거에 결정적인 역할을 맡아 지금 스스로를 무장하고 정치권력을 쥐고 있지 않은가! 여기서 지롱드파는 산악파를 질서를 파괴하는 공산주의자로 모는 길밖에 도리가 없었다. 그리하여 브리소는 마라, 로베스피에르, 샤보François Chabot를 질서 파괴자로 낙인찍었다.

 재산과 권력과 명예를 소유한 자는 언제 어디서나 질서를 내세운다. 지롱드파도 그러하였다. 그러나 민중의 눈에는 지롱드파야말로 바로 어제까지 왕정의 질서를 파괴하고 공화정의 질서를 수립하려는 자들이 아니었던가? 그렇다면 질서란 어느 질서를 말하는 것인가? 민중이 수호해야 할 새 질서는 아직 정착되어 있지 않았다. 새 질서는 자유와 평등이 동시에 실현되는 질서라야 했다. 그리고 이제 막 만들어가고 있었다. 그런데 반혁명 세력은 새 질서의 탄생을 막으려고 나라 안팎에서 전력을 기울이고 있었고, 선서 거부 성직자들은 전국 도처에서 선거에 영향을 미치려고 안간힘을 다했으며, 귀족들은 왕정을 복귀시키려고 갖은 책략을 썼고, 망명 귀족을 앞장세운 적군은 국경을 넘어 조국의 땅을 짓밟고 있었다.

 지롱드파와 산악파의 대립과 분열을 극복하지는 못하더라도 공동의 적을 눈앞에 두고 대립만을 계속할 수는 없었다. 대립과 분열을 안은 채 공동의 적에 대항하는 연합 전선을 구축하지 않으면 안 되었다. 연합 전선을 구축하는 데 유리한 거점이 최소한 넷 있었다. 첫째는 왕정복고를 막기 위한 선거 대책이었다. 왕당 계통의 신문 발행을 금지하고, 왕을 국가 관리 명단에서 빼고, 의사당의 정면 벽에 걸려 있는 루이의 초상을 내리고 그 자리에 인권선언문을 걸고, 재판과 법률을 국민의 이름으로 행하게 하고, 또 호명에 따라 구두로 가부를 표현하는 점호 투표제를 결의하는 따위가 첫 번째 선거 대책이었다. 두 번째는 공화주의 운동의 전개였다. 이것은 첫 번째 대책을 뒷받침하는 적극적인 운동이었다. 의회 안에서는 의원들이 개인 자격으로 각기 공화국을 선언하고, 공적 발언에서 공화국을 찬양하고, 또 전국 각지에서 온갖 방법으로 공화주의를 선전하였다. 세 번째는 선서 거부 성직자의 추방이었다. 약 2만 5,000명의 선서 거부 성직자가 8월 26일령에 따라 그날로부터 2주일 이내에 외국으로 추방되었다. 이들은 무식한 농민의 투표에 결정적인 영향을 미칠 것이기 때문에 미리 추방한 것이다. 국민공회 의원 선거가 다 끝나고 입법의회가 해산하는 마지막 날 의회는 성직자와 시민의 세속화를 결의하였다. 곧 국민의 호적을 교회가 아니라 코뮌이 보관하고, 시민의 이혼이 허용되고, 결혼식과 장례식을 가톨릭 사제가 아닌 사람도 집전할 수 있게 하고, 또 성직자의 결혼의 자유와 봉급 이외의 임시 수입의 금지 등을 결의했던 것이다. 네 번째는 농민의 표를 얻기 위한 선거 대책으로서 공유지와 망명 귀족 재산을 농민에게 15년 연부로 분배해 주고 영주권의 되사기 제도를 크게 완화해 주었다. 되사기의 완전 폐지는 산악파가 국민공회를 완전히 지배하게 되는 1793년 7월 17일령에 의하여 비로소 실현된다. 농민은 자기들이 왕의 은혜로써 봉건귀족의 억압과 착취에서 해방되는 것이 아니라 오히려 왕권의 실추로써, 즉 공화주의에 의해서만 해방될 수 있다는 것을 이제 분명히 깨닫게 되었다. 농민은 이제 왕이 필요하지 않았다. 봉건제도는 왕정과 함께 몰락한다는 것을 이제 눈으로 보았기 때문이다.

이렇게 하여 국민공회 의원 선거는 공화주의자의 압도적인 승리로 끝났다. 9월 20일 국민공회가 열렸다. 이날은 후퇴만 거듭하던

1792년 9월 프랑스 발미에서 프랑스가 프로이센-오스트리아 연합군과 벌인 전투 장면.

프랑스군이 발미에서 적의 전진을 막는 데 처음 성공한 날이기도 하였다. 프로이센군의 전진을 발미에서 막았을 때, 이는 왕정 이외의 질서는 무질서와 무력 이외에 아무것도 아니라는 낡은 관념을 불식시키는 중대한 사건이었다. 발미의 전투에서 프로이센군이 200명, 프랑스군이 300명 전사했는데, 이는 프랑스군이 얼마나 혈투했는가를 증명하는 숫자이다. 발미의 승리는 전술적 승리가 아니라 정신적·정치적 승리였다. 발미의 승리 이후 프랑스군은 온 전선에서 반격하여 적군을 프랑스의 영토에서 몰아낼 뿐만 아니라 유럽의 전제

국가들을 무너뜨렸다.

　독일의 시인 괴테Johann Wolfgang von Goethe는 프로이센 군영에서 발미의 전투를 지켜보고 "이날 이곳에서 세계사에 새 시대가 시작한다"고 기록하였다. 도그마와 권위에 안주하고 있던 낡은 질서가 자유에 바탕을 둔 새 질서 앞에 물러가고, 피동적으로 훈련받은 직업군인의 자리에 인간적인 자부심과 국민적인 독립심에 고무된 새 시민군이 출현하였다. 저쪽에는 왕과 신권이 있었고 이쪽에는 인민과 인권이 있었다.

3. 공화정의 수립과 왕의 처형

국민공회 의원들은 극소수의 귀족과 몇 명의 노동자 말고는 법조인, 상공인, 전문직, 문필가 등 중산층 부르주아가 압도적으로 많았다. 의원 중에는 처음부터 혁명을 지지한 왕족 오를레앙 공과 미국 독립전쟁의 유공자인 영국인 페인Thomas Paine 같은 특이한 인물들도 끼어 있었다. 의원 중 3분의 1은 제헌의회와 입법의회의 의원 경력을 가진 사람들이었다. 개원 첫날 지롱드파의 페티옹이 의장으로 선출되었다. 지롱드파의 우세는 그 후 분과 위원회의 선출에서도 나타났다. 앞으로 군사적·경제적·정치적으로 큰 문제만 일어나지 않는다면 지롱드파의 우세는 계속될 것으로 전망되었다.

　국민공회의 일치된 두 가지 목표는 국토 방위와 혁명 방위였다. 국토 방위는 발미의 승리와 함께 앞으로 확보될 전망이 보였다. 혁명 방위는 공화정의 수립을 의미하였다. 개원 다음 날 공회는 왕정의 폐지와 공화국의 선포를 만장일치로 결의하였다. 왕조란 인민의 피를 탐내 마시는 폭음꾼 이외의 다른 것이 아니며, 왕궁은 범죄의 공장, 부패의 중심, 폭군의 동굴이고, 왕들의 역사란 국민의 희생자 명단이라는 것이었다.

　왕과 왕정에 대하여 이러한 생각을 가지고 있는 프랑스 공화국의 국민공회가 왕이 임명한 관리들을 그대로 둘 까닭이 없었다. 22일에는 8월 10일 이후 특별히 임명된 공무원 이외의 전원을 모든 행정관서와 사법부에서 몰아내고 그 자리를 공화주의자로 채우기로 하였다. 왕당파가 일체의 공직에서 밀려나게 된 것이다. 25일에는 프랑스 공화국은 하나이며 분할될 수 없다고 결의하여, 아메리카 합중국의 연방 제도를 따르지 않을 것을 분명히 한 동시에, 혁명적인 파리를 따돌리고 권력을 지방으로 분산시켜서 혁명을 약화시키려는 연방제의 음모를 예방하였다.

　이와 같이 국민공회는 왕정 폐지와 공화정 수립에 관한 몇 가지 결의에 보조를 맞추었으나 곧 지롱드파와 자코뱅파로 분열하였다. 혁명을 왕당파로부터 지키려는 9월의 목표가 완전히 성취되자 10월 10일 자코뱅 클럽은 지롱드파를 제명하였다. 두 파는 사실상 분열하고 있었으나 형식상 어색한 관계를 유지하고 있었는데, 이제는 그럴 필요도 명분도 없었다. 자코뱅 클럽은 지롱드파를 제외한 좌파 일색의 클럽이 되었다. 자코뱅 클럽은 낮에 공개 회의를 열었고, 지롱드파는 밤에 비싼 비밀 살롱에서 모였다. 두 파의 계급적·정신적 차이가 거기에 잘 나타나 있었다. 자코뱅은 민중과 호흡을 같이하고 있었으나, 지롱드는 돈의 특권을 지키려고 하였다.

　그러나 지롱드가 돈의 특권을 지키려고 할 때 돈 없는 민중이 그 특권에 도전한다면 어떻게 될까? 더구나 가난한 민중은 고립무원이 아니라 무장한 파리 코뮌을 기반으로 하는 자코뱅의 권력을 쥐고 있었다. 자코뱅이 지롱드의 돈의 특권에 도전한다면 지롱드가 과연 그 특권을 유지할 수 있을까? 혼자의 힘으로는 아무래도 어렵다는 생각이 든다면 누구에게 청원을 구할 것인가? 지롱드가 8월 10일 사건 이후에 창설한 특별 재판소를 폐지하자는 안을 들고나왔을 때 그것은 어제의 적 쾨양에 대한 추파였다. 반혁명 탄압 기관의 폐지는 곧 혁명의 무장해제나 다름없었다. 지롱드는 이제 혁명은 끝났다고 생각한 것이다. 혁명을 더 진전시키려는 것은 쓸데없는 질서의 파괴로밖에 보이지 않았다.

이렇게 지롱드가 질서를 수호하려는 당임을 숨기려 하지 않고 혁명의 전진을 멈추려 할 때 파리 코뮌의 감시 위원회가 왕실비 관리인의 서류를 세상에 공개했다. 그 서류에 의하면, 루이 16세는 독일로 도망간 근위병에게 계속 봉급을 지불하였고, 8월 10일 사건 직전에 혁명파를 매수하기 위하여 100만 리브르 이상을 뿌렸으며, 반혁명 신문들에게 자금을 제공하였다. 반왕파의 눈에 왕은 처음부터 혁명의 적들과 연합한 반역자이고 내란을 꾸민 자이고 선량한 국민을 죽인 자로밖에 보이지 않았는데, 이제 그 심증을 증명해 주는 물적 증거가 나타난 것이다.

왕은 재판을 받아야 했다.

그러나 지롱드파는 1791년 헌법에 의하면 왕은 불가침이므로 왕실비 지불에 대한 책임이 없다고 주장하였다. 왕의 재판을 반대한 것이다. 11월 7일 의회는 이 문제로 격론이 벌어졌다. 왕을 국민공회가 재판해야 한다는 자코뱅파의 주장은 이러하였다. 8월 10일 이후로 왕은 일반 국민과 마찬가지로 형법의 적용을 받는 한 시민에 불과하다. 헌법상 보장된 왕의 불가침권은 국민 전체에 대한 권리였으므로 권리의 소멸도 국민 전체에 대하여 소멸한다. 따라서 루이라는 프랑스 시민은 일반 시민과는 달리 보통 재판소에서는 재판할 수 없고 그를 재판할 수 있는 기관은 오직 국민 전체를 대표하는 국민공회뿐이다. 전체 국민만이 루이를 고소하고 재판할 수 있다. 국민공회는 루이에 대하여 원고인 동시에 재판관이다. 이러한 논리에 대하여 지롱드파는 왕에 대한 재판 규정이 명확하지 않으므로 재판할 수 없다고 주장하는 동시에 왕의 처형은 오히려 반혁명을 강화할 것이라고 하여 반대하였다.

11월 13일 생쥐스트Louis Antoine Léon de Saint-Just는 의회에서 법적 입장에서는 왕의 재판이 불가할지 모르나 우리는 재판을 하자는 것이 아니라 혁명을 하자는 것이라고 말하면서, 왕은 프랑스 국민의 피고가 아니라 적이라고 규정하였다.

> 루이는 인민과 싸우다 패한 전쟁 포로이다. 우리는 그가 반역을 꾀했던 작전 계획과 군대를 우리 눈으로 보았다. 그는 바스티유, 낭시, 샹 드 마르스, 튈르리 궁에서 벌어진 모든 사건의 살인범이다. 어떤 적이, 어떤 외국인이 그 이상 더 나쁜 일을 여러분에게 자행했던가!

왕의 재판 문제로 자코뱅파와 지롱드파가 팽팽히 맞서 있을 때 지롱드에게 결정적으로 불리한 일이 일어났다. 11월 20일 튈르리 궁에서 비밀 벽장 안에 숨겨둔 비밀문서 상자가 발견된 것이다. 이 문서들은 왕이 미라보, 비밀경찰, 종교 담당 주교, 뒤무리에 장군, 라파예트, 탈레랑 등의 여러 사람과 주고받은 문서였다. 이 문서들은 왕과 이 모든 사람들이 어떻게 공모하여 국민을 속이고 내란을 꾸미고 선량한 시민을 죽이고 적군과 내통하고 혁명을 반역하였는가를 낱낱이 밝혀주었다. 의회는 곧 그 비밀문서를 정리하여 의회에 보고할 임무를 부여한 12인 위원회를 설치하였다.

왕의 재판을 반대하는 자들은 이제 명분을 잃어가고 있었다. 따라서 인기와 권력도 그만큼 잃어가고 있었다. 파리 코뮌은 지롱드파를 의심하기 시작하였다. 코뮌은 점점 더 산악파로 기울어져 갔다. 지롱드파는 무력으로 산악파를 누르려고 지방의 연맹병을 파리로 불러올렸다. 그러나 연맹병은 오히려 코뮌 쪽으로 기울어져서 12월 말에는 자코뱅을 지지하는 전국 연맹병 연합회를 조직하기에 이른다. 지롱드의 인기는 원외에서만 떨어진 것이 아니었다. 원내에서도 많은 의원이 이탈하기 시작하였다. 지롱드는 11월 15일의 의장 선거에서 패하였다. 의장의 임기는 4주였는데, 개원 후 두 번 선거에서 두 번 모두 지롱드파가 이겼으나, 이번에는 졌다. 국민공회 안에 자코뱅과 지롱드의 중간 세력이 제3당으로서 출현하기 시작하였다. 지롱드는 공회를 더는 지배할 수 없게 되었다. 지롱드의 애국심과 공화주의가 의원들과 국민의 의심을 받게 된 것이다. 특히 왕의 재판에 대한 태도에서 그러한 의심을 받았다.

어쨌든 왕의 재판 문제를 지켜보고 있던 파리의 민중은 드디어 12월 2일 48개 구 대표자 회의의 형식으로 의회의 국왕 재판 지연에 항의하였다. 의회가 움직이지 않으면 상퀼로트가 직접 행동하겠다는 신호였다. 이튿날 의회는 "누구든지 프랑스에서 왕정의 재건을 제안하는 자는 사형에 처한다"고 결의하여 왕정복고의 길을 막은 다음, 6일에는 12인 위원회에 가장 빠른 시일 안에 루이의 고소장을 의회에 제출할 것을 촉구하고, 왕의 재판에 관한 모든 투표는 지명점호제로 할 것을 결의하였다. 의회가 민중의 압력 앞에 굴복하기 시작한 것이다. 드디어 12월 10일 루이의 범죄가 의회에 보고되었다. 그 보고는 혁명이 시작된 이래 있었던 모든 위기에 왕이 두 마음을 품고 있었다는 사실을 낱낱이 폭로하였다. 이튿날 왕은 피고로서 의회 앞에 섰다. 왕은 모든 고발 사실을 대신들의 책임으로 전가시키거나 기억이 없다고 회피하였고, 자신의 서명이나 비밀 문서 상자와 같은 확실한 증거마저도 부인하였다. 이러한 태도는 왕이 선의와 성실성이 없음을 만천하에 공개한 것으로, 왕을 한층 더 불리하게 만들었다.

한편 지롱드파는 왕을 구하려고 온갖 방책을 강구하였다. 특히 재판을 방해하기 위하여 오를레앙 공을 포함한 왕족 전부를 재판하자느니 왕비를 함께 재판하자느니 국민투표에 부치자느니 갖은 방안을 제의했으나 모두 허사였다. 지롱드파는 루이의 사형은 유럽 전체를 봉기하게 만들 것이므로 혁명의 방위를 위해서라도 사형만은 보류해야 한다고 주장하였다. 이 주장은 그 후의 역사가 증명하듯 정확한 판단이기는 했으나 설득력이 없었다. 설득력이 없었던 이유는 지난 4월 전쟁을 시작할 때 지롱드파는 전쟁이 유럽 여러 나라로 번지기만 하면 그곳 국민이 혁명 사상에 자극을 받아서 전제주의 타도의 봉기를 일으킨다고 주장했기 때문이다. 지롱드파의 주장은 일관성이 없었던 것이다.

12월 26일 왕은 다시 한 번 더 공회에 출두하여 변호의 기회를 가졌다. 이듬해 1월 14일 공회는 왕의 재판을 표결에 부쳤다. 지명 점호 투표제에 따라 모든 의원은 자기 이름이 호명되면 왕이 유죄냐 무죄냐를 구두로 밝히고 그 이유를 상세히 설명해야 했다. 지명 점호제는 의원의 행동을 국민에게 숨겨서는 안 된다는 주권재민의 원리에 충실한 투표제이다. 비밀투표라면 왕의 무죄에 투표할 의원도 호명 투표에서는 국민의 눈이 무서워서 그렇게 할 수가 없었다. 투표 결과는 몇 명의 기권을 제외하고 전원 유죄였다. 왕의 유죄가 아

1793년 1월 루이 16세가 단두대에서 처형당하는 모습. 왕비 앙투아네트도 그해 10월 같은 운명을 맞이했다.

무런 이의 없이 확정되었다. 다음에는 이 유죄 판결에 대하여 피고는 국민에게 상소할 권리가 있느냐 없느냐가 표결에 부쳐졌다. 278 대 426으로 부결되었다. 이것은 지롱드파의 패배를 의미하였다. 세 번째 표결은 형량이었다. 집행유예를 조건으로 사형에 찬성한 26표를 합하여 387 대 334로 사형이 확정되었다. 집행유예에 관한 표결은 380 대 310으로 부결되었다. 14일에 시작한 투표는 지명 점호에 시간이 많이 걸린 탓으로 18일에야 끝났다.

20일 오후 법무 장관 명의의 사형선고 통지가 루이에게 전달되었다. 이튿날 아침, 오늘날의 콩코르드 광장—당시에는 혁명 광장이라고 불렀고 혁명 전에는 루이 15세 광장이라고 불렀다—에서 루이 16세의 사형이 집행되었다. 루이가 단두대 앞에서 "나는 죄가 없다.

제3장 입법의회와 국민공회 145

나는 나의 원수들을 용서한다. 바라건대 나의 피가 프랑스인의 행복을 공고히 하고 신의 분노를 진정시키기를" 하고 외칠 때 국민 방위대의 북소리가 울리고 곧 그의 목이 떨어졌다. 오전 10시 10분, 사형집행인이 선혈이 뚝뚝 떨어지는 왕의 머리를 들어 보이자 광장을 메운 군중이 환성을 질렀다. 그의 시체를 마차가 무덤으로 운반할 때 많은 여인들이 길가에서 이를 지켜보며 울었다. 그리고 지롱드파의 부르주아지는 공포에 몸을 떨었다. 왕의 사형에 찬성한 국민공회 의원들은 앞으로 시해파régicides라고 불리게 되었다. 이들은 배수의 진을 친 이상 어떤 희생이 있더라도 오로지 혁명을 향하여 돌진하는 길밖에 없었다. 그들에게 후퇴는 죽음을 의미하였다.

국왕의 죽음에 프랑스는 깊은 감회에 잠겼고 전 유럽은 망연자실하였다. 루이의 처형은 왕권이라는 전통적이고 신비적인 위광에 결정적인 타격을 주었다. 앞으로 나폴레옹 보나파르트의 몰락 후 부르봉 왕가가 복고하더라도 국민의 마음속에는 이미 왕권의 신성한 후광은 남아 있지 않을 터였다. 프랑스 국민에게는 이제 왕도 보통 인간일 뿐이었다.

4. 지롱드파의 몰락

공화국이 선포되던 날 발미의 승리가 파리로 전해지고 그 이후 프랑스군은 도처에서 승리를 기록하였다. 1792년 9월 말에는 니스와 사보이를 점령하고, 10월에는 독일에서 슈파이에르, 보름스, 마인츠, 프랑크푸르트를 점령하고, 10월 말에서 11월에는 벨기에에서 오스트리아군을 완전히 몰아냈다. 니스와 사보이는 전제군주제를 타도하고 프랑스 공화국에 합병되기를 청원하였다. 프랑스군의 군사적 정복은 곧 혁명을 의미하였다. 그러나 민중의 정치의식은 아직 그만큼 성숙해 있지 않았다. 여기에 프랑스 공화국 정부의 정복 정책이 처한 고민과 모순이 있었다. 혁명의 이념과 민주주의의 원리에 의하면 피정복 국가는 주민의 자치에 맡겨야 하지만, 주민의 역량이 거기까지 미치지 못하였다. 공화국 정부는 우선 사보이와 니스를 프랑스에 합병하기로 하고 1793년 3월에는 벨기에와 라인 강 좌안의 독일도 프랑스에 합병하였다. 합병의 명분은 혁명의 보호와 원조였다. 이러한 합병 정책은 프랑스의 이익과 피정복 국가의 이익이 일치하는 것으로 생각되었으나 실은 그렇지 않았다. 피정복 국가의 민중은 자기들에게 강요된 혁명적 권력을 두려워하였다. 그들은 그 권력을 부의 강탈 수단, 독재의 도구, 독립의 파괴로 간주하였던 것이다.

한편, 앞에서 언급한 바와 같이 8월 10일 사건 이후 벌써 프랑스는 외교 관계에서 고립무원의 상태로 빠져 들어가고 있었는데, 그 후 사태의 추이를 주시하고 있던 영국, 네덜란드, 스페인은 루이가 처형되자 곧 프랑스와 교전 상태로 들어갔다. 프랑스가 영국과 네덜란드에 선전포고한 것은 1793년 2월 1일이었다. 교황령과 나폴리 왕국, 토스카나, 베네치아 등의 이탈리아 국가들도 프랑스와 외교 관계를 단절하였다. 중립국은 스위스와 스칸디나비아 국가들뿐이었다. 영국을 중심으로 한 유럽 국가들의 반불 동맹이 3월 이후 착실히 형성되어 갔다. 전쟁은 이제 전제군주들과 가톨릭 성직자 및 귀족들에 대한 전쟁이 아니라 국민 대 국민의 전쟁으로 변질하였다. 따라서 전쟁은 프랑스의 혁명만이 아니라 프랑스의 독립과 국가적 운명을 건 사생결단의 전쟁이 되었다. 일선의 군사 활동은 프랑스 혁명의 성패만이 아니라 프랑스라는 국가의 운명을 좌우하게 되었다.

군사적으로 이렇게 중대한 시기에 1792년 9월 하순 이래의 승리의 기세가 1793년 봄부터 둔화되기 시작하였다. 거기에는 몇 가지 원인이 있었는데, 국내적으로는 서부의 방데 지방에서 일어난 반란이었으며, 군사적인 이유로는 병력의 격감과 뒤무리에 장군의 배신을 들 수 있다. 군사적 이유를 먼저 살펴보자. 일선에 배치된 프랑스군 병력은 1792년 12월 당시 약 40만이었는데, 석 달 후인 1793년 2월에는 22만 8,000쯤으로 격감하였다. 불과 석 달 사이에 병력이 이렇게 격감한 이유는, 의용군은 한 전투에서 승리하여 한 지방을 해방시키면 집으로 돌아갈 수 있는 법률적 권리가 있었는데, 이 권리에 따라 의용군이 많이 귀향했기 때문이다. 전쟁 상인과 부패 장성들이 결탁한 결과 식사와 장비 보급이 부족하여 의용군은 최소한의 의무만 마치면 귀향하려 했다. 병력의 격감과 함께 군대 편성의 결함이 군대의 사기를 떨어뜨렸다. 정규군과 의용군을 별도로 편성하였는데, 의용군은 매우 민주적이었으나 정규군은 그렇지 못하였다. 정규군의 불만과 함께 양자의 질시와 불화가 군사적 능률을 저해하는 요인이 되었다. 의회는 산악파의 주장에 따라 1793년 2월 정규군 1개 대대와 의용군 2개 대대를 한 연대로 혼합하는 개혁안을 결의하지만 이 개혁이 효과를 나타내기까지는 아직 많은 시간이 걸렸다.

일선의 군사 활동이 둔화된 또 하나의 중요한 이유는 정부와 군부의 불화에 있었다. 1793년 1월 1일 의회는 24명으로 구성된 국방위원회를 설치했으나 의견과 행동의 통일을 보지 못하였다. 더구나 북부군 사령관 뒤무리에는 정부의 허가 없이 전선을 이탈하여 파리로 돌아와서 루이의 재판과 사형 집행 기간 중 수상쩍은 반혁명 음모를 꾸미고 있었다. 이와 같이 일선 장성들이 혁명정부의 명령을 중시하지 않는 경향이 커가고 있었다.

이러한 배경에서 뒤무리에의 배신이 진행되었다. 그는 프랑스군의 열세를 빤히 알면서 일부러 네덜란드를 공격하였다. 2월 16일 2만의 병력을 이끌고 네덜란드의 요새들을 점령하는 데는 성공했으나 3월 1일 오스트리아군이 벨기에의 프랑스군을 공격하여 크게 이겼다. 프랑스군은 벨기에를 잃고 다시 네덜란드에서 후퇴하였다. 이 때 뒤무리에는 오스트리아 군사령관 작센 코부르크 공작 Duc de Sachsen Cobourg과 내통하여 프랑스군을 파리로 회군시켜 국민공회를 해산시키고 왕정을 회복하기로 약속하고 있었다. 이 기미를 냄새 맡은 국민공회는 육군 장관과 네 명의 의원을 파견하여 뒤무리에를 파면시켰으나 오히려 뒤무리에에게 체포되어 오스트리아군에게 인도되었다. 이들은 그후 2년간 포로로 잡혀 있게 된다. 동시에 뒤무리에는 군대를 파리로 회군하려다가 의용군 부대의 저항을 받고 실패하여 약 1,000명의 부하를 이끌고 오스트리아군 쪽으로 간신히 도망쳤다. 이 소식을 들은 프로이센군은 라인 강을 건너 지난 가을 프랑스에게 빼앗겼던 도시들을 도로 탈환했다. 지난 반년간의 군사적 승리에 다시 먹구름이 드리우고 전선도 국경을 넘어 다시 프랑스 국내로 후퇴했다. 혁명과 조국의 운명은 다시 위기를 맞았다.

그런데 군사적 패퇴에 못지않은 중대한 사건이 국내에서 일어났다. 방데에서 반란이 일어난 것이다. 이 반란의 직접 원인은 2월 24일 30만의 모병을 결의한 의회의 모병령이었다. 18세에서 40세까지의 모든 남자 중에서 30만의 의용군을 모병하는 일이 방방곡곡에서 진행되었다. 명색은 모병이었으나 실은 강제 동원이었다. 도처에서 권력의 남용이 자행되었다. 3월 10일 방데 지방에서 무장 농민이 모병 반대 폭동을 일으켰다. 국민 방위대의 무장을 해제하고 선서 성직자와 공무원을 살해하고 공문서를 불사르는 등 반혁명 폭동이 그 지방 일대로 번졌다. 3월 19일 이 반란의 첫 소식을 들은 국민공회는 "무기를 휴대하고 붙잡힌 반란자는 모두 사형에 처하고 재산을 몰수한다"고 만장일치로 결의하였다. 그러나 반란 진압에 투입할 병력이 충분하지 못했다. 5월에는 전군에서 중대마다 여섯 명씩을 선발하여 특별 부대를 편성하여 반란 진압에 투입하였다. 서부 일대는 가히 혁명파와 반혁명파의 내란을 방불케 하였다.

방데 반란의 직접 원인은 강제 모병이었으나 더 깊은 원인은 사회경제적인 데에 있었다. 12월 8일법은 생활필수품의 통제를 폐지했는데 그 결과는 곡가의 폭등과 아시냐 가치의 폭락을 가져왔다. 일부 농촌에서는 빵 1파운드의 값이 7 내지 8수sou(5상팀에 해당하는 동전)인데 하루 노임은 9 내지 10수밖에 안 되었다. 수입과 지출의 불균형은 도시에서 더 심하였다. 파리에서는 2월 24~26일에 빵 소동이 일어나기도 하였다. 가난한 민중은 12월 8일법의 폐지 즉 생필품 통제의 부활을 요구했고, 당시 산악파보다 더 과격했던 앙라제파enragés는 식량의 약탈을 정당하다고까지 주장하였다. 여기서 지금까지 혁명을 지지했던 부유한 농민이나 부르주아지는 사회적 혼란과 농지법에 공포심을 품고 우경화하였다. 이들의 우경화는 반혁명파의 책동과 유혹에 쉽게 말려 들어갔다.

그러나 방데의 반란, 뒤무리에의 배신, 벨기에 · 라인 지방의 패전으로 공화파 국민은 미온적인 지롱드에서 이탈하여 산악파로 기울게 되었다. 산악파도 한결 더 좌경화하여 앙라제의 과격한 요구를 들어주었다. 의회 안에서 지롱드파와 산악파의 대립이 한결 더 날카로워졌다. 의회는 뒤무리에가 적국으로 도망한 이튿날 4월 5일 국방위원회를 폐지하고 강력한 집권 기구로 공안위원회Comité de salut public를 신설했는데, 아홉 명의 위원 중 지롱드파는 한 명도 없고 산악파와 평원파La plaine뿐이었다. 공안위원회는 토의가 비밀이고, 임시 행정위원회의 행정 활동을 감시하고, 긴급한 때는 국방 장관의 권한을 행사했다. 공안위원회가 결정을 내리면 행정위원회는 이를 지체 없이 집행해야 했다. 지롱드파는 공안위원회의 설치를 독재라고 외쳤으나, 마라는 "과격한 방법밖에는 자유를 수립할 길이 없지 않은가. 여러 나라 왕들의 전제를 타도하기 위해선 일시 자유의 전제를 조직하지 않을 수 없는 때가 왔다"고 응수했다. 공안위원회의 설치는 지롱드파의 후퇴와 산악파의 전진을 의미했다. 지롱드파는 정권은 쥐고 있었으나 민중에 뿌리 박은 혁명의 권력은 산악파가 쥐기 시작한 것이다.

실은 공안위원회가 설치되기 전부터 산악파의 혁명정부는 벌써 그 골격을 만들고 있었다. 3월 10일령은 "일체의 반혁명의 기도와 자유, 평등, 통일, 공화국의 불가분성에 대한 일체의 가해 행위"를 심리하는 혁명재판소를 설치했고, 감시 위원회에 관한 3월 21일령은 모든 코뮌에 감시 위원회를 두고 외국인과 반혁명 용의자를 감시하게 했었다. 또 3월 28일의 망명자법은 망명자들을 민법상의 사망자로 선언하여 영구히 추방하고, 재산을 몰수하고, 귀국하면 사형에 처하기로 하였다. 이러한 일련의 혁명적 장치를 마련해 놓은 데다가 이제 공안위원회를 또 설치하게 되었으니, 방데의 반란은 혁명의 과격화와 산악파에 의한 공포정치에 길을 열어주게 되었던 것이다.

정치적 대책에 이어 사회경제적 대책도 강구하였다. 4월 11일령은 아시냐의 강제 유통을 명하고, 5월 4일령은 곡물과 밀가루의 최고가격제를 실시하고, 5월 20일에는 부유층에 대한 10억 리브르의 공채 강제 모집을 결의하였다. 이 사회경제적 대책은 빈민 대중의 요구에 응한 것으로서 산악파에 대한 민중의 지지를 더욱 굳게 하였다.

지롱드파와 산악파의 권력투쟁은 사실상 벌써 시작되었지만, 막이 열린 것은 4월 13일 산악파의 마라를 고발하여 혁명재판소로 보내면서였다. 여기서 파리의 35개구 대표자는 지롱드파의 간부 22명을 고발하라고 의회에 진정하였다. 지롱드파와 산악파의 권력투쟁이 또다시 파리의 상퀼로트를 움직이게 할 기미가 나타났다. 이번에 상퀼로트에 대립할 자는 지롱드파였다. 이에 대항하여 지롱드의 작전은 종래와는 달리 파리를 83개 도의 하나로 격하시키는 것이었다. 파리의 정치적 세력을 상대적으로 격하시키기 위하여 지롱드가 들고나온 것은 연방제였다. 아메리카 합중국의 연방제를 따르는 듯한 이 주장은 공화국의 불가분성을 파괴하려는 숨은 의도와 함께 파리를 무력화하려는 정책의 표현이었다. 지롱드파와 산악파의 싸움은 연방제와 파리가 싸우는 형태를 취하게 된 동시에 지롱드와 상퀼로트와의 대립의 형태를 취하게 되었다. 그렇다면 문제는 상퀼로트와의 싸움에서 과연 지롱드가 이길 수 있느냐는 것이었다.

4월 24일 마라가 무죄로 석방되었다. 이것은 산악파와 파리의 승리였다. 5월 17일에는 파리 국민 방위대 사령관 상테르가 방데의 진압을 위해 출정함에 따라 그의 후임으로 가장 과격한 혁명파 불랑제 Georges Ernest Jean Marie Boulanger가 임명되었다. 이것 역시 산악파의 승리였다.

그러나 지롱드당은 5월 18일 국민공회에 반대한 음모의 혐의가 있다고 하여 파리 코뮌을 신문할 12인 위원회의 설치에 성공하였다. 12인 위원회는 지롱드당 일색인 데다가 앞서 4월 15일 파리 35개 구 대표자 회의가 고발한 22명의 인물도 끼어 있었다. 이러한 인원 구성은 지롱드당이 얼마나 철저히 파리를 무시하고 또 파리를 단단히 혼내줄 결심을 했던가를 보여주는 것이었다. 5월 24일 12인 위원회는 파리의 48구 혁명 감시 위원회에 장부 제출을 명령하는 동시에 산악파의 에베르 등을 투옥하였다. 산악파에 대한 재판의 전주곡이었다. 12인 위원회는 장부 제출을 거부한 구장들을 투옥하고, 혁명 감시 위원회의 해산을 명하고, 내무 장관에게 혁명 감시 위원회의 활동을 신문할 권한을 부여하였다.

파리 코뮌과 지롱드당의 정면 충돌이 숨가쁘게 다가오고 있었다. 26일 로베스피에르가 드디어 자코뱅 클럽에서 상퀼로트의 봉기를 선동하였다.

> 민중이 압박을 받고 있을 때, 민중에게 몸밖에 남아 있는 것이 없을 때, 그들에게 봉기를 권하지 않는 자는 비겁한 자이다. 민중이 봉기하지 않을 수 없는 때는 일체의 법률이 파기되고 전제가 절정에 달하고 선의와 순결이 유린된 때인데, 그때가 바로 지금이다.

로베스피에르의 봉기 선동은 곧 효력을 보여 이튿날 27일 국민공회는 12인 위원회의 폐지와 에베르 등의 석방을 결의하였다. 그러나 다음 날 사태는 역전하여 12인 위원회의 폐지 결의는 불법이라고 하여 그 부활이 결의되었다. 이렇게 의회 안의 싸움이 엎치락뒤치락하고 있을 때 사태를 결정한 것은 결국 상퀼로트의 봉기였다.

28일 아홉 명의 비밀 봉기 위원회가 결성되었다. 그리고 곧 21명으로 증원되었다. 31일에서 6월 2일 사이에, 12인 위원회가 폐지되고, 27명의 지롱드당 간부와 두 명의 장관이 고발되고, 8만 명의 국민 방위대가 의회를 완전 포위하고 파리의 요소들을 장악하였다. 이때의 의사당은 지난 5월 10일에 이전한 튈르리 궁이었다. 6월 2일

의회는 드디어 지롱드 당원 29명의 체포를 결의하였다. 도망에 성공한 자들도 있었으나 나머지 21명이 재판에 회부되어 10월 30일에 처형되었다.

 도망에 성공한 의원들은 지방에서 파리에 대항하는 연방제의 기치 아래 산악파 혁명정부에 대한 반란을 선동하였다. 6월 중순에는 국경 지방을 제외한 약 60개 도가 공공연한 반란 상태에 들어가 있었다. 연방제의 반란은 뿌리가 깊은 것은 아니었으나 넓이는 넓은 편이어서, 결국 방데의 반란에 이어 혁명을 결정적으로 공포 정치로 돌진하게 만들었다. 종래에는 반혁명 혐의자는 왕당파뿐이었는데, 이제는 왕정을 무너뜨리고 공화정을 수립한 지롱드파도 혁명의 배신자로 낙인찍혔다. 이제는 누가 진짜 애국자이며 누가 가짜인지를 분간할 수가 없었다. 여기 반혁명의 혐의와 피의 숙청이 확대되지 않을 수 없는 까닭이 있었다.

5. 에베르와 당통의 몰락

지롱드당을 숙청하고 정권을 장악한 산악파는 상퀼로트의 요구에 응하는 적절한 조치들을 하나하나 실시하였다. 6월 3일법은 망명자의 재산을 10년 연부로 매각하기로 하고, 6월 10일법은 약 6억 리브르의 공유재산 판매 규정을 제정하고, 6월 24일에는 철저한 민주주의 헌법을 국민투표로 확정하고, 7월 10일법은 치안 위원회를 설치하여 공안위의 활동을 돕게 하고, 7월 17일법은 영주 토지에 대한 농민의 소유권을 무상으로 확보하게 하였다. 말썽 많던 되사기 제도와 같은 농민의 토지 문제가 완전한 해결을 본 것이다. 그리고 6월

24일에 인준된 헌법이 이른바 1793년 헌법으로서, 직접 보통선거제와 절대다수의 원리 및 선거인단에 의한 공무원 선거제 등을 규정한 가장 철저한 민주 헌법이었다. 그러나 전쟁이 끝날 때까지 실시되는 것이 보류되었던 것인데, 전쟁은 결국 끝나지 않고 자코뱅당이 몰락하게 되자 그 헌법은 한 번도 시행되지 못하고 말았다.

방데의 반란이 혁명정부로 하여금 어쩔 수 없이 공포정치로 제1보를 내디디게 했다면, 지롱드파의 연방제 반란은 결정적으로 공포정치로 제2보를 내디디게 했던 것인데, 이제 그 제3보를 불가피하게 한 사건이 일어났다. 바로 마라의 암살이었다. 7월 14일에 벌어진 마라의 암살은 산악파에게 자파의 간부들 생명을 보호하기 위하여 공포정치를 실시하지 않을 수 없는 근거를 제공하였다.

마라의 뒤를 이어 로베스피에르가 산악파의 지도자로 등장하면서 자코뱅의 공포정치는 절정에 달한다. 로베스피에르가 공안위원회 위원이 된 것은 마라가 암살된 지 2주일 뒤인 27일이다. 당시의 정세는 군사적으로 정치적으로 또 사회적으로 매우 어려웠다. 영국인 스파이가 체포되면서 프랑스에서 활동하는 혁명파 외국인들에 대한 반혁명의 혐의가 짙어져 가고, 혁명파 의원들이 동인도회사 청산 위원회의 뇌물 사건에 연루되는 독직 사건이 일어나고, 정신적으로는 염전厭戰 사상과 반공화주의의 기분이 번져가고, 경제적으로는 식량 소동이 여기저기서 일어났다. 혁명정부의 큰 위기였다. 이 위기를 극복하는 데는 로베스피에르의 집권이 결정적으로 중요하였다. 그의 집권은 하나의 새 시대를 열었다. 냉철한 성격과 대담한 용기, 예리한 통찰력과 사람들을 압도하는 웅변, 탁월한 조직력과 완전한 공평무사. 이러한 것들이 로베스피에르의 희귀한 개성이었는데, 그 개성이 이제 공안위원회를 지배하게 되었다. 그는 상퀼로트의 절대적인 신뢰의 대상이 되었다. 민중은 그를 절대로 부패하지 않는 청렴결백한 인물이라고 불렀다.

그는 파리 코뮌과 국민공회의 사이, 국민공회와 자코뱅 클럽의 사이, 파리와 프랑스의 사이를 잇는 살아 있는 유대로서 코뮌과 국민공회를 둘 다 수호하는 데 성공하였다. 뿐만 아니라 공안위원회 휘하에 매점 감시 위원회를 만들어 식품의 매점을 엄중히 다스리고, 종래 치안 위원회에 맡겼던 체포권을 공안위원회에게 장악시켜서 한층 더 강한 독재권을 수립하고, 의회로 하여금 국민 총동원령을 재정하게 하여 인적 물적·자원 일체를 공안위원회가 휘어잡게 하였다.

로베스피에르의 독재는 파리 상퀼로트의 신뢰와 지지를 바탕으로 강화되었다. 그런데 상퀼로트는 6월에 체포된 지롱드파와 부패 의원들에 대한 재판이 지지부진한 데에 불만을 품고 있었고, 한편 8월 26일에는 투롱 항구에 영국군이 상륙했다는 소식이 파리로 전해졌다. 군사적 위기는 육군만이 아니라 해군에도 임박했다. 이러한 사정을 배경으로 하여 9월 5일 반혁명 분자들의 재판을 촉구하는 상퀼로트의 시위가 벌어졌다. 여기서 공안위원회는 지체 없이 혁명재판을 4부로 분담시켜서 신속히 진행시키는 한편 에베르가 영도하는 극좌파의 추진에 따라 혐의자법을 제정하고 공안위원회의 절대 우월권을 확립하였다. 혐의자법은 다음 사상에 해당하는 자는 반혁명의 혐의자로 간주한다는 것이었다.

첫째, 행동이나 말이나 교제 관계나 문서에 의하여 폭정이나 연방제를 지지함으로써 자유의 적으로서의 태도를 나타낸 자.
둘째, 자기의 생활 수단이나 시민의 의무 이행을 명확히 설명하지 못하는 자.

셋째, 선량한 시민이라는 증명서의 발행을 얻지 못하는 자.

넷째, 국민공회나 그 파견 의원에 의하여 공직이 정지되었거나 파면된 자와 재임명되지 않은 자.

다섯째, 귀족과 그들의 부모형제와 처자식 및 망명 귀족의 대리인으로서 항상 혁명에 열의를 보이지 않은 자.

여섯째, 1789년 7월 1일에서 1792년 3월 30일 사이에 외국으로 망명한 일이 있는 자.

혐의자법은 지금까지 반혁명 혐의자에 관한 정의가 없었던 결함을 법적으로 보완한 것이었다. 그러나 정의가 매우 추상적이고 광범위했으므로 무고한 국민까지도 억울하게 피해를 입을 가능성이 컸다. 혐의자법은 공안위원회의 무서운 독재 수단이 될 가능성이 매우 높았다.

게다가 또 혐의자법이 제정되기 4일 전인 9월 13일의 국민공회 명령은 치안 위원회 위원들의 경질과 위원들의 명단 작성을 공안위원회에 위임하기로 결의하고, 치안 위원회 이외의 다른 위원회들도 공안위원회에 종속하게 만들었다. 이렇게 하여 공안위원회는 이제 최고 권력기관이 되었다. 9월 25일령은 국민공회가 지방과 군대에 파견한 파견 의원도 공안위원회의 명령에 따르게 하고 공안위원회가 그들을 소환할 수 있게 하였다. 그리고 사병 출신 장군들을 일선 사령관에 임명하여 혁명의 아들들에게 군 지휘권을 줌으로써 군부를 반혁명으로부터 수호하였다. 이 혁명의 아들들은 공안위원회의 독재를 전적으로 지지하였다. 로베스피에르의 자코뱅 독재는 정치기구적인 장치를 완비한 셈이었다. 이제 그 장치가 가동하기 시작하면 누구의 힘으로도 걷잡을 수 없는 자체의 운동 법칙에 따라 폭주할 터였다. 10월 3일에 국민공회 의원 136명을 제명하고 그중 41명을 혁명재판에 회부하고, 14일부터 3일 사이에 왕비 마리 앙투아네트를 재판하여 사형에 처하고, 24일부터는 지난 6월에 투옥했던 지롱드파 의원 21명을 재판하여 30일에 모두 사형에 처하였다.

혁명재판소는 지난 3월 파리 국민 방위대의 강력한 요구에 따라 설치되어 있었다. 그것은 판사도 배심원도 공회가 임명하고, 일체의 반혁명적 기도나 공화국의 불가분성과 안전을 침범하는 모든 음모와 왕정의 회복, 자유, 평등 및 인민주권을 침해하는 일체의 음모를 재판할 수 있는 권리를 가지고 있었다. 더구나 혁명재판소의 재판은 단심으로서 상소가 허락되지 않았고 사형이 확정된 자는 재산이 몰수되었다. 내란과 전쟁이 벌어진 나라에서는 간첩과 음모와 반란을 진압하기 위하여 약식 재판에 호소하지 않는 곳이 거의 없는데, 자코뱅 독재의 혁명재판은 근세 사상 초유의 모델이었다. 자코뱅의 혁명재판소는 설치 후 별로 기능을 발휘하지 않고 있었는데 9월 5일의 시위 이후 갑자기 활발히 움직이기 시작하였다. 혐의자법과 공안위원회의 독재권을 공포정치로 구체화한 기구가 바로 이 혁명재판소였다. 공포정치의 처절상을 보여주는 사례를 살펴보면, 리옹 시에서는 1793년 12월 초부터 익년 2월 초까지 1,667명을 총살했고, 낭트 시에서는 로아르 강에 빠뜨려 죽이는 익사형의 방법으로 최소한 2,000명을 처형하였다.

한편 혁명정부는 혁명력(공화력)을 제정하여 전해인 1792년 9월 22일을 새 역법의 설날로 정하였다. 1년을 열두 달, 한 달을 30일, 한 주일을 10일로 나누고 그 끝날을 휴일로 하고, 연말의 5일을 상퀼로트의 날로 정하여 공휴일로 하였다. 달의 명칭도 전통적인 이름을 버리고 계절의 특징을 따라 붙였다. 1월 포도의 달(방데미에르 Vendémiaire), 2월 안개의 달(브뤼메르Brumaire), 3월 서리의 달(프리메르 Frimaire), 4월 눈의 달(니보즈Nivôse), 5월 비의 달(플뤼비오즈Pluviôse), 6월 바람의 달(방토즈Ventôse), 7월 파종의 달(제르미날Germinal), 8월 꽃의 달(플로레알Floréal), 9월 목초의 달(프레리알 Prairial), 10월 수확의 달(메시도르Messidor), 11월 더위의 달(테르미도르Thermidor), 12월 결실의 달(프뤽티도르Fructidor)이었다.

혁명력의 제정에는 최소한 두 가지 정신이 깃들어 있었다. 하나는 전통적인 역법의 불합리성을 합리적으로 고친다는 생각이었다. 달마다 날수가 다르고 7일을 일주일로 할 때 빚어지는 복잡성을 일목요연하게 정리한 것은 수학적 과학 정신의 소산이었다. 또 하나는 공화정의 선포를 인류 역사의 획기적 사건으로 생각한 혁명 정신이었다. 역사를 인간 이성의 발달과 과학적 진보의 과정으로 이해했던 계몽사상의 입장에서 볼 때, 인간 이성의 몽매의 산물인 왕정을 타도하고 계몽주의의 산물인 공화정을 수립한 사건은 인류 역사상 가장 뜻깊은 혁명적 사건이었다. 지금까지의 역사는 몽매한 역사이고 이제부터의 역사는 이성의 역사라고 생각했던 것이다. 거기서 공화정이 시작되는 날을 혁명력의 설날로 잡았던 것이다. 이렇게 볼 때 우리는 공화파의 혁명적 열광이 얼마나 진지하고 투철한 역사의식에 뿌리박고 있었던가를 알 수 있다. 그 열광은 단순한 흥분이나 광기가 아니었다. 적어도 혁명정부의 지도층에 대해서만은 분명히 그렇게 말할 수 있었다. 그러나 인간이란 합리주의자들이 믿고 있었던 것처럼 그렇게 합리적인 존재가 아니었다. 따라서 인간 역사도 그렇게 합리적으로 진보만 하는 역사가 아니었다. 더구나 혁명과 전쟁과 내란이 뒤범벅이 된 마당에서는 한결 더 인간 이성은 흥분과 광기에

공포정치 시대를 이끌었던 로베스피에르. 처형당한 뒤에도 명성을 되찾지 못했던 그는 19세기에 들어서야 '박해받은 애국자'로 복권되었다.

압도될 가능성이 컸다.

공안위원회는 10월 12일 일반 최고 가격법을 제정하고 22일에는 공안위원회 안에 세 명으로 구성된 식량 위원회를 두어 경제 독재권마저 잡았다. 그러나 혁명파 안에는 내분이 점차 고개를 들었다. 우익의 당통파는 공안위원회를 개편하여 로베스피에르파를 누르고 정권을 쥔 다음 전쟁을 그만두고 혁명을 청산할 계획을 세워놓고 이를 실현하고자 매진하고 있었다. 당통파는 혁명의 이념과 전진을 지키고 있는 상퀼로트의 지도자들을 외국의 앞잡이니 극좌파니 욕하면서 좌파를 압박하였다. 당시 좌파는 에베르가 대표하고 있었다. 당통파와 에베르파의 싸움은 파리에 국한되지 않고 전국으로 번졌다. 그들은 서로 상대방의 비행을 폭로하고 음모와 고발을 주저하지 않고 도처에서 물고 찢고 충돌하였다. 이러한 혼란과 난투 속에서 혁명정부가 발밑에 파여 있는 함정에 빠지지 않고 양파의 난투를 누르면서 공포정치를 수행할 수 있었던 것은 거의 기적에 가까운 일이었다. 로베스피에르의 단호한 태도와 용기와 웅변이 크게 작용했음을 부정할 수 없다.

혁명파가 분열하고 혼란에 빠진 중요한 원인은 외국의 음모와 선동에도 있었다. 외국 스파이의 파괴 활동 범위는 광범하였다. 그들의 활동은 경제 질서의 교란이나 반교회 운동처럼 좀처럼 눈에 띄지 않았다. 1793년 11월 10일 파리 노트르담 성당에서 대공화제가 거행되었을 때 기독교 폐기 운동이 폭발하여, 교회당들을 약탈하고 폐쇄하여 공화주의 전당으로 쓰는 운동이 벌어졌다. 이 운동은 민중의 분노를 폭발시켜서 내란을 야기하려는 외국 스파이들이 꾸민 음모의 소산이었다. 17일 로베스피에르는 그 점을 명백히 지적하여 성당을 파괴하는 자들은 공화주의 선전가로 위장한 반혁명 분자들이며 외국 스파이의 손에 놀아난 자들이라고 공격하였다.

혁명파를 분열시키는 외국의 또 다른 책략은 휴전 제안이었다. 연합국들은 제각기 편리한 통로를 통하여 비밀리에 주로 당통파에게 평화 회담을 제의해 왔다. 공안위원회는 이 평화 제안을 혁명 파괴의 음모로밖에 보지 않았다. 로베스피에르의 동지 바레르Bertrand Barère는 이렇게 연설했다.

강화라는 말을 염치 없이 입에 담는 자는 누군가. 그자들은 외국의 군대와 폭군에게 그 인민의 피를 빨게 하고 그 식량 보급을 회복시키고 그 군대를 퇴각시킬 시간을 벌게 하여 반혁명을 몇 개월 아니 몇 년 더 연장시키기를 바라는 작자들이다. …… 왕정에는 강화가 필요하나 공화정에는 군사의 기력이 필요하다. 노예에게는 강화가 필요하나 공화파에게는 자유의 비등이 필요하다.

바레르의 동지 쿠통도 같은 시기에 비슷한 말을 했다.

전제군주들과는 평화도 휴전도 없다. 음모가와 배반자에게는 특사도 대사도 없다. 이것이 바로 국민의 소리이다.

혁명파에게는 전쟁이 필요했다. 아직도 적군에게 점령되어 있는 국토의 해방을 위해서뿐만 아니라 공화국 안을 굳게 다지기 위해서도 전쟁이 필요했다. 그러나 전쟁을 계속하려면 민중의 적극적인 참여가 필요했다. 민중을 적극적으로 참여하게 하려면 민중의 궁핍을 덜어주지 않으면 안 되었다. 여기서 과감한 사회정책이 필요했다. 그러나 과감한 사회정책은 반드시 돈 많은 당통파의 반대에 직면하게 될 터였다. 일반 최고가격법을 유명무실하게 만들고 있는 것은 당통파였다. 공안위원회는 당통파의 반대를 각오하고 드디어 2월 21일에 바레르가 작성한 일반 최고가격표를 공회에 제출하고, 26일에는 생쥐스트가 새 혁명 프로그램이 될 날카로운 연설을 하였다. 생쥐스트의 주장에 의하면, 공포정치는 전쟁이 끝나면 없어질 성질의 것이 아니라 민주공화국의 건설에 필요 불가결한 조건이었다. 이 주장은 공포정치에 대한 전혀 새로운 해석이며 새로운 입장이었다. 즉 공화국은 시민의 소행을 바르게 하고, 그 소행을 고결하게 하는 시민 제도institution civile를 동반할 때에 비로소 장래가 보장될 수 있으며, 시민 제도가 없는 공화국은 공허한 공화국으로서 공포정치는 시민 제도가 확립될 때까지 계속된다는 것이었다. 그는 시민 제도가 없는 공화국에서는 국민들이 각자 자기의 열정과 탐욕이 제한받지 않는 것을 자유라고 생각하여 모두가 지배욕과 이기주의를 발동하는데, 이러한 자유는 모든 사람을 노예로 만든다고 갈파하였다. 그러므로 국민의 마음에서 이기주의를 뿌리뽑고 시민 제도를 확립할 때까지 공포정치는 필요한 것이라고 하였다. 여기서 그는 시민 제도를 수립하기 위하여 빈곤한 애국자들에게 최소한의 생활을 보장하는 방안을 제안하였다. 그는 "지금 많은 재산이 혁명의 적의 수중에 있다. 민중은 살아가기 위해 적에게 기대어 일하고 있다. …… 애국자의 재산은 신성하나 음모자의 재산은 빈민의 것이다"라고 연설하면서 공회로 하여금 "공화국의 적으로 간주된 자들의 재산은 몰수한다"고 결의하게 하였다.

이 결의를 실시하기 위하여 공회는 3월 3일 또 하나의 명령을 가결했는데, 그것은 전국의 모든 코뮌에게 가난한 애국자의 명단을 작성케 하고, 코뮌의 모든 감시 위원회에 1789년 5월 1일 이후 정치적인 이유로 구금된 자들의 명단을 관련 문서와 함께 치안 위원회에 제출케 하는 것이었다. 이 명단을 작성하면 거기에 근거하여 반혁명 분자들의 재산을 몰수하여 가난한 애국자들에게 분배하려는 계획이었다. 당시 감옥에 수감되어 있는 자는 약 30만으로 추계되고, 재산이 몰수될 위험성이 있는 가구가 약 30만이었다. 혁명은 일찍이 교회 재산을 국유화하여 국민에게 판매했고 또 망명 귀족의 재산을 몰수하여 경매한 바 있으나, 그때에는 살 돈이 있는 자만이 살 수 있었다. 그러나 이제는 방대한 수의 반혁명 혐의자의 재산마저 몰수할 뿐만 아니라 그것을 돈 없는 애국자에게 무상으로 분배한다는 것이다. 이것이야말로 극좌의 에베르파나 앙라제파도 감히 구상하지 못했던 거대한 사회혁명 프로그램이었다. 이 혁명 프로그램에 의하여 시민 제도가 확립되고 그 시민 제도에 의하여 시민정신이 뿌리를 박을 것이었다. 거기서 비로소 이기주의와 지배욕과 탐욕이 인간을 노예로 만드는 허위의 자유는 사라지고 진정한 자유와 평등이 실현될 것이었다. 이 위대한 사업을 성취시킬 수 있는 것은 오로지 공포정치이기 때문에 생쥐스트에게 공포정치는 결코 부끄러움이 아니라 하나의 도덕이었다.

　이제 공포정치는 하나의 제도가 되었다. 그 제도는 낡은 질서에 연결되어 있었던 일체를 훨훨 태워버리고 그 폐허 위에 새 민주주의를 건설할 붉은 용광로였다. 공안위원회는 지난 두 달 동안 좌익의 에베르파와 우익의 당통파의 중간에서 갈 길을 찾아 헤매다가 결국 우익을 탄압하고 좌익의 길을 가기로 결심하였다. 그러므로 에베르파는 공안위원회의 주위에 굳게 뭉쳐서 당통파와 싸워야 할 때가 왔다. 그런데도 에베르와 그 일파는 생쥐스트의 사회 프로그램과 같은 과학적인 프로그램은 채택하지도 않으면서 오로지 일체의 잘못을 사재기 상인들의 죄로 돌리고 유일한 길은 단두대뿐이라고 떠들어 댔다. 그들은 언행이 난폭하고 과격할 뿐만 아니라 혁명의 본질에 대한 이해도 문제의 해결 방법도 유치하고 거칠었다. 그들의 정치의식과 정치적 판단은 정확하지 못하였다. 따라서 생쥐스트의 사회 프로그램의 실현에 협력하지 않고 당파적 야심과 개인적 원한을 푸는 데만 초조했다. 에베르파의 코르들리에 클럽은 자코뱅파에 반기를 들고 민중 봉기를 선동하기 시작하였다. 허나 에베르파와 로베스피에르파의 대립은 결국 당통파에게 어부지리를 줄 것이 분명하였다. 그렇게 되면 혁명이 수포로 돌아갈 것은 명백하였다. 거기서 두 파는 화해하여 굳은 동맹을 약속한 바 있었다. 그러나 에베르파는 약속을 지키지 않고 봉기를 준비하고 있었다. 그들은 제2의 9월 학살,

군부의 장악, 공안위원회와 치안 위원회의 소각, 독재관의 임명 등 쿠데타 계획을 진행시켰다. 이 계획은 사전에 발각되었다. 3월 13일과 14일에 에베르파의 간부 18명이 체포되었다. 이들은 21일에 재판에 회부되고 24일에 처형되었다. 문제 해결의 유일한 길을 단두대에서 찾던 그들은 스스로 단두대의 이슬이 되었다.

그들을 혁명재판소로 보낸 생쥐스트의 13일 명령에는 이미 당통파에 대한 숙청이 암시되어 있었다. 그 명령은 망명 귀족에게 은신처를 제공한 자들과 감옥의 문을 열어서 혐의자들을 석방하려고 한 자들을 모조리 조국의 반역자로 규정하고 있었는데, 그것은 당통과 그의 일파 전부에게도 적용될 수 있는 규정이었다. 사흘 후 16일에는 1793년 10월 이후 계류 중이던 동인도회사 청산 위원회 독직 사건에 연좌되어 수감 중이던 당통파의 데글랑틴과 샤보에 대한 고발이 가결되었다. 이것은 바로 당통파에 대한 큰 위협이었다. 로베스피에르파의 비요 바렌Jean Nicolas Billaud-Varenne은 공안위원회와 치안위원회에게 당통의 체포를 강력히 요구하였다. 사실 당통은 동인도회사 뇌물 사건의 공범자이고 온갖 기회를 이용하여 거액의 돈을 모아 호사한 생활을 즐기는 부패 세력의 중심 인물이었다. 비요 바렌은 당통을 모든 반혁명의 초점이라고 규탄하였다. 당통은 로베스피에르에게 자신의 청렴과 애국심을 눈물로 호소하여 스스로 구명 운동에 나섰다. 로베스피에르는 당통의 회개의 눈물을 보고 체포를 지연시켰다. 이러한 상황에서 당통파는 베스테르만François Vestermann을 중심으로 하여 로베스피에르파에 대한 역습을 기도하다가 오히려 3월 30일 공안위원회에 체포되었다.

당통파에 대한 숙청은 에베르파에 대한 것보다 훨씬 어려운 싸움이었다. 에베르파의 숙청 후 당통파가 크게 진출하고 있었기 때문이다. 생쥐스트는 당통 일파가 저지른 뇌물 사건의 공범 관계뿐 아니라 당통의 더러운 과거까지 낱낱이 고발하였다. 미라보와 꾸민 음모, 루이 16세와 벌인 암거래, 반역 장군 뒤무리에와 공모한 술책, 지롱드파와 맺은 타협, 8월 10일 사건과 지난 5월 31일 사건 등 위기가 있을 때마다 취한 수상적은 행동들, 루이 16세와 왕족의 구명 운동, 적국과의 비밀 강화 교섭에서 취한 교활한 반역 행위, 모든 혁명수단에 대한 음흉한 반대, 데글랑틴과 샤보 같은 사기꾼들과 벌인 공동 범죄, 외국인 혐의자들과 맺은 깊은 교제, 혁명정부에 대한 비난 공격 등 고발의 내용은 가히 혁명의 역사 전부였다. 생쥐스트의 고발은 그간 오랫동안 과장된 것으로 간주되어 왔으나 사료들이 증명하는 바에 의하면 모두가 진실이었다. 어쨌든 국민공회는 당통, 들라크루아Jean François Delacroix, 데물랭 등 14명의 체포 명령을 만장일치로 가결하였다.

  4월 2일부터 3일간 이들에 대한 재판이 있었다. 그러나 피고들의 항변이 매우 완강하여 재판은 그리 순조롭지 않았다. 4월 4일 공회는 "국가의 재판에 저항하거나 재판을 매도하는 피고에게는 변론을 금할 수 있다"고 가결하여, 이튿날 변론의 기회를 봉쇄한 채 14명을 모두 단두대로 보냈다.

6. 산악파의 혁명 이념

왼쪽의 에베르파와 오른쪽의 당통파를 없앤 로베스피에르는 이제 양쪽에서 오는 반대에서 모두 해방되었다. 국민공회도 이제는 시끄럽지 않고 공안위원회와 치안 위원회의 제안에 고분고분 동의하고 중대한 명령도 토론 없이 가결해 주었다. 정부 독재가 시작된 것이다. 내각에 해당하는 임시 행정위원회가 폐지되고 12인의 집행위원회가 신설되었다. 이 위원들은 공안위원회의 추천에 의하여 국민공회가 임명하였다. 그러므로 12인 위원회는 엄격히 공안위원회에 종속되었다. 국민공회에는 21개의 위원회가 있었으나 실제로 정치권력을 행사한 것은 공안위원회와 치안 위원회 둘뿐이었다. 공안위원회의 위원은 그것이 당초 발족한 1793년 4월에는 아홉 명이었으나 그후 18명으로까지 늘었다가 11명으로 줄었다. 이 11명의 손아귀에 혁명정부의 독재권이 완전히 집중되었다. 치안 위원회는 경찰 업무와 혁명재판소를 지휘했는데, 이것 역시 공안위원회에 종속되어 있었다. 그리고 지방에 파견되어 있었던 파견 의원들이 소환되고, 그들의 감찰권도 공안위원회에 일원화되었다. 지방에 설치되어 있었던 혁명재판소와 혁명 위원회를 폐지하고 혁명재판을 일체 파리에서만 행하게 하였다.

  6월 10일의 프레리알Prairial 22일법은 혁명재판에서 피고의 변호와 예비 신문을 폐지하고, 배심원의 결정은 심증만으로도 충분하게 하고, 혁명의 적에 대한 범위를 한결 더 확대하였다. 프레리알 22일법 제6조는 "애국심을 박해하고 중상하여 프랑스의 적의 계획을 도운 자, 사기를 떨어뜨리고 풍속을 타락케 하고 혁명 원리의 순수성과 에너지를 부패시키려고 한 자, 어떠한 수단에 의해서건 또 어떠한 외관의 그늘 밑에 숨어서건 공화국의 자유와 통일과 안전을 손상시키고 공화국의 굳건한 건설을 방해하려고 한 자"라고 적시함으로써 혁명의 적을 낱낱이 열거하고 있다. 프레리알 22일법이 제정되기 이전 45일 사이에 처형된 자는 모두 575명인데, 이 법이 제정된 후 로베스피에르 일파의 독재가 몰락할 때까지 45일 사이에 단두대의 이슬로 사라진 자는 1,285명이다. 프레리알 22일법이 얼마나 무서운 독재의 수단이었던가를 말해 주는 수치이다. 1793년 10월 말 지롱드파 21명이 처형된 후부터 처형자 수는 꾸준히 늘어났으나 그래도 한 달 평균 60~70명에 머물러 있었는데, 에베르파가 처형되는 1794년 3월에는 그 수효가 121명, 당통파가 처형되는 4월에는 258명, 5월에는 345명, 6월에는 688명으로 급증하였다. 프레리알 22일에 파리에 수감되어 있는 죄수는 7,321명이었고 45일 후에는 약 7,800명이었다.

당통의 몰락 후 재건된 혁명정부는 빨간 모자 밑에 숨어 있는 부정부패 혁명가들을 철저히 숙청하는 한편 적극적인 경제정책에 의해 생산과 상업을 촉진시켰다. 4월 15일 생쥐스트는 연설을 통하여, 혁명정부란 전쟁이나 정복을 의미하는 것이 아니라 악에서 선으로, 부패에서 성실로 옮겨가는 것을 의미한다고 하여 혁명정부의 성격을 다시 천명한 후, 혁명정부는 시민을 관권의 남용에서부터 보호해야 한다고 주장하였다. 사실 혁명정부의 지배자들은 공화국의 건설에 최선을 다하였다. 그리고 왕정을 타도하고 공화국을 건설한 궁극적인 세력이 배고픈 민중임을 결코 잊지 않았다. 그리하여 2월 말에서 3월 초에 생쥐스트에 의하여 제정된, 혐의자들의 재산을 몰수하여 가난한 애국자들에게 분배하는 방토즈Ventôse법의 실시를 서두르고 있었다.

동시에 혁명을 신속히 수행하려고 4월 16일 제르미날Germinal 27일법을 개정하여 위에 말한 바와 같이 치안 위원회를 공안위원회에 종속시켰다. 그 법에 의하여 공안위원회는 음모자를 신문하고 혁명재판에 회부하는 문제에 치안 위원회와 동등한 권한을 획득하고, 모든 공무원에 대한 감독권과 공무원에 관한 보고의 명령권 및 권력

남용의 혐의가 있는 공무원에 대한 신문권을 얻었다. 여기서 공안위원회는 곧 치안본부Bureau de police générale를 설치하여 행정 사찰과 치안 업무를 지휘하였다. 책임자는 생쥐스트였고 그가 출장 중에는 쿠통이나 로베스피에르가 대행하였다. 이렇게 하여 공안위원회의 독재권이 완전히 확립되었던 것이다.

혁명정부의 재건 사업은 문화 면에도 미쳤다. 교육에서는 청년과 군대의 혁명화를 위하여 마르스 사관 학교를 신설하여 농민, 직인, 의용군의 자녀 3,000명을 입교시켜 군사교육과 공민교육을 실시하였다. 동시에 "아이들은 부모의 것이기에 앞서 국가의 것"이라는 생쥐스트의 사상에 따라 1793년 말 초등교육의 의무제를 세계 최초로 제정하였다. 교원의 봉급을 국고에서 지불하고 교원 양성을 위해 사범학교 설립안을 만들었다. 교원의 부족으로 말미암아 의무교육의 실시가 당장 전국적으로 실현되지는 못했으나 1794년 말까지 180군에 실현되었다. 근대국가 통일에 가장 중요한 요인 중 하나는 언어이다. 언어의 통일 없이는 국가의 통일이 어렵다. 혁명 프랑스의 통일을 방해하는 가장 큰 새 요인은 연방주의인데, 정치적 연방주의에 못지않게 해로운 것은 언어의 연방주의였다. 프랑스에는 아직 프랑스어를 사용하지 않는 변경 지방이 많았다. 알자스 지방은 독일어, 바스크 지방은 스페인어, 코르시카 섬은 고유의 방언, 니스 지방은 이탈리아어, 브르타뉴 지방은 켈트어, 플랑드르 지방은 플레밍어를 각각 사용하고 있었다. "프랑스어는 자유의 언어이다. 그러므로 프랑스의 모든 지방이 모두 프랑스어를 말해야 한다." 이러한 언어정책은 교육정책의 가장 중요한 과제였다.

혁명정부의 가장 어려운 문제는 종교 정책이었다. 혁명력의 일주일은 10일이고 그 끝날은 데카디décadi였다. 데카디에는 일주일이 7

일로 된 종래의 달력에서처럼 교회에서 예배를 보기로 되어 있었으나 잘 이행되지 않았다. 당시에는 기독교적 교리에서 해방된 자유주의자나 심지어 무신론자까지도 기독교의 교리나 예배 없이 국가가 존재할 수 있다고는 생각하지 않았다. 신에 대한 신앙은 사회의 기초라는 생각이 아직은 광범한 통념이었다. 따라서 국가는 국민의 영혼을 보살피고 지도할 의무가 있다고 믿고 있었다. 만일 국가가 그 의무를 이행하지 않으면 그것은 정부의 직무 태만이었다. 로베스피에르는 6월 4일 국민공회의장에 선출된 후 '최고 존재l'Être Suprême'와 '자연'에 드리는 예배를 집전하고, 전국의 공화 전당의 정면에 "프랑스 인민은 최고 존재와 영혼의 불멸을 인정한다"고 써붙이게 하였다. 그리고 7월 14일, 8월 10일, 1월 21일, 5월 31일을 4대 국경일 곧 공화절로 정하였다.

　이렇듯 당통파의 숙청 후 혁명정부의 재건 사업은 순조롭게 진행되는 편이었으나, 혁명정부의 독재는 대중적 기반을 잃어가고 있었다. 혁명 당국과 상퀼로트의 직접적이고 우애적인 접촉이 없어지고, 공포정치의 관료주의가 곳곳에 침투하여 혁명의 활력소가 메마르고, 언론의 자유와 독립이 사라져 어용신문만이 메아리 없는 선전의 함성을 높이고, 이에 대하여 비판적인 많은 언론인이 사형에 처해졌다. 공안위원회는 겉으로는 아무 방해도 받지 않고 순조롭게 혁명 사업을 진행시키고 있었지만 생쥐스트가 《공화국 제도에 대한 단상 Fragments sur les institutions républicaines》에서 지적한 바와 같이 "혁명은 얼어붙어" 있었다.

　전쟁 물자의 징발과 수송에 고통을 받는 농민, 최고 임금제에 불만을 품은 노동자 특히 군수공장 노동자, 최고가격제로 파산에 직면한 상인, 아시냐의 폭락으로 가만히 앉아서 손해를 보는 금리 생활자 등, 이들의 마음속에는 불만과 불평이 깊이 발효하고 있었다. 더구나 방토즈법에 따라 빈민에게 재산을 나누어주도록 한 조처가 예상보다 늦어지고 있었다. 공포정치에서 이익을 얻은 자는 새 감투를 얻은 공무원과 군수 사업가뿐이었다. 혁명의 앞날을 결코 낙관할 수 없는 상황 속에서 로베스피에르의 반대 세력이 은연중에 형성되어 갔다. 이 세력은 주로 에베르파와 당통파의 음모에 가담했던 자들이었다. 이들은 로베스피에르에게 애원하면서도 그가 무서웠기 때문에 그를 제거하려는 비밀 조직을 만들고 있었다. 로베스피에르가 만일 개인적인 야심이 있었더라면 그들을 규합하여 자기 개인에게 충성하는 인의 장막을 만들 수도 있었다. 그러나 그는 그런 치사한 인간들을 경멸하여 가까이 접근하지 못하게 하였다. 로베스피에르는 문자 그대로 청렴결백하고 강직한 사람이었다. 부정이나 부패와의 타협을 일체 거부하였다. 그는 그 타협이 정치적으로 현실적인 이익을 가져오더라도 원리 원칙에 맞지 않으면 거절하는 인물이었다. 그러므로 반혁명의 과거를 가진 자들은 로베스피에르가 무서울 수밖에 없었다. 그런데 그는 그들의 접근을 전혀 용납하지 않았다. 그들이 사는 길은 그를 제거하는 길밖에 없었다. 드디어 5월 22일과 23일에 로베스피에르와 콜로 데르부아Jean Marie Collot d'Herbois의 암살미수 사건이 일어났다.

이러한 분위기를 배경으로 하여 위에서 언급한 프레리알 22일법이 제정되었던 것이다. 더구나 방토즈법의 실시를 위하여 6개 집행부를 설치하기로 되어 있었는데도 공안위원회와 치안 위원회가 고의로 설치를 지연시키고 있었다. 로베스피에르와 쿠통은 변호인 없이 혁명재판을 할 수 있는 법을 서둘러 만들지 않을 수 없었다. 그런데 앞서의 제르미날 27일법도 그랬지만 이 프레리알 22일법도 치안

위원회와 협의하지 않고 공회에 제안하여 전격적으로 가결시켰다. 여기서 공안위원회에 대한 치안 위원회의 불만이 돌이킬 수 없을 만큼 커졌던 것이다. 위에서 말한 바와 같이 치안 위원회는 제르미날 27일법에 의해 권한을 공안위원회에 빼앗겼는데, 이제 또 프레리알 22일법에 의해 그 권한과 존재가 완전히 무시되었던 것이다. 공안위원회에 대한 치안 위원회의 불만과 두려움과 불신은 극에 이르렀다. 4월 이래로 두 위원회의 반목과 대립의 씨가 이제는 깊이 뿌리를 내려 서로 적대시하게 되었다. 두 위원회의 대립이 격화됨에 따라 로베스피에르파에 대한 반대파의 음모도 한결 더 격화되어 갔다. 이제는 로베스피에르의 생명을 노리는 암살자들의 그림자가 그의 주위에서 암약하였다. 로베스피에르는 신변의 위험을 느끼고 7월 3일 이후 공안위원회에도 출석하지 않았다.

게다가 공안위원 11명은 모두 성격이 강한 사람들이었다. 그들은 자기 공적에 대한 자신감이 강하여 남의 그림자 밑에서 자기 모습이 희미해지기를 원치 않았다. 로베스피에르는 본래 인기가 대단히 높았는데 에베르와 당통의 몰락 이후로는 지나치게 높아졌다. 한편 로베스피에르는 격정적이고 진지한 성격의 인간으로서 자기 자신에게 엄격하듯이 다른 사람에게도 엄격하여, 동료들의 자존심을 잘 어루만져 주지 못하였다. 특히 에베르나 당통 같은 동지들에게서 배신당하는 일이 자주 있은 후부터는 좀처럼 친구를 만들려고 하지 않았고 옛 친구들에게도 진심을 털어놓지 않고 늘 일정한 거리를 두고 냉정히 대하였다. 이러한 대인관계가 오해를 낳아, 그는 매우 타산적인 인간이거나 야심적인 인물로 비쳤다. 그런 오해는 그의 정적들에게 다시 없이 유리한 선전 재료가 되었다.

테르미도르Thermidor 4일과 5일에 공안위원회와 치안 위원회의 합동 회의가 있었다. 이 회의에서 생쥐스트는 "적의 하수인들만이 로베스피에르를 독재자라고 선전한다. 로베스피에르는 군 통수권도 재정권도 행정권도 쥐고 있는 것이 없지 않은가"라고 로베스피에르를 변호하였다. 이에 반대파의 비요 바렌은 "우리는 로베스피에르의 친구들이다. 언제나 함께 걸어오지 않았는가"라고 답함으로써 두 파의 화해가 이루어졌다. 이 화해를 반가워한 비요 바렌은 국민공회에서 "악의에 찬 인간들만이 정부 안에 분열과 불화가 있거나 혁명 방침에 변화가 있는 것처럼 말한다"고 말하였고, 쿠통도 자코뱅 클럽에서 "두 위원회를 구성하고 있는 사람들은 조국을 위하여 최대의 희생을 각오한 열성적이고 정력적인 사람들로서 그들 사이에 다소 분열이 있었다고 해도 혁명 방침에는 전혀 분열이 없었다"고 말하였다.

이제 로베스피에르와 반대파 사이에는 대립과 반목이 사라지고 화해가 이루어진 듯하였다. 그러나 두 파가 완전한 화해에 이른 것은 아니었다. 로베스피에르는 치사한 반대파의 불투명한 태도를 너그럽게 용납할 성격의 인물이 아니었다. 그는 테르미도르 8일에 국민공회에서 자기를 중상모략하고 음모하는 자들을 공격하는 중대한 연설을 감행하였다. 이 연설이 그의 마지막 연설이 될 줄은 그 누구도 몰랐다. 그는 자기를 뱃속이 검은 독재자라고 중상모략하는 자들, 단두대를 지나치게 사용하여 양민을 괴롭히고 공포정치를 격화시키는 자들, 혁명재판을 미워하고 파괴하려는 자들을 모조리 혁명정부의 신용을 추락시켜서 혁명을 실패로 만들려는 반혁명의 사기꾼들로 규정하였다. 그리고 공안위원회에 종속되기를 거부하는 치안 위원회를 사기꾼 집단이라고 비난하고, 또 공안위원회에 대해서도 그들의 전쟁 정책, 외교정책, 재정 정책을 비난하고 숙청을 제의

하였다.

로베스피에르의 연설은 대단히 인상적이었다. 공회는 연설문을 인쇄하여 전국 코뮌에 배포하기로 가결하였다. 그러나 로베스피에르는 결정적인 실수를 범하였다. 그 실수란, 그가 비난한 의원들의 이름을 밝히라는 요구를 거절한 것이다. 로베스피에르의 비난은 정곡을 찌른 것이고 시의적절한 것인 만큼 그의 비난에 대하여 뭔가 양심이 찔리는 데가 있는 자들은 모두 그의 비난이 자기를 향한 것이라는 위협을 느꼈다. 만일 로베스피에르가 비난의 대상자들 이름을 밝혔더라면 위협을 느낀 자가 그리 많지 않았을 터인데, 이름을 밝히지 않은 것이 반대파의 수를 늘리고 그들의 위기의식을 더욱 격렬하게 만들었다. 그들은 로베스피에르가 무서웠다. 그가 손을 쓰기 전에 재빨리 선수를 치지 않으면 안 되었다. 위협을 느낀 자들은 온건한 평원파 의원들을 회유하여 다음 날 공회에서 로베스피에르를 칠 계획을 세웠다. 로베스피에르는 공회의 과반수 획득에 자신을 가지고 있었으므로 구태여 선수를 쓰려고 하지 않았다. 그것이 그의 두 번째 실수였다.

이튿날 테르미도르 9일, 공회에서 생쥐스트의 연설이 저지되었다. 비요 바렌이 등단하여 "로베스피에르는 에베르파, 당통파, 귀족들, 사기꾼들을 보호하고 애국자들을 박해하고 프레리알 22일법을 혼자 작성한 자로서 한마디로 폭군이다"라고 외치자, "폭군을 죽여라"라는 소리가 여기저기서 터져나왔다. 로베스피에르가 입을 열려고 하였으나 탈리앵Jean-Lambert Tallien이 단도를 휘두르면서 로베스피에르와 일당을 체포할 것을 제안하였다. 로베스피에르의 체포가 가결되자 그의 동생 오귀스트 로베스피에르는 형을 따르겠다고 자진 체포를 요구했고, 쿠통과 생쥐스트의 체포가 가결되자 르 바

Phillipe Le Bas가 자신도 동행할 명예를 달라고 요구했다. 로베스피에르는 방청석으로 내려오면서 "공화국은 망했다, 악당이 이겼다"고 소리 질렀다. 오후 5시였다.

밤 사이에 파리 코뮌이 봉기하였다. 감금된 로베스피에르를 석방시키고 시청을 점령하였다. 이것은 코뮌파의 실수였다. 그들은 시청을 점령할 것이 아니라 공회를 점령했어야 했다. 봉기의 주도권이 석방된 의원들에게 넘겨지기는 했으나, 공회는 석방 의원들의 법률적 보호의 해제를 가결하는 한편 온건한 구의 시민들의 힘을 빌려 반격에 나섰다. 로베스피에르파와 반대파의 싸움은 코뮌과 공회의 싸움 형태로 나타났다. 그런데 이 중대한 시기에 코뮌파에 배신자가 있어 암호가 공회파에게 새나갔다. 한밤중인 2시께 공회파 부대가 코뮌파의 암호와 로베스피에르 만세를 외치면서 시청으로 밀려왔다. 코뮌파는 자기편의 봉기 부대로 알고 방심하고 있다가 일시에 습격을 당하여 모두 체포되고 말았다. 날이 밝자 로베스피에르를 비롯한 일파 22명이 곧바로 형장으로 끌려가고, 함께 체포된 코뮌파 70명도 그 뒤를 따랐다. 이 사건이 테르미도르 9일의 쿠데타이고, 이 쿠데타를 주동한 자들을 테르미도르파라고 부른다.

최고 임금제에 불만을 품었던 노동자들은 로베스피에르와 자코뱅을 최고 임금제와 동일시하여, "최고 임금제 타도"를 외쳤다. 그러나 그들은 테르미도르 쿠데타의 진정한 성격을 알지 못했다. 생쥐스트의 공화국의 이상도, 시민 제도도, 방토즈법도 이제 로베스피에르와 함께 영원히 사라졌다는 것을 몰랐다. 빈민에게 토지를 분배하여 시민의 경제적·사회적 독립을 성취하고, 그 독립을 기반으로 하여 진정한 민주주의와 자유를 세우려던 평등과 덕의 공화국 프로그램은 산산이 깨졌다. 테르미도르의 반동은 프랑스의 민주 공화주의를

100년간 후퇴시켰다. 테르미도르파의 지배하에서 뒤늦게 그 쿠데타의 성격을 깨달은 노동자들이 최고 임금제의 부활을 위하여 봉기하였으나 때는 이미 늦었다.

자코뱅의 노동정책이 노동자들의 불만의 요인이 되어 로베스피에르 일파의 몰락을 재촉했으나, 그 정책은 조금도 잘못된 것이 없었다. 당시 일반 노동자의 하루 임금은 20에서 24리브르인 데 반해 군수공장의 임금은 최고가 16리브르였고 최하가 3리브르였다. 최고 임금제에 묶여 있는 군수공장 노동자들의 불만이 클 수밖에 없었고, 또 전쟁의 확대는 군수공장의 증대를 가져왔으므로 노동자의 불만도 그만큼 광범해졌다. 그러나 혁명을 수행하려면 군수공장의 확대도 불가피했고 최고 임금제도 불가피하였다. 최고 임금제를 폐지하면 생활필수품의 최고가격제도 폐지해야 하는데, 이것은 노동자와 빈민의 이익에 반할 뿐만 아니라 혁명이 여태껏 쌓아올린 경제구조의 전면적인 붕괴를 의미하였다. 그것은 동시에 혁명의 실패를 의미하였다. 그렇다면 노동자는 혁명의 실패를 바라고 있었을까? 아니었다. 그들은 혁명의 실패를 두려워하고 있었다. 그럼에도 불구하고 그들은 최고 임금제의 진정한 성격을 미처 깨닫지 못하고 당장의 물질적 압박을 견디지 못하여 그 불만을 혁명정부 자체에 돌리게 되었다. 그것이 곧 혁명의 적에게 이용되었다.

노동자들이 이 사실을 깨닫게 된 것은 권력이 자신들 적의 수중에 들어간 후였다. 그들은 새삼 로베스피에르 일파의 몰락을 애석하게 생각했으나 아무 소용이 없었다. 노동자뿐만 아니라 테르미도르파도 얼마 안 되어 곧 자신들이 스스로 저지른 반동의 인질이 되어 있는 사실을 발견하고 놀랐다. 그러나 사태는 이미 엉뚱한 곳으로 돌진하고 있었다. 그들도 로베스피에르의 살해를 후회하게 되지만 그

때는 이미 속수무책이었다. 프랑스 혁명은 테르미도르 9일로써 막을 내리고 후퇴를 거듭하다가 결국 나폴레옹의 제정과 부르봉 왕가의 복위로 모든 것을 잃고 만다.

그러나 국민공회가 로베스피에르의 엄격한 권위에 따라 1793~1794년에 세운 자코뱅적 전통은 오늘에 이르기까지 정치적 영향력을 미치고 있다. 국민공회는 전쟁의 소용돌이 속에서도 적과 잘 싸웠고, 국내의 반혁명을 철저히 분쇄했으며, 새로운 민주사회의 건설을 위한 창조적인 프로그램을 준비하였다. 산악파는 당시로서는 전대미문의 철저한 민주적 공화국의 건설을 명확히 자각하여 중요한 3대 목표를 내세웠는데, 그 3대 목표란 조국의 방위와 혁명의 수호와 진정한 민주주의의 확립이었다.

이 목표들이 어떻게 오늘에 이르기까지 정치적 영향을 미치고 있는가를 살펴보자.

산악파가 정권을 담당한 시기는, 유럽의 모든 나라가 연합하여 인권의 나라 프랑스의 국토와 국민공회가 세운 공화제도를 위협한 시기였다. 프랑스라는 요새는 사방에서 포위되고 공격을 받고 있었다. 그러나 산악파의 정권은 1년 미만에 적군을 물리쳤다. 공화국 프랑스가 유럽의 모든 인민에게 자유와 평등을 주려던 꿈은 단념할 수밖에 없었으나 제 힘으로 제 나라를 훌륭히 구출할 수는 있었다. 자코뱅파는 무엇보다도 먼저 애국자였다. 그들에게 민족자결의 권리란, 제 손으로 세운 공화국을 제 힘으로 지키는 것을 의미했다. 1870년 독일의 침략을 받고 강베타Léon Michel Gambetta가 철저한 항전을 외치면서 프랑스 국민의 애국심을 불러일으키려 했을 때 그가 믿었던 것은 바로 이 자코뱅의 애국적 전통이었다. 조국 방위라는 자코뱅적 전통은 그 후에도 제1차 세계대전과 제2차 세계대전에서 유감없이 발휘되었다.

자코뱅파는 조국 방위의 어려운 일을 수행하면서 국내의 완강한 반혁명 세력을 타도하려고 했을 때 스스로의 원리에 거역하는 행동을 취하였다. 자유의 수립을 궁극적 목표로 하는 혁명이 자유의 가면을 쓴 적의 음모에 희생당하려 했을 때, 혁명정부는 공화주의와 자유를 구출하기 위하여 자유가 수립될 때까지 잠정적으로 시민의 자유를 빼앗을 수밖에 없었다. 이와 같이 자코뱅의 독재정치는 일시적·잠정적인 것이었다. 자유를 구하기 위해 자유를 억압하는 것은 실로 어려운 과제이다. 자유의 억압을 정당화할 만큼 자유가 위태롭게 되었다는 것을 판단하게 하는 기준은 무엇일까? 국민공회와 자코뱅의 전통은 그 기준을 대외 전쟁이라는 명백한 사실에서 찾았는데, 1917~1918년 클레망소Georges Clémenceau가 펼친 자유 억압 정책의 기준도 바로 대외 전쟁이었다. 이처럼 자코뱅적 전통이 남긴 독재의 특성은 자유의 일시적인 억압이라는 정당성의 기준이 모호하지 않고 명확하다는 사실이다.

자코뱅파가 자기 파의 인기와 생명을 걸고서라도 자유를 억압한 것은 자유가 위기에 처해 있다는 정확한 판단에 따른 것이었다. 자코뱅의 독재는 그들이 끝까지 자유에 집착하고 있었기 때문에 취하지 않을 수 없는 잠정적 조처였다. 그 사실을 밝혀주는 것이 방토즈법에 구체화된 사회적 요구였다. 방토즈법은 대담한 토지 재분배에 의하여 아무리 비천한 국민에게도 가족을 부양할 수 있는 토지를 소유하게 하려고 하였다. 진정한 민주주의는 시민이 저마다 소생산자인 사회에서만 실현될 수 있다는 것이 자코뱅의 신념이었다. 민주주의의 사회·경제적 기초를 인식하는 점에서만큼은 자코뱅의 판단은 정확하였다. 자코뱅의 민주주의는 경제적·사회적 차별을 제한한 독립적인 시민들의 토대 위에 자유를 수립하려는 것으로서, 원칙적으로는 평등주의적이었으나 재산의 평등 따위의 비현실주의로 달리지는 않았다. 다만 재산의 격차가 민주주의 건설에 장애가 되기 때문에 소유의 극단적인 불균형이나 무산 시민이 있어서는 안 된다는 것뿐이었다. 생산수단을 소유하지 못한 시민은 정치적으로 시민 구실을 하지 못하고, 그러한 시민이 광범히 존재하는 나라에서 민주주의가 실현되지 못할 것은 명백하다. 자코뱅의 평등주의는 소유의 평등주의가 아니라, 민주주의의 사회적 토대를 세우기 위해 무산 시민을 없애고 소토지 생산자층을 형성하려는 평등주의였다. 이러한 제한적 평등주의의 이상은 자코뱅적 전통에 일관하여 흐르고 있다. 이 전통은 프랑스 사회주의에 깊이 침투했을 뿐만 아니라 프랑스 민주주의 이상에도 짙은 영향을 미치고 있다.

따라서 자코뱅의 세 번째 전통은 참 민주주의의 이상이었다. 평등주의적 민주주의이며, 진정한 자유에 대한 갈망과 사랑의 표현이었다. 자코뱅이 제정한 1793년 헌법의 제5조는 "정부가 국민의 권리를 침해하면 봉기는 인민 전체에게도, 인민 각자에게도 가장 신성하고 불가결한 의무이다"라고 규정하고 있다. 자유 수호의 최후 수단으로서의 민중 봉기를 국민의 권리로 규정하는 데 그치지 않고 의무로 규정하고 있는 것이다. 자코뱅의 자유에 대한 사랑과 민주주의의 이상이 어느 정도의 것이었던가를 말해 주는 단적인 표현이라고 할 수 있다.

제4장

부르주아 공화국

1. 테르미도르파의 반동

로베스피에르를 처형한 이튿날 바레르는 혁명정부에는 아무 변화도 일어나지 않을 것이고, 혁명정부의 힘은 그 전진을 방해한 폭군의 몰락으로 오히려 더 비약적으로 강해질 것이라고 선언하였다. 이 선언은 허세가 아니라 진심이었다. 바레르는 물론이고 로베스피에르를 제거한 자들은 모두 혁명정부의 힘의 약화나 혁명의 후퇴를 바란 자들이 아니라 로베스피에르의 청렴결백과 단호한 성격 앞에 생명의 위협을 느낀 자들이었다. 그들은 어딘가 구린 데가 있는 부패한 정치가들이기는 했으나 모두 산악파 소속 의원들이었다. 그러므로 이들이 로베스피에르를 없애기로 결정한 것은 혁명의 후퇴를 원해서가 아니라 살아남기 위해서였다. 따라서 로베스피에르를 처형한 다음 날 있었던 바레르의 선언은 테르미도르파의 진심이었다.

그들이 로베스피에르를 제거할 수 있었던 것은 평원파의 협력을 얻었기 때문이었다. 산악파는 에베르와 당통을 제거하고 이제 로베스피에르마저 제거했으니 세 번이나 내부의 분열을 경험한 셈이었다. 산악파는 출혈이 너무 심하여 이제는 그 힘이 극도로 약해졌다. 따라서 공포정치라는 혁명적 제도를 더욱 강화하고 싶은 생각은 있었으나 그 생각을 추진할 만한 힘이 턱없이 모자랐다. 로베스피에르를 제거하는 데 협력한 평원파가 어김없이 간파한 사실도 바로 그것이었다. 평원파는 이제 자체의 힘만으로도 국민공회의 다수당이 될 수 있음을 깨달았다. 산악파는 로베스피에르를 제거하는 순간 그 힘이 동맹자인 평원파를 누를 수 없을 만큼 약화되고 말았다. 이 사실을 발견한 평원파는 로베스피에르의 제거와 함께 산악파를 포로로 하여 공포정치를 후퇴시키기 시작하였다. 테르미도르 산악파가 이 사실을 발견하고 놀랐을 때는 이미 늦었다. 혁명은 벌써 후퇴하기 시작했고 그 고삐는 자기들의 수중에서 빠져나가고 있었다.

파리와 프랑스가 한결 자유롭게 숨쉬기 시작하고 묶였던 신문들이 풀리기 시작하자, 그들은 죽은 폭군의 정치 프로그램에 동정적이었던 모든 사람을 비난하기 시작하였다. 로베스피에르는 잔인하고 탐욕스럽고 이중적인 인간이라는 욕설이 퍼부어졌고, 공포정치의 모든 잘못과 범죄의 책임이 그에게 온통 뒤집어 씌워졌다. 그리고 공회 의원들과 파견 의원 및 온갖 위원회 위원들, 심지어 로베스피에르를 제거하는 데 앞장섰던 테르미도르파에게까지도 로베스피에르와 한패였다는 무서운 비난이 쏟아졌다. 여기서 이들은 자기들의 결백을 보여주기 위해 어쩔 수 없이 로베스피에르와 함께 힘들여 쌓아올린 제도들을 공격하고 파괴하지 않을 수 없었다.

권력의 집중이 분산으로 바뀌고 행정의 안정이 불안정으로 바뀌게 되었다. 혁명정부의 이러한 변화는 테르미도르 사건 직후 일기 시작하였다. 공회 안의 모든 위원회는 달마다 4분의 1씩 위원을 교체하게 되고, 가장 중요한 공안위원회는 전쟁과 외교에만 권한이 한정되었다. 프레리알 22일법은 폐지되어 혁명재판이 완화되었다. 혁명재판소는 조직을 두 번이나 고치다가 결국 1795년 5월 31일 폐지되고 말았다. 감시 위원회도 군부에만 남겨두고 나머지는 모두 폐지하였다. 파리의 행정구역을 48섹시옹에서 12아롱디스망arrondissement으로 정비하여 파리 코뮌을 무력하게 만들었다. 이런 자코뱅파의 몰락은 상퀼로트의 퇴각을 의미하였다. 따라서 자코뱅의 평등주의적 이념도 함께 사라졌다. 반혁명 혐의자들의 재산을 가난한 애국자들에게 무상으로 분배하여 소토지 소유자의 민주주의 공화국을 건설하려던 방토즈법은 1794년 8월에 폐지되었다. 이렇게 하여 혁명정부는 몇 주일 사이에 권력의 집중, 안정성, 통제력 등의 본질적인 특성을 잃었다.

이제는 평원파의 탈리앵, 프레롱Louis Marie Stanislas Freron, 바라스Paul Francois Jean Nicolas Barras, 시에예스, 티보도Antoine Claire Thibaudeau, 부아시 당글라François Antoine de Boissy d'Anglas 등이 권력의 중심부에 등장하였다. 이들 평원파는 부르주아 출신들로서 혁명과 공화국을 왕당파의 공격으로부터 지키려는 의사는 강했으나, 방토즈법이 보여준 바와 같은 평등주의적 민주주의의 회복을 왕정의 회복 못지 않게 두려워하였다. 그들은 서민 계급을 자기들에게 종속시키려고는 했으나 서민 계급과의 연합에 의해 혁명과 공화국을 지키려고는 하지 않았다. 서민 계급과의 협력 없이 혁명과 공화국을 왕당파의 반동에서 지킬 수 있느냐 하는 현실적 문제와는 상관없이, 그들은 민주주의를 두려워하여 서민 계급의 정치적 진출을 극력 저지하였다. 평원파의 이러한 생각을 행동으로 나타내 보인 것이 '뮈스카댕muscadin'이라는 부잣집 청년 건달패의 반자코뱅 테러이다. 1794년 11월 11일 이들이 파리의 자코뱅 클럽을 습격하자 이튿날 공회는 자코뱅 클럽의 폐쇄를 명하였다. 여기서 자코뱅 클럽은 위대한 혁명적 업적과 함께 영원히 역사 속으로 들어가고 말았다. 다음 달에는 혐의자법과 함께 최고가격법이 폐지되었다. 이에 많은 반혁명 분자들이 감옥에서 풀려나고, 추방되었던 지롱드파 의원들이 복권되고, 전국 각지에서 자코뱅에 대한 끔찍한 박해와 보복이 자행되고, 물가의 급속한 앙등과 식량 부족이 무서운 위기를 만들었다.

이와 같이 혁명정부의 제도들이 반동화한 동시에 자코뱅 계통 사람들에 대한 보복이 잇따랐다. 공안위원회와 치안 위원회에 대한 공격은 바레르, 비요 바렌, 콜로 데르부아, 바디에Marc Guillaume Alexis Vadier를 고소하고, 낭트에서 자행된 익사형의 장본인인 카리에Jean Baptiste Carrier를 선두로 혁명재판소 관계자들을 단두대로 보냈다. 마라의 유해를 국립 묘지인 팡테옹에서 다른 데로 옮기고 그의 동상들을 모조리 깨부수었다. 1794년 12월 73명의 지롱드파 의원이 복권되자 국민공회는 평원당과 지롱드당 및 테르미도르파의 연합이 지배하게 되었다. 그것은 혁명을 반대하는 공화파들의 연합체로서 왕당파의 회복은 충분히 막을 수 있었으나 오른편에서는 뮈스카댕의 공격을 받고 왼편에서는 자코뱅 잔당의 공격을 받았다.

뮈스카댕은 병역 기피자나 도망병들로서 겉으로는 안 그런 체했으나 내심으로는 왕당적인 자들이 많았다. 이들은 국민공회의 보수적인 조치에도 만족하지 못하는 우익 과격파였다. 그들은 특히 지방에서 폭력으로 자코뱅을 학살하기도 하였다. 그들의 배후에는 왕당파의 조정이 있었다. 그러므로 그들은 국민공회의 반왕당적 공화주의 정책이 못마땅했던 것이다. 자코뱅 잔당은 폭력이 횡행하자 언제 어떤 보복을 받을지 알 수 없는 위험 속에서 전전긍긍하였다. 파리의 자코뱅 클럽이 뮈스카댕의 불법적인 습격을 받고 공회에 의하여 폐쇄당하는 형편이었으니, 파리의 상퀼로트도 이제는 침묵을 지키고 있을 수밖에 없었다.

그러나 1795년 4월과 5월에 상퀼로트는 드디어 일어났다. 그 봉기에는, 물가앙등에 따르는 경제문제와 1793년 헌법 폐지에 대한 불만과 위에서 얘기한 바레르 이하 네 명의 자코뱅파 의원의 재판 반대 등의 요인들이 직접 작용하였다. 1795년 3월 당시 아시냐의 가치는 액면가의 8퍼센트로 폭락했고, 밀가루, 설탕, 버터 등의 생활필수품 값이 엄청나게 폭등했을 뿐만 아니라 극도의 품귀 현상마저 빚고 있었다. 굶어 죽는 자와 생활고로 자살하는 자마저 생기는 형편이었다. 이렇게 된 직접 원인은 최고가격법의 폐지에 있었다. 테르미도르파 정부는 평상시에 실시해야 할 자유주의 경제정책을 혁명과 전쟁의 와중에서 실시하는 잘못을 범하고 있었던 것이다. 최고가격법의 폐지는 곧바로 무서운 인플레이션과 전쟁상인들의 재산 축적, 서민의 빈곤을 초래하였다. 자코뱅의 경제정책이 혁명과 전쟁에 적합한 정책이었음이 이제야 입증되고 있었다. 1795년 3월 말 파리에는 빵이 없었다. 이 한 가지 조건만으로도 상퀼로트가 봉기하기에 충분하였다.

그러나 상퀼로트를 봉기하게 한 더 직접적인 요인은 정치적인 것이었다. 그것은 지난 12월에 기소된 바레르 등 네 명의 자코뱅파 의원이 드디어 3월에 재판에 회부된 사건과, 공회가 1793년 헌법을 정식으로 폐기하려는 움직임을 명백히 한 데 대한 상퀼로트의 반대였다. 1795년 4월 1일 드디어 파리의 상퀼로트가 빵과 1793년 헌법과 애국자 석방을 외치면서 국민공회를 점령했던 것이다. 그러나 이 폭동은 부유한 시민들에 의하여 쉽게 진압되었다. 이 사건을 '제르미날 12일 폭동'이라고 한다.

폭동은 진압되었지만 폭동의 원인은 하나도 개선되지 않았을 뿐 아니라 오히려 더 악화되어 갔다. 서민 계급의 생활고는 나날이 더 심해 가고 자코뱅에 대한 압박이 한결 더 강화되고 1793년 헌법의 폐기가 확정되어 갔다. 여기서 5월 20일(프레리알 1일), 상퀼로트는 다시 앞서보다 훨씬 조직적으로 봉기하였다. 사흘간이나 시가에서 전투가 벌어졌다. 그러나 이번 폭동도 공회가 소집한 방위대에 의하여 깨끗이 진압되었다. 이 폭동에 관련된 산악파 의원 여섯 명과 수백 명의 폭도가 처형되었다. 이 여섯 명을 '마지막 산악파'라고 한다. 나머지 산악파 의원들도 투옥되거나 도망쳤다. 이 폭동을 '프레리알 1일 폭동'이라고 칭하거니와, 이 사건은 군대의 개입이 얼마나 결정적인가를 잘 입증한 사건이었다. 그리고 이제부터는 '혁명'이라는 말조차 사용할 수 없게 되고, 교회가 다시 자유롭게 예배의 문을 열게 되고, 백색테러가 급속히 지방으로 번져갔다.

이러한 반동적 움직임이 왕당파에게 곧 이용되었음은 말할 나위 없다. 왕당파는 혁명의 보수화를 자신들이 재기할 기회로 잘못 판단하여 갖가지 음모에 열중하였다. 이 음모가 익어가고 있을 때 독일에 망명 중이던 루이 16세의 어린 아들이 1795년 6월 8일에 죽었다. 왕당파는 그를 프랑스의 왕 루이 17세라고 부른 터였다. 이제 그의 왕위를 상속할 자는 루이 16세의 동생 프로방스 백작이었다. 백작은 이제 루이 18세라 일컬으며 서부 프랑스에서 슈앙Chouans이란 왕당파를 조직하여 6월 24일에는 시해파의 처형과 삼부회의 재건 및 앙시앵레짐의 회복을 약속하는 성명을 발표하였다. 한편 영국군과 프랑스 망명자의 연합군이 6월 27일 브르타뉴 지방의 키베롱 만에 상륙했다. 6월 하순의 왕당파의 이 활발한 활동은 테르미도르파에게 자기들의 보수화 정책이 공화국의 운명을 얼마나 위태롭게 하고 있는가를 깨닫게 했다. 여기서 테르미도르파는 왕당파의 반동에 대하여 단호히 응징하였다. 7월 21일 오슈Lazare Hoche 장군은 키베롱의 왕당군을 철저히 섬멸하고 포로 718명을 공회의 명령에 의하여 총살하였다. 테르미도르파는 이제 왕당파에 대하여 자기들의 보수적 공화주의가 공화주의 원칙에 얼마나 철저한가를 과시하였다.

그러나 테르미도르파는 군주주의를 반대하는 것만큼 민주주의에도 반대하였다. 테르미도르파의 공화국은 자유주의적이고 부르주아적이었으나 민주주의적인 것은 아니었다. 그러므로 그들이 내세운 정책은 상퀼로트의 민주주의적 요구를 물리치는 동시에 왕당파의 왕정복고도 거부하면서 부르주아적 규범 안에서 혁명을 안정시키려는 것이었다. 따라서 그 오른편에서는 왕당파의 공격을 받고 왼편에서는 서민계급의 압력을 받았다. 이 공격과 압력을 적절히 배제하면서 부르주아적 정치체제의 균형을 유지한다는 것은 여간 어려운 일이 아니었다. 따라서 테르미도르파의 정책은 시종 안정성이 없고 늘 위태로운 상태에 있었다. 이런 정치체제가 쿠데타를 반복하다가 혁명의 본질적 획득물인 1789~1791년의 성과를 확보하기 위하여 드디어 나폴레옹에게 인계될 수밖에 없었던 이유가 여기에 있었다. 이렇게 본다면, 테르미도르파의 공화주의적 정치 이념이란 결국 "1791년의 입헌군주정치"의 이념이었다고 볼 수 있다. 그런데 1794년 여름에 뒤를 돌아다볼 때 국왕은 이미 시해되고 없었다. 거기서 결국 군주정을 회복할 수는 없고 공화정을 고집할 수밖에 없었던 것으로 해석해야 옳을 것이다. 말을 바꾸면, 테르미도르파의 이상은 국왕 없는 입헌군주주의였다. 이 모순을 해결할 길을 제공한 것이 바로 보나파르티슴이었다.

1795년 4월과 5월에 제르미날 폭동과 프레리알 폭동을 진압하고 다시 7월에는 왕당파의 공격을 섬멸할 수 있었던 테르미도르파 정부는 '1793년 헌법'을 정식으로 폐지하여 민주주의를 배격하는 동시에 공화제를 옹호하는 새 헌법을 제정하였다. 1795년 8월 기초가 끝나 공회에서 채택된 이른바 '공화 3년 헌법La constitution de l'année III'은 9월 국민투표로 확정되고, 10월 12일(방데미에르 20, l'année IV)에는 이 헌법에 의한 새 입법부 의원의 선거가 있었다.

'공화 3년 헌법'의 원리는 민주주의로의 길을 막고 독재의 수립을 방해하는 것이었다. 그러므로 그것은 '1793년 헌법'의 폐기 위에 만들어진 보수적인 것임은 말할 나위 없다. 그 헌법은 1789년의 인권선언에 기록된 "사람은 나면서부터 자유와 평등의 권리를 가진다"는 기본 조항을 버리고, "평등은 법이 만인에게 동일하다는 데에 존재한다"고 하여, 평등을 사법적인 것으로 후퇴시켰다. 그리고 인민의 사회적 권리를 거부한 이 헌법은 보통선거제를 폐지하고 재산에 기초한 제한선거제로 뒷걸음질했다. 선거권은 동일한 장소에 1년 이상 거주한 자로서 직접세를 납부하는 21세 이상의 남자에게만 주어졌다. 이 능동 시민들이 군청 소재지에 모여서 선거인단을 뽑았다. 이 선언인단의 피선 자격은, 최소한 100일의 노동임금에 해당하는 수입의 재산 소유자이거나 그만한 소작료를 지불하는 소작인이거나 150일의 노동임금에 해당하는 집세를 무는 사람으로서 25세 이상이어야 했다.

이 선거인단 약 2만 명이 250명으로 구성되는 원로원Conseil des Anciens과 500명으로 구성되는 500인회Conseil des Cinq-cents의 양원제 입법부 의원을 선출하였다. 입법부 의원들은 해마다 3분의 1씩 새로 선출되었다. 원로원 의원은 40세 이상이고 500인회 의원은 30세 이상이어야 했다. 500인회는 법안의 발의와 토의만을 하고 원로원은 그 법안의 가부 결의만을 하였다. 그리고 행정부는 500인회가 제출하는 50명의 후보자 중에서 원로원이 뽑는 다섯 명의 총재 directeur로 성립되었다. 이 다섯 명의 총재는 해마다 한 명씩 새로 선출하기로 하여 행정권의 집중이나 독재를 철저히 예방했다. 이러한 골격을 가진 헌법은 능동 시민 전부가 참가하는 국민투표로 확정하기로 하였다. 국민투표제는 왕정 반대라는 공화주의 정신의 표현이었다.

그러나 국민투표제만으로는 왕당파의 복귀를 막을 수 없었다. 철저히 유산계급에게 유리한 보수적인 선거제도를 이용하여 왕당파가 새 입법부에 파고들 위험성이 매우 농후하였다. 거기서 왕당파의 복귀를 막기 위한 궁여지책으로 만들어낸 것이 이른바 '3분의 2법'이었다. 이것은 새 입법부의 3분의 2에 해당하는 의석은 반드시 현재의 국민공회 의원에 의하여 재선되어야 한다는 법이었다. 만일 선거에서 이 3분의 2가 재선되지 못하는 경우에는 임명으로 채워지도록 규정했다. 지난 7월의 키베롱의 군사적 패배를 새 선거에서 설욕하려고 노리고 있던 왕당파는 이 법에 반대하였다. 이 법은 왕당파만이 아니라 많은 사람에게 인기가 없었다. 특히 파리에서 그랬다. 그러나 새 헌법은 9월의 국민투표에서 확정되고 10월 20일에는 입법부 의원 선거가 있을 예정이었다.

왕당파는 선거를 한 주일 앞두고 '3분의 2법' 반대의 큰 폭동을 일으켰다. 이른바 방데미에르 13일 반란이었다. 당시 파리 시민의 생활고와 불만을 충분히 이용한 왕당파는 '3분의 2법'의 불법성을 들어 대대적인 반란을 조직하는 데 성공하였다. 국민공회 의사당인 튈르리 궁을 포위한 폭도는 약 2만 내지 2만 5,000명이었는데 진압에 나선 군인은 4,000명에 불과하였다. 중과부적으로 공회 측이 불리했으나 이를 역전시켜서 반란을 진압하는 데 결정적인 공로를 세운 자가 있었다. 바로 후일의 대영웅 보나파르트 나폴레옹이었다. 그는 진압군 사령관 바라스의 부관에 임명되어 포병 장교로서 군사적 천분을 유감없이 발휘하였다. 아주 적절한 위치에 배치된 그의 대포들이 쏘아대는 포탄 세례 앞에 폭동은 깨끗이 진압되었다. 쌍방에 가각 700명의 사망자가 났다.

이 피투성이의 격전은 테르미도르파 정부에게 그들이 계획한 정치 일정을 예정대로 진행시켜서 10월 20일 선거를 실시할 수 있게 하였다. 그러나 국민공회 의원은 379명밖에 재선되지 않았다. 나머지 121명을 임명하는 구차스런 절차를 거쳐 드디어 입법부를 구성하고, 이 입법부가 다섯 명의 총재를 선출하여 총재정부Directoire가 출범하였다. 국민공회는 1795년 10월 26일 해산을 선언하기 직전에, 방데미에르 반란자들과 망명자들 및 선서 거부 성직자를 제외한 나머지 모든 수감자에게 특사를 결의하여 자코뱅에게까지도 관용을 베풀었다. 동시에 혁명 광장을 콩코르드 광장으로 개명하였다. 혁명에 의하여 획득한 공화국은 지키겠으나 그 이상 더 혁명을 진전시킬 의사가 없음을 보여주는 것이었다.

2. 총재정부의 동요

1795년 10월 27일 양원제 입법부와 5인 총재에게 위임된 행정부가 출범하였다. 새 입법부의 의석 3분의 2를 이어받은 옛 국민공회 의원은 대부분 시해파이고 다년간 혁명을 위해 싸워온 투사들이었다. 5인 총재는 바라스, 뢰벨Jean-François Reubell, 라 레블리에르Louise-Marie de La Révellière, 르 투르뇌르Le Tourneur, 카르노Lazare Nicolas Marguerite Carnot인데, 뢰벨 외에는 모두 시해파이고 바라스 외에는 모두 부르주아 출신으로 정직하고 부지런하고 혁명에 성실하였다. 그러나 바라스만은 그렇지 않았다. 그는 교활하고 정치적 모략과 재정적 부정에 능하고 괴상쩍은 반혁명분자들과 어울려서 방탕한 생활을 서슴지 않았다. 총재정부는 공안위원회의 중앙집권을 계승하여 외교, 군사, 치안, 지방행정을 통괄했으나 재정과 사법에는 간섭하지 못하였다. 새 헌법은 재정과 사법을 행정부에서도 입법부에서도 독립시키고 있었다. 이러한 권력 구조는 견제와 균형의 원리에 의하여 권력의 집중과 독재를 막으려는 적극적 의도의 표현이었다.

해마다 입법부 의원의 3분의 1과 총재 한 사람씩을 개선하기로 되어 있었으나 1797년 봄까지는 개선을 하지 않기로 하여, 총재정부는 앞으로 18개월 사이에 정치적 안정을 기하면서 지난 6년간의 혁명과 전쟁의 소용돌이와 파괴와 참담을 정리하여 정상으로 복귀할 차비를 차렸다. 총재정부는 활동을 시작하면서 정부 방침으로서 정치적 안정의 회복, 왕당파에 대한 적극적 투쟁, 애국심의 고양, 일체의 파쟁과 당파심과 복수심의 박멸 및 총화 일치의 고양을 선언하였다. 총재정부의 과업은 혁명의 격파도 포기도 아니고 수습이었다. 그것은 혼란을 멈추고 정치적·사회적 안정과 질서를 회복하는 것이었다. 정치적으로는 온건한 공화 중도를 의미하였다. 그러나 문제는 그것이 현실적으로 가능하느냐 하는 것이었다. 총재정부가 직면한 현실은 과업을 순조롭게 실현시킬 것 같지 않았다. 총재정부가 출범한 날은 방데미에르 13일 반란이 보나파르트의 대포에 의해 간신히 진압된 지 불과 3주일밖에 되지 않은 때였다. 거기에다 총재정부가 국민공회로부터 물려받은 것은 재정적 파산과 대외 전쟁이라는 무거운 짐이었다.

왕당파는 방데미에르 반란에서 철저히 진압되었으나 다시 지방에서 반란과 선동을 일삼았다. 서부의 방데 지방과 브르타뉴 지방, 남부의 랑도그 지방 및 프로방스 지방에서 영국이 공급해 주는 무기와 위조지폐로 반란을 계속 이어 갔다. 그러나 이 지방의 반란들은 오슈 장군에게 철저히 진압되었다. 여기서 왕당파의 전략은 무력에 의한 정권 탈취를 포기하고 선거에 의한 합법적 탈권 방법으로 바뀌었다. 그리하여 왕당파의 반란군 두목 피슈그뤼Charles Pichegru가 다음 선거에 출마하여 500인회 의장에 취임하게 된다.

어쨌든 왕당파의 선동과 반란은 일단 수그러졌으나 총재정부의 가장 큰 난제는 재정과 경제 문제였다. 총재정부가 정권을 인수했을 때 국고는 문자 그대로 텅 비어 있었다. 아시냐는 실질 가치가 날마다 떨어지다가 1796년 3월 드디어 통화개혁에 따라 폐지되었다. 아시냐는 액면가의 3.33퍼센트로 새 지폐인 토지어음mandats territoriaux으로 교환되었다. 토지어음은 약 10억 5,000만 리브르로 평가되는 국유재산을 담보로 발행되었는데, 이것 역시 급속히 아시냐와 똑같은 운명의 길을 걸었다. 아무도 토지어음을 받으려 하지 않았던 것이다. 1797년 2월 정부는 별수 없이 토지어음의 강제 유통을 폐지하였다.

통화 위기는 물가의 폭등, 빈부의 격차와 산업의 침체, 실업의 증대 및 무서운 빈곤을 가져왔다. 총재정부의 경제정책 실패는 사회 불만과 불안을 낳았다. 이 불만을 이용하여 자코뱅 잔당이 팡테옹 클럽이라는 과격파 조직을 만들어 움직이기 시작하였다. 팡테옹 클럽에는 공화 3년 헌법을 비난하고 로베스피에르의 실각을 후회하고

1793년 헌법의 부활을 주장하는 좌익의 모든 세력이 모여들었다. 이들 중에서 가장 주목을 끌고 또 총재정부가 가장 무서워한 그룹은 그라쿠스 바뵈프를 중심으로 하는 과격한 평등주의자들이었다. 바뵈프는 일찍이 1795년 11월에 기관지인 《인민 논단Le Tribun du peuple》에서 '프랑스 혁명이란 무엇인가' 라는 제하에, 이렇게 서술한 바 있다.

> 그것은 특권층과 민중, 부자와 빈자 사이의 전쟁이다. …… 민주주의란 넉넉히 소유한 자들이 넉넉지 못한 자들의 부족을 채워주는 의무이다. …… 거기에 이르는 유일한 방법은 공동관리 제도를 세워 사유제를 폐지하고, 모든 사람으로 하여금 자기 재능을 자기 직업에서 발휘하게 하고, 거기서 나온 생산물을 공동으로 보관하게 하고, 분배를 공동관리하게 하는 것이다.

그는 산악파의 경제정책이 근로대중의 이익에 맞게 통제되고 있다고 생각하여, 테르미도르파와 총재정부의 부르주아적 허위성을 깨닫고 폭력혁명에 투신하였다. 그의 행동은 왕정을 타도하고 공화정을 이룩하는 부르주아 혁명 과정에서의 정치 문제의 해결이 곧 사회문제의 해결이 아니라는 사실에 대한 사회의식의 싹이라고 볼 수 있다. 그러나 생산조직이 아직 개인적인 단계에 있었던 산업자본주의 초기에 바뵈프의 관심이 주로 생산보다 분배에 기울여져 있었다면 그것은 불가피한 일이었다. 어쨌든 그가 그의 새로운 조직을 실현하는 수단으로 폭력에 의한 소수자 독재를 주장했다고 하여, 흔히 그를 현대 공산주의의 사상적 비조로 떠받들고 있다. 바뵈프의 '평등주의자의 음모Conspiration des égaux'는 옛 산악파와 군대와 빈민 계층 안으로 깊숙이 파고 들어갔다. 총재정부는 그의 공산주의적 선전에 처음에는 눈을 감고 있었으나 차츰 불안을 느껴 1796년 2월 팡테옹 클럽을 폐쇄하고 5월에는 바뵈프 등의 주모자들을 체포하였다. 9월에는 군대 반란 혐의자 33명을 사형하고 이듬해 1797년 2월에는 바뵈프 일당을 재판에 붙여 5월에 사형과 유형에 처하였다.

이러한 일련의 탄압 정책으로 총재정부는 좌익의 지지를 잃고 그 반동으로 왕당파에 활동의 기회를 주었다. 망명 귀족들이 떼를 지어 귀국하고 왕당파가 공공연히 각종 결사를 조직하여 1797년 봄 선거에 대비하였다. 영국의 두툼한 돈뭉치로 움직이는 비밀 지하조직들이 왕당파 후보자들의 지시에 따라 움직였다. 총재정부는 왕당파의 움직임을 과히 위험시하지 않았다. 왕당파가 폭력에 의한 반란 대신에 선거에 의한 탈권 정책으로 전략을 전환한 사실을 미처 보지 못하고 있었던 것이다.

입법부 의원 3분의 1을 개선하는 선거가 1797년 4월에 치러졌다. 총재정부가 들어선 지 18개월 만에 처음 있는 선거였다. 선거는 규칙대로 평화적으로 실시되었으나, 옛 국민공회 의원으로서 재선된 자는 13명뿐이고 대부분 군주주의자가 당선되었다. 이들 중에는 입헌군주론자가 많기는 했으나 철저한 정통주의자Légitimiste도 있었다. 서부 지방의 왕당파 반란의 두복 피슈그뤼가 500인회 의장에 선출되고, 르 투르뇌르 대신에 새로 뽑는 총재로는 저명한 왕당파인 주베르Barthélemy Catherine Joubert가 뽑혔다. 이 이상 더 명백한 의회의 반동이 또 어디 있겠는가? 의회는 7월에 선서 거부 성직자 단속령을 취소하였다.

이래도 총재정부가 왕당파의 위험에 태연할 수 있었을까? 뢰벨과 라 레블리에르는 위험을 깨닫고 기회주의적인 바라스를 설득하여 왕당파를 숙청하기로 하였다. 이들은 방데미에르 반란 진압에서 배운 군대의 힘을 이용할 것인가 아니면 산악파에게서 배운 민중 봉기를 이용할 것인가 망설이고 있었다. 자유주의적·부르주아적인 총재정부가 민중 봉기에 의존한다는 것은 그 본질상 모순된 것이었다. 그들은 민중의 봉기를 늘 두려워했기 때문이다.

그런데 군부는 이제 중요한 정치적 요소로 대두하고 있었고, 더구나 방데미에르 반란에서 보여주었듯이 믿음직하고도 결정적인 요인으로 등장하고 있었다. 반혁명 반란들을 성공적으로 진압한 것도 군대이고 적의 침입을 물리치고 혁명 이념을 외국으로 퍼뜨린 것도 군대였다. 더구나 내외에서 전승을 기록할 때마다 개선장군들의 명성이 널리 국민에게 알려져서 국민적 영웅으로 숭앙되는 경향이 커 감에 따라 정치가들은 장군들의 요구와 의사를 점점 중시하지 않을 수 없게 되었다. 이러한 경향은 장군들에게 자신과 자부심을 높여주고, 드디어는 정부의 지시를 가볍게 보는 풍조를 만들고, 더 나아가서는 군인들이 오히려 정부를 지시하려는 태도를 만들어내고 있었다. 군인이 정치에 개입할 위험성이 커짐에 따라 정부는 하는 수 없이 개선 장군들의 정치적 지지를 구하지 않을 수 없게 되었다.

이러한 배경에서 총재정부의 세 사람은, 왕당파의 숙청을 이탈리아 방면 사령관 보나파르트 나폴레옹과 논의하였다. 나폴레옹은 방데미에르 반란 진압에서 군사적 역량과 공화적 태도를 파리 시민에게 과시하여 일약 명성을 올렸을 뿐만 아니라, 1796년 3월 이탈리아 및 알프스 방면 사령관에 임명된 이래 불과 3개월 사이에 북부 이탈리아의 오스트리아 영토를 전부 정복하고 그해 가을까지 교황령을 비롯한 중부 이탈리아를 지배하였다. 그리고 1797년에는 북부 이탈리아에서 빈 근처로 진격하여 4월 18일 총재정부의 승인도 없이 제멋대로 오스트리아와 레오벤Leoben 가조약을 맺은 후, 밀라노 교외의 몬테벨로에 왕궁 같은 사령부를 차려놓고 군왕처럼 행세하고 있었다.

　나폴레옹은 총재정부 3인조의 요청에 응하여, 심복 부하인 오주로Pierre Augereau 장군을 파리 방위 사단인 제17 사단장으로 파견하였다. 의회의 왕당파는 수도 방위 사령관에 임명된 오주로 장군과 총재정부 3인조의 쿠테타 음모를 눈치채고 3인조를 고발하려 하였다. 이때 3인조가 기선을 잡고 3월 3일 쿠데타를 감행하였다. 지난 4월에 새 총재에 선출된 주베르와 3인조에 협력하지 않은 나머지 총재 카르노 그리고 500인회 의장 피슈그뤼를 포함한 13명의 의원을 체포했으나 피슈그뤼와 카르노는 도망에 성공하였다. 지난 4월에 당선된 의원 중 왕당파 198명이 제명되고 그중 53명이 유형되었다. 유형자 중에는 일곱 명이 유배지에서 죽었다. 이 정변을 프뤽티도르Fructidor 18일(1797년 9월 4일) 쿠데타라고 부른다. 추방된 두 총재의 자리에는 두에Merlin de Douai와 뇌프샤토François de Neufchâteau가 임명되었다. 두 사람은 충실한 혁명가들이었다. 강화된 제2차 총재정부는 망명 귀족과 선서 거부 성직자의 탄압을 다시 강화하고 언론을 엄격히 통제하였다. 망명 귀족 160명을 처형하고 선서 거부 성직자 258명을 유형에 처하였다. 총재정부는 왕당파의 숨통을 완전히 끊어버렸다. 앞으로 오랫동안 왕당파의 움직임은 사라질 것이다. 총재정부는 공화국을 지키는 데 성공하였다.

　그러나 그들의 승리는 오로지 군부의 힘에 힘입은 것이었다. 그들은 혁명적 독재를 재건했으나 그 권력은 군부의 지지 위에 세워진 것이었다. 제2차 총재정부가 과연 야심적인 장군들을 제어할 수 있을까? 그리고 왕당파도 아니고 평등주의적인 민주주의도 아닌 중도적 부르주아 공화국을 유지할 수 있을까?

아니나 다를까, 이듬해 선거 결과는 자코뱅파가 다수를 얻었다. 총재정부는 새 의회를 소집하지 않은 채 선거 조사령을 제정하여 새로 선출된 의원 106명을 '과격파'라는 명목을 붙여 제거하였다. 이 불법적인 조치를 플로레알Floréal 22일(1798년 5월 11일) 쿠데타라고 하는데 이 쿠데타로써 총재정부는 간신히 그 중도성을 지킬 수가 있었다. 그러나 총재정부는 의회의 좌경을 막을 수는 있었으나 진지한 공화파의 지지를 잃었다. 플로레알 쿠데타에 의하여 새로 구성된 의회는 해마다 한 사람씩 개선하는 총재에 뇌프샤토의 후임으로 트레야르Jean Baptiste Treilhard를 선출하였다. 이 공화 6년의 총재정부는 플로레알 쿠데타로써 확보한 정치적 안정을 이용하여 재정의 균형을 꾀하는 입법을 추진하고 교육의 향상과 산업의 발전에 진력하여 그 성과를 거두고 있었다. 그러나 프뤽티도르 쿠데타와 플로레알 쿠데타에 각각 피해를 입은 왕당파와 자코뱅은 총재정부에 대한 무장을 풀지 않고 총재정부의 진지한 노력에 결코 만족을 보이지 않았다.

이러한 분위기 속에서 1799년 봄, 공화 7년 제르미날 선거가 실시되었다. 선거 결과는 총재정부의 반대파에 유리하였다. 특히 지난해 플로레알 쿠데타로 제거되었던 자코뱅이 대거 등장하였다. 이 새 의회는 5월에 새 총재에 뢰벨의 후임으로 시에예스를 뽑고, 6월 1일 의회의 무기한 개원을 선언한 후, 작년에 총재에 선출된 트레야르의 선출을 위헌적이라고 하여 그 무효를 선언하고 새로 고이에Louis Jérôme Gohier를 선출하였다. 동시에 의회는 라 레블리에르와 두에를 작년의 플로레알 쿠데타의 장본인들이라고 고발하여 해임을 결의하고, 물랭J. F. A. Moulin과 뒤코스Roger Ducos를 후임으로 선출하였다.

행정부에 대한 의회의 이 비상 조처를 공화 7년의 프레리알 30일(1799년 6월 18일) 쿠데타라고 한다.

그러나 이 쿠데타는 지난번의 플로레알 쿠데타에 대한 의회의 복수로서 쿠데타라기보다는 의회 혁명이었다. 왜냐하면 새 총재정부는 바라스 이외의 네 명이 모두 새 의회에 의하여 선출되었으니 의회의 다수당이 행정부를 구성한 셈이기 때문이다. 그러므로 프레리알 쿠데타는 말하자면 의회주의적 성격의 쿠데타였다. 그러나 공화 3년 헌법은 의회주의를 무시했으므로 위헌적이었다. 따라서 프레리알 쿠데타는, 공화 3년 헌법은 불완전한 것이라는 이유로 개정을 요구한 입장에서는 정당했을지라도, 입헌주의의 입장에서는 불법이었다. 이 쿠데타의 성격은 매우 미묘했다. 따라서 사태는 착잡하기 그지없었다. 그러나 총재정부는 다시 한 번 더 명확한 공화주의자들의 수중에 장악되었다. 그리고 공화 3년 헌법은 유지되었다. 그러나 이 헌법의 수명은 앞으로 다섯 달이 못 되어서 끝나고 만다. 그리고 공화국은 나폴레옹이라는 군사적 영웅의 독재에 의하여 말살되고 말았다. 그 이유는 어디 있을까? 공화 3년 헌법과 총재정부의 제한적 성격에 있었다. 총재정부 시대에 쿠데타가 잇달아 일어난 원인도 바로 그 제한적 성격에 있었다. 안으로는 정치적·사회적 혁명의 와중에 있고 밖으로는 주변 국가들과 전쟁을 하고 있는 나라에서 공화 3년 헌법과 같은 중도적 공화주의 헌법이 과연 순조롭게 실시될 것인가는 당초부터 어려운 숙제였다. 그 헌법은 부르주아지의 정치적 지배를 수립하여 그 지배를 강화한 것으로서 상퀼로트에 기반을 둔 1789년 헌법의 민주주의 정신을 짓밟고 거꾸로 1789년 혁명의 부르주아적 전통에 이어져 있었다. 그러나 1789년의 혁명 이념은 공화주의가 아니라 입헌군주주의였다. 그런데 공화 3년에는 군주가 목이 잘려 없어진 지 이미 오래였다. 부득이 군주 없는 입헌군주주의 헌법으로 돌아간 것이 바로 공화 3년 헌법이었다. 공화 3년 헌법은 근본적으로 자가당착의 모순된 헌법이었다. 왕당파와 자코뱅파가 선거 때마다 진출하여 그 헌법을 위협한 이유가 여기에 있었다. 동시에 헌법을 지키기 위하여 쿠데타가 연발한 이유도 기본적으로 여기에 있었다. 그리고 총재정부의 사회적 기반은 부르주아지와 함께 국유재산의 구입으로 토지 소유자가 된 농민이었는데, 이 농민층은 자기들의 새 소유에 이의를 제기할지도 모르는 앙시앵레짐의 부활을 극도로 두려워하였다. 요컨대 혁명으로 얻은 것을 잃지 않으려고 할 때 농민은 앙시앵레짐을 타도한 부르주아지와 이익의 일치를 발견한 것이다. 농민층이 총재정부의 온건한 중도적 공화주의를 지지한 이유가 여기 있었다. 총재정부가 바뵈프의 '평등주의자의 음모'의 위협을 받자 1796년 4월 "왕정의 재건이나 1793년 헌법의 재건을 선동하거나 …… 농지법의 이름 밑에 사유재산의 약탈과 분배를 선동하는 자"는 모두 사형에 처한다는 법령을 내린 것은 이들 총재정부의 본질에 완전히 적합한 것이었다.

3. 브뤼메르 18일 쿠데타

총재정부의 본질이 그러한 것인데도 불구하고 우익과 좌익의 공격 앞에 비틀거리면서 해마다 쿠데타 방식으로밖에는 헌법을 유지할 수 없었을 때, 이들을 지지하는 사회적 기반이었던 부르주아지와 농민은 초초하고 불안할 수밖에 없었다. 이들은 이제 혁명의 성과를 부정하지 않으면서 더 과격하지 않고 더 강력한 정부의 출현을 갈망하게 되었다. 그러나 그러한 정부를 어디에서 기대할 수 있을까? 강력하고 믿음직한 정부를 바라는 농민과 부르주아지의 마음을 배경으로 하여 5인 총재의 한 사람인 시에예스가 계획한 것은 헌법의 개정이었다. 그리고 이를 실현하려고 꾸민 음모가 브뤼메르 18일 쿠데타였다. 이 쿠데타로 불과 다섯 달 전에 프레리알 쿠데타로 간신히 확보되었던 공화 3년 헌법이 결국 깨지고 만다. 공화 3년 헌법은 프뤽티도르 쿠데타 이래 해마다 쿠데타의 홍역을 치르다가 드디어 깨지고 만 것이다.

그러면 브뤼메르 18일 쿠데타가 어떻게 일어나는가를 살펴보자. 위에서 말한 바와 같이 프레리알 30일 쿠데타는 쿠데타라기보다는 일종의 의회 혁명으로서 전해에 일어난 플로레알 22일 쿠데타의 우경화에 대한 보복이었다. 여기서 자코뱅 클럽을 재건하고 기관지 《자유인지自由人誌, Journal des hommes libres》를 통하여 산악파의 공포정치와 1793년 헌법을 두둔하였다. 그 의회는 부자들에게 국채를 강매하는 법을 제정하고, 병역면제의 특혜를 폐지하고, 망명자의 가족과 친척들을 인질로 하는 인질법을 제정하였다. 그런데 이러한 조처들은 왕당파에게만 불만을 준 것이 아니라 혁명의 수혜자인 신흥 부르주아지에게도 불만을 주었다. 그리고 제2차 반불 동맹의 결성과 연합국의 반격 앞에 프랑스는 군사적으로 매우 불리해졌다. 이렇게 내외의 정세가 불리하게 움직이는 틈을 타서 우익의 쿠데타 음모가 활발히 일어난 것이다.

그 선두에 선 자가 위에서 본 5인 총재의 한 사람인 시에예스였다. 그는 개헌을 위해 우선 5인 총재의 한 사람인 뒤코스를 자기편으로 만드는 데 성공했다. 그리고 500인회의 의장이며 나폴레옹 장군의 동생인 루시앵 보나파르트Lucien Bonaparte를 이용하여 온건한 의원들을 조종하는 한편 경찰 장관 푸셰Joseph Fouché를 시켜서 자코뱅 클럽을 폐쇄시키고 그 기관지를 탄압하였다. 자코뱅파는 이에 맞섰다. 자코뱅파는 국방 장관 베르나도트Jean Baptiste Jules Bernadotte 장군에게 반정부 민주 투쟁의 선두에 서줄 것을 호소하였다. 다른 한편 오스트리아 방면 총사령관 주르당Jean Baptiste Jourdan 장군은 500인회의 의원들에게 "조국은 위기에 놓여 있다"는 선언을 하도록 설득하고 있었다. 만일 주르당의 설득이 실현되었더라면 자코뱅의 계획은 이루어졌을 것이다. 그러나 시에예스는 항상 기회주의적인 바라스를 재빨리 자기편에 끌어넣어 베르나도트를 국방 장관 자리에서 해임시키고 루시앵 보나파르트의 도움으로 500인회의 선언을 막았다.

시에예스는 이제 안전하였다. 그가 해야 할 일은 오로지 자기의 계획을 실천에 옮겨줄 장군 한 사람을 물색하는 것뿐이었다. 그 장군은 자기의 수하에 드는 자라야 했는데 적격자를 구하기란 그리 쉬운 일이 아니었다. 그가 일찍부터 손꼽고 있었던 자는 주베르와 오슈였는데, 주베르는 전사했고 오슈는 병사하였다. 모로Victor Moreau 장군은 항상 태도가 모호하고, 마세나Masséna 장군은 정치에 잘 맞지 않고, 베르나도트와 주르당은 둘 다 너무 과격하였다. 이렇게 손꼽아 보니 결국 남은 것은 보나파르트뿐이었다. 그런데 시에예스의 마음에 거리끼는 것은 보나파르트가 과연 자기의 수하로서 만족하겠느냐는 것이었다.

시에예스와 나폴레옹 보나파르트가 어떻게 결탁하여 브뤼메르 18일 쿠데타를 일으키는가를 살피기 전에 우리의 눈을 잠시 나폴레옹의 근황으로 돌려보자. 시에예스가 쿠데타 계획을 수행할 장군을 점지하고 있을 때 나폴레옹 보나파르트는 이집트에 있었다.

그가 총재정부의 명령에 따라 이집트 원정의 길에 오른 것은 1798

년 5월 19일이었다. 그는 앞서 이탈리아 방면 총사령관으로서 이탈리아를 정복하고 있었을 때부터 지중해와 근동 지방에 자신의 꿈을 펼치기 시작했는데, 그 후 영국 본토 상륙작전을 검토하던 중 영국의 인도 지배에 타격을 주기 위한 기지로서 이집트를 정복하면 어떨까 하는 생각을 떠올리고 있었다. 1797년 8월 나폴레옹은 영국을 항복시키려면 이집트를 점령해야 한다고 정부에 건의했으나, 유럽의 전국이 어려운 판국에 많은 군사력을 먼 데로 빼돌리는 것은 있을 수 없는 일이었다. 그러나 나폴레옹은 1798년 3월 중순부터 이집트 원정을 준비하여 4월 14일 정부의 승인을 받는 데 성공하였다. 350척의 함선에 5만 4,000명의 장병을 싣고 투롱 항을 떠난 것이 5월 19일이었다. 나폴레옹은 이 원정의 목적이 지브롤터 해협을 지나 아일랜드를 점령하는 데 있다고 헛소문을 퍼뜨려, 영국의 넬슨Horatio Nelson 함대로 하여금 지브롤터 해협을 지키게 하였다. 그 사이에 그는 몰타 섬을 점령한 후 이집트로 향했고, 6월 31일에는 알렉산드리아 항에 상륙하기 시작하여 카이로로 출발하였다. 7월 20일에는 이집트의 맘루크 군대와 큰 접전을 벌였다. 접전 직전에 나폴레옹은 휘하 장병에게 "이 피라미드 위에서 4,000년의 역사가 귀관들을 내려다보고 있다"고 격려하였다. 사막의 태양 아래서 더위에 찌든 병사들에게 행한 격려사치고는 너무나 엉뚱한 것 같으나 실은 그렇지 않았다. 그의 군대는 프랑스 혁명의 아들들로서 자기들의 전투가 어떠한 역사적 성격의 것인가를 분명히 자각하고 있는 군대였다. 역사 의식에 각성한 군대와 그렇지 않은 군대는 사기 면에서 엄청난 차이가 있다. 나폴레옹은 그 사실을 철저히 터득하고 있었던 것이다. 언뜻 보기에 엉뚱한 것 같은 그의 격려사야말로 피로에 지친 프랑스 원정군에게 용기의 채찍을 가하였다. 이튿날 나폴레옹군은 카이로에 입성하였다.

　그러나 얼마 후 나폴레옹은 이집트에서 완전히 고립되고 말았다. 함대를 찾고 있던 넬슨이 드디어 아부키르 만에 정박하고 있는 프랑스 함대를 발견하여 전멸시켰기 때문이다. 8월 1일의 일이었다. 나폴레옹은 귀국의 길도 증원군의 길도 막혔다. 그는 지중해의 패권을 넬슨에게 빼앗겼던 것이다.

　나폴레옹의 이집트 원정은 터키 제국에는 물론이고 흑해에서 지중해로 남하하려는 러시아에도 크게 자극을 주었다. 영국, 러시아, 터키 세 나라는 반불 동맹을 맺었다. 러시아는 남부 이탈리아의 나폴리 왕국과 동맹을 맺고, 영국은 오스트리아와 동맹을 맺었다. 이리하여 1799년 봄부터 프랑스는 제2차 반불 동맹 국가들과 전면적인 교전 상태에 들어갔다. 프랑스의 3대 전선은 영국의 상륙을 막는 네덜란드 방면과, 독일의 라인 강 방면 그리고 이탈리아의 나폴리 방면이었는데, 프랑스는 동맹국의 총공격 앞에 크게 후퇴하지 않을 수 없었다. 일찍이 나폴레옹이 정복했던 이탈리아가 이제 완전히 프랑스의 손아귀에서 빠져나갔다. 그러나 프랑스는 네덜란드에 상륙하려는 영국군 3만 명을 격퇴시켰다. 그런데 러시아가 1799년 10월 반불 동맹에서 탈퇴하면서 프랑스는 이제 겨우 동맹군의 공격을 국경에서 막아낼 수 있었다.

　유럽 대륙에서 제2차 반불 동맹군이 프랑스를 크게 공격하고 있을 때 나폴레옹도 이집트에서 두 차례의 큰 싸움을 치렀으나 매우 고전하였다. 하나는 시리아 원정이고 또 하나는 아부키르 만에서 영국 해군에 지원된 터키 해군과의 싸움이었다. 이 전투에서 터키군의 상륙을 막기는 했으나 나폴레옹은 전체적으로 이집트 원정을 실패로 판단하고 있었다. 마침 영국군과 휴전 교섭을 하는 중, 한 장교의 손에 들어온 신문에 의하여 반불 동맹과 프랑스의 전면전의 정보를 얻은 나폴레옹은, 이집트 원정군의 지휘권을 클레베르Jean Baptiste Kléber에게 맡기고 500명의 부하를 데리고 8월 23일 이집트를 탈출하였다. 그가 남부 프랑스의 프레쥐스라는 조그만 항구에 상륙한 것은 10월 9일이었다. 나폴레옹 보나파르트의 명성은 프랑스뿐만 아니라 유럽 일대에 이미 떨쳐 있었다. 그는 이탈리아의 정복자이고 캄포 포르미오 평화조약의 수립자인 데다 이제 또 근동을 정복하고 돌아온 개선장군이었다. 일반 국민은 그가 근동에서 겪은 고전과 패전의 사실은 모르고 과장된 승전의 소문만을 듣고 들떠 있었다. 보나파르트야말로 프랑스와 유럽에 다시 평화를 되살릴 수 있는 유일한 인물로 여겨졌다. 그가 이집트에서 귀국했다는 소식이 파리에 전해진 것은 10월 13일이었다. 파리는 축제 분위기에 휩싸였다. 파리의 눈은 전부 나폴레옹에게 쏠렸다. 신문들은 그의 동정을 낱낱이 보도하였다.

　나폴레옹은 이집트를 탈출할 때 이미 쿠데타에 의한 정권 쟁취를 계획하고 있었다. 그는 지금 누구와 손잡을 것인가만 신중히 검토하고 있었다. 그의 야심과 시에예스의 계획이 들어맞았다. 나폴레옹에게 기대되고 있는 전면적 평화와 시에예스가 계획하고 있는 개헌 계획이 결탁하는 것은 어렵지 않았다. 당시 총재정부의 5인 총재는 고이에, 물랭, 뒤코스, 바라스 및 시에예스였는데, 앞 세 사람은 지난 6월 프레리알 쿠데타로 총재에 취임한 자들로서 공화주의자라는 것 외에는 별로 두드러진 정치적 재능이 없었다. 바라스는 패덕과 부패의 전형적인 인물로서 정치 감각이 매우 예리하여 벌써 나폴레옹과 결탁할 것을 결심하고 있었다. 나폴레옹과 시에예스는 모로 장군, 노회한 탈레랑, 경찰 장관 푸셰, 법무 장관 캉바세레스Jean Jacques

제4장 부르주아 공화국　**203**

Régis de Cambacérès, 그리고 500인회 의원들과 결탁하는 데 성공하였다. 만반의 준비가 치밀하게 진행되었다. 거사의 날은 공화 8년 브뤼메르 18일(1799년 11월 9일)로 정해졌다.

음모의 내용은 간단하였다. 자코뱅당의 국가 변란의 음모가 발각되었다는 조작극을 구실로 삼아, 원로원에게 나폴레옹의 수도 방위 사단 사령관 취임을 승인하게 한 후 그 병력으로 총재정부를 전복하고 의회를 해산시키고 임시정부를 만들어 새 헌법을 제정한다는 것이었다.

거사 전날 밤, 공화파 의원들에게는 알리지 않고 미리 내략이 되어 있는 원로원 의원들에게만 알려두었다가 다음 날 원로원을 소집하였다. 원로원은 "과격파의 음모에 의하여 조국과 자유가 위기에 놓여 있다"는 보고를 받는 동시에, 입법부를 파리 교외의 생클루로 이전한다는 것과 수도 방위 사령관에 나폴레옹을 임명한다는 것을 결의하였다. 한편 탈레랑은 총재들에게 사표 제출을 강요하였다. 시에예스와 바라스 및 뒤코스는 나폴레옹의 한패니까 물론 사표를 냈다. 총재정부는 쓰러졌다. 남은 것은 의회였다. 나폴레옹은 약 5,000명의 군대를 정부 청사 뤽상부르 궁과 의회 의사당인 튈르리 궁 및 생클루 등 파리의 요소요소에 배치하였다.

이날 오후 1시 1,500명의 기병에 포위되어 있는 생클루에서 의회가 열렸다. 그러나 지난 밤 사이에 500인회의 자코뱅과 원로원의 공화파는 쿠데타의 내막을 파악하고 반격을 준비하고 있었다. 500인회에서 보나파르트파 의원들이 의사당을 이전한 이유를 보고하기 시작하자 자코뱅이 이를 맹렬히 공격하였다. 회의장은 곧 혼란에 빠졌다. 공화 3년 헌법 수호에 대한 선서 동의가 제의되었는데, 아무도 반대하는 자가 없었다. 500인회의 저항은 예상 외로 완강하였다. 나폴레옹의 막내 동생 루시앵이 의장이었으나 반대파의 저항에 대항할 힘이 없었다. 거사는 실패할 가능성이 농후해졌다. 나폴레옹은 당황하여 음모의 교두보인 원로원으로 달려갔다. 원로원에서는 이미 임시정부의 임명이 제안되어 있었으나 모두 주저하고 있었다. 나폴레옹은 원로원 안으로 뛰어 들어갔다. 그는 총재정부의 총 사직으로 행정부는 부재하고 500인회는 분열하여 기능이 마비되고 있으니, 이제 모든 것은 원로원에 있다면서 자유와 평등을 구하기 위한 긴급 조처를 취해 달라고 요구하였다. 이때 누군가가 그것은 헌법 위반이라고 소리 질렀다. 이에 나폴레옹은 이렇게 맞받았다.

> 헌법! 그것은 바로 당신들의 손에 의해 파기되지 않았소. 프뤽티도르 18일에, 그리고 플로레알 22일에 그리고 또 프레리알 30일에 헌법은 침범되었소. 헌법을 존경하는 사람은 아무도 없소. 당신들에게 헌법을 말하는 바로 저 사람도 헌법이 파기되고 찢어져 없어졌다는 것을 잘 알고 있소.

이 말은 헌법은 이미 존재하지 않는다는 것, 그런 헌법을 존중하거나 지킬 의사가 전혀 없다는 명백한 선언이었다. 이 선언은 또 의회가 말을 듣지 않으면 무력을 사용하겠다는 협박이기도 하였다.

나폴레옹은 다시 500인회로 향하였다. 그러나 거기서는 격앙한 의원들이 "폭군을 죽여라", "독재자를 타도하라", "저자를 추방하라", "헌법 만세", "공화국 만세" 하고 외치는 소리에 눌려 한마디 말조차 하지 못하고 쫓겨나고 말았다. 500인회는 원로원에 의한 나폴레옹의 수도 사령관 임명은 위헌이라고 선언하였다. 헌법 절차에 의하면 수도 사령관의 임명권자는 원로원이 아니라 총재정부였다. 그리고

1799년 11월 9일 쿠데타가 일어났고, 12월 25일 나폴레옹을 통령으로 하는 통령정부가 창설되었다.

500인회는 나폴레옹에 대한 '법의 보호 정지'를 결의하였다. 루시앵은 의장직을 사임하고 의원 법복을 단상에 벗어던졌다. 나폴레옹은 자신의 추방이 결의된 것을 알고 무장 군인을 시켜서 루시앵을 의사당에서 빼냈다. 두 형제는 군마를 타고 군대 앞에 섰다. 나폴레옹이 외쳤다. "공화국을 구하고 우리의 영광을 되찾는 방법을 저자들에게 가르쳐주자", "장병 제관, 제관에게 기대해도 좋은가?" 군인들 중에는 주저하는 기색이 있었다. 특히 의사당 호위병이 그랬다. 이때 루시앵이 형의 가슴팍에 검을 들이대며 "만일 이 형이 프랑스의 자유를 해친다면 나는 맹세코 이 가슴을 찌르리라"고 고함쳤다. 이날 24세의 루시앵 쪽이 형보다 훨씬 더 훌륭한 연극을 해냈다.

돌격을 알리는 북소리와 함께 순식간에 무장 군인이 의사당을 점령하였다. 총검이 500인회 의원들을 쫓아냈다. 저녁 7시경 원로원은 앞서 500인회가 결의한 나폴레옹의 추방을 취소하는 조건으로 보나파르트, 시에예스, 뒤코스의 3인으로 구성되는 임시 통령정부Consulat의 조직을 공포하였다. 총재정부는 폐지되고 새 통령Consul들에게 행정권이 위임되었다. 루시앵은 30~40명의 500인회 의원들을 긁어 모아놓고, 원로원의 결정을 승인하고 62명의 자코뱅파 의원을 제명하고 12월 22일까지 6주일간의 휴회를 결의하였다. 밤 2시, 세 사람의 통령이 의회에서 공화국에 대한 충성을 선서하였다.

이 나폴레옹의 쿠데타를 브뤼메르 18일 쿠데타라고 한다. 지난 1792년에, 혁명정부가 전쟁을 시작하면 혁명은 결국 군인 독재의 손으로 넘어가게 되리라던 로베스피에르의 말이 그대로 맞아떨어졌다. 10년간의 혁명은 이제 한 군사 모험가의 지배로 그 막을 내렸다.

제5장

나폴레옹 시대

1. 통령정부

브뤼메르 18일 쿠데타의 의미를 처음에는 누구도 잘 몰랐다. 브뤼메르파는 앞서 테르미도르파처럼 자기들의 이익에 적합한 공화국을 굳히려고 하였다. 바라스도 시에예스도 그렇게 생각하고 있었다. 그들은 보나파르트에게서 군대의 제공만을 기대하였다. 바라스의 생각은 쿠데타가 끝나면 보나파르트를 다시 전장으로 되돌려 보내는 것이었고, 시에예스의 생각은 보나파르트를 실권 없는 최고권자의 자리에 앉히려는 것이었다. 그러나 이는 모두 오산이었다. 이들 브뤼메르파는 자기들의 계급적 특권을 유지할 수는 있었으나, 정작 자신들이 수립하려던 부르주아 공화국의 그림자는 보나파르트의 개인적 권력과 군사독재 앞에 급속히 흐려져 갔다.

브뤼메르 20일 아침, 임시 통령정부의 포고문은 전날 생클루의 의회에서 권총과 단도로 무장한 의원들이 프랑스의 영웅을 암살하려 했다고 발표하였다. 그러나 어떤 의원도 권총과 단도를 휘두르지 않았다. 무기를 불법으로 사용한 자는 나폴레옹의 장병들뿐이었다. 신성한 의사당에서 무기를 휘두르며 불법을 자행했기 때문에 부득이 군사개입을 한 것처럼 되어 있는 포고문은 적반하장이었다. 이처럼 왜곡된 포고문을 읽은 파리의 시민이, 프랑스의 영웅이 폭한들의 마수에서 용케 빠져나올 수 있어 정말 다행이라고 생각했다면 나폴레옹의 허위 선전은 성공했다고 볼 수 있었다.

그리고 전날 밤 원로원과 500인회는 각각 제헌 위원회를 선출해 두었는데, 나폴레옹은 이 두 위원회와 시에예스에게 새 헌법의 제정을 위임하였다. 시에예스는 프랑스 혁명 초기 《제3신분이란 무엇인가?》라는 팸플릿의 저자로서 스스로 정치 이론가임을 자처하고 있었다. 나폴레옹은 그를 정치적 야심도 실천력도 없는 하나의 이론가로 평가하고 있었다. 시에예스의 정치 이론은 어디까지나 18세기적인 것이었다. 혁명 과정의 온갖 것을 다 경험한 시에예스가 이제 구상하고 있었던 권력 구조는 독재를 방지하고 공화정을 지킬 수 있는 것이었다. 그는 독재를 방지하려면 상퀼로트를 정치권력에서 멀리 떨어지게 하는 동시에 권력을 집중시키지 않고 분산시켜야 한다고 생각했다.

그가 구상한 헌법의 기본은 국민을 저변으로 하고 대선거자Grand Électeur를 꼭대기로 하는 피라미드형 과두제였다. 그것은 그의 표현을 빌리면 신임은 밑에서 오고 권력은 위에서 오는 것이었다. 그의 구상에 따르면 21세 이상의 남자로서 일정한 주소에 1년 이상 거주한 유권자들이 군청 소재지에 모여서 그중 10분의 1을 뽑아 지방 명단liste communale을 작성하면, 이 명단에 실린 자들이 도를 단위로 모여서 그중 10분의 1을 뽑아 도 명단liste départementale을 작성하고, 끝으로 이 도 명단에 실린 자들이 파리에 모여서 그중 10분의 1을 뽑아 국가 명단liste nationale을 작성하는 것이었다. 이 국가 명단에 실린 5,000명 내지 6,000명 중에서 행정부의 요원과 입법부 의원을 뽑으면 되었다. 그리고 최고 행정권은 세 사람에게 주어지는데, 이들은 외무와 내무를 각각 담당하는 통령 둘과 이 둘을 지명하는 것 말고는 별로 실권이 없는 국가원수로서의 대선거자였다. 대선거자는 베르사유 궁에 살고, 600만 프랑의 세비와 각종 명예가 부여되었다. 시에예스의 이러한 구상은 보통선거제의 형식을 빌리기는 했으나 실제로는 일반 국민을 정치에서 따돌리려는 생각의 표현이었다. 이 제도는 일반 국민이 지방 명단 선거에 참여함으로써 주권을 행사한다는 만족감을 느끼게 하고, 프랑스에는 민주주의가 있는 것 같은 착각을 일으키게끔 되어 있었다. 이러한 선거제도는 나폴레옹을 만족시키기에 충분하였다. 그러나 최고 행정권 문제에서 나폴레옹은 시에예스의 생각에 반대하였다.

입법부도 의회 독재를 막도록 만들어졌다. 입법부는 참의원Conseil d'état, 호민원Tribunat, 입법원Corps législatif 및 원로원Sénat conservateur의 4원으로 구성되고, 참의원만이 법안 발의권을 가지고 법안을 호민원에 상정하면 호민원은 그 법안에 관한 토의만을 하고 입법원에 회부하도록 되어 있었다. 입법원은 호민원에서 토의된 법안을 토론 없이 가부 표결만 행하면 되었다. 그리고 원로원은 호민원이 어떤 법안을 위헌이라고 판단하면 그 위헌 여부를 결정하는 권한과 함께 호민원과 입법원 의원들 및 통령들과 대선거자를 국가 명단 안에서 선임하는 권한을 가졌다.

이상과 같은 헌법 골격에 대해서 나폴레옹은 선거제도와 입법부의 구조에 대해서는 만족했으나, 최고 행정권자에 대해서는 반대하였다. 시에예스는 독재의 방지를 원했으나 나폴레옹은 개인적 야심을 위하여 대선거자 제도에 반대한 것이다. 그는 대선거자란 "아무 일도 하지 않는 무력한 왕의 그림자, 더구나 말라빠진 그림자에 불과하다"고 혹평하면서 "그림자가 실물의 대역을 한다고 믿는다면 그것이야말로 큰 잘못이다"라고 했다. 시에예스가 나폴레옹을 실권 없는 국가원수의 자리에 앉히려고 했던 계산은 큰 오산임이 이제 명백해졌다. 나폴레옹과 시에예스는 대립했고, 시에예스의 제헌 작업은 지연되었다. 12월 12일 나폴레옹은 제헌 위원회와 시에예스를 공관으로 소집하여 미완성인 초안을 낭독시킨 후 거기 서명할 것을 요구하였다. 아직 미완성이라는 것쯤은 아랑곳하지 않았다. 헌법의 제정도 쿠데타의 방식이었다. 바로 여기서 나폴레옹의 국가관이 나타난다. 그에게는 헌법이란 중요하지 않았다. 그는 국민을 명령에 따라 재빨리 움직이는 병사들로 여기고 자신을 그 부대장으로 생각하였다. 그러한 통치자와 피통치자로 구성되는 국가에 체계적이고 정교한 헌법이 필요할 리가 없었다.

  12월 15일 헌법이 공포되었다. 그 헌법에는 대선거자가 없을 뿐만 아니라 최고 행정권자인 제1통령에게 독재권이 부여되어 있었다. 세 사람의 통령이 있었으나 나머지 둘은 자문역에 불과한 들러리였다. 두 명의 제2통령에는 캉바세레스와 르브룅이 임명되고 시에예스와 뒤코스는 임시정부에서 밀려나 원로원 의원에 임명되었다. 이들은 브뤼메르 쿠데타를 시종 계획하고 추진한 사람들이었으나 사태는 이제 그들의 본래의 목표와는 전혀 다른 데로 달려가고 있었다. 이 공화 8년 헌법은 제95조에 국민투표의 인준을 규정하고 있었지만 국민투표가 실시되기 전에 이미 발포되었다. 국민투표는 이듬해 2월에 실시되었는데, 찬성 300만에 반대는 1,562표밖에 없었다. 국민투표는 기정사실의 추인 절차에 불과했고, 독재를 국민주권에 입각한 것처럼 위장하는 선전 도구에 지나지 않았다. 이런 위장은 헌법 자체에도 잘 나타나 있다. 이 헌법은 얼핏 보기에 국민주권의 원칙에 따른 보통선거제에 의한 것 같지만 실은 그렇지 않았다. 21세 이상의 모든 남자가 투표에 참가하기는 했으나 위에서 말한 괴상한 선거제도에 의하여 유권자의 투표는 정치적 실효를 나타내지 못하였다. 백 보를 양보하여 그 선거제도를 궁극적으로는 국민주권의 원칙에 의한 것으로 간주해 주더라도, 나폴레옹은 그 제도에 따라 선출된 국가 명단마저 유명무실하게 만들었다. 세 통령들과 호민원 의원 및 입법원 의원은 원로원이 국가 명단에서 선임하기로 되어 있었는데, 세 통령은 국가 명단이 작성되기 전에 나폴레옹이 자신을 비롯하여 모두 임명했고, 또 원로원 의원 60명은 그가 임명한 두 통령이 임명했기 때문이다. 더구나 법안 발의권을 독점하고 있는 참의원 의원도 나폴레옹이 임명했고 또 원로원은 호민원과 입법원에 대하여 거부권을 갖고 있었다. 이런 입법부를 어떻게 국민주권의 원칙에 의한 것이라고 말할 수 있을까?

　호민원의 정원은 100명, 입법원은 300명, 참의원은 처음에는 30명이었으나 뒤에는 45명으로 늘어난다. 특기할 만한 것은 참의원이 행정재판소의 기능을 겸했다는 사실이다. 일반 국민과 관청의 이해 충돌을 조정해 주는 행정재판의 권한이 참의원에 주어진 것이다. 통령 아래 행정부 각 부서에는 장관ministre이 있었으나 각 장관은 개별적으로 통령의 명령을 집행할 뿐이고 장관들 전원으로 구성되는 내각은 없었다. 입법부에 책임을 지는 유일한 관직이 장관들이었는데 그들은 각기 개별적으로 책임을 질 뿐, 내각으로서 책임을 지지는 않았다. 나폴레옹은 장관들의 연합을 막으려고 각 부에 협의회를 만들고 의장에는 참의원 의원을 앉혔다. 통령정부의 모든 기구와 관직은 제1통령의 독재권을 집행하는 손발이었다. 제1통령은 참의원을 통하여 법안을 발의하고, 참의원 의원, 장관, 외교관, 육해군 장교, 입법부의 사무 직원, 도지사, 각급 재판소의 재판관과 직원에 대한 임면권을 가지고 있었다. 그는 삼부를 통어하는 독재자였다. 그의 행동은 입법부에도 누구에게도 책임을 지지 않았다. 두 사람의 제2통령은 제1통령이 결재하는 문서에 원한다면 의견을 기입할 수 있으나 제1통령은 그 의견을 얼마든지 무시할 수 있었다. 세 통령은 각각 임기 10년이고 모두 튈르리 궁에 살았다. 그러나 제1통령의 연봉은 50만 프랑이고 제2통령은 각각 16만 6,666프랑이었다. 연봉에서도 현격한 차이가 뚜렷했다. 요컨대 제2통령제는 제1통령의 독재권을 제도적으로 숨겨보려는 의도에서 만들어진 허수아비 제도였다.

제1통령의 독재권은 지방행정제도와 사법제도의 개편으로 더 강화되었다. 1800년 2월 17일법은 프랑스 혁명이 제정한 도 단위 행정구역은 그대로 유지했으나 지방자치제도를 전면 폐지하였다. 도지사, 군수, 면장은 물론이고 각급 지방의회 의원들도 선거에 의해서가 아니라 제1통령이 직접 임명하였다. 이 새 행정제도는 중앙집권과 국가적 통일을 급속히 촉진시켜 앙시앵레짐의 지방성은 물론이고 혁명 과정에서 일어났던 연방제 같은 분권주의를 말끔히 씻어버리는 데 크게 이바지하였다. 이 행정제도는 도로, 교량, 운하, 항만 등의 눈부신 건설로 문물의 교류를 신속하게 한 물질적·경제적 개혁에 병행하여 프랑스의 자본주의와 국민주의를 크게 자극하였다. 사법제도도 중앙집권을 목표로 하여 개혁되었다. 1800년 3월 18일법은 군마다 초급 재판소를, 도마다 형사재판소를 설치하고, 전국에 27개의 공소재판소와 한 개의 대법원을 설치하였다. 초급 재판소의 치안판사와 대법원의 직원들 이외의 모든 각급 재판소 판사는 제1통령이 임명하였다. 그리고 앞에서 언급한 참의원의 재판소의 기능에 맞먹는 행정재판소의 기능이 각 도의회에도 주어졌다. 지방 관서와 일반 국민 사이에 일어나는 이해관계의 충돌을 조정하는 행정재판이 아주 효율적으로 집행되었다. 이와 같이 하여 새 사법제도도 지방행정제도와 함께 직접 간접으로 중앙정부의 권력을 강화시켜주었다.

세 번째로 지적해야 할 것은 재정의 정비이다. 재무 장관에 임명된 고댕Martin Michel Charles Gaudin은 비망록에 "브뤼메르 20일, 프랑스에는 사실상 재정이 없다"고 기록하고 있다. 정부가 가지고 있었던 통화는 17만 프랑뿐이었다. 그것도 쿠데타 전날 차입한 30만 프랑의 잔금이었다. 정부의 신용은 완전히 추락하여 액면 100프랑의 국채가 1.5프랑에 매매되었다. 나폴레옹은 프랑스의 은행가들에게 1,200만 프랑의 차관을 요청했으나 300만 프랑밖에 빌리지 못하였다. 거기서 나폴레옹은 권력과 결탁한 은행가들의 부정축재를 환수시키는 한편 징세제도를 전면적으로 개혁하고 프랑스 은행Banque de France을 설립하여 금융 제도의 개혁을 단행하였다. 나폴레옹은 국고의 증수와 통화가치의 안정을 확보하는 한편 프랑스 은행의 운영권을 쥐고 돈줄을 손아귀에 넣었다.

공화 8년 헌법의 발효와 합헌적 통령정부의 수립과 함께 뿌리를 내리기 시작한 나폴레옹의 독재적 권력은 수개월 사이에 프랑스에 질서와 안정을 회복시켰다. 그러나 이 첫 성공은 그가 앞으로 성취할 세계사적·영웅적 업적의 출발에 불과하였다. 그의 성공의 비결은 무엇이었을까? 그는 미래를 위하여 과거에 구애받지 않았다. 그것은 무엇보다도 그의 인사 정책에 잘 나타났다. 그는 인물 등용에서 과거를 묻지 않았다. 능력과 정부에 대한 충성만을 물었다. 그의 정부에는 경험이 풍부한 앙시앵레짐하의 관리에서부터 자코뱅주의자에 이르기까지 온갖 빛깔과 종류의 인물들이 들끓었다. 나폴레옹에게는 혁명은 끝났고 따라서 과거도 끝났던 것이다. 그는 지난날에 타오르던 정열의 불꽃을 다시 타오르게 해서는 안 된다고 생각했다. 그는 과거를 무시하였다. 그에게는 현재와 미래가 있을 뿐이었다.

그의 통령정부의 제2통령 캉바세레스는 시해파의 산악파 의원이고 르브륑은 나폴레옹보다 30세나 연상으로 루이 16세의 관료 출신으로서 왕당파의 혐의마저 받는 인물이었다. 참의원 의원, 장관, 지방 관서의 관리와 각급 지방의회 의원도 과거를 묻지 않고 임명하였다. 예컨대, 경찰 장관 푸셰는 자코뱅 출신이고 외무 장관 탈레랑은 왕당파 출신이었다. 행정부만이 아니라 입법부도 마찬가지였다. 입법부 의원의 3분의 2 이상이 총재정부의 입법부 의원들로 채워졌다.

과거를 묻지 않는 나폴레옹의 정책은 지난날 재판 없이 추방된 자들을 귀국시키고 인질법을 폐지하고 망명 귀족 중 일부를 추방에서 풀었다. 당시 망명 귀족 명부에 실려 있는 자가 10여 만 명에 이르렀는데, 나폴레옹은 혁명이 끝났다는 원칙에 따라 망명자 명부의 작성을 중지시켰다. 이 조처는 왕당파의 조직을 파괴하는 데 이바지하였다. 그러나 왕당파에 대한 관용 정책은 공화파의 비난을 야기했다. 나폴레옹이 공화파의 비난을 억압하는 방법은 간단했다. 언론에 탄압을 가하면 되었다. 두 달 사이에 파리의 신문이 73개에서 13개로 줄어들었다. 이 13개의 신문도 엄격한 검열을 받아야 했다.

그러나 나폴레옹의 정책이 반보나파르트 세력을 깨끗이 회유한 것은 아니었다. 왕당파와 공화파의 조직적인 저항의 칼끝을 일단 피한 것일 뿐 힘 자체를 뿌리 뽑은 것은 결코 아니었다. 스스로 루이

18세라고 자칭하는 프로방스 백작은 1800년 2월 20일 나폴레옹에게 편지를 보내어, 자기는 자기 국민에게 평화를 주고 싶다고 전하였다. 이 말은 곧 왕위를 어서 돌려달라는 뜻이었다. 이렇게 왕당파의 반격이 언제 있을지 알 수 없는 상황인 데다가 브뤼메르파 안에도 나폴레옹의 일인 독재에 불만을 품은 공화파의 공격이 언제 일어날지 알 수 없었다. 더구나 이 좌익의 반항이 일어날 경우 시에예스, 바라스, 푸셰가 과연 어떤 역을 할지 예상할 수 없었다. 나폴레옹의 체제는 아직 불안정하였다.

2. 전승과 평화와 종교 협약

나폴레옹 체제는 아직 불안정했으나 그의 체제는 지난날의 어느 체제와도 다른 점이 있었다. 그것은 그의 권력이 전승에서 비롯되고 있다는 사실이다. 나폴레옹 전쟁의 체험을 기초로 하여《전쟁론 *Vom Kriege*》을 저술한 클라우제비츠 Carl von Clausewitz는 전쟁은 정치의 연장이라고 하였다. 권력을 유지하기 위하여 정치로 안 되면 전쟁을 일으킨다는 뜻이었다. 나폴레옹은 이렇게 말하였다.

> 나의 권력은 나의 명예에 유래하고 나의 명예는 나의 전승에 유래한다. 그러므로 나의 권력은 그 기반으로서의 새로운 명예와 새로운 전승을 계속하지 않으면 무너지리라. 정복이 나의 현재를 만들었고 정복만이 이 현재를 유지할 수 있다.

나폴레옹이 권력을 유지하고 강화하려면 전쟁과 승리가 필요하였다. 나폴레옹의 이름과 영광은 본래 이탈리아 정복에서 유래하고 있었다. 그런데 그 이탈리아가 지금은 다시 오스트리아의 수중에 들어가 있었다. 이탈리아를 재탈환하는 것은 나폴레옹의 구미에 맞는 일일 뿐 아니라 프랑스 국민의 열광을 불러일으키기에 꼭 알맞은 일이었다. 그의 권력의 유지와 강화에 다시 없이 중요한 사건이 될 터였다.

1800년 5월 8일 나폴레옹은 제2회 이탈리아 전쟁을 치르러 파리를 출발하였다. 알프스를 넘어 오스트리아군을 격파하여 주력부대가 밀라노에 입성한 것은 6월 2일이었다. 두 군대의 결전이 벌어진 것은 6월 14일 마렝고 평원에서였다. 오스트리아의 멜라스Michael von Melas 장군은 나폴레옹의 군대를 기습하였다. 멜라스는 결정적으로 유리하였다. 자신의 승리를 확신한 멜라스는 승리의 전령을 빈으로 급파하였다. 그러나 멜라스의 확신은 성급한 판단이었다. 결정적인 순간에 나폴레옹의 원군 드제Louis Desaix 장군 부대가 갑자기 나타나 전세를 완전히 역전시켰다. 마렝고의 전투는 실로 처절한 싸움이었다. 멜라스가 9,000명의 사상자를 내고 나폴레옹이 7,000명의 사상자를 냈다. 궁지에 몰린 멜라스는 이튿날 휴전을 제의했다. 나폴레옹은 롬바르디 지방을 거의 다 점령하는 조건으로 휴전에 응하였다.

마렝고의 승리는 군사적 승리에 머물지 않았다. 파리는 한때 나폴레옹이 패했다는 소문과 함께 왕당파의 쿠데타 설에 공포에 휘감겼다. 사실 나폴레옹이 마렝고에서 패했더라면 권좌에서 쫓겨났을 것이 분명하다. 파리가 마렝고의 승전보를 접한 것은 6월 20일이었다. 파리는 전승의 기쁨과 함께 왕당파 쿠데타의 공포에서 해방된 환희에 넘쳤다. 나폴레옹 타도의 음모에 가담한 왕당파 쪽 사람의 말을 빌리면 마렝고는 나폴레옹 개인의 권력을 성별聖別해 주었다. 마렝고의 승리자는 누구도 감히 침범할 수 없는 거인이었다. 프랑스의 왕위를 되돌려달라는 편지를 보냈던 프로방스 백작에게 나폴레옹이 보낸 9월의 회신은 이렇게 답하고 있다.

> 귀하는 프랑스로 돌아오실 생각을 마십시오. 만일 돌아오신다면 10만 명의 시체를 밟고 넘어야 할 것입니다. 프랑스의 평화와 행복을 위해서는 귀하의 희망을 버리시는 것이 옳을 것입니다. 역사가 이를 증명할 것입니다.

이 편지를 받은 지 얼마 안 되어 프로방스 백작은 러시아 황제의 영토에서 쫓겨나 임시 망명처를 바르샤바에서 찾아야 했다.

왕당파의 기세는 꺾이지 않을 수 없었다. 그들의 저항 조직은 깨지고 있었다. 브르타뉴 지방에서 계획했던 반란이 좌절되었다. 이러한 때에 나폴레옹은 5만 명 이상의 왕당파를 망명자 명부에서 삭제하는 명령을 내렸다. 당시 망명자 명단에 실려 있던 10여 만 명 중 상당수가 외국으로 망명하지 않고 국내에 거주하고 있었는데 이들을 이제 특사한 것이다. 이들에게는 헌법 준수의 서약만이 요구되고 다른 조건은 일체 요구되지 않았다. 이 특사령은 프로방스 백작의 많은 추종자들을 그에게서 떨어져 나가게 하였다.

나폴레옹은 이미 로마 교황과의 사이에 종교 협약을 추진하고 있었다. 그는 왕당파의 중요한 불만이 공화국의 종교 정책에 있다는 것을 잘 알고 있었다. 어떻게 해서든지 왕당파의 불만을 줄여서 힘을 약화시키려는 것이 당시의 나폴레옹의 생각이었다. 이때에 마침 나폴레옹 암살 미수 사건이 일어났다. 1800년 크리스마스이브에 나폴레옹이 하이든Franz Joseph Haydn의 신작 오라토리오 〈천지창조〉를 듣기 위해 마차를 타고 오페라 극장으로 가는 도중에 폭탄이 터졌다. 22명이 죽고 56명이 부상했으나 나폴레옹은 기적같이 무사하였다. 경찰 장관 푸셰가 조사한 끝에 암살 사건은 왕당파의 소행임이 드러났다. 그러나 나폴레옹은 이 사건을 공화파를 숙청하는 데 이용하였다. 당시의 정세로 보아 그에게 더 큰 위협은 왕당파보다 공화파였던 것이다. 그는 가장 똑똑한 공화주의자 130명에게 암살 사건의 책임을 물어 유형을 시켰다. 그리고 1801년 한 해 사이에 특별 재판을 통하여 700명이 넘는 자유주의자와 자코뱅 계통 인사들을 투옥하였다. 이 좌익 탄압 정책은 호민원과 입법원의 자유주의 의원들의 불만과 반대를 불러일으켰으나 왕당파는 환영하였다.

　나폴레옹이 종신 통령이 되어 황제로의 길을 확실히 마련하는 것은 1802년 8월이다. 그는 그때까지 해야 할 일이 세 가지 있었다. 하나는 마렝고의 승리와 영예를 더욱 드높여 이탈리아와 독일에서 군사적으로 완전히 승리를 거두어 프랑스 국민이 진심으로 바라는 평화를 실현하는 일이고, 둘째는 국내의 혁명을 종식시키고 외국의 반혁명 전쟁을 멈추게 하기 위하여 국내의 왕당파 및 로마 교황과의 화해를 달성하는 일이고, 끝으로 셋째는 아직 입법부에 남아 있는 국내 공화파의 나머지 세력을 제거하는 일이었다.

　이 세 가지 일을 어떻게 실현하는가를 잠시 살펴보자. 마렝고의 승리 후 이탈리아에서는 브륀Guillaume Marie Anne Brune 장군과 뮈라Joachim Murat 장군이 이탈리아의 재정복에 성공하였다. 브륀은 오스트리아군을 포 강 계곡에서 몰아내고 뮈라는 영국군과 나폴리 왕군을 투스카니 지방에서 몰아냈다. 한편 독일에서는 모로 장군이 남부 독일 바바리아의 호엔린덴에서 제2차 반불 동맹군에 결정적 타격을 가한 후 빈 50마일 밖까지 육박하였다. 오스트리아가 휴전을 제의하자 1801년 2월 9일 프랑스는 뤼네빌 조약을 체결하였다. 이 조약은 벨기에, 이탈리아 및 라인 지방의 영토 할양에 관한 캄포 포르미오 조약을 확인하는 것으로서, 일찍이 나폴레옹이 정복했다가 총재정부가 잃었던 것을 이제 다시 회복하였다. 오스트리아는 이탈리아에서 베네치아 지방 이외의 모든 영토와 이권을 상실하였다. 이탈리아의 지배자는 다시 프랑스가 되었다. 프랑스와 나폴리 왕국의 3월 18일 조약에서 프랑스군은 타란토 항에 주둔할 수 있게 되었다. 그러나 영국군은 나폴리 왕국의 어느 항구에도 기항하지 못하게 되었다.

이제 제2차 반불 동맹은 깨지고 프랑스와 계속 싸우는 나라는 영국뿐이었다. 영국 해군은 몰타 섬과 이집트를 프랑스에서 탈환하여 지중해의 제해권을 장악할 뿐만 아니라 북해와 발트 해도 지배하고 있었다. 나폴레옹은 영국과의 강화를 바랐다. 왜냐하면 그가 오랜 전쟁에 지친 프랑스의 내정을 정비하고 권력을 공고히 하여 황제로 가는 길을 닦으려면 평화의 시기가 필요했기 때문이다. 그런데 마침 영국에서도 평화를 바라는 기운이 일고 있었다. 영국은 주전파인 피트William Pitt 내각이 1801년 봄에 실각하고 평화파의 애딩턴Henry Addington 내각이 들어서면서 나폴레옹의 평화 제의를 호의적으로 받아들였다. 당시 영국은 나폴레옹에 의하여 금지된 유럽 국가들과 무역의 재개를 바라고 있었다. 1801년 봄부터 평화 회담이 시작되어 그해 10월 가조약이 조인되었다. 그러나 영국에서는 평화조약의 내용이 영국의 해상 이익과 대륙 무역에 불리하다고 하여 가조약의 수정을 요구하는 여론이 일어났다. 그리하여 평화조약의 정식 조인은 6개월이 지난 뒤 1802년 3월 25일에 겨우 실현되었다. 이것이 아미앵 조약이다. 이 조약은 프랑스에 유리하였다. 프랑스는 유럽 대륙의 왕자가 되었다. 외무 장관 탈레랑의 말을 빌려보자.

> 아미앵의 평화 시기에 프랑스는 그 군사적 우월권에 의하여 어떤 야심가라도 그 이상 더 바랄 수 없는 권력과 영광과 세력을 해외에 떨쳤다고 해도 결코 과장이 아니다. 더욱 놀라운 것은 그것이 매우 신속히 이뤄진 사실이다. 2년 반 미만에 …… 프랑스는 총재정부 시대에 추락했던 밑바닥에서 이제 유럽 최고의 자리로 상승했던 것이다.

이에 반하여 영국은 10년 전쟁에서 실론과 트리니다드 두 섬을 얻었을 뿐이었다.

종신 통령을 향하여 나폴레옹이 행한 두 번째 일은 교황과의 종교 협약Concordat 체결이었다. 아미앵 조약이 조인된 지 채 한 달이 안 되는 4월 18일 부활 주일에 노트르담 대성당에서 종교 협약 체결을 축하하는 종소리가 울렸다. 그것은 혁명과 교회의 궁극적 화해를 알리는 종소리였다.

프랑스의 교회는 1791년 이래 분열과 혼란을 거듭했는데, 나폴레옹은 마렝고의 승리에서 파리로 돌아오는 길에 교황 피우스 7세Pius VII에게 협약을 제의했던 것이다. 그 교섭은 매우 복잡했다.

나폴레옹은 종교 자체에 아무 관심도 흥미도 없는 사람이었다. 그러나 그는 대중에게는 종교가 필요하고 또 종교 없이는 사회질서가 성립되지 않는다고 믿었다. 그에게 교회는 대중을 지도하는 훌륭한 도구였다. 그는 이렇게 말한 일이 있다.

> 사회란 재산의 불평등 없이 성립될 수 없고, 재산의 불평등은 종교 없이 성립될 수 없다. …… 나는 종교에서 그리스도의 강림이라는 기적

제5장 나폴레옹 시대

은 인정하지 않으나 사회의 질서라는 기적은 인정한다. …… 성직자들은 칸트Immanuel Kant와 같은 철학자나 독일의 온갖 몽상가들보다 몇 배나 더 유력하다. …… 나는 그 성직자들을 누르면서 이용할 수 있다.

나폴레옹이 교황에게 종교 협약을 제의한 동기는 순전히 정치적이었다. 혁명을 통하여 교회의 재산이 국유화되었는데 그 재산을 매입한 사람들은 아직도 불안해하였다. 교회가 정식으로 취득권을 승인하지 않고 있기 때문이었다. 국유화된 교회 재산이 다른 국유재산만큼 잘 팔리지 않는 이유가 거기 있었다. 이 재산 문제를 종교 협약에서 해결하겠다는 것이 나폴레옹의 첫째 동기였다. 둘째 동기는 현 체제를 부정하는 망명 귀족과 국내의 가톨릭 신도를 떼어놓으려는 것이었다. 그렇지 않고는 왕정복고의 두려움을 불식할 수 없었기 때문이다. 유혈과 소란 없이 프랑스의 가톨릭 신자들을 공화국에 순종하게 할 수 있는 사람은 오로지 교황뿐이라는 것을 나폴레옹은 잘 알고 있었다. 이상의 두 동기에 못지않게 중요한 또 하나의 동기는 나폴레옹이라는 이름에 붙어다니는 자코뱅의 꼬리표를 떼어버리려는 것이었다. 종교 문제를 해결함으로써 혁명을 정치적 무정부 및 종교적 무신론과 동일시하는 유럽의 일반적 통념을 일소하여 유럽의 낡은 군주들에게 나폴레옹을 재인식시키려는 것이었다.

로마와 파리 사이의 협상은 실로 복잡 미묘하였다. 협약 초안만도 무려 스물한 가지가 기초되었다고 한다. 우여곡절 끝에 드디어 1801년 7월 16일 타결을 보게 되었다. 이 종교 협약은 양쪽의 상반된 입장과 주장이 타협한 결과물이었다. 이러한 타협적 성격은 조약 서두에 단적으로 나타나 있다.

프랑스 공화국 정부는 로마 가톨릭교가 프랑스 국민 대다수의 종교임을 승인한다. 로마 교황도 프랑스에 가톨릭 신앙이 수립되고 공화국 통령들이 개인적으로 이 신앙을 고백함으로써 이 종교가 최대의 이익과 위엄을 얻어왔고 또 이 순간에도 얻고 있다는 것을 승인한다.

이러한 타협에 의하여 교황은 프랑스를 세속화하려는 보나파르트의 위협을 막았고 보나파르트는 가톨릭교를 프랑스의 국교로 선언하려는 교황의 욕구를 좌절시킨 동시에 교황으로 하여금 프랑스 공화국을 승인하게 하였다. 이 종교 협약의 내용을 보면 가톨릭교는 예배의 자유를 얻는 동시에 공화국의 치안법의 규제를 받았다. 공화국의 제1통령이 프랑스 교회 주교들의 임명권을 가졌고 주교들은 교구 신부들의 임명권을 가졌다. 그리고 주교구를 도에 일치시켰다. 공화국 정부는 모든 주교와 사제에게 봉급을 지불하고 성직자들은 공화국 정부에 충성을 서약해야 했다. 교황은 정부가 몰수한 미처분의 교회 재산에 대한 청구를 포기하는 동시에 혁명정부의 토지개혁을 승인하고 교회 재산 처분의 불가변不可變을 선언했다. 주교는 각자 자기 성당에서 신부 총회를 열 수 있었고, 한 교구에 신학교 하나를 설립할 수 있었다.

이런 내용으로 이루어진 종교 협약은 실시하기까지 세부적인 갈등과 문제가 적지 않았으나, 나폴레옹이 실각한 후 1817년 약간의 수정이 가해졌을 뿐 1905년까지 프랑스 정부와 교황청의 관계를 유지시킨 중요한 협정이었다. 나폴레옹은 이 협약을 체결함으로써 노린 정치적 목적들을 충분히 달성할 수 있었다. 이 협약이 발표되어 프랑스의 가톨릭 신부들과 신도들이 나폴레옹을 지지하게 됨으로써 왕당파는 나폴레옹 체제를 반대할 구실을 잃게 되었다. 왕당파가 대체로 열렬한 가톨릭 신자라는 사실을 감안할 때 종교 협약이 왕당파에 미친 정치적 영향이 어떠했으리라는 것은 짐작하기 어렵지 않다. 더구나 1804년 나폴레옹이 황제가 되었을 때 교황 피우스 7세 자신이 대관식에 참석하여 나폴레옹에게 제관을 씌워주고 또 심지어 1806년의 교리서에는 "황제를 경외하고 받듦은 곧 하나님을 경외하고 받듦이니라"는 문구를 넣었다. 이제 프랑스 국민의 대다수를 차지하는 가톨릭 신자는, 나폴레옹을 경외하고 받들지 않으면 하나님을 경외하고 받들지 않는 자들에게 내려지는 영원한 저주를 받는다고 믿었다.

종교 협약의 규정 가운데는 "그 집행 과정에서 일어날지도 모르는 중대한 불편에 대해서는 따로 규정을 만들 수 있다"는 조항이나, 예배 의식은 "정부가 공공 안녕에 필요하다고 생각하는 경찰 법규에 따르도록" 하는 조항 등이 있었는데, 나폴레옹은 이런 조항들을 제멋대로 이용하여 따로 '기본 조목Organic Articles'을 제정하였다. 이는 종교 협약에 대한 지식인, 자유주의자, 신교도의 비판을 누그러뜨리고, 특히 국가와 교회의 관계에서 국가의 우위를 확보하려는 세심한 의도였다. 나폴레옹은 이 '기본 조목'을 종교 협약과 함께 묶어서 종교법Loi des cultes이라는 하나의 법을 1802년 4월 8일 공포하였다. 그리고 열흘 후 부활주일에 노트르담 대성당에서 평화를 축하하는 장엄한 예배를 울렸던 것이다. 아미앵 평화조약이 조인된 지 한 달이 안 되는 4월 18일이었다. 사람들은 13년간의 혁명과 10년간의 전쟁의 혼란과 고통에서 해방되어 이제 평화와 번영의 새 시대를 맞았다고 환희에 넘쳤다.

그렇다면 이 기적 같은 위업을 성취한 자는 누구일까? 사람들은 누구나 그것이 나폴레옹이라는 것을 의심하지 않았다. 브뤼메르 18

나폴레옹의 궁정 화가 자크 루이 다비드Jacques-Louis David가 그린 〈알프스를 넘는 나폴레옹〉. 나폴레옹의 영웅적 면모를 드러내기 위해 험준한 산에서 말을 타고 있는 모습으로 묘사했다.

일 쿠데타 이후 3년도 안 되어 이 위업을 성취할 수 있었으니 그는 희세의 천재였다. 사람들은 나폴레옹을 군사적 천재로만이 아니라 정치적 천재로 우러러보았다. 또한 이제 곧 구세주로도 우러러보게 될 터였다.

　나폴레옹이 황제로 가는 길을 닦기 위하여 해야 했던 세 가지 일 중에 이제 남은 것은 입법부 안에 아직 잔존하여 심심치 않게 정부를 비판하는 브뤼메르파 중심의 낡은 공화주의자들을 소탕하는 일이었다. 이 일은 그리 어렵지 않았다. 1802년 봄에는 헌법에 따라 입법부 의원의 5분의 1을 새로 선출해야 하였다. 헌법에 의하면 제비를 뽑아서 5분의 1이 사임하고 그 자리를 새 의원들로 충당하기로 규정되어 있었는데, 나폴레옹은 제비뽑기 대신 원로원으로 하여금 호민원과 입법원 의원 중 5분의 4를 골라 계속 유임시키고 탈락된 5분의 1의 자리를 새 사람으로 채우게 하였다. 이러한 불법적 방법으로 반정부적인 공화파 의원들을 입법부에서 쫓아냈다. 입법부는 이제 나폴레옹에게 양순한 무리들로만 이루어졌다. 브뤼메르 쿠데타 직후의 관용 정책은 이제는 옛말이 되었다.

　동시에 나폴레옹은 1802년 4월 26일 망명자 명부에서 마렝고의 승리 후 5만여 명을 사면하고도 아직 남아 있는 자들 가운데 약 1,000명의 골수분자를 제외하고 전원 사면하였다. 이들에게는 9월까지 귀국할 것과 헌법 준수를 서약할 것만을 요구했다. 그리고 이들에게서 몰수한 재산 가운데 아직 팔리지 않은 것은 되돌려줄 것도 약속하였다. 이 특사 조처는 조직적인 반대 세력을 완전히 없애버렸다. 이제 외국에 망명한 왕당파로부터의 위험이 사라졌다.

3. 종신 통령에서 황제로

왕당파의 위험이 사라지고 입법부에는 반대파가 없고 자신의 개인

인기는 절정에 달하고 있었으니 나폴레옹이 이제야말로 제위를 향한 전진을 시작할 때라고 판단한 것은 당연하였다. 5월 6일 호민원이 공화국 제1통령에게 평화와 국가 재건의 위대한 사업에 대한 '국민의 감사'를 결정하고, 이틀 뒤에는 이 결정 보고를 받은 원로원이 제1통령의 임기를 10년 더 연장하기로 결의하였다. 이 결의를 국민투표에 부치는 문제에 관하여 협의를 받은 참의원은 국민투표의 의제를 "나폴레옹 보나파르트를 종신 통령으로 함이 어떤가?"로 고쳤다. 호민원도 원로원도 아무 이의가 없었다. 8월 초 국민투표의 결과는 찬성 356만 8,885표에 반대 8,374표였다. 이틀 뒤 8월 4일, 보나파르트가 직접 기초한 새 헌법이 원로원에서 만장일치로 채택되어 "공화 10년 테르미도르 16일 헌법에 관한 원로원령"으로 공포되었다. 이제 보나파르티슴이라는 특이한 새 정치제도가 국민의 동의 위에 수립되었다.

이 공화 10년 헌법은 호민원의 의원 수를 100명에서 50명으로 줄이고, 호민원을 3부로 나누어 그 힘을 분산시키는 동시에 회의를 비공개로 하게 하였다. 원로원은 의원 수를 늘리고 증원된 의원의 임명권을 제1통령에게 주었다. 특기해야 할 것은 참의원 의원들과 장관들 가운데서 선임되는 추밀원Conseil privé이 신설된 점이다. 추밀원은 조약의 인준권과 원로원에서 심의되지 않은 문제들의 제안권이 있었는데, 원로원의 힘을 약화시키고 제1통령의 전제를 강화하는 데 이바지하였다. 요컨대 공화 10년 헌법이 수립한 정부는 명목상으로는 공화제이나 사실상으로는 군주제였다. 그러므로 2년 뒤 제정이 선포되었을 때 아무도 놀라지 않았다.

종신 통령제는 제정에 이르는 2년간의 구멍 마개에 불과한 것이었다. 나폴레옹은 이 기간을 제정 준비에 집중하였다. 극소수의 자코뱅 과격파와 왕당파 골수분자 외에는 모든 계층의 국민이 국내 질서의 회복과 대외 평화의 실현을 쌍수로 환영하였다. 극소수의 공화파는 나폴레옹 암살 미수 사건을 계기로 철저히 탄압되어 이제는 숨조차 크게 쉬지 못하는 형편이었다. 아직도 반보나파르트의 움직임이 있다면 그것은 극소수의 맹목적인 왕당파뿐이었다. 왕당파가 영국에서 나폴레옹 암살 계획을 꾸며 프랑스로 침입했을 때 나폴레옹은 그들의 두목 카두달Georges Cadoudal과 피슈그뤼 및 이들과 접촉한 모로 장군을 체포하였다. 1804년 2월의 일이었다. 모로는 공화주의자로서 왕당파와의 관계를 극력 부인하였다. 그는 해외로 추방되었다. 나폴레옹은 이 사건을 계기로 자기에게 비협조적인 장군들을 완전히 무력화시키고 독일에서 활동하는 왕당파의 세력도 일소하였다. 바덴에 망명하고 있는 앙갱 공작Duc d'Enghien을 몰래 납치해다가 3월 20일 하룻밤 사이에 약식재판을 거쳐 총살한 후 그 시체를 미리 파놓은 무덤에 묻어버렸다. 나폴레옹의 아첨꾼들은 나폴레옹 암살 계획 사건을 최대한으로 이용하여, 그가 암살로 급사할 경우 무서운 혼란이 일어날 것이라고 과대 선전을 하면서 보나파르트 권력을 세습하는 것이 반드시 필요하다고 역설하였다. 그들은 보나파르트만이 혁명의 혼란을 막고 프랑스의 안정과 번영을 보장한다고 주장했다. 사실 나폴레옹의 수법과 야심을 미워하는 사람들도 혼란의 방파제로서의 보나파르트의 존재를 긍정하지 않을 수 없었다.

앙갱의 처형 후 일주일도 안 되어 원로원은 나폴레옹에게 "그의 영광처럼 그의 사업도 불후의 것"이 되도록 진정하였다. 이 진정의 진의가 무엇인가를 일반 여론이 알아차릴 만한 시간이 지난 후, 이번에는 호민원에서 나폴레옹 보나파르트를 세습 황제로 추대하자는 동의가 제안되었다. 입법원은 아무 말 없이 순순히 그 안을 선포하였다. 5월 18일 새 헌법이 "공화 12년 플로레알 28일 원로원령"으로 공포되었다. 새 헌법은 나폴레옹을 세습황제로 만든 것 이외에는 2년 전 것과 별 변화가 없었다. 이 헌법도 공화 10년 헌법이나 공화 8년 헌법과 마찬가지로 국민투표의 인준을 규정하고 있었다. 10년 임기 제1통령도, 종신 제1통령도, 이제 또 세습 황제도 국민 동의의 형식을 빌리는 것에 보나파르티슴의 특색이 있었다. 그러나 그 국민투표는 국민의 동의가 아니라 실은 기정사실에 대한 국민의 체념의 표현이었다.

  나폴레옹이 왕이 아니라 황제가 된 데는 그만한 이유가 있었다. 부르봉 왕가의 왕족들이 루이 16세의 어린 아들을 루이 17세라고 칭하였고, 그가 일찍 죽자 루이 16세의 큰 동생 프로방스 백작이 루이 18세라고 자칭하면서 왕정의 회복을 주장하고 있는 판국에, 그들의 왕정을 부정하면서 다른 왕정을 창업한다는 것은 논리상 모순이었던 것이다. 그리고 나폴레옹은 스스로 혁명의 아들로 자처하고 있었는데, 혁명이 낳은 왕이란 우습기 짝이 없었다. 그는 스스로 역사상 프랑스인 최초의 군인 황제인 샤를마뉴Charlemagne의 정통 계승자라고 주장하였다. 그가 아헨에 있는 샤를마뉴의 사당을 참배했을 뿐만 아니라 샤를마뉴처럼 가톨릭교회의 성별을 필요로 한 이유가 거기 있었다.

  그는 교황 피우스 7세에게 제관의 대관戴冠을 교섭하는 데 성공하였다. 피우스는 나폴레옹과 같은 영웅을 교회 앞에 무릎꿇게 함으로써 교회의 권위를 드높일 수 있으리라는 계산에서 나폴레옹의 대관식을 주재하기 위하여 파리로 향하였다. 1804년 12월 2일 노트르담 성당에서 성대한 대관식이 거행되었다. 대관식은 교황이 제관을 나폴레옹의 머리 위에 씌어주려는 극적인 클라이맥스에 이르렀다. 나

노트르담 대성당에서 거행된 나폴레옹의 대관식.

폴레옹은 관을 두 손으로 받아들고 일반 관중 쪽으로 돌아서서 제 손으로 관을 제 머리 위에 얹었다. 그의 제관은 다른 어느 누구의 힘에 의해서가 아니라 바로 자기 자신의 힘에 의해서라는 것을 온 세상에 분명히 보여준 것이다. 그리고 그는 또 자기 손으로 황비 조제핀 드 보아르네Joséphine de Beauharnais에게 관을 씌워주었다. 이제 나폴레옹의 제위는 이중으로 성별되었다. 하나는 국민투표의 인민의 소리vox populi에 의하여 또 하나는 종교의식의 신의 소리vox Dei에 의하여. 피우스 7세가 나폴레옹에게 걸었던 기대는 하나밖에 실현된 것이 없었다. 그것은 혁명력을 폐지하고 그레고리력을 다시 사용한 것이었다. 1806년 1월 1일부터 옛 역서가 다시 사용되었다. 이는 혁명의 종결을 알리는 또 하나의 상징적인 사건이었다.

코르시카 섬의 한 모험가는 이제 프랑스 국민의 황제가 되었다.

브뤼메르 쿠데타 후 불과 4년 만에 그는 혁명을 종결시키고 프랑스와 그 정복지에 군림하였다. 그는 공화파의 폭력과 왕당파의 반격을 봉쇄하고, 부르봉을 복구시키지도 않고 혁명의 과실을 희생시키지도 않으면서 평화와 안정을 가져왔다. 혁명이 이뤄놓은 사업을 다치려고도 하지 않았고 또 혁명을 계속하려고도 하지 않았다. 그러나 그는 혁명이 불 질러놓은 자유의 사상을 미워하였다. 그는 그 자리에 권위의 사상을 대치시켰다. 혁명이 만든 민주적 사회를 기본적으로 존중했으나 앙시앵레짐의 중앙집권적 행정을 더 좋아하였다. 그리하여 그것을 복구시켰다. 그는 위대한 혁명을 수습한 위대한 영웅이었다.

영웅 나폴레옹은 혁명을 수습하고 한 시대를 지배하였다. 나폴레옹이 혁명의 정점에 등장한 다음부터의 역사를 흔히 이 거대한 하나의 인물에 환원시키는 경우가 있다. 영웅이 역사를 만든다는 역사관이다. 나폴레옹에 관한 여러 가지 전설을 만들어낸 것도 이 역사관이었다. 전쟁에서 전쟁으로, 승리에서 승리로 끊임없이 욕망을 찾아 쉬지 않고 달리는 거인 나폴레옹, 운명에 대한 무관심과 인간성에 대한 경멸과 우정이나 사랑 따위를 냉소하는 악마 같은 나폴레옹, 하루 네 시간만 자면 새 기운이 넘쳐 피로를 모르는 초인적인 정력과 과감한 행동을 서슴지 않는 나폴레옹, 놀라운 직관과 뛰어난 구성력, 체계적이고 논리적인 프랑스의 지성을 추상과 가설에서가 아니라 현실과 실제에서 번갯불처럼 적용하는 정확한 판단력을 갖춘 나폴레옹이라는 영웅신화가 만들어진 것이다. "나는 남에게 복종할 줄 모른다. 나는 지배를 좋아하고 지배를 포기하지 않을 것이다"라는 말로 정복과 권력의 충동에 사로잡힌 나폴레옹은 "야심은 나의 생래적·선천적인 것, 내 혈관을 흐르는 피나 내가 호흡하는 공기처럼 내 존재에 고유한 것"이라는 말에서 알 수 있듯이 철저한 야심가였으며, "나는 때로는 여우이고 때로는 사자이다. 통치의 열쇠는 어떤 때 여우가 될 것이고 어떤 때 사자가 될 것인가를 분간하는 데 있다"고 할 만큼 철두철미한 마키아벨리스트였다. "나의 사전에는 불가능이란 낱말은 없다"고 장담한 나폴레옹은 분명히 근대 최대의 군사적 천재이며 초인적인 판단력과 냉엄하고 단호한 행동력을 갖춘 영웅이었다.

그러나 나폴레옹도 그의 권력도 역사의 산물이 아닐 수 없었다. 영웅이 역사를 만드는 것이 아니라 역사가 영웅을 만들기 때문이다. 그의 권력은 역사에서 유리된 것이 아니었다. 그것은 프랑스 혁명의 과정에서 발생한 일정한 사회관계의 필연성에 연결되어 있을 수밖에 없었다.

그러므로 우리는 우선 나폴레옹이 프랑스 혁명을 어떻게 생각하고 있었는가를 살펴볼 필요가 있다. 그는 자신의 혁명관을 다음과 같이 말하고 있다.

> 봉건 지배는 모든 토지에는 영주가 있다는 원칙을 세웠다. 성직자와 귀족만이 온갖 정치권력을 행사하고 농민은 토지에 부속된 노예였다. 그러나 문명과 인지의 발달은 민중을 해방시켰다. 이 새로운 상황은 공업과 상업을 발달케 하여, 18세기에 이르면 민중이 토지와 재산과 지식의 대부분을 나누어 가지게 되었다. 그런데도 귀족은 여전히 특권계급으로서 각급 재판권과 여러 가지 칭호와 여러 형태의 봉건권을 가지고 최고의 명예로운 벼슬을 독차지하는 특권을 누렸다. 그러면서도 그들은 사회의 어떤 부담도 지지 않았다.
> 이 모든 폐해는 시민을 자극하여 분연히 일어서게 하였다. 프랑스 혁

명의 주요한 목표는 모든 특권의 분쇄, 영주권의 불가분의 속성이었던 영주 재판권의 폐지, 인민의 오랜 예속 상태의 유물로서의 봉건권의 폐지, 모든 시민과 모든 재산에 대한 공평한 국가적 부과이다. 끝으로 혁명은 권리의 평등을 선언하였다. 그리하여 모든 시민이 그 재능에 의하여 어떤 직업에도 취임할 수 있게 되었다.……

혁명이 진전함에 따라 그것은 왕실과 성직자와 귀족의 반항을 받고 외국 열강과는 전쟁을 하지 않을 수 없게 되었다. 거기서 망명자 탄압법이 제정되고 망명자의 재산이 몰수되었다. 이 몰수 재산은 전비 조달을 위하여 팔지 않으면 안 되었다.……

이렇게 하여 프랑스 국토의 반이 그 소유자를 바꾸어, 농민도 시민도 부유해졌다. 농업과 공장제 수공업 및 대공업은 우리가 상상할 수 없을 정도로 크게 발달하였다. 프랑스는 국토가 자연의 국경으로까지 확장되었고, 통일적인 법과 규칙과 질서에 의하여 통치하게 되었고, 부르주아지가 한 계급을 구성하는 3,000만 이상의 인구를 가진 장대한 나라가 되었다.

나폴레옹의 혁명관은 정확할 뿐만 아니라 구조적 이해의 깊이를 가지고 있다. 그는 프랑스 혁명을 단지 왕위 쟁탈의 정치혁명으로 보지 않고 사회혁명으로 파악하고 있었다. 그 사회혁명은 부르주아 혁명이었다. 봉건제도와 함께 봉건귀족의 권력 및 소유 관계를 전복한 부르주아지가 자본주의 제도와 함께 시민계급의 권력 및 소유 관계를 수립하였다. 이 새 제도와 권력 및 소유 관계를 고수하려고 할 때 그것을 위협하는 세력이 둘 있었다. 하나는 오른편의 왕당파였고 또 하나는 왼편의 평등주의였다. 전자는 새 질서를 부정하고 옛 질서를 회복하려고 했고 후자는 혁명의 과실을 얻지 못한 계층에 대한 과실의 공평한 분배를 주장했다. 부르주아지는 이 둘을 다 제거해야 했다. 테르미도르의 반동은 후자의 위협을 제거하려고 했으나 오히려 전자의 위협을 가중시켰다. 총재정부는 부르주아적 안정이라는 과제를 제대로 수행치 못하고 갈팡질팡했다. 부르주아지는 매우 불안하였다. 이러한 사회적 불안을 역사적 배경으로 등장한 것이 나폴레옹의 군사독재였다.

그러기에 나폴레옹의 역사적 필연성은 부르주아 혁명으로서의 프랑스 혁명의 종결과 완성에 있었다. 브뤼메르 쿠데타 직후 "혁명은 그 당초의 원칙에 고정된다. 혁명은 끝났다"라고 선언한 총재정부의 선언은 그 쿠데타의 성격을 정확히 표현하였다. 이 선언을 나폴레옹은 다른 말로 표현하였다.

> 우리는 혁명에 관한 낭만을 끝냈다. 이제 우리는 혁명의 역사를 시작해야 한다. 혁명 원칙을 적용하는 데에 현실적이고 가능한 것만을 보아야지 사변적이고 가설적인 것을 보아서는 안 된다. 그렇지 않으면 그것은 통치가 아니라 철학이다.

요컨대 나폴레옹은 혁명의 낭만을 종결시키고 혁명의 현실을 정리하고 혁명을 완성시켜야 한다고 믿었다. 그러기에 그가 내세운 통치의 기본 목표는 부르주아 사회를 안정시키는 것이었다. 사회의 토대로서의 자본주의를 제도적으로 정착시키고, 국민경제를 확대하여 부르주아의 이익을 지키지 않으면 안 되었다. 시민적 사회관계의 제도화는 '나폴레옹 법전 Code Napoléon'으로 비로소 실현되었다.

프랑스에는 본래 통일적인 법전이 없었다. 더구나 혁명 기간에 여러 가지의 법률과 법령이 아무 원리도 없이, 종래의 관례도 고려하지 않고 남발되었다. 따라서 통일적이고 체계적인 법전 편찬의 필요성이 절실하였다. 혁명정부는 국민공회 이래 이 사업에 착수하기는 하였으나 하등의 실적을 보이지 못하고 방치 상태에 있었는데, 나폴레옹이 드디어 그것을 완성하였다. 그는 마렝고의 승리에서 귀국한 지 두 달 뒤인 1800년 8월 12일 저명한 법학자들로 민법전 편찬위원회를 구성하였다. 한 장씩 초안이 될 때마다 토론과 심의를 거쳐서 입법부의 의결로써 확정 공포하였다. 36장을 모두 합쳐서 '민법전Code civil'이라는 하나의 법률로 선포한 것이 1804년 3월 21일이었다.

민법전은 프랑스 혁명이 가져온 사회적 변화를 유지했으나 혁명적 입법의 철학적 원리를 권위주의적인 것으로 바꾸어놓았다. 이는 혁명의 집약인 동시에 혁명의 수정이었으며, 시민혁명의 진보성과 보수성을 그대로 반영하는 것이었다. 민법을 종교적 영향에서 해방시키고, 시민적 자유와 평등을 보장함으로써 혁명의 원리를 방어하고, 신분의 세습을 금지하고 상속과 소유에 관한 혁명적 입법의 일반적 원리를 따른 것이었다. 그러나 민법전은 가족 관계에서 가장의 우월적 지위와 여자의 종속적 지위를 규정하여 보나파르티슴의 권위주의적 색체를 반영하였다. 민법전에는 권위주의적 가족제도를 바탕으로 하면서 이를 기본 유형으로 피라미드식 국가 체제를 세우려는 의도가 충분히 반영되어 있었다. 요컨대 혁명 입법에 비하면 반동적이고 앙시앵레짐의 법률에 비하면 혁명적이었던 것이다. 그리고 당시 유럽의 어느 나라 민법보다도 가장 진보적이었다. 나폴레옹 군대가 가는 곳마다 민법이 미친 혁명적 영향은 이루 말할 수 없이 컸다. 비단 유럽만이 아니라 민법전은 근대 세계의 모든 나라에 프랑스 혁명의 사회적·정치적 이념을 전파하였다. 그런 의미에서

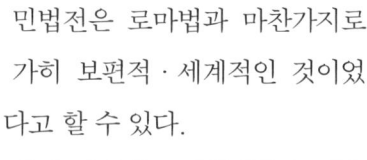

민법전은 로마법과 마찬가지로 가히 보편적·세계적인 것이었다고 할 수 있다.

제정 시대에도 나폴레옹은 계속 법전 편찬에 힘을 기울였다. 민사 소송 법전이 1806년에, 상법이 1807년에, 형법 및 형사소송법이 1810년에 각각 완성되었다. 이 법전들은 제정 시대의 엄격한 온정주의와 전제주의 사상을 반영하여 혁명 원리의 적용을 한결 더 약화시키고 있기는 하나 기본적으로 혁명이 가져온 변화를 제도화하고 있다.

나폴레옹 법전

부르주아 혁명으로서의 프랑스 혁명의 완성은 제도 면에서는 나폴레옹 법전으로 성취되었다. 그러나 혁명의 완성은 한 걸음 더 나아가서 부르주아의 경제적 번영과 그 안정을 의미하였다. 그것은 현실적으로 우선 재정의 균형과 통화가치의 안정을 요구하였다. 앞에서 우리는 프랑스 은행의 창립을 언급한 바 있었는데, 프랑스 은행이 발행한 은행권은 곧 가치가 하락하여 사태가 매우 심각해졌다. 재정의 파탄을 겨우 면할 수 있었던 것은 오로지 오스트리아에서 받아들인 전쟁 배상금으로 우선 은행 준비금을 메울 수 있었기 때문이었다. 나폴레옹은 프랑스의 만성적 적자 재정을 재건하여 재정과 통화의 안정을 실현하고, 상공업을 진흥시켜서 갓 출발한 프랑스의 산업 자본주의를 본궤도에 올려놓았는데, 그의 재정 정책의 요점은 세 가지였다. 하나는 간접 세제였고 둘째는 정복 국가에 대한 배상과 강제 수탈이었고 셋째는 국유재산의 판매였다. 1803년 공화 11년, 제르미날 7일 순금 320밀리그램을 함유한 제르미날 프랑이라는 금화를 발행했는데, 이 화폐는 19세기를 거쳐서 제1차 세계대전 후의 큰 인플레이션 시기까지 꾸준히 그 가치를 유지하였다. 그 덕택에 계속된 나폴레옹 전쟁에도 불구하고 프랑스의 경제는 안정된 재정하에서 번영을 구가하였다. 그리하여 1804년에 2,700만이었던 프랑스의 인구가 계속 증가하여 1814년에는 2,900만이 되었다.

나폴레옹 제국 시대의 경제 건설에서 빼놓을 수 없는 것이 그의 토건 사업이다. 1804년에서 1813년까지 10억 프랑 이상의 돈이 토건 사업에 쏟아졌다. 운하, 항만, 도로, 관개시설, 그리고 파리를 아름답게 만든 수많은 기념 건물들과 센 강의 다리가 그때 건설되었다.

나폴레옹 체제가 프랑스 혁명의 종결을 의미했다면, 나폴레옹이 왕당파에 엄격했던 것만큼 노동자의 노동운동에도 엄격했다는 것은 당연한 일이었다. 그는 스스로를 자본과 노동의 조종자로 자처하고 있었지만 고용주에게는 관대하고 노동자에게는 엄격하였다. 19세기 및 20세기의 사회주의자와 노동운동가들은 나폴레옹의 노동 억압 정책을 격렬히 비난하고 있다.

나폴레옹의 사회정책에서 특기해야 할 것은 농민과의 관계였다. 프랑스 혁명이 전형적인 시민혁명이 된 가장 중요한 이유는 농민 혁명이 가장 광범하고 가장 철저히 수행되었기 때문인데, 나폴레옹은 농민 혁명의 결과를 잘 보호하였다. 언젠가 나폴레옹은 "우리는 선량한 농민이 필요하다. 그들이 군대의 힘을 만든다"고 말한 바 있는데, 사실 나폴레옹의 군국주의는 많은 농민을 군대로 징발하였다. 따라서 농민은 나폴레옹을 싫어할 것 같은데 실은 그렇지 않았다. 그 이유는 혁명을 통하여 새로 얻은 농토를 나폴레옹의 군사력이 안전하게 지켜주었기 때문이다. 나폴레옹의 강력한 군사력이 등장하기 이전에 농민은 항상 자신의 새 토지에 대하여 불안해했는데 이제는 불안해하지 않았다. 나폴레옹은 토지 문제에 관한 한 혁명의 결과를 철저히 보호하는 데 세심하였다. 그만큼 농민은 나폴레옹에게 고마워했고, 또 그만큼 보수화하였다. 농민의 보수화야말로 보나파르티슴의 가장 중요한 정치적 기반이었다.

이상에서 보나파르티슴의 역사적 필연성이 무엇인가를 프랑스 혁명 후의 사회관계에서 찾아보았다. 결론은 한마디로, 당시 프랑스 자본주의는 아직 미성숙의 단계에 있었기 때문에 부르주아 혼자의 힘으로는 정치적 안정을 확립할 수 없었고, 결국 군사독재의 힘에 의지하게 되었다는 것이다.

4. 나폴레옹 제국의 절정

브뤼메르 쿠데타 후 불과 5년간 사이 나폴레옹은 제1통령에서 종신 통령으로, 종신 통령에서 다시 황제로 뛰어올랐다. 앞서 언급한 바와 같이 그의 권력은 그의 영예에서 비롯하고 그의 영예는 그의 전승에서 비롯한다. 나폴레옹의 권력은 전승의 연속 없이는 유지될 수도 없었고 강대해질 수도 없었다. 그는 전쟁에 의하여 흥기하고 전쟁을 통하여 강해지고 전쟁 때문에 몰락하였다. 그의 생애는 전쟁과 함께 있었다. 전쟁이 계속되지 않았다면 그의 존재도 무의미했다. 따라서 브뤼메르 쿠데타 이후 점점 강력해진 그의 권력도 지속적인 전쟁 없이는 있을 수 없었다.

1802년의 아미앵의 평화가 오래 존속할 수 없었던 이유가 거기 있다. 나폴레옹이 아미앵 평화조약을 항구적인 것으로 생각한 일은 꿈에도 없었다. 그는 그 평화의 기간을 새로운 전쟁 준비를 위한 국내 문제의 정비 기간으로 이용했을 따름이다. 특히 영국의 해군력과 무역을 약화시키기 위한 포진의 시기로 이용하였다. 아미앵 조약의 파기를 먼저 선언한 것은 나폴레옹이 아니라 영국이지만 영국을 그렇게 하지 않을 수 없게 만든 것은 나폴레옹이었다. 그는 영국의 식민적·상업적 우월권을 누르지 못하면 프랑스에 대한 자기의 지배권을 강화할 수 없다고 판단하였다. 그런데 그의 경제사상은 기본적으로 중상적이었다. 그래서 영국의 번영은 해외 식민지에 의존하고 있는 상업적인 것이므로 그 무역에 타격을 가하기만 하면 영국을 제압하기란 문제없다고 생각하고 있었다. 그러므로 그의 모든 정책은 시종 영국의 해상권을 겨냥하고 있었다.

우선 나폴레옹의 대륙정책은 모든 것이 영국을 자극하게 마련이었다. 그의 대륙정책의 역점은 이탈리아에 있었다. 그는 앞서 롬바르디아 지방을 치살피나 공화국Republic Cisalpina으로 통합한 바 있었는데, 이제 그것을 다시 이탈리아 공화국으로 개명하여 자신이 그 대통령을 겸임하였다. 그리고 피에몬테를 아예 프랑스에 합병하고, 남쪽의 리구리아 공화국Ligurian Republic과 제노아 항을 지배하고, 다시 더 남쪽의 에트루리아Etruria 왕국과 그 첫째 항구 리보르노, 엘바 섬과 루카Lucca 공화국을 아울러 지배하였다. 여기서 베네치아 이외의 북이탈리아가 완전히 나폴레옹의 통제하에 들어가게 되었다. 이것은 지중해에서의 영국의 이해관계에 중대한 도전이 되었다. 동시에 나폴레옹은 북부 이탈리아로 통하는 길을 확보하려고 스위스에 개입하였다. 스위스는 뤼네빌 조약에 의하여 헬베틱 공화국Helvetic Republic으로 독립했었는데, 이제는 스위스 연방으로 개편되어 프랑스와 군사동맹을 맺고 위성국으로 전락하였다. 그리고 또 나폴레옹은 네덜란드에 바타비아 공화국Batavian Republic을 만들어 영국에 대한 방파제를 구축하는 한편 아미앵 조약에서 네덜란드에 환부된 남아프리카의 케이프 항을 지배하게 됨으로써 영국의 인도 항로에 위협을 가했다. 근세 영국의 생명선은 인도였다. 따라서 영국 외교정책의 기조는 본국과 인도의 연락 루트를 확보하는 데 있었다. 그 루트는 지중해를 경유하는 길과 남아프리카를 우회하는 길뿐이었는데 이제 두 길이 다 나폴레옹에게 위협을 받게 되었다. 나폴레옹의 정책이 영국에 미친 자극이 어떠했으리라는 것을 짐작하기 어렵지 않다.

영국이 나폴레옹의 정책에 위협을 느낀 것은 거기에 그치지 않았다. 아미앵 조약에 의하여 평화가 회복되면 유럽 대륙과의 무역도 회복될 것으로 기대하고 있었던 영국 상인들의 실망은 이만저만이 아니었다. 왜냐하면 나폴레옹은 통상조약의 체결을 완강히 거부할 뿐만 아니라 영국 상품에 대하여 중상주의적 보호 정책을 엄격히 시행했기 때문이다. 그는 영국 제품의 수입을 프랑스 본국에 대해서만이 아니라 그 위성국가들과 식민지에 대해서도 금지하였다. 특히 1803년 4월 28일의 새 관세법은 프랑스의 보호무역 정책의 명백한 표현이었으며 영국의 공업에 대한 타격을 겨냥한 것이었다. 영국 산업은 평화가 전쟁보다 더 값비싼 대가를 요구하고 있다는 사실을 깨닫고 아미앵 조약을 폐기하게 된 것이다.

1803년 5월, 영국이 아미앵 조약의 파기를 선언하자 나폴레옹은 곧바로 프랑스와 그 위성국가에 주재하고 있던 영국인들을 체포하고 영국 상품을 몰수하는 동시에 영국 왕가의 영토인 독일의 하노버를 점령하였다. 이 점령은 영국만이 아니라 오스트리아와 프로이센은 물론 러시아까지도 프랑스에 반기를 들게 하였다. 그 이유는 하노버 점령은 바로 지난 2월 하순 유럽 열강 간에 타협을 본 독일 영토 재편성The Imperial Recess of 1803을 침범한 것이었기 때문이다.

독일은 오래전부터 수백 개의 대소 국가들로 혼잡하였다. 신성 로마 제국은 신성하지도 않고 로마답지도 않고 제국답지도 않은 나라로서 명맥만 겨우 유지하고 있었다. 독일에서 가장 유력한 두 나라는 제국의 황제를 세습하고 있는 오스트리아와 동북쪽에서 새로 일어난 프로이센이었는데, 프랑스 혁명과 나폴레옹의 출현으로 국제관계가 급변하면서 독일의 영토 재편성이 이루어졌던 것이다. 그 영토 재편성의 골자는 주로 많은 자유시와 주교령이 프로이센, 바바리아 및 기타 다른 왕국들에게 합병된 것이었는데, 프랑스도 라인 강 좌안의 독일 땅을 병합한 동시에 남부 독일의 군소 국가들에 영향력을 미쳐서 프로이센이나 오스트리아의 접근을 저지할 수 있게 되었다. 이러한 영토 재편성에는 프로이센과 오스트리아의 야심을 꺾으려는 러시아의 힘이 크게 작용했던 것인데, 이제 나폴레옹이 하노버를 점령하자 러시아 황제 알렉산드르 1세Aleksandr I는 이에 강력히 항의하였다.

나폴레옹의 이탈리아 정책도 아드리아 해와 발칸 반도에 대한 러시아의 이익에 맞지 않았다. 러시아와 프랑스의 관계가 싸늘해지자 영국과 러시아의 관계는 점점 가까워졌다. 러시아는 1805년 4월 영국과 상트페테르부르크 협정을 맺어 제3차 반불 동맹의 기축을 세우게 되거니와 이에 앞서 러시아는 1804년 5월에는 프로이센과 군사동맹을 맺었고 그해 11월에는 오스트리아와 동맹을 맺고 있었다. 국제정세가 이렇게 전운을 불러일으키고 있을 때 나폴레옹은 1805년 5월 이탈리아 공화국을 이탈리아 왕국으로 바꾸는 동시에 스스로 그 왕관을 쓰고 제노아를 프랑스에 합병하였다. 이탈리아 사태가 이렇게 급박해지자, 베네치아를 지배하고 이탈리아에 깊은 이해관계를 가지고 있던 오스트리아는 드디어 나폴레옹과의 전쟁을 결심하여 동맹국 러시아와의 합동 작전을 짜고 영러 동맹에 가입하였다.

아미앵 조약의 폐기가 선언된 직후부터 나폴레옹은 영국 본토 상륙작전을 계획하여, 불로뉴에 15만의 병력과 군선 1,200척, 대포 400문을 집결시켰다. 1805년 8월 나폴레옹은 빌뇌브Pierre Charles Jean Baptiste Silvestre de Villeneuve 제독에게 상륙작전을 명령했으나, 제독은 작전의 불리함을 알고 좀처럼 움직이지 않고 신중을 기하였다. 그런 때 오스트리아가 유럽 대륙에서 군사행동을 개시했다. 나폴레옹은 양면작전의 곤경에 빠졌다. 여기서 나폴레옹은 우선 오스트리아를 치기 위하여 8월 24일 대군L'Armée grande을 라인 강 상류로 진격시켰다. 그는 약 22만의 정예를 7개 군단으로 편성하였다. 오스트리아군은 카를 대공Erzherzog Karl 휘하의 9만이 먼저 이탈리아에서 작전을 시작하고, 남부 독일에서는 마크Mack 장군이 7만으로 프랑스의 동맹국 바바리아에 침입하였다. 마크군은 러시아군의 도움을 기대하고 있었는데, 나폴레옹군은 러시아 원군이 오기 전에 마크군을 울름에서 포위하였다. 10월 20일 마크는 2만여 장병과 함께 나폴레옹에게 항복하였다. 나폴레옹은 울름의 승리의 여세를 몰아 오스트리아의 수도 빈에 입성하였다.

그러나 그는 빈에서 빌뇌브 제독의 해군이 트라팔가르 항에서 영국의 넬슨 제독에게 전멸되었다는 소식을 접하였다. 나폴레옹은 오스트리아와의 전쟁을 개시할 때 빌뇌브에게 영국 상륙작전을 보류하고 해군을 지중해로 이동시키라는 명령을 내린 바 있었는데, 넬슨은 이 명령을 탐지하여 블로뉴를 떠나 지중해로 향하는 빌뇌브 함대를 10월 21일 트라팔가르만에서 기습했던 것이다. 여섯 시간에 걸친 격전의 결과는 36척의 빌뇌브 함대의 전멸이었다. 도망한 함선 중 네 척이 더 격침되었다. 영국 해군은 한 척도 격침되지 않았다. 영국의 대승이었다. 그러나 이 격전에서 넬슨 제독이 전사하였다. 트라팔가르 전투의 승리는 영국에게 제해권을 확보하게 하여 나폴레옹으로 하여금 영국 상륙을 영원히 포기하게 만들었다. 나폴레옹은 대륙은 지배해도 바다는 지배할 수 없었다. 그런데 바다를 지배할 수 없는 한 영국을 누를 수 없고, 영국을 누를 수 없는 한 대륙의 지배권을 확보할 수 없었다. 그렇다면 나폴레옹의 운명은 이 트라팔가르에서 이미 결정되었다고 해도 과언이 아니다.

어쨌든 나폴레옹이 트라팔가르의 패보를 들은 것은 오스트리아의 수도 빈에 입성한 후였다. 이제 그에게 대륙 작전은 배후의 위협을 제거하는 단순한 것이 아니라, 군사적으로 굴복시키지 못한 영국을 경제적으로 굴복시키기 위하여 프랑스가 정치적 우위를 확립해야 하는 더 긴급한 사안이 되었다. 12월 2일 나폴레옹은 오스트리아-러시아 연합군과 아우스터리츠에서 싸워 크게 이겼다. 오스트리아의 군사력은 완전히 파괴되었다. 이 전쟁은 세 황제가 맞싸운 전쟁이기 때문에 삼제회전三帝會戰이라고 불린다. 12월 25일 프레스부르크의 평화조약이 체결되었다. 오스트리아는 베네치아를 이탈리아 왕국에 할양하였다. 이듬해 3월에는 나폴레옹이 남부 이탈리아의 나폴리 왕국을 점령하여 형 조세프 보나파르트Joseph Bonaparte를 왕에 봉하였다. 이제 이탈리아 반도는 교황령 이외에는 완전히 나폴레옹의 지배하에 들어갔다. 그는 홀란트Holland(네덜란드)도 왕국으로 개조하여 아우 루이 보나파르트Louis Bonaparte를 그 왕에 봉하였다. 그리고 남부 독일에는 바바리아와 뷔르템베르크 등 16개국을 연합하

1805년 아우스터리츠 전투가 끝난 후, 오스트리아 황제 프란츠 1세Franz I의 휴전 신청을 받아들이고 있는 나폴레옹.

여 라인 연방을 창설하여 나폴레옹 스스로 그 보호자가 되었다. 라인연방은 전시에 병력 6만 3,000명을 나폴레옹에게 제공하기로 약정하였다. 이어 8월에는 오스트리아의 프란츠 2세가 제위에서 물러남으로써 근 1,000년의 역사를 지닌 신성 로마 제국이 소멸하였다. 유럽에는 로마 제국 이래 황제가 하나뿐이었는데, 나폴레옹이 앞서 스스로 황제를 칭하고 나섰으니 폐물이 되어 있었던 신성 로마 제국은 어차피 사라질 수밖에 없었다.

한편 영국에서는 수상 피트가 아우스터리츠의 패배와 함께 의회 반전파의 공격을 받고 병을 앓다가 1806년 1월 하순에 죽고, 그렌빌William Wyndham Grenville 내각이 들어서면서 평화 교섭을 시작하였다. 여기서 제3차 반불 동맹도 흐지부지되었다. 그런데 프로이센은 프레스부르크 조약에 의하여 항구들을 영국에 봉쇄하는 조건하에 하노버를 얻기로 되어 있었는데, 나폴레옹은 영국과의 강화 교섭에서 하노버를 본래대로 영국 왕령으로 반환하려고 하고 있었다. 그리고 라인 연방이 프로이센과 직접 국경을 접하게 되면서 위협을 가하고 있었다. 이에 크게 불안을 느낀 프로이센은 1806년 7월 러시아와 동맹하여 나폴레옹에 대한 전쟁을 준비하였다. 나폴레옹의 입장에서는 대륙의 강대국들에 대한 각개격파 작전을 벌이는 데 프로이센의 순서가 돌아온 셈이었다. 13만의 프로이센군이 10월 14일 아우어슈테트와 예나 두 곳에서 나폴레옹군과 싸웠으나 참패하였다. 나폴레옹은 패주하는 프로이센군을 추격하여 27일 프로이센의 수도 베를린에 입성하였다. 그는 유럽 대륙을 영국에 봉쇄하는 이른바 베를린 칙령을 내리고, 계속하여 프로이센과 러시아 연합군을 추격하여 폴란드를 점령한 후, 거기 바르샤바 대공국을 만들어서 러시아에 대한 전초지로 삼았다. 일찍이 폴란드 왕국은 18세기 말엽에 오스트리아와 러시아 및 프로이센 사이에 분할되어 망국의 비운에 빠져 있었으므로 이제 나폴레옹을 해방자로 환영하였다. 바르샤바 대공국의 헌법 제1조는 "농노제는 폐지된다. 모든 시민은 법 앞에 평등하다"고 규정하였다. 프랑스 혁명의 정신과 정통이 이식된 것이다.

　나폴레옹은 1807년 봄 다시 군사행동을 벌여 5월 하순에는 프로이센의 단치히를 점령한 후 계속 동진하여 6월 14일 프리트란트에서 러시아군 주력을 격파하고 쾨니히스베르크와 틸지트마저 점령하였다. 나폴레옹군은 이제 네만 강 건너편의 러시아 영토 안으로 진격할 기세를 보였다. 러시아와 프로이센은 나폴레옹에게 항복하여 틸지트 조약에 조인하였다(7월 7~9일). 나폴레옹은 라인 강과 엘베 강 사이에 베스트팔렌 왕국을 신설하여 동생 제롬 보나파르트 Jérôme Bonaparte을 왕에 봉하였다. 러시아와 프로이센은 바르샤바 대공국, 나폴리 왕 조세프, 네덜란드 왕 루이를 정식으로 승인하고, 이제 새로 단치히 시의 독립과 베스트팔렌 왕국도 승인하였다. 프로이센은 영토가 약 반으로 줄어들고 1억 4,000만 프랑의 배상금을 지불하고 15만 명의 프랑스 점령군의 주둔비를 부담하고, 자기 나라 상비군은 4만 2,000을 넘지 못하는 등 처량한 꼴로 전락하였다. 그리고 모든 항구와 영토를 영국의 함선과 무역에 대하여 봉쇄하기로 약정하였다. 러시아는 프로이센처럼 혹독한 대우는 받지 않았으나 영국에 대한 봉쇄를 나폴레옹에게 약속하지 않으면 안 되었다.

나폴레옹이 1806년 11월 21일 베를린에서 대륙 국가들과 영국의 무역을 일체 금지시킨 칙령을 대륙봉쇄령이라고 한다. 그것은 새로운 대륙 체제 Continental system였다. 나폴레옹의 대륙 지배는 1807년의 틸지트 조약으로 일단 완성되었다. 그러나 그의 유럽 지배는 영국을 항복시키기 전에는 완성될 수 없을 뿐만 아니라 영국이 건재하는 한 나폴레옹의 대륙 지배도 언제 무너질지 알 수 없었다. 나폴레옹의 베를린 칙령은 대륙 지배의 완성과 함께 그것을 발판으로 하여 영국을 경제적으로 항복시키려는 작전이었다. 영국을 군사적으로 항복시킬 수 없다는 것은 이미 트라팔가르에서 실증되었기 때문에 부득이 경제적 작전을 쓰게 된 것이다.

당시 유럽의 정치사회적 구조에 비추어볼 때 원래 나폴레옹 전쟁에는 두 측면이 있었다. 하나는 대륙 국가들과의 전쟁에서 프랑스 혁명의 이념을 전파하여 봉건제도를 타파하고 시민적 자유와 평등을 실현시키는 면이었다. 그러므로 나폴레옹군의 진격은 나폴레옹

법전의 진군을 의미하고 나폴레옹은 전제로부터 민중을 해방시키는 자로 환영을 받았다. 그러나 영국과의 전쟁은 그렇지 않았다. 영국은 일찍이 시민혁명을 실현했을 뿐만 아니라 산업혁명의 선구자로서 영국의 산업은 유럽 국가들과 아메리카 대륙 및 인도 등 해외 식민지로까지 뻗쳐 세계시장을 장악하고 있었다. 영국에서는 정치적 지배층은 물론이고 일반 민중도 나폴레옹을 해방자로 여기지 않았을 뿐만 아니라 그가 황제가 된 후부터는 오히려 개인적 정복욕과 지배욕에 눈이 어두운 야심가로밖에는 보지 않았다. 나폴레옹이 영국과 벌인 전쟁이 대륙전과는 달리 경제전이 될 수밖에 없는 이유가 바로 여기에 있었다.

나폴레옹은 영국이 대륙의 시장을 상실함으로써 받는 타격이 얼마나 클 것인가를 정확히 계산하고 있었다. 뿐만 아니라 나폴레옹은 영국과 같은 근대 자본주의사회의 공업과 정치 및 전쟁의 구조적인 관련을 통찰하고 있었다. 그는 경제적 타격이 정치와 군사에 미치는 영향을 깊이 파악하고 있었다. 그가 세인트헬레나 섬에 유배되어 있을 때 과거를 회고하면서 남긴 말은 이 점을 분명히 보여준다.

> 공업가들의 욕심은 끝이 없다. 생산량이 많아질수록 생산량을 더 높일 것을 생각한다. 가령 노무자 1,000명을 쓰고 있다면 1만 명이라는 수에 이르는 것밖에 꿈꾸지 않는다. 더구나 재산의 야심만이 그들을 유혹하는 것이 아니라 정치적 야심도 그들을 사로잡는다. 그러므로 지나치게 공업이 발전하면 조만간 정치에 큰 혼란을 일으켜서 그 나라의 정부를 비정상적인 상태로 떨어뜨린다.
>
> 영국은 이 예에서 벗어나지 않는다. 공업이 발전할수록 생산물의 유통을 보호하기 위하여 세력을 확장하지 않으면 안 된다. 그러므로 영

국은 산업화하면 할수록 호전적이 될 운명에 놓여 있다.

나폴레옹은 근대 자본주의 국가에서 상품 시장을 매개로 하여 필연적으로 연결되는 경제와 정치의 관계를 파악하고 있는 동시에 산업이 발전하면 해외시장을 확장하기 위하여 전쟁이 불가피하다는 것을 간파하고 있다. 그는 이 일반론을 영국 사회에 적용하여 영국의 대륙 침략이 불가피하다고 주장하고 있다. 그리고 덧붙여, 만일 자신이 영국과 통상 협정을 맺어 프랑스의 문호를 영국에 개방했더라도 영국은 머지 않아 프랑스 이외의 다른 나라들의 문호도 개방하라고 전쟁을 걸어왔을 것이라고 설명하고 있다.

그런데 그의 논리는 영국에만 해당되는 것이 아니라 실은 프랑스에도 해당되는 것이다. 프랑스는 대혁명에 의하여 봉건제도를 철저히 분쇄하고 자본주의의 발전을 본궤도에 올려놓아 산업 부르주아가 급속히 성장하였다. 총재정부와 나폴레옹 체제가 부르주아 사회의 안전보장을 위한 것임은 이미 누차 언급한 바 있다. 따라서 프랑스의 산업이 발전하여 부르주아의 이익이 증대할수록 그것은 나폴레옹의 정치권력을 더욱 강화해 주고 그의 전쟁 정책을 더욱 밀어줄 것이었다. 나폴레옹의 대륙봉쇄를 뒷받침해 준 것은 프랑스 산업의 발전이었다고 말할 수 있을 것이다.

이것과의 깊은 관계에서 대륙봉쇄를 뒷받침한 두 번째 명분은, 영국 상품을 배척하고 프랑스 산업을 보호하는 보호무역주의의 경제사상이었다. 나폴레옹은 영국 상품을 처음에는 프랑스에서 밀어내고 다음에는 점령 지역에서 몰아내더니, 드디어는 대륙 전체에서 쓸어내기에 이르렀다. 그 과정은 영국에 대한 전략의 확대와도 병행했지만 프랑스 산업의 발달과도 병행하였다. 프랑스 산업의 발달이 대류의 상품시장을 그만큼 필요로 했던 것이다.

그러나 대륙봉쇄를 가능케 한 전제 조건은 무엇보다도 유럽의 군사적 지배의 완성이었다. 아무리 프랑스의 산업 발전이 대륙봉쇄를 요구하더라도 나폴레옹이 군사적으로 대륙을 지배할 수 없었더라면 대륙봉쇄는 감히 구상조차 할 수 없었을 것이다. 그러므로 대륙봉쇄의 실효를 거두려면 나폴레옹의 대륙 지배 체제에 조그마한 구멍이라도 생겨서는 안 될 것이었다. 그 구멍을 통하여 영국 상품이 얼마든지 대륙으로 흘러 들어올 것이기 때문이다. 베를린 칙령은 전문 8조와 본문 11조로 되어 있다. 전문에서, 영국은 국제법을 무시하고 무역 상인들마저 전쟁 포로로 하여 정복과 봉쇄를 무제한 감행하고 있으므로 프랑스는 할 수 없이 같은 방식으로 전쟁을 하지 않을 수 없다고 주장하여, 책임을 영국에 뒤집어씌운 후 본문에서 다음과 같이 선언하고 있다.

(1) 대영 열도는 봉쇄 상태에 놓여 있다. (2) 영국과 일체의 통상 및 교통을 금한다. 따라서 영국의 우편을 취급하지 않는다. (3) 영국 국적을 가진 자는 누구나, 프랑스의 군대나 동맹국 군대의 점령지에서 발견되면 포로로 하고, 창고의 화물과 재산을 전리품으로 간주한다. (4) 영국 상품의 매매를 금지하고, 영국이나 영국 식민지에서 온 모든 선박은 대륙의 어디에도 기항할 수 없고, 그 상품은 전리품으로 간주한다.

나폴레옹의 권력은 명예에서 비롯되고, 명예는 전승에서 비롯된다고 앞서 말한 바 있다. 그런데 이제 그의 군사적 승리는 절정에 달하였다. 영국을 타도하려는 그의 거인적인 격투가 대륙봉쇄의 형태로 나타났다. 대륙봉쇄는 나폴레옹의 군사 정복과 그의 경제정책의 통일이었다. 따라서 그의 운명은 이 거대한 계획의 성패 여하에 달려 있었다.

그런데 이미 말한 바와 같이 이 계획은 어디까지나 대륙의 군사적 지배를 전제 조건으로 하였다. 대륙 지배의 어느 한 군데에라도 구멍이 뚫리면 모든 것이 헛수고였다. 그렇다면 나폴레옹 제국은 과연 대륙봉쇄를 지탱할 수 있는 경제적 통일체로서 성립될 수 있었을까? 이것은 중요한 문제가 아닐 수 없다. 나폴레옹 제국은 프랑스 제국과 위성국가 및 동맹국의 세 종류로 구성되어 있었다. 프랑스 혁명에 의하여 개혁된 행정구역은 본래 83도였는데, 전쟁에 의해 정복한 영토를 프랑스에 합병하면서 1806년 현재 프랑스 제국에는 101도가 있었다. 벨기에, 룩셈부르크, 주네브, 라인 강 좌안, 피에몬트, 제노아 등의 정복지가 그러한 도를 구성하였다. 이 새 도들은 계속 늘어나 1810년에는 130도가 된다. 이것이 프랑스 제국이다. 그리고 그 주변에는 네덜란드 왕국, 라인 연방, 베스트팔렌 왕국, 스위스 연방, 이탈리아 왕국, 나폴리 왕국 등의 위성국가가 있었다. 그리고 이 위성국가들 바깥에 오스트리아, 프로이센, 러시아, 스페인 등의 동맹국들이 있었다. 이렇게 복잡하고 광대한 나폴레옹 제국이 과연 일치하여 대륙봉쇄에 나설 것인가는 처음부터 문제가 아닐 수 없었다. 대륙봉쇄의 모순을 경제적 측면에 한정하여 살펴보더라도 다음과 같은 모순들이 곧 발견된다.

첫째, 대륙봉쇄는 영국 상품의 배제에 그치지 않고 그 자리를 프랑스 공업이 독점하는 것을 의미하였다. 거기서 프랑스의 공업은 정부의 각종 특혜에 의하여 급속히 성장하였다. 그러나 프랑스 공업에 맞수가 될 만한 나라들의 공업, 예컨대 서부 독일의 공업은 오히려 정책적으로 희생당하였다. 그러한 공업 정책은 프랑스의 공업 발전을 위하여 종속국가들을 착취하는 정책이었다. 둘째, 나폴레옹 제국 전체로서 공업과 상업의 이익이 대립하였다. 대륙봉쇄는 공업가에게는 유리했으나 무역상에는 큰 타격이었다. 특히 북해의 함부르크와 단치히, 네덜란드의 여러 항구도시의 상인들이 입은 타격이 매우 컸다. 이런 항구들이 밀무역의 중심지가 되었는데 그것은 당연한 일이었다. 셋째, 나폴레옹 제국을 구성하는 여러 나라들은 경제구조가 저마다 달라서 영국과의 경제 관계도 서로 달랐다. 따라서 대륙봉쇄에 대한 그들의 반응도 모두 같지 않았다. 특히 러시아, 프로이센, 오스트리아, 이탈리아, 스페인 등은 아직 뒤떨어져 있는 농업 국가들로서 곡물, 목재, 대마와 아마 등을 영국에 수출하고 영국의 공업제품을 수입했는데, 대륙봉쇄는 그들의 농업 생산물의 수출 시장을 죽이고 값싸고 좋은 영국산 공업제품을 사 쓰지 못하게 하였다. 농산물은 체화로 가격이 폭락하고 수입품은 품귀로 가격이 폭등하였다.

요컨대 대륙봉쇄는 그 자체가 모순에 가득 찬 억지였다. 이 억지를 지탱하는 힘은 오로지 나폴레옹의 군사적 지배력이었다. 총칼이 순리를 이기지 못함은 만고의 진리이다. 나폴레옹의 군사력이 이 억지 체제를 유지하는 데는 처음부터 한계가 있었다. 거기 그의 몰락의 궁극적 원인이 잠복해 있었다.

나폴레옹이 프로이센과 러시아 연합군의 항복을 받고 틸지트 조약을 맺은 후 귀국한 것은 1807년 7월이었다. 이때의 나폴레옹은 산꼭대기에서 유럽 대륙을 눈 아래로 내려다보며 날개를 접고 있는 독수리와 같은 존재였다. 그는 막 정복한 유럽 대륙을 번쩍이는 눈으로 두루 살폈다. 자기 뜻에 어긋나는 자가 있다면 당장 날아가서 덮쳐버릴 태세였다. 대륙봉쇄의 해안선을 살펴볼 때 아직 미진한 데가 있었다. 그것은 이베리아 반도였다. 그는 날개를 펴서 이베리아 반도로 향하였다. 1807년 10월 27일, 나폴레옹은 스페인과 퐁텐블로 비밀조약을 맺고 포르투갈의 분할을 약정하였다. 쥐노Jean Andoche Junot 장군이 2만 7,000의 군대를 거느리고 피레네 산맥을 넘어 이베리아 반도를 가로질러 리스본을 점령하였다(11월 27일).

나폴레옹의 궁극적 목표는 포르투갈만이 아니라 이베리아 반도 전체였다. 당시 스페인의 정치 정세는 매우 불안정하였다. 스페인은 프랑스 혁명 초기에는 영국과 동맹을 맺었으나 1896년에는 프랑스와 동맹을 맺고 트라팔가르 해전에서는 프랑스와 연합하여 싸웠다. 그러나 이 해전에서 패배하여 해군의 주력을 잃었다. 그리고 왕궁 안에서는 카를로스Karlos 4세와 왕비 마리아 루이사Maria Louisa de Parma(파르마의 마리아 루이사) 및 그녀의 애인이며 재상인 고도이Manuel de Godoy 사이에 복잡한 음모와 암투가 어지럽게 벌어지고 있었다. 나폴레옹은 이 어지러운 정치 정황을 최대한 이용하였다. 그는 1807년 12월 뒤퐁Pierre Dupont 장군에게 4만의 병력을 주어 스페인을 점령하게 하고 1808년 5월에는 형 조세프를 스페인 왕위에 앉혔다. 나폴레옹은 새 헌법을 공포하여 스페인의 봉건제를 철폐하였다.

한편 나폴레옹은 이탈리아의 기반을 더욱 다지려고 정치적인 재편성에 착수하였다. 1807년 8월 하순에는 토스카나 지방을 점령하여 북쪽의 이탈리아 왕국과 남쪽의 나폴리 왕국을 연결시키고, 이듬해 5월에는 토스카나, 코르시카 섬, 엘바 섬을 프랑스 영토에 편입하였다. 6월에는 자기의 매부이며 부장인 뮈라를 나폴리 왕국의 왕으로 삼고, 로마 교황령을 점령하더니, 이듬해에는 교황령을 프랑스 제국에 병합하였다. 나폴레옹 제국은 이제 그 절정에 이르렀다.

5. 나폴레옹의 몰락

교황령의 점령과 병합은 나폴레옹의 큰 실책이었다. 각국의 가톨릭 교도들이 상상 외의 큰 충격을 받았기 때문이다. 특히 역사적으로 가톨릭교와 특별한 관계를 가진 스페인 국민이 받은 충격은 말할 수 없이 컸다. 스페인 국민은 나폴레옹이 안겨준 새 헌법보다 가톨릭 신앙과 자기 나라 왕실을 더 사랑하였다. 1808년 5월 2일 마드리드에서 시민과 농민이 스페인 군인과 함께 프랑스군에게 무서운 피의 반란을 일으켰다. 마드리드에서 일어난 봉기는 스페인만이 아니라 나폴레옹 지배하에 있던 여러 민족이 독립 전쟁을 일으키는 발화점이 되었다. 반불 봉기는 스페인 전역으로 번졌다. 7월에는 바일렌에서 뒤퐁 장군 휘하의 프랑스군 2만 명이 스페인 반란군에 항복하였다. 이것은 스페인의 민족적 역량을 보여준 사건이었다. 얼마 후 동북부의 사라고사의 시민은 그 지방에 주둔한 프랑스군을 쫓아냈다. 스페인 민중의 게릴라식 독립 전쟁은 1814년 나폴레옹에게서 완전히 해방될 때까지 줄기차게 계속된다.

그 독립 전쟁의 성격은 나폴레옹이 좀처럼 이해하기 힘든 것이었다. 이베리아 반도는 중세기에 이슬람교도에게 지배되어 있었다. 가톨릭교 왕국들이 이들 세력을 몰아내고 독립을 쟁취하는 데는 오랜 세월이 걸렸고 많은 피를 흘렸다. 그 독립운동은 이슬람교에 대한 가톨릭교의 십자군 전쟁이었다. 그러기에 스페인 국민에게는 애국심과 가톨릭 신앙과 왕실에 대한 충성은 셋이 아니라 하나였다. 그런데 그들의 눈에는 배교자이고 패륜아로밖에 보이지 않는 코르시카 섬의 망나니가 자신들의 왕을 몰아내고 그 형을 왕으로 앉혔으니 말이 되지 않았던 것이다. 애국심이란 철학도 논리도 아니다. 그것

1808년 5월 2일 마드리드에서 시민과 농민이 스페인 군인과 함께 프랑스군에게 반란을 일으켰다. 그 보복으로 다음 날 프랑스군에게 총살을 당했다.

은 역사적으로 형성된 신비로운 감정이다. 이제 그 감정이 스페인의 소박한 국민들 가슴 속에서 타오르기 시작했다.

이때 영국군이 재빨리 포르투갈에 상륙하였다. 포르투갈에서도 쥐노 장군이 민중의 봉기 앞에 항복하였다. 이베리아 반도에서 일어난 사건들이 상승 장군 나폴레옹에게 준 충격은 이만저만이 아니었다. 이베리아 반도가 무너지면 나폴레옹 제국 전체가 조만간 무너지리라는 것을 나폴레옹이 몰랐을 까닭이 없다. 어떠한 일이 있어도 이베리아 반도를 놓쳐서는 안 되었다.

본래 나폴레옹이 스페인 점령을 계획했을 때 계산한 소요 병력은 2만이었다. 그러나 그것은 큰 오산이었다. 나폴레옹이 스페인의 반란을 진압하기 위하여 앞으로 투입할 병력은 25만에 이르게 된다. 이 병력은 그의 제국 동쪽에서 빼내야 했다. 그렇게 하려면 동쪽 동맹국들과의 관계를 더욱 다져놓지 않으면 안 되었다. 더구나 동쪽의 세 동맹국은 스페인 사태를 예의주시하면서 나폴레옹의 굴레에서 벗어날 날도 멀지 않았다고 생각하기 시작하였다. 나폴레옹은 몸소 스페인 원정에 떠나기에 앞서 프로이센과 동맹 관계를 거듭 다짐하였다. 그리고 9월 27일에서 10월 14일 사이에는 러시아 황제 알렉산드르 1세와 에르푸르트에서 회견하여 틸지트 조약을 러시아에 다소 유리하게 고치고 양국의 친선을 도모하였다. 동쪽에 대한 훗날의 염려를 제거한 후 11월 나폴레옹은 스페인의 수도 마드리드를 포위하였다. 그는 시 교외에서 칙령을 발표하여 봉건제도와 국내관세 및 종교재판의 폐지 등 나폴레옹 법전의 시행을 약속하면서 시민의 무장해제를 명하였다. 그러나 아무 소용이 없었다. 프랑스군은 북쪽의 사라고사도 포위했으나 시민 전체가 군인과 함께 무기를 들고 항전하였다. 프랑스가 사라고사를 점령하기 위해서는 두 달 동안이나 이곳을 포위하고 시민 전체와 치열한 시가전을 벌이면서 5만여 명을 살육하지 않으면 안 되었다. 사라고사의 항전은 세계를 깊이 감동시켰다. 특히 오스트리아의 애국심을 분발시켰다. 나폴레옹 제국은 대륙 민족들의 애국심에 의해 금이 가고, 금이 커지면 결국 깨질 것이었다. 나폴레옹은 스페인의 완전 정복을 보지 못하고 부장들에게 뒤를 맡기고 총총히 파리로 돌아가야 했다. 스페인 문제보다 더 다급한 문제가 생겼기 때문이다. 스페인 해방전쟁이 나폴레옹 권력의 미래를 위태롭게 하고 있다고 판단한 사람들이 파리에서 나폴레옹 폐위의 음모를 꾸미고 있었는데, 이 소식이 나폴레옹에게 전해졌던 것이다. 동시에 오스트리아에서도 주전파가 득세하여 반나폴레옹 전쟁 준비에 나섰다는 전갈이 전해졌다. 파리로 돌아온 나폴레옹은 음모의 주모자 탈레랑을 파면하고 황급히 오스트리아로 향하였다. 나폴레옹은 4월 19일과 23일 사이 세 차례 전투에서 이겼다. 오스트리아군을 바바리아에서 몰아낸 후 5월 8일에는 빈에 입성하였다.

오스트리아군은 5만 명 이상을 잃고 후퇴했지만 아직 건재하였다. 두 번째 전투가 5월 21일과 22일에 다뉴브 강가의 마을 아스페른과 에슬링에서 벌어졌다. 쌍방 모두 약 5만 명의 손실을 보았으나 승부가 나지 않았다. 그 후 한 달 반이 지나 7월 5일과 6일에 세 번째 큰 싸움에서 나폴레옹이 이겼다. 이것이 바그람 전투의 승리이다.

10월 14일 오스트리아는 항복 문서에 조인하였다. 오스트리아는 인구 340만과 넓은 영토를 바바리아와 바르샤바 대공국에 할양하고 특히 아드리아 해안의 일리리아 지방을 프랑스 제국에 할양하였다. 그 밖에 오스트리아는 배상금 8,500만 프랑을 지불하고, 영국과의 관계를 끊고 대륙봉쇄에 협력할 것을 약정하고, 그 군대를 15만으로 제한하게 되었다.

이 강화조약이 체결되기 이틀 전에 오스트리아의 열여덟 살 소년이 나폴레옹을 암살하려다 실패한 일이 있었다. 나폴레옹은 소년에게 물었다.

　　—자네는 왜 나를 죽이려고 하였는가?
　　—당신이 우리나라를 불행하게 하기 때문입니다.
　　—누가 자네를 시켜서 이 범죄를 저지르게 하였는가?
　　—아무도 안 시켰습니다. 암살하면 조국과 유럽에 최대의 봉사가 된다는 신념이 시켰을 뿐입니다.

―만일 용서해 준다면 고맙다고 생각하겠느냐?
―역시 당신을 죽일 것입니다.

애국심이란 정복자에게 가장 무서운 것이다. 이 애국심이 서쪽 끝 스페인에서 타오르기 시작하더니 이제 동쪽에까지 그 불똥이 튀기 시작한 것이다. 나폴레옹의 군사적 지배와 그 지배에서 벗어나려는 애국심, 어느 쪽이 승리할 것인지는 아무도 예측할 수 없었다.

아침 해처럼 상승일로의 나폴레옹에게 1809년은 어려운 고비의 해였다. 스페인에서의 예기치 않았던 역경과 포르투갈에서의 좌절, 그리고 제위를 무너뜨리려는 측근의 음모, 오스트리아의 반항과 그것을 뒷받침하는 독일 민족주의의 앙양 등 1809년에 일어난 일련의 사건들은 모두가 심상치 않은 것이었다. 나폴레옹 제국에는 금이 생기고 있었다. 그 제국을 지탱하고 있는 대륙봉쇄의 기본적 모순들이 서서히 현실화되고, 나폴레옹 군대는 해방군이 아니라 정복군으로 변해 있었다. 나폴레옹은 자기의 권력과 제국이 혁명에 뿌리 박고 있음을 망각하고 제왕帝王 사상의 망상에 빠져 들어가고 있었다. 이것을 명백히 드러내 보인 것이 오스트리아 황제 프란츠 2세의 딸 마리 루이즈Marie-Louise와의 재혼이었다. 1809년 12월 12일 나폴레옹은 조제핀과의 이혼을 정식 선언하였다. 조제핀은 아이를 낳지 못했다. 나폴레옹은 제위를 계승할 태자가 필요하였다. 그가 18세의 오스트리아 황녀를 새 황비로 고른 것은 반혁명 왕가와의 결합을 뜻하였다. 보나파르티슴의 반동성을 여실히 보여주는 것이었다. 나폴레옹의 군대가 삼색기를 앞세우고 유럽 곳곳에 씨 뿌린 나폴레옹 법전의 씨가 자라서 이제 바야흐로 유럽의 민중이 자유주의와 민족주의에 각성하기 시작한 때에, 보나파르티슴이 그 반혁명성의 속살을 만천하에 공개한 것은 실로 역사의 역설이었다.

　1810년 4월 2일 나폴레옹 황제와 마리 루이즈의 결혼식이 거행되었다. 이듬해 3월 황비는 아들을 낳았다. 보나파르트 황가의 무궁한 앞날을 알리는 것이라고 환영한 사람들이 적지 않았다. 그러나 반드시 그럴까? 탈레랑같이 역사의 흐름에 예민한 자들은 벌써 아무 두려움도 거리낌도 없이 나폴레옹에게 등을 돌리고 있었다.

　나폴레옹 제국은 족벌 제국이었다. 황제의 형제들과 친척 및 부장部將들을 위성국가의 통치자로 봉하였다. 그러한 그가 1810년에는 가장 사랑하는 막내 동생 루이를 네덜란드 왕위에서 몰아내고 네덜란드를 프랑스에 합병하였다. 루이가 네덜란드의 밀무역을 철저히 단속하지 못했기 때문이다. 대륙봉쇄의 성패가 나폴레옹의 운명을 좌우하고 나폴레옹 제국의 모든 정책은 대륙봉쇄를 수행하기 위한 것이었다. 가장 중요한 해안 지역들을 프랑스에 합병하게 된 이유도 거기 있었고, 심지어 교황령이나 일리리아 지방까지도 무리하게 합병한 이유가 거기 있었다. 그런데 영국해에 접해 있는 가장 중요한 네덜란드에서 밀무역을 막지 못한다면 대륙봉쇄의 운명은 어떻게 된단 말인가?

　그러나 대륙봉쇄 자체가 지니고 있는 기본적 모순들은 나폴레옹의 강권 통치에 의하여 해결될 성질의 것이 아니었다. 원래 유럽 대륙은 영국 식민지 산물의 4분의 3을 수입하고 영국 공업제품의 3분의 1을 수입하고 있었다. 대륙과 영국의 경제적 관계가 그만큼 뿌리 깊었던 것이다. 따라서 대륙봉쇄가 영국 경제를 멍들인 것은 사실이지만 대륙 국가들도 영국 못지않은 고통을 겪게 되었다. 그런데 영국은 수출품 시장을 새로 신대륙 특히 중남미에 개척하여 타격을 경

감시킬 수 있었으나, 유럽 대륙의 나라들 특히 러시아 같은 나라는 농산물의 수출 시장을 찾지 못하여 고통이 매우 컸다. 더구나 농지개혁과 농노해방이 되지 않은 이런 나라에서 토지의 소유주는 귀족계층이었는데, 귀족계층은 동시에 정치적 지배층이었다. 대륙봉쇄의 피해자가 지배층이 아니라 피지배 민중이었더라면 지배층은 혹 대륙봉쇄를 지지했을지 모른다. 그러나 그 피해자가 지배층 자신들일 경우 그들에게서 대륙봉쇄의 지지를 구할 길은 요원했다. 아직 근대적 농업개혁이 이루어지지 않았던 러시아와 오스트리아의 지배층이 대륙봉쇄를 적대시한 것은 당연하였다.

그리고 또 영국의 경우, 대륙봉쇄에서 오는 경제적 고통을 견디는 것은 외적의 침략을 막고 나라를 지키는 애국적 행위와 일치하였다. 그러나 대륙 여러 나라의 경우, 대륙봉쇄의 고통을 견디는 것은 나라를 지키는 애국적 행위가 아니라 오히려 나폴레옹이라는 외국인의 지배를 돕고 나라의 독립을 막는 반역적 행위와 일치했던 것이다. 대륙의 여러 나라의 국민이 민족적 독립과 해방을 하루라도 속히 회복하려면 대륙봉쇄에서 오는 고통을 참고 견딜 것이 아니라 밀무역을 통하여 대륙봉쇄를 좌절케 해야 했다. 그것이 바로 애국적 행위였다. 이렇게 대륙봉쇄의 모순은 경제적 차원에 그치지 않고 정치적 내지 도덕적 차원으로까지 심화되고 있었다.

밀무역은 경제적 곤궁을 벗어나는 길일 뿐만 아니라 애국적 행위였다. 밀무역 항로가 점차 확립되어 갔다. 북해와 발트 해의 거점은 헬골란트 섬이었다. 그 섬을 거점으로 밀무역품이 강줄기를 따라 내륙 깊숙이 파고 들어갔다. 오스트리아에는 트리에스트 항에서 들어가고 러시아에는 흑해를 통해 들어갔다. 지중해에는 거점이 도처에 있었다. 나폴레옹은 온갖 방법으로 밀무역을 엄격하게 금지하였다.

심지어는 엘베 강의 감시원으로는 스페인 사람을 배치하고 스페인의 감시원으로는 독일 사람을 배치하는 등 별의별 방법을 다 썼다. 밀수품을 가두에서 태워버리거나 집 안을 수색하는 일쯤은 예사였다.

대륙봉쇄는 앞에서 말한 것처럼 프랑스 산업을 짧은 시일 안에 크게 성장시켰다. 그러나 1810년 후반에 이르면 대륙봉쇄의 악영향이 프랑스의 호황에도 그림자를 갑자기 드리우기 시작하였다. 영국식민지에서 수입해 오던 커피, 코코아, 향료 값이 다섯 배 내지 열두 배, 원면과 인디고 염료 값이 다섯 배 내지 열 배 폭등하였다. 폭등한 차액은 영국 상인과 밀무역업자의 이익으로 돌아갔다. 원료값의 폭등으로 공업이 침체되었다. 더구나 계속되는 전쟁으로 일반 민중의 구매력이 감소하여 프랑스 공업제품의 시장이 축소되었다. 공업의 침체는 상업과 금융에 영향을 미쳤다. 불황은 프랑스 이외의 독일과 네덜란드 등 대륙봉쇄 아래에 있는 여러 나라에도 번져갔다.

나폴레옹 제국은 거인이었지만 외양과는 달리 불안정하였다. 나폴레옹의 뜻대로 만족스럽게 되는 일이란 별로 없었다. 그 불안정의 첫 징후가 스페인에서 발생했는데, 이제 결정적인 사건이 러시아에서 일어나고 있었다. 틸지트 조약은 러시아에 불리한 조약이었다. 그래서 에르푸르트 회견에서 러시아에 다소 유리하게 고쳐지기는 했으나 러불 동맹은 러시아에 유리할 것이 없었다. 나폴레옹의 힘이 절정에 달했을 때는 부득이 그의 뜻에 따르지 않을 수 없었으나 이제는 사정이 달라지고 있었다. 대륙봉쇄로 가장 큰 손해를 보고 있는 것이 러시아의 지주계급이었다. 이들은 1807년 이래 줄곧 황제에게 영국과 통상 관계를 단절한 것을 항의하고 있었다. 영국은 러시아의 밀, 목재, 대마, 수지의 가장 큰 시장이었다. 그 큰 시장이 대륙봉쇄로 막혔으니 러시아는 산업뿐만 아니라 재정적으로도 여간 어렵지 않았다.

 이러한 상황에서 나폴레옹은 러시아에게 대륙봉쇄를 더 철저히 시행하여, 중립국 선박의 기항도 금지하고 그 화물을 몰수하라고 요구하였다. 이유는 중립국 선박이 영국 화물을 싣고 오기 때문이라는 것이었다. 러시아 황제 알렉산드르 1세는 이에 불응하였다. 그는 1810년 12월 31일 칙령을 발포하여, 중립국 선박의 러시아 항구 입항을 환영하는 동시에 견직물과 포도주 및 브랜디의 수입관세를 높여서 프랑스의 주요한 수출입품을 배척하였다.

 러시아는 이제 대륙봉쇄의 그물을 찢고 그 그물에서 나온 것이다. 나폴레옹 제국이 대륙봉쇄에 의하여 지탱되고 대륙봉쇄가 나폴레옹의 군사력에 의하여 유지된다면, 대륙봉쇄의 중요한 한 부분이 찢어졌을 때 나폴레옹 제국을 붕괴에서 보호하려면 군사력으로 찢어진 부분을 다시 기워야 함은 두말할 나위가 없었다. 나폴레옹과 러시아와의 군사적 충돌은 시간문제였다. 쌍방은 다 전쟁 준비에 몰두하였다. 문제는 어느 쪽이 먼저 공격하느냐 하는 것이었다.

 1812년 2월 24일 프로이센은 프랑스가 러시아와 개전하면 나폴레옹에게 2만의 병력을 제공하겠다는 조약에 조인하였다. 3월 14일에는 오스트리아가 역시 3만의 병력 제공을 약속하는 조약에 조인하였다. 나폴레옹의 러시아 원정 준비가 갖추어진 것이다. 그러나 그는 스웨덴과 터키의 후원을 얻지 못하였다. 이 두 나라는 오히려 러시아와 동맹을 맺었다. 알렉산드르 1세는 스웨덴 및 터키와의 관계를 개선함으로써 그의 병력을 오로지 나폴레옹과의 싸움에 집중할 수 있게 되었다. 1812년 5월 9일 나폴레옹은 생클루 궁을 출발하였다. 16일에 드레스덴에 이르러 오스트리아 황제, 프로이센 왕, 라인 연방의 통치자들과 회합하여 그들의 충성을 다짐받았다. 러시아 황제는 프랑스군이 프로이센에서 철수하기만 하면 협상에 응할 용의가 있다는 최후통첩을 나폴레옹에게 보냈다. 이 통첩에 대한 나폴레옹의 응답은 비스툴라 강까지의 진격 명령이었다. 그는 드레스덴에서 동프로이센의 쾨니히스베르크까지 진출하여(5월 31일) 자신의 대군에게 리투아니아로 진격할 것을 명령하였다. 그의 대군은 6월 23일 러시아의 국경 네만 강에 이르렀다. 그런 뒤 코브노에서 강을 건어 러시아로 침입하였다. 러시아군은 아무 저항도 하지 못하고 후퇴만 거듭하였다.

이때 나폴레옹의 대군은 60만이었는데, 그중 20만이 후비군으로 독일에 남고 40만이 네만 강을 건넜다. 대군의 중핵을 구성한 프랑스군은 20만도 못 되고 나머지는 전부 나폴레옹 지배하의 다른 나라 군인들이었다. 프로이센, 오스트리아 및 라인 연방의 독일인, 스페인인, 이탈리아인, 네덜란드인, 크로아티아인, 폴란드인 등 가히 유럽인의 인종 전람회와 같았다. 일찍이 이런 대군이 편성된 일은 없었다. 1914년 제1차 세계대전이 일어나기 전까지는 그런 전람회는 없었다.

나폴레옹의 러시아 원정군은 3군으로 편성되었다. 나폴레옹 자신이 지휘하는 제1군 25만, 이탈리아 왕국의 부왕 외젠 드 보아르네Eugène Rose de Beauharnais 휘하의 제2군 8만, 베스트팔렌 왕 제롬 휘하의 제3군 8만이었다.

러시아군은 바클라이 드 톨리Mikhail Bogdanovich Barclay de Tolly 장군이 이끄는 13만 병사와 바그라티온Pyotr Ivanovich Knyaz Bagration 장군이 이끄는 4만 3,000명의 병사가 프랑스군이 전진하면 그에 따라 후퇴하는 작전을 썼다. 우선 병력에서 러시아는 압도적으로 열세였다. 러시아군은 후퇴를 거듭하다가 8월 17일 스폴렌스크에서 처음 싸웠으나 결국엔 스몰렌스크에 불을 지르고 후퇴하였다. 8월 하순 러시아군 총사령관에 쿠투조프Mikhail Illarionovich Kutusov가 바클라이를 대신하였다. 알렉산드르 황제는 쿠투조프에게 나폴레옹군의 모스크바 진격 저지를 명하였다. 양군의 회전이 드디어 9월 7일과 8일 보로디노에서 전개되었다. 쿠투조프는 약 7만의 사상자를 내고 후퇴하였다. 그러나 보로디노 회전은 결전이 아니었다. 나폴레옹은 초조해졌다. 단번에 승부를 결하여 조속히 알렉산드르의 휴전 제의를 받으려던 당초의 계획에 차질이 생겼기 때문이다. 그의 계획과는 달리 전쟁은 장기화의 기미가 분명해졌던 것이다.

나폴레옹은 9월 16일 모스크바에 입성하였다. 그러나 모스크바 시는 그 전날부터 붙기 시작한 불길이 하늘을 찌르고 있었다. 나폴레옹의 한 부관은 "우리는 불의 대지 위, 불의 하늘 아래, 불의 두 벽 사이를 걸었다"고 기록하고 있다. 불은 사흘간 계속 붙었다. 모스크바는 잿더미로 변하였다. 이 잿더미의 모스크바에서 나폴레옹인들 무엇을 할 수 있을까? 그는 러시아 황제에게 평화 교섭을 제의하였으나 황제는 전혀 움직이지 않았다. 북국의 겨울은 코르시카 출신이 예상했던 것보다 훨씬 일찍이 다가왔다. 모스크바에는 먹을 것도 잠잘 곳도 없었다. 군대는 겨울옷이 없었다. 추위와 허기에 지친 군인들이 먹을 것을 찾아 모스코바 교외에 나타나면 잠복하고 있던 러시아군이 습격하였다.

10월 18일 나폴레옹은 전군의 퇴각을 명하였다. 다음 날부터 시작된 후퇴는 역사상 가장 처참하고 가장 유명한 퇴각이 되었다. 이 절호의 기회를 기다리고 있던 쿠투조프는 맹렬한 추격전을 벌였다. 코자크 기병의 유격전과 러시아 농민군 게릴라는 패주하는 나폴레옹군을 도처에서 무찔렀다. 러시아의 동장군은 나폴레옹군의 도망 속도보다 더 빨랐다. 추위와 굶주림과 절망이 전군을 엄습하였다. 모스크바를 출발했을 때 10만이었던 나폴레옹군은 스몰렌스크에 도착했을 때는 반으로 줄었다. 뿐만 아니라 스몰렌스크에 남겨두었던 군대도 이미 전멸되고 없었다. 그의 처참한 후퇴 작전의 클라이맥스는 11월 말 베레지나 강 도하작전이었다. 그의 군대 절반이 이 강에 빠져 죽었다. 네만 강의 코브노에 당도했을 때 해골 같은 나폴레옹군은 약 2만밖에 안 되었다. 독일에 후비군으로 남겨둔 병력까지 합하여 이제 남아 있는 나폴레옹 대군은 기껏해야 전부 10만에 불과했다. 60만 중 25만이 전사하고 10만이 포로가 되고 15만 명이 부상 또는 실종되었다. 12월 5일 나폴레옹은 지휘권을 뮈라에게 맡기고 자신은 파리로 향하였다. 12월 18일 파리에 돌아온 나폴레옹은 새 징병에 착수하는 동시에 자신이 부재하거나 사망할 때에는 제위를 어린 아들에게 물려주고 황비 마리 루이즈에게 섭정을 맡긴다는 법령을 공포하였다.

한편 러시아 황제는 프로이센에 접근하여 1813년 3월 1일 드디어 칼리슈 동맹을 체결하였다. 이 동맹에 근거하여 프로이센은 3월 17일 프랑스에 선전하였다. 3월 2일에는 영국과 스웨덴 사이에 조약이 체결되어 스웨덴은 독일 전선에 3만을 파병하기로 하였다. 오스트리아의 재상 메테르니히Klemens Wenzel Nepomuk Lothar von Metternich는 사태의 추이를 면밀히 관찰하면서 그의 외교적 민완을 발휘하여 이른바 '무장 중재armed mediation'의 정책을 추구하고 있었으나, 결국 6월 27일 러시아 및 프로이센과 함께 라이헨바흐 비밀조약을 맺고 8월 11일 프랑스에 선전하였다.

한편 포르투갈에 상륙해 있었던 영국의 웰링턴Arthur Wellesley Wellington은 스페인으로 침투하여 30만의 프랑스군과 조세프 보나파

1813년 8월 26일 드레스덴 전투에서 프로이센군이 프랑스군을 격파하는 모습.

르트 왕을 공격하였다. 1813년 6월 수도 마드리드가 함락되고, 도망가던 조세프가 영국군에 투항했다. 6월 21일 비토리아의 전투에서 영국이 대승하였다. 이 승리가 바로 메테르니히에게 '무장 중재'의 가면을 벗고 라인헨바흐 조약을 체결하게 했던 것이다.

어쨌든 이제 반불 동맹군과 나폴레옹군과의 마지막 결전 준비는 완료되었다. 동맹 쪽은 병력 85만, 나폴레옹은 55만을 준비하였다. 1813년 8월 양군은 드레스덴에서 맞섰다. 이 싸움은 어느 쪽에도 승리를 주지 않았다. 결전은 10월 16일 라이프치히에서 벌어졌다. 그 유명한 라이프치히 해방전쟁이었다. 4일간의 격전에서 나폴레옹은 6만 5,000, 동맹군은 6만을 잃었다. 18일 나폴레옹 휘하의 작센 부대가 동맹군 쪽으로 전향하자 전세는 순식간에 나폴레옹에게 불리해졌다. 나폴레옹은 전면 후퇴를 명하였다. 라인 강 쪽으로 후퇴하던 나폴레옹군은 하나우에서 또다시 바바리아군의 요격을 받아 큰 손실을 입었다.

동맹군은 도망가는 적군을 프랑스 영토 안에까지 쫓아가려 하지 않았다. 그들은 프랑크푸르트에서 평화회의를 열려고 하였다. 1801년의 뤼네빌 조약 당시의 국경으로 돌아가는 조건으로 평화회의를 열자는 제의가 나폴레옹에게 전달되었다. 나폴레옹은 이에 응하지 않았다. 할 수 없이 동맹군은 1814년 1월 23만의 병력으로 라인 강을 건넜다. 나폴레옹은 겨우 4만 7,000의 군대를 이끌고 파리의 서남 150킬로미터 지점에서 동맹군의 전진을 막았다. 동맹군은 사방에서 파리로 진격하였다. 동맹 측은 다시 센 강가의 샤티옹에서 평화를 제의하였다. 이번의 조건은 1792년의 국경으로 돌아가는 것이었다. 나폴레옹은 거절하였다. 그는 작은 전투에서 더러 승리하였으나 대세를 바꾸기에는 아무것도 아니었다.

이에 영국, 러시아, 프로이센, 오스트리아의 네 동맹국들은 3월 9일 쇼몽 조약을 맺었다. 네 나라는 나폴레옹이 항복할 때까지 힘을 합하여 싸우고, 어느 나라도 단독으로 나폴레옹과 평화조약을 맺지 않고, 또 평화조약 체결 이후라도 동맹국의 어느 하나가 프랑스의 공격을 받을 경우에는 각각 6만의 병력을 공동 출병한다는 것 등을 협약하였다. 조약의 유효 기간은 20년이었다.

동맹군의 총공격이 시작되었다. 3월 30일 드디어 동맹군이 파리를 점령하였다. 이튿날 알렉산드르 1세와 프리드리히 빌헬름 3세 Friedrich Wilhelm III가 파리에 입성하였다. 나폴레옹이 이 소식을 들은 것은 파리에서 15마일 떨어진 진지에서였다. 그는 퐁텐블로로 후퇴하여 4만의 병력으로 파리의 탈환을 계획했으나, 그의 부장 가운데

프랑스로 귀환하는 루이 18세

이제 움직이는 자는 아무도 없었다. 그의 지배는 끝났다. 파리 시민은 사태의 변화를 무감각한 표정으로 지켜보고 있었다. 그중 가장 활발히 움직인 사람은 탈레랑이었다. 그는 연합국 원수들과 민첩히 접촉하면서 프랑스의 이익을 조금이라도 더 지키는 길을 찾고 있었다. 4월 6일 원로원은 연합국의 합의에 따라 나폴레옹의 폐위와 루이 18세의 즉위를 결의하였다.

나폴레옹은 11일 무조건 퇴위를 선언하였다. 그리고 퐁텐블로 조약에 의하여 그는 황제의 칭호를 보유하고 그 영토가 엘바 섬에 한정되고 연금 200만 프랑을 프랑스 정부로부터 지급받게 되었다. 20일 그는 퐁텐블로의 근위병에게 마지막 고별의 연설을 하고 유배지 엘바 섬으로 떠났다.

제5장 나폴레옹 시대 **267**

제6장

복고 왕정

1. 1814년의 사회 정황

프랑스 혁명과 나폴레옹 제국은 낡은 프랑스를 철저히 부수었다. 혁명 이전의 프랑스는 법률, 제도, 통치 체계, 관습, 도량형, 생활양식, 언어 등 어느 하나도 통일된 것이 없고 제멋대로 사는 사람들의 하나의 집합체였으나 혁명은 통일을 가져왔다. 혁명정부도 나폴레옹도 권력의 중앙집권을 강력히 추진하여 프랑스라는 나라는 국민 국가의 온갖 면모를 갖추게 되었다. 통치와 행정의 중앙집권적·통일적 체계, 합리적이고 체계적인 법률, 전국에 공통되는 도량형, 모든 남자에게 부과되는 병역 의무, 재산에 비례하는 객관적이고 합리적인 세제, 국가가 관장하는 단일적인 교육제도 등 온갖 면에서 앙시앵레짐의 지방주의적 성격이 말끔히 씻겼다.

한마디로 말하여 1814년 당시의 프랑스는 아주 능률적인 중앙집권의 나라였다. 그것은 주로 나폴레옹의 업적이었다. 민법, 형법, 상법, 사법제도, 재정 제도는 말할 나위 없고 레지옹 도뇌르 훈장을 제정하고 프랑스 은행을 설립하는 등 이 시점 등장한 훌륭한 모든 제도가 나폴레옹의 창작 내지 개작이 아닌 것이 없었다. 나폴레옹이 루이 18세에게 물려준 능률적인 행정제도는 복고 왕정이 손질할 필요가 거의 없었다. 물론 어떤 부분은 다시 고쳐야 했지만, 복고 왕정도 그 후의 누구도 효율적인 통치기구를 약화시키려고 하지 않았다.

그러나 프랑스 문화의 특성은 다양성에 있다. 역사적으로 극히 착잡했던 프랑스가 강력한 중앙집권에 의해 통일성과 획일성으로 변화하기는 했으나 지방의 문화적 특성은 아직도 다양하였다. 지방은 이제 행정의 단위는 아니지만 고유한 방언과 습관을 아직도 많이 보유하고 있었다. 알자스 사람은 브르타뉴 사람과 아주 다르고, 브르타뉴 사람은 남부 프랑스인과 매우 달랐다. 이러한 문화적 다양성은 로마 시대 이래의 역사적 산물이기는 하나 프랑스 특유의 지리적 조건과도 관계가 깊었다.

20세기 프랑스의 경제학자이자 정치 평론가인 시그프리드André Siegfried는 프랑스 문화의 특성을 삼중적인 것으로 이해한다. 그에 따르면 프랑스 문화는 대서양적인 것과 대륙적인 것과 지중해적인 것이 삼중으로 중첩되어 있다. 서쪽은 망망한 대서양을 향하여 문화적으로 영 · 미 자유주의에 더 가까운 경향을 보이며, 동쪽은 대륙의 일부로서 풍토와 사회의 특성이 철저히 유럽적이다. 프랑스 없이 유럽 없고 유럽 없이 프랑스 없다는 생각이 여기에서 비롯된다. 대륙적 프랑스의 입장에서 보면 프랑스는 대서양의 나라가 아니다. 그런데 더 흥미 있는 것은 지중해에 면한 남부 프랑스는 아시아와 아프리카 심지어는 극동에도 직접 접촉하여 문화적으로 비유럽적인 성격을 다분히 보인다는 것이다. 이렇듯 프랑스 문화는 복잡한 특성을 띠며, 그 복잡성은 지리적 조건에 연유한다.

이에 관련하여 인종적으로도 프랑스는 매우 복잡하다. 영국은 앵글로·색슨족의 나라이고 독일은 게르만족의 나라인 반면 프랑스는 프랑스족의 나라라고는 결코 말할 수 없다. 프랑스 사람이나 프랑스 국민은 있어도 프랑스 민족은 존재하지 않는다. 북부와 동부의 주민은 게르만족이고 서부와 중앙 고원 지방의 주민은 켈트족이며 남부의 주민은 지중해인 즉 라틴족이다. 프랑스인의 특징인 지성미 넘치고 명석함이 두드러지는 천성은 라틴족에게서 물려받은 것이고, 예술적이며 개인주의적인 성향은 켈트족에게서, 지나치게 심각한 경향과 건설적인 능력은 게르만족의 피에서 유래한 것이다. 이 다양한 성격을 강력한 국민적 통일로 융합하게 만든 것은 동일한 종족 의식이 아니라 오랜 역사와 전통에서 형성된 문화 의식이다.

아무튼 1814년 당시의 프랑스는 통일과 획일만의 나라가 아니라 문화적 다양성을 보유하는 나라였다. 그뿐만 아니라 국토는 기름지고 기후는 각종 산물의 재배에 알맞았다. 프랑스의 산물은 풍부하고 종류가 다양했다. 대서양과 지중해는 풍부한 해산물을 공급하고 긴 해안선과 항구들은 세계 각국과의 교역을 융성하게 만들었다. 내륙에 흐르는 많은 강들은 땅을 기름지게 하고 그 강을 연결하는 많은 운하와 함께 내륙 교역을 활발하게 했다. 그리고 나폴레옹 전쟁으로 말미암은 석탄과 인력의 부족이 공업의 발달에 지장을 주기는 했으나, 프랑스는 영국을 제외하고는 유럽에서 공업이 가장 발달한 나라였다. 요컨대 프랑스는 살기 좋은 나라였다. 그래서 나폴레옹의 실각 후 프랑스에 주둔하고 있었던 프로이센 군인들은 자기들은 프랑스에서 하나님처럼 살았다고들 하였다.

1814년 당시 프랑스의 인구는 2,900만으로 유럽에서는 러시아 다음으로 가장 많았다. 프랑스는 여전히 유럽 문화의 중심이었고, 프랑스어는 외교 용어인 동시에 교양인 사회의 국제어로서 사상과 학문 교류의 공통 수단이었다. 인구 60만의 수도 파리는 런던 다음가는 유럽 제2의 대도시로서 사회적·예술적 지위는 유럽 제일이었다.

이제 나폴레옹 전쟁 이후의 프랑스의 사회 계층을 살펴보기로 하자. 주요한 사회 계급은 형식상으로는 앙시앵레짐에서와 마찬가지로 귀족, 성직자, 부르주아 및 일반 민중les gens du peuple으로 구성되어 있었다. 그러나 구체적인 상황은 앙시앵레짐에서와는 전혀 달랐다.

첫째, 귀족은 옛 특권을 다 잃어버리고 귀족이라는 호칭만을 보유하고 있었다. 혁명과 전쟁을 통하여 그 수효가 많이 줄었을 뿐만 아니라 망명 귀족의 경우에는 토지가 몰수되고 없었다. 대귀족은 거의 예외 없이 망명했기 때문에 이 계층이 가장 큰 타격을 입었다. 지방 귀족 가운데는 망명하지 않은 사람들이 많았다. 이들은 토지를 계속 보유하고 자기 지방에서 사회적·정치적으로 영향을 미치고 있었다. 그러한 영향이 특히 강했던 데가 서부 지방이었다. 혁명의 최대 희생자가 귀족임은 말할 것도 없었다. 왜냐하면 프랑스 혁명은 귀족의 지배와 문화를 타도하고 평민의 지배와 문화를 수립하는 시민혁명이었기 때문이다. 귀족은 일반적으로 경제적·사회적으로 매력을 잃었다. 다만 왕정 복고와 함께 정치적인 힘을 회복하여 경제적·사회적 지위의 향상을 도모하려고 했으나 그리 뜻대로 되지 않았다. 역사적 조건은 이미 낡은 귀족의 활동 무대를 허용하지 않았다.

귀족은 관리, 외교관, 장교 등의 벼슬 이외의 직업에 종사하는 것을 수치로 여기는 전통적 관념이 아직도 강하여 새 시대의 변화에 적응하지 못하고 경제적 빈곤에서 벗어나지 못하는 경우가 많았다. 물론 개명한 귀족들도 있었다. 그들은 부르주아와 함께 산업혁명과 자본주의를 추진하는 세력이 되고, 자유주의적이고 민주주의적인 사상과 생활 태도를 지니고 있었다. 그 현저한 예가 브롤리Broglie 가문이었다. 그러나 대부분의 귀족은 프랑스 혁명 이념이었던 자유와 평등의 사상을 타기하거나 고의로 외면하고, 프랑스 귀족의 표지가 되어 온 가톨릭교회의 교리와 관례를 존중하고 순종하였다. 그들은 혁명적인 자유주의 사상을 누르고 부르봉 왕국과 사회적 안정을 수호하기 위해서는 가톨릭교의 국가적 부흥이 필요하다는 신념을 새로이 하고 있었다. 그러나 귀족의 이 새삼스런 신념이 과연 현실적으로 온당한 것이었느냐는 별개의 문제였다.

  귀족의 그런 신념을 실현시키려면 가톨릭교의 성직자 계급의 활동이 활발해야 했는데, 1814년 현재의 교회와 성직자는 어떠한 상황이었을까? 귀족보다 더 큰 혁명의 피해를 입은 것은 교회와 성직자 계급이었다. 이들은 혁명 초기에 벌써 교회 재산을 몰수당했을 뿐만 아니라 조직이 철저히 파괴되고 또 혁명의 와중에 생명을 잃은 자가 적지 않았다. 그리하여 1814년, 주교의 수가 절반 이상 줄고 목회자 없는 교구가 대부분이었다. 교회와 성직자는 재정적으로 매우 어려웠다. 주교들이 옛날같이 왕후처럼 호사스런 생활을 하는 것은 꿈에도 생각할 수 없었다. 일반 하급 사제의 경우는 더 말할 것도 없었다. 그들은 국가에서 지급하는 연봉 1,000프랑 내지 1,500프랑으로는 도저히 생활을 유지할 수가 없었다.

  더구나 가톨릭교는 프랑스 국민의 대부분이 믿는 종교이기는 하지만 개신교 및 유대교와 똑같이 공인된 종교의 하나에 불과하였다. 실제로 개신교도가 약 70만, 유대교인이 약 6만이나 있었다. 그뿐만 아니라 1801년의 교황과의 협약에 따라 가톨릭교는 프랑스 국가의 통제를 받도록 되어 있었다. 국가 통제를 벗어나려는 운동이 19세기를 통하여 줄곧 계속되었으나 별 성과를 얻지 못하였다. 프랑스에서는 중세 이래 유럽의 어느 나라에서보다 왕권이 일찍 발달하여 교회 문제로 왕권과 교황권이 충돌하곤 했는데, 교회의 최고권이 로마 교황에 있다는 울트라몬타니즘과 프랑스 교회는 교황 지배에서 독립해야 한다는 갈리카니슴이 늘 맞서왔다. 19세기에도 양자의 싸움은 계속되었다. 그런데 19세기의 울트라몬타니즘은 프랑스 혁명의 이념들을 반대하고 앙시앵레짐으로 복구하려는 반동 세력에 앞장섰고, 갈리카니슴은 프랑스 혁명의 이념을 승인하고 근대 자유주의와 국민주의 제도를 용인하는 '리버럴'한 종교운동이었다. 따라서 19세기의 역사가 차츰 자유주의와 민주주의의 승리로 전진함에 따라 울트라몬타니즘은 쇠퇴하고 갈리카니슴이 강해졌다.

셋째로, 부르주아의 형편은 어떠했을까? 혁명의 과실을 가장 많이 얻은 계급이 바로 이 계급임은 말할 나위도 없었다. 그들은 혁명 정부가 몰수한 토지를 가장 많이 얻었다. 새 지주계급이 된 그들은 새 토지 수입으로 만족하게 살고 있었다. 그들이 1814년에 부르봉의 복귀를 용납한 것은 헌장이 그들의 새 소유권을 보장했기 때문이었다. 그러므로 그들은 복고 왕정이 토지 문제를 새로 제기하려는 어떤 계획에도 날카롭게 반대하였다. 부르주아는 새 지주계급이 되었을 뿐만 아니라 기업가로서 프랑스 산업혁명의 선구자가 되었다. 그리고 또 그들은 기업가로서보다 전문 직업인이나 관리로서 더 많이 성공하고 있었다. 부르주아는 제3신분을 혁명의 승리자로 이끄는 데에 성공한 계층인 만큼 이제 정치적 지배권이 자기들의 수중에서 빠져나가는 것을 묵과할 자들이 아니었다. 그들의 야망과 실력은 오래지 않아 귀족에게서 정치적 지배권을 완전히 다시 빼앗을 터였다.

부르주아는 종교에는 무관심하거나 회의적이었고 때로는 적의마저 품고 있었다. 그러나 프랑스의 프로테스탄트는 부르주아들이었다. 따라서 프로테스탄트를 포함한 부르주아는 가톨릭의 울트라몬타니즘에 반대하고 교육과 결혼 문제를 가톨릭교회가 관장하려는 교권주의Clericalisme에 반대하였다. 교권주의는 교육과 결혼, 이혼 문제를 국가가 관장하는 세속화laïcisation에 반대하고 교회가 그것들을 도맡아야 한다고 주장했다. 이 교권주의와 반교권주의Anti-Clericalisme의 싸움은, 위에서 말한 가톨릭교 안에서 일어난 울트라몬타니즘과 갈리카니즘의 싸움과 함께, 정치적·사상적으로 19세기 프랑스의 특이한 역사를 장식하게 될 것이었다. 부르주아와 함께 자유주의와 민주주의가 전진하면 전진할수록 교권주의는 반교권주의의 승리 앞에서 후퇴를 거듭하게 된다. 그러나 그 노정은 결코 순탄하지는 않았다.

넷째로, 일반 민중의 경우는 전체 인구의 75퍼센트 이상을 차지하는 농민과 도시 노동자의 둘로 구분하여 고찰해 보자. 농민은 혁명에 의하여 봉건적 부담에서 해방되었으나 농민 전체가 곧 그 혜택을 입은 것은 아니었다. 왜냐하면 자기 토지가 없는 농민에게는 봉건적 부담에서 해방되는 것이 구체적인 은혜를 의미하지는 않았기 때문이다. 농경에 종사하는 자를 일괄하여 농민이라고 하지만, 농민에도 여러 계층이 있었다. 부유한 자작농은 대체로 혁명의 은혜를 입은 자들이었다. 그러나 자작농 가운데는 경작 면적이 영세하거나 토질이 척박하여 생계를 유지하기가 어려워서 부분적으로 소작을 겸영하는 자가 꽤 많았다. 이들보다 낮은 계층의 농민은 자기 토지가 하나도 없는 순전한 소작인이었다. 이 소작인의 수는 계속 늘어났는데, 주요한 원인 중 하나가 프랑스 특유의 제자諸子 상속제에 있었다. 이 상속제는 멀리 프랑크 왕국 이래의 관습에 따르는 것으로서, 농토가 여러 자식들에게 세분됨으로써 토지의 영세화를 낳고 그 영세화가 드디어 토지 없는 소작인을 만들어냈다. 끝으로 농민의 최하층에 농업 노동자라는 품팔이 농민이 있었다. 이들은 소작할 토지마저 없는 농촌 프롤레타리아로서 지방에 따라 그 비율에 많은 차이가 있었다. 이들이 제일 많은 지방은 부르군디와 노르망디였다.

일반적으로 혁명은 농민에게 법적 신분을 개선해 주고 봉건적 부담을 제거해 주었지만, 영농 방법의 개량이나 물질적 개선에는 별다른 영향을 미치지 못하였다. 북부와 동부의 부농들은 비료의 사용, 재배 곡물 종류의 교체에 의한 농토의 비옥화, 이종교배에 의한 가축의 개량 등 새 경작 방법을 채용하기 시작했으나, 이 지역에서도 아직 삼포제와 낡은 경작 방법을 답습하고 있었다. 따라서 대부분의 농민은 여전히 가난하고 1년의 반을 감자와 도토리로 연명하는 형편이었다. 더구나 도로망이 아직 덜 발달하여 물자의 유통이 원활하지 못한 탓으로, 지방에 따라 물가의 차가 심하고 흉년이 드는 지방은 기근의 위협을 면하기 어려웠다. 농민이 압도적으로 많고 기름진 농토가 넓은 프랑스가 1816~1817년에 식량 부족을 메우고 물가앙등을 억제하기 위하여 곡물 수입에 다액의 재정을 쓴 것만 보더라도 당시 경작 방법이 얼마나 뒤떨어져 있었던가를 충분히 짐작하게 한다. 농민의 경제생활의 개선에 필수적인 요건은 넉넉한 농지만이 아니라 단위면적당 생산량의 증대였다. 프랑스 농민의 생활환경을 개선해 준 것도 19세기를 통하여 꾸준히 발달하는 현대 산업 기술이었다.

끝으로 도시의 민중을 살펴보자. 프랑스는 아직 공업이 발달하지 않아 대규모 공장들이 많지 않고 도시들도 아직 규모가 작았다. 인구 10만 이상의 도시는 파리 말고는 리옹과 마르세유뿐이었고, 인구 5만 내지 10만의 도시도 보르도, 루앙, 낭트, 릴, 툴루즈의 다섯뿐이었다. 도시도 상공업도 아직 소규모였다. 따라서 근대적인 의미의 공업 노동자 계급이 아직은 성장해 있지 않았기 때문에 현대 도시에서와 같이 공업 노동자가 그 주민의 대부분을 차지하지는 않았다. 그러나 소규모 공장에서 일하는 직인들과 그들의 제품을 농촌에 공급하는 영세 상인이 도시 인구의 대부분을 차지하였다. 이들은 농민보다 더 넉넉한 것도 아니고 교육을 더 많이 받은 것도 아니었다. 그들은 더러운 작업장에서 장시간의 노동에 시달렸다. 더구나 어느 도시에나 극빈자들이 우글거렸다. 파리의 경우 전체 인구의 6분의 1에 해당하는 10만 명이 구호 대상자였다.

 근대 산업 노동자 계층이 아직 성장하지 못한 상태에서는 어디에서나 그런 것처럼 프랑스에서도 노동자의 이익을 위한 단체의 조직과 활동이 금지되어 있었다. 혁명과 나폴레옹 시대에 이미 제정되어 있었던 노동자의 결사 금지법은 1814년 이후에도 폐지되지 않았다. 노동자는 노동 수첩livret을 항상 휴대해야 했고, 수첩에는 당사자의 이력이 자세히 기록되어 있어서 언제 어느 공장에서 무슨 일을 했고 또 해고 사유가 무엇인가를 한눈에 알 수 있었다. 그 정도로 경찰의 엄격한 감시하에 있었던 것이다. 그리고 자신들의 이익을 위한 결사의 자유도 단체교섭권도 없었으므로 노동자는 각자 제 능력대로 고용주와 교섭하는 길밖에 없었다. 정부는 이런 문제에 한해서만큼은 자유방임의 태도를 취하였다. 이런 종류의 자유방임은 자본가의 이익과 노동자의 손실을 초래할 뿐이었다. 그러기에 정부의 자유방임 원칙은 부르주아의 불이익에 적용되지 않았다. 가령 무역의 자유방임 정책은 영국 공업 제품과의 경쟁을 몹시 두려워하는 기업가들과 값싼 외국 곡물의 수입을 두려워하는 지주층의 이익에 위배되었으므로 프랑스 정부는 고도의 보호무역 정책을 실시하였다. 거기서 도시 노동자나 빈민은 값비싼 식량과 공업 제품을 사지 않으면 안 되었다.

1814년 당시 프랑스 사회는 대체적으로 순박하고 부지런하고 검약했으나 문자를 해독하지 못하는 압도적 다수의 민중을 안고 있는 산업혁명 초기의 사회였다. 민중이 무식한 이유는 교육이 아직 널리 보급되지 않았기 때문이었다. 산악파가 주도했던 혁명정부 시절에 초등교육의 무상 의무제를 실시하려고 했으나 실패하였다. 그 후 초등교육은 의무제는 아닐지라도 꽤 광범하게 보급되어 갔으나 국민 전체의 문맹률은 여전히 높았다. 1821년 당시 초등학교가 없는 코뮌이 2만 5,000이나 되었다. 부르주아의 자녀의 교육을 위한 중등교육과 고등교육기관은 수준이 높고 비교적 광범하게 설치되어 있었다. 말하자면 엘리트 교육은 유럽 어느 나라에도 뒤지지 않았으나 대중교육은 그렇지 못했던 것이다.

후일 라불레Édouard René de Laboulaye는 프랑스 사람은 조용한 국민인데 국회의원들이 몹시 떠든다는 말을 했다고 하는데, 이 말은 19세기의 프랑스 사회를 바로 통찰한 말인 듯하다. 프랑스의 일반 민중은 헌법상의 투쟁에도 정치 이론의 논쟁에도 별 관심이 없고 또 사실 그런 어려운 문제를 이해할 만한 능력이 없었다. 그들의 관심은 항상 어떻게 하면 생계를 유지하느냐 하는 현실적인 것이었다. 어떤 정치 문제가 일어나면 그것이 자기에게 증세를 의미하느냐 감세를 의미하느냐, 쌀값이 오르는 걸 의미하느냐 내리는 걸 의미하느냐, 내 자식이 군대에 가게 된단 말이냐 혹은 군복무 연한이 는단 말이냐 하는 지극히 현실적인 문제와 관련시켰다. 프랑스 민중은 1848

년 보통선거제도가 실시된 이후 항상 질서와 안정 쪽에 투표하였다. 그들은 혼란과 변화를 바라지 않았다. 그 혼란과 변화가 혹시나 자기 가족과 안정에 위협을 가져오지 않을까 두려워하였다. 프랑스 민중은 온당한 의미에서 평범한 백성이었다.

2. 제1차 왕정복고

세기의 독재자 나폴레옹과 그의 제국이 몰락하자 유럽 전체는 해방과 승리의 환성을 울렸다. 프랑스 국민도 패전의 쓴 잔보다 압정의 짐을 벗어버린 해방감에 들떴다. 프랑스 국민은 20여 년간의 혁명과 전쟁으로 약 200만의 인명 피해를 입고 경제생활도 날로 궁핍해져 지칠 대로 지쳐 있었다. 그들은 평화와 자유 그리고 징발의 종결만을 바라고 있었다. 그러나 갑자기 무너져 폐허가 되어버린 프랑스 제국의 어디에서 어떻게 새 평화와 자유를 찾아야 할지 몰랐다. 모든 것은 막연하고 확실치 않았다. 전쟁은 끝나고 평화가 찾아온 것은 분명했으나 이 평화는 새 질서 위에 수립될 것인데 그 새 질서란 구체적으로 무엇을 말하는가는 분명하지 않았다. 갑자기 찾아온 평화는 여러 가지 어려운 문제들을 안고 있었다.

연합군의 주요한 과제는 유럽 전체에 새 질서를 수립하는 것이었다. 유럽에 새 질서를 수립하는 첫째 조건은, 프랑스가 다시는 유럽의 평화를 깨거나 위협하지 못할 정부 형태를 결정하고, 프랑스에 의하여 마구 그어졌던 영토상의 국경을 새로 변경하는 것이었다. 프랑스의 새 정부 형태에 관해서는 연합국이 샤티옹 회의에서 이미 논의한 바 있었다. 첫째 혁명적인 성격을 띠는 공화정의 수립은 어느 나라도 찬성하지 않았고, 둘째 보나파르트 왕가의 수립은 어떤 형태의 것이든 영국이 강력히 반대하였다. 공화정과 보나파르티슴을 반대하는 데는 연합국 사이에 의견의 일치를 보았으나 적극적으로 어떤 형태의 정부를 수립할 것인가에는 합의에 이르지 못하고, 다만 프랑스 국민이 장래의 정부를 결정한다는 데에만 합의한 상태였다. 이 합의는 연합국이 국민주권의 원리를 시인한 것으로서 크게 주목할 만한 사실이었다. 이러한 갑작스런 변화 앞에서 어리둥절해 있는 프랑스 국민 앞에 나선 사람은 바로 탈레랑이었다.

　탈레랑은 루이 18세를 자칭하는 프로방스 백작을 왕위에 앉혀서 부르봉 왕가를 복귀시키는 것 외에는 프랑스의 질서와 정치를 보장할 길이 없다고 생각하고 있었는데, 그의 생각에 크게 반대한 자는 러시아 황제 알렉산드르 1세와 프랑스의 원로원이었다. 알렉산드르 1세는 프로방스 백작의 사람됨을 의심하였고, 원로원은 보나파르트파의 소굴이었다. 그러나 탈레랑은 알렉산드르 1세와 원로원을 설득하는 데 성공하였다. 나폴레옹이 퇴위하는 날짜로 루이 스타니슬라스 그자비에Louis Stanislas Xavier 프로방스 백작은 루이 18세로서 프랑스의 왕이 되었다. 당시의 복잡한 사정 가운데서 연합국 사이에 최소한의 의견 일치를 볼 수 있고 또 프랑스 국민의 최소한의 합의를 얻을 수 있는 해결책은 사실 부르봉 왕가의 복구 이외에 달리 신통한 길이 없었다. 이때부터 50여 년 후 나폴레옹의 조카 샤를 루이 나폴레옹 보나파르트Charles Louis Napoléon Bonaparte(나폴레옹 3세)　제2제국이 무너졌을 때 임시정부의 수반이었던 티에르Louis Adolphe Thiers는 프랑스 국민의 분열을 최소한으로 줄이는 길은 공화정의 수립밖에 없다는 유명한 말을 남겼는데, 프랑스 제1제국이 무너졌을 때는 부르봉 왕가의 복구밖에는 프랑스 국민의 최소한의 합의를 얻을 길이 없었던 것이다.

　나폴레옹의 실각 이후 몇 달 사이에 어려운 문제들이 신속히 해결되었다. 5월 1일에는 프랑스와 연합국 사이에 파리 조약이 조인되고, 5월 3일에는 망명했던 루이 18세가 파리에 입성하고, 6월 4일에는 헌장Chartre이 반포되었다.

　파리 조약은 프랑스의 국경을 혁명이 일어난 1789년 당시의 것으로 환원하였다. 식민지도 몇 개의 섬 이외에는 혁명 전의 것을 모두 그대로 보유하게 하였다. 프랑스는 전쟁배상금을 지불하지도 않았고, 연합군이 프랑스에 주둔하지도 않았다. 파리 조약은 패전국 프랑스로서는 고맙게 받아들일 만한 너그러운 것이었다. 후일 탈레랑이 말한 바와 같이, 그 조약은 당시의 사정이 허락하는 한도 안에서 프랑스에 가장 유리한 것이었다.

　루이 18세가 반포한 헌장은 국민대표가 제정한 헌법이 아니라 왕이 국민에게 내리는 흠정헌법의 형식을 취하고 있기는 하나, 왕정의 복구가 혁명 전의 앙시앵레짐의 복구를 의미하지 않음을 보장하였다. 사반세기의 혁명이 이뤄놓은 것을 깡그리 없애버릴 수 없다는 것을 확인했다. 그 헌장은, 법 앞에서의 만인의 평등, 재능에 따르는 취업의 자유, 재산에 비례하는 납세, 관권의 자의적인 억압과 체포로부터의 자유, 종교와 출판 및 언론의 자유, 소유권의 불가침성 등을 보장하였다. 특히 중요한 것은 혁명정부가 교회와 망명 귀족에게서 몰수한 국유재산과 국민이 정부로부터 구입한 재산도 다른 재산과 마찬가지로 그 소유권이 보장되었다. 그뿐만 아니라 헌장은 나폴레옹 치하에서 국가가 국민에게 진 빚의 반제를 약속하고, 강제 징병제를 폐지하며, 나폴레옹이 멸시했던 정치적 자유의 문제도 해결할 길을 찾으려고 하였다. 이러한 헌장은 당시 유럽에서는 영국 이외의 어느 나라의 것보다도 가장 '리버럴'한 것이었다.

　루이 18세는 제도상 적어도 양원제 의회에 기반을 둔 입헌군주로서 복귀하였다. 입법부는 대의원과 귀족원으로 구성된 양원제였다. 상원인 귀족원 의원은 왕이 임명하고, 하원인 대의원 의원은 제한선거로 선출했다. 하원의 선거인 자격은 300프랑 이상의 직접세를 납부하는 30세 이상의 남자에 한했고, 피선거인 자격은 1,000프랑 이상의 직접세를 납부하는 40세 이상의 남자에 한했다. 상원 의원은 세습이고, 하원 의원의 임기는 5년인데 매년 5분의 1씩 개선되었다. 내각은 왕이 임명하되 의회에 책임을 졌다. 따라서 의회가 내각을 불신임할 수는 있었으나, 왕은 의회 해산권을 가지고 있었다.

　이상과 같은 골격의 정부 형태는 1789년의 이념을 일단 긍정한 것으로서 낡은 프랑스와 새 프랑스가 조화를 이루고 있다는 최소한의 표현이었다. 그것은 프랑스 국민의 착잡한 이해관계와 생각을 어떻게 해서든 한데 묶어 혁명을 통해 이룩한 프랑스의 국가적 통일을 강화시켜보려는 의도의 일환이었다. 프랑스는 이제 장래를 낙관해도 무방하였다. 연합국도 프랑스 국민도 그렇게 생각하고 있었다. 그래서 나폴레옹을 항복시킨 연합군도 모두 본국으로 돌아갔다.

　그런데 실은 헌정상의 조화와 국민 간의 현실적 대립 사이에는 큰 거리가 있음이 입증되었다. 프랑스 왕국의 통일과 프랑스 국민의 조화의 징조로 수립된 부르봉 왕가가 헌장이 선포된 지 1년도 못 되어 아침 이슬처럼 맥없이 쓰러졌던 것이다. 나폴레옹이 유배지 엘바 섬을 탈출하여 리비에라 해안에 상륙한 것은 1815년 3월 1일 오후 3시였고 그가 파리에 입성한 것은 3월 20일 밤 9시였는데, 그 사이에 그는 아무 저항도 받지 않았다. 루이 18세가 급파한 군대도 "나는 황제다, 알겠나"라는 나폴레옹의 한마디 앞에 "황제 만세"를 외쳤다. 루

엘바 섬에서 귀환하는 나폴레옹.

이 18세는 3월 19일 총총히 파리를 탈출하여 벨기에로 도망갔다. 이른바 나폴레옹의 '백일천하'가 시작되었다. 부르봉 왕가의 국민적 기반이 얼마나 허약했는가가 여지없이 드러났다. 나폴레옹의 재집권은 100일을 넘기지 못하지만 그를 다시 실각시킨 것은 프랑스 국민이 아니라 연합국 군대였다. 나폴레옹이 다시 실각한 후 루이 18세가 망명지에서 다시 파리로 돌아와 왕위를 계속 유지하게 되지만 그의 복위를 가능하게 한 것도 프랑스 국민이 아니라 연합국 군대였다. 이렇게 볼 때 1814년의 복고 왕정은 겉으로는 프랑스 왕국의 통일과 프랑스 국민의 조화를 실현한 것 같았으나 실은 그렇지 못하였다. 복고 왕정이 1814년에 직면한 과제는 여간 어려운 것이 아니었건만, 부르봉 왕가는 그 난제를 짊어질 만한 능력이 없었던 것이다. 러시아 황제 알렉산드르 1세는 당초 부르봉 왕가의 복구를 반대한 사람이었다. 그는 "그들(부르봉 왕가 사람들)이 어떤 사람들인가를 안다면 왕관의 책임이 그들과 같은 사람들에게는 적합하지 않다는 것을 확신하게 될 것이다"라고 말한 바 있었다. 이 말이 옳다는 것이 이제 입증된 셈이었다.

 루이 18세와 그의 측근들은 프랑스 역사상 가장 중요한 시기에 외국에 망명하여 프랑스의 실정에 어두웠을 뿐만 아니라, 혁명과 제국이 이룬 영광스런 업적을 정당하게 이해하지 못하고 오히려 이를 무시하고 혐오하였다. 그것은 혁명과 제국에 직접 참가한 프랑스 국민에게는 고약하고 부당한 일이었다. 새로운 프랑스의 건설이라는 위대한 역사적 과업에 피와 땀을 쏟고 있었을 때, 외국에 망명하여 새 국가 건설을 반대하고 국민으로부터 멸시와 지탄을 받고 외국 땅에서 초라하게 살던 자들이 사반세기나 지나서 조국으로 돌아와서는 적반하장으로 혁명의 업적을 무시하고 혐오하다니. 그뿐만 아니라, 25년간이나 정반대의 생활환경에서 산 부르봉의 귀환자들과 프랑스 국민 사이에는 외국인들 사이에 느끼는 서먹서먹함을 금한 길이 없었다. 샤토브리앙은 프랑스 왕실에 관한 책을 저술했을 때 마치 중국 황실을 설명하는 기분이었다고 말할 정도였다. 그러나 국왕과 국민 사이의 서먹서먹함은 결코 극복할 수 없는 약점이 아니었다. 왜냐하면 유럽 정치 문화의 전통에서는 외국인을 왕으로 추대하는 일은 흔히 있는 일이었기 때문이다. 잘 알고 있듯이 영국 왕실은 독일 하노버 왕가의 조지 1세George I에서 시작했고, 영국의 명예혁명에 의해 군림한 오렌지 공 윌리엄 3세William III of Orange는 네덜란드 사람이다. 조지 1세나 윌리엄은 영어를 모르는 완전한 외국인으로서 국민과의 관계가 서먹서먹했지만 곧 쉽게 친근해질 수 있었다. 이러한 조건에 비하면 루이 18세의 경우는 훨씬 유리한 편이었다. 그는 외국인이 아니었다. 외국인 왕도 곧 쉽게 국민과 친근해질 수 있다면 루이 18세는 한결 더 쉽게 그 국민과 친근해질 수 있었다.

그런데도 그는 그런 일을 해낼 만한 인물이 못 되었다. 그는 개인적으로 국민의 존경을 받을 만한 경력도 매력도 없었고, 나폴레옹과 같은 군사적 영광이나 정치적 업적도 없으면서 나폴레옹의 치적을 곧잘 무시하였다. 루이는 프랑스 국민이 평화를 수락한 것은 전쟁이 싫어서였고 자신을 왕으로 받아들인 것은 당시 사정으로서는 별 도리가 없었기 때문이라는 것을 미처 깨닫지 못하고 있었다. 당시 프랑스에 순수한 왕당파는 그리 많지 않았다. 따라서 프랑스 국민으로 하여금 새 왕정에 충성심을 품게 할 적극적인 계기가 마련되지 않는 한, 왕정에 대한 국민들의 서먹서먹한 태도는 비난으로 악화될 가능성이 높았다. 그런데 국민의 충성심을 왕에게 돌리게 할 만한 적극적인 동기는 생기지 않고 오히려 그 반대 현상들이 일어나고 있었다.

첫째, 제대 군인, 귀환 포로, 나폴레옹 제국에서 일하던 관리들의 불만이 커져 갔다. 이들은 당장 직장이 없었다.

둘째, 헌장의 보장에도 불구하고 혁명으로 획득한 재산과 권리가 수포로 변할지도 모른다는 국민의 불안과 공포가 커져 갔다. 루이와 함께 망명생활에서 돌아온 많은 귀족은 지난 25년 사이에 "잊은 것도 배운 것도 없는" 자들로서 역사적 변화를 전혀 의식하지 못하고 혁명 이전의 토지와 권리와 특권을 되찾으려고 날뛰었던 것이다. 혁명의 결과를 유지함으로써만 안심할 수 있는 대다수 국민에게는 망명 귀족의 그러한 태도가 몹시 불안스러울 수밖에 없었다. 더구나 왕이 하사한 헌장에는 모호하고 의아스러운 대목이 많다는 사실이 비판되면 될수록 국민의 불안이 더해졌다.

셋째, 왕과 그의 대신들의 우매한 실수가 급격한 변화에 자극된 국민의 긴장과 불안과 공포를 더욱 격화시켰다. 예를 들면, 루이 18세가 국민에게 보내는 첫 선언에서 자기가 왕위에 오르게 된 것은 하나님의 은총 다음으로 영국 왕의 덕분이라고 했다든가, 국왕이 최초로 행한 공식 행사가 연합군의 사열이었다는 것 등은 프랑스 국민의 국민적 자존심에 상처를 주었다. 또 왕의 질녀, 즉 루이 16세의 딸이 망명길에서 파리로 돌아올 때 상복을 입었다든가 하는 것도 파리 시민을 매우 불쾌하게 하였다. 거기에다가 유럽을 정복했던 삼색기를 없애고 부르봉 왕가의 가기家旗인 백색기를 국기로 부활시켰다. 삼색기는 혁명을 상징하고 백색기는 혁명의 부정을 의미했다. 이 국기 문제는 앞으로 19세기에 정치적 변화가 일어날 때마다 제기되는 문제가 되었다. 백색기의 부활과 함께 앙시앵레짐의 낡은 상징들과 예의범절이 많이 부활하면서 불안한 국민을 한결 더 불안하게 만들었다.

넷째. 경제정책에서 대륙봉쇄의 철폐에 따라 관세장벽이 낮아져서 영국 상품이 대량 유입하여 국내 산업에 압박을 가하고 술이나 담배 등에 과하는 간접세droits réunis의 폐지 약속을 지키지 않고 계속 징수하는 데에 대한 국민의 불평이 높아지고 있었다.

그러한 판국에 1814년 12월에는 혁명기에 국가가 몰수했다가 아직 처분되지 않은 국유재산을 본래의 소유주에게 반환해 주는 법안이 통과되었다. 이것은 중세에 허덕이는 국민에 대한 우롱일 뿐만 아니라 앞으로 혁명의 결과를 모조리 무효화시키려는 망명 귀족의 음흉한 의도를 표출한 것으로밖에는 달리 해석할 길이 없었다. 국민의 불만과 불안은 날로 커가기만 했는데 국민의 정당한 의사를 표시할 언론은 계속 정부의 검열에 묶여 있었다. 그만큼 국민의 불만은 소리 없이 누적되어 갔다.

나폴레옹의 실각 후, 프랑스의 모든 환경은 왕을 중심으로 한 새 지도층의 현명한 지혜와 고도의 정치 기술을 요구하고 있었지만 왕과 그의 정부는 그러한 리더십을 발휘하지 못하였다. 왕 개인의 의도는 헌장을 지키고 평화를 유지하려는 데 진지했으나, 그는 혁명의 벗과 혁명의 적을 연결시키는 다리로서의 지혜와 능력을 발휘하지 못했던 것이다.

그러나 비록 그의 역량과 리더십이 모자라고 국민의 불만이 커지고 있었더라도 복고 왕정을 전복하려는 음모나 국민 봉기가 있었던 것도 아니고, 또 갑작스런 어떤 변화가 일어날 형편도 아니었다. 루이 18세가 파리를 떠나 벨기에로 도망해야 했던 이유는 오로지 군대의 충성을 얻지 못한 데에 있었다. 군대의 충성만 얻었더라면 능히 나폴레옹을 무찌를 수 있었다. 복고 왕정과 군대의 관계는 매우 복잡했다. 루이가 물려받은 군대는 패전에 실망하고 평화조약에 불만을 품은 군대인 데다가, 20만의 제대 군인은 일자리가 없어 방황하고 있었고, 1만 3,000의 퇴역 장교는 연금이 형편없어 초라한 생활을 해야 하는 한편 경찰의 감시마저 받고 있었다. 특히 그들의 분노를 자극한 것은 삼색기의 폐지와 왕당파 군벌의 탄생이었다. 그들은 삼색기를 앞세우고 유럽 천지를 누빈 영웅들로서 삼색기의 폐지는 자기들에 대한 하나의 큰 모욕이라고 격분하였다. 그리고 혁명군에도 나폴레옹 군대에도 복무한 일이 없는 왕당파 가운데서 새 장교들을 임명하여 옛 군벌을 다시 조직하려는 움직임도 참을 수 없는 일이었다. 더구나 이 군대의 재편성에 1,000만 프랑이라는 막대한 세출을 낭비하고 있었다.

군대의 불만이 이러하였으니, 나폴레옹이 엘바 섬을 탈출한 후 그에게 대항하도록 파견한 정부군이 나폴레옹의 개인적 위엄 앞에 굴복하고 또 많은 옛 부하들이 그를 따른 것은 별로 이상할 것도 없는 일이었다.

3. 나폴레옹의 백일천하

1815년 3월 20일 밤 파리에 돌아온 나폴레옹은 자기의 불명예와 국민의 의아심을 씻기 위하여 자유를 수호하는 계몽 정치의 수장으로 처신하였다. 에르크만-샤트리앙Erckmann-Chatrian의 《1813년의 신병 이야기Histoire d'un conscrit de 1813》(1864)라는 작품에서 주인공 조세프의 시계방 주인 굴덴은 나폴레옹의 귀경에 대하여 이렇게 말한다.

> 보고 온 사람이 말하는데, 황제께서는 분명히 파리로 돌아오셨대. 군인들은 그러기를 바라고 있지. 재산에 위협을 받은 농민도 그렇고. 황제가 그 섬에서 반성하여 전쟁 같은 생각은 버리고 조약을 맺어주면 좋은데. 더구나 누구에게나 자유와 재산을 보장해 주는 좋은 헌법을 만들어주면 좋은데. 부르주아들도 나쁠 것 없지, 좋아할 거야.

나폴레옹은 이 '좋은 헌법'의 기초를 콩스탕Benjamin Constant에게 위촉하였다. 콩스탕은 나폴레옹에게 추방되어 독일에 숨어 있다가 갓 돌아온 공화주의자였다. 나폴레옹이 그에게 헌법의 기초를 위촉한 것은 곧 자기는 시민적 자유주의 정치를 실시하겠다는 적극적 의사의 표시였다. 콩스탕은 4월 중에 '제국 헌법 부가법'을 기초하였다. 의회는 양원제이고 모든 법률은 의회에서 심의되고 보통선거제가 도입되는 등 루이의 1814년 헌장보다 훨씬 광범위한 자유가 규정되어 있었다. 그 헌법은 보나파르티슴과 자유주의의 연합이었다. 이 연합은 보나파르티슴의 이른바 자유 제국l'Empire libéral의 구상으로서 보나파르티슴의 정체를 한결 더 애매모호하게 하였다. 보나파르티슴이 마치 자유의 챔피언이나 되는 것처럼 선전하여 나폴레옹의 전설을 만들어낸 것이 바로 이 자유 제국이라는 애매모호한 정치적 위장이었다. 그것은 낡은 프랑스와 새 프랑스의 명백한 대조를 흐리게 하여 19세기 프랑스의 방향을 어지럽게 하였다. 콩스탕의 헌법은 국민투표에 부쳐졌고 130만 대 4,200으로 승인되었다. 유권자는 500만을 넘었건만 투표에 참가한 자는 4분의 1도 안 되었다. 이것은 무엇을 의미했을까? 나폴레옹은 군대의 충성은 획득할 수 있었으나 전체로서의 국민의 충성은 크게 얻지 못했던 것이다. 국민의 마음속에는 불안이 가득 차 있었다. 이 불안 의식은 나폴레옹의 100일간의 재통치 기간 내내 줄곧 전국을 뒤덮고 있었다.

한편 전후 처리 문제로 옥신각신하고 있던 빈의 열국 회의는 나폴레옹의 탈출 소식을 듣고 황급히 이견을 조정하여 불의의 도발자에게 대비하였다. 3월 25일 4대 연합국은 쇼몽 조약을 재확인하고 전쟁 준비를 서둘렀다. 나폴레옹은 기선을 제압하기 위하여 벨기에에 주둔하고 있는 웰링턴 휘하의 영국군 9만 6,000명과 블뤼허Gebhard Leberecht von Blücher 휘하의 프로이센군 12만을 먼저 치기로 하였다. 그는 6월 6일 군사행동을 개시하였다. 6월 18일 워털루에서 결전이

워털루 전투. 이 전투에서 나폴레옹군의 패배가 결정되었다.

벌어졌다. 결과는 나폴레옹의 참패였다. 그는 두 빈 손을 내밀며 "쓰러진 용사들이여, 나는 패하고 내 제국은 유리처럼 깨졌다"고 소리질렀다. 파리로 돌아온 그는 결국 22일 퇴위하고 29일 파리를 떠나 미국으로 망명할 계획이었으나 영국군의 포로가 되어, 10월 15일 남대서양의 외딴섬 세인트헬레나에 유배되었다. 그는 거기서 5년 반을 더 살다가 1821년 5월 5일에 죽었다.

이 5년 반은 나폴레옹 전설을 만들어내는 데 다시 없는 중요한 시기였다. 만일 이 5년 반의 유배 생활이 없었더라면 프랑스 국민의 뇌리에 오랫동안 아로새겨진 전설적인 나폴레옹상像은 만들어지지 못했으리라. 유배지에서 나폴레옹과 생활을 함께한 역사가 라스 카즈 Emmanuel de Las Cases와 구르고 Gaspard Gourgaud 장군 및 몽톨롱 Charles Tristan de Montholon 장군이 남긴 나폴레옹 전기들은, 1815년 이후의

제6장 복고 왕정　289

반동 체제에 대한 반발과 낭만주의의 안개 속에서 문학적인 나폴레옹 전설을 프랑스 국민에게 심어주는 데 크게 이바지하였다. 그리하여 나폴레옹은 죽지 않고 프랑스에 살아남았다. 약 100만의 생명을 군신에게 바친 나폴레옹에게 19세기의 프랑스인은 증오의 비碑를 세우지 않았다. 오히려 1840년 12월 15일 프랑스 국민은 그의 유골을 세인트헬레나에서 파리로 이장하여 국민 영웅으로 모셨다. 그뿐만 아니라 그의 조카 샤를 루이 나폴레옹은 《나폴레옹의 이념Des ideés napoléoniennes》(1839)이라는 저서를 통하여 백부의 정치 이념만이 프랑스를 구제할 수 있다고 선전하더니, 드디어 제2공화국의 대통령이 되고 이어 제2제국의 황제가 되어, 전설적인 나폴레옹의 구현자로 나타나기에 이르렀다. 이렇게 보나파르티슴은 프랑스의 19세기 역사에서 하나의 독자적인 위치를 차지하게 된다.

그런데 나폴레옹의 백일천하는 유럽과 프랑스에 심각한 문제를 낳았다. 첫째, 부르봉 왕가가 진정한 통치자의 자격이 있느냐의 문제였고, 둘째는 프랑스 국민이 평화조약을 지킬 의사가 있느냐의 문제였다. 연합국의 입장에서는 프랑스를 나폴레옹의 백일천하 이전과 같은 관계에서 대할 수 없게 되었다. 1814년의 평화조약은 나폴레옹을 징계하기는 했으나 프랑스 국민을 적으로 취급하지 않았는데, 그것이 과연 옳았느냐는 문제가 심각하게 제기되지 않을 수 없었다. 요컨대 연합국은 프랑스 문제를 전면적으로 다시 검토하지 않을 수 없었다.

루이 18세는 벨기에에 망명하던 중 계속하여 프랑스 왕으로 행세했지만 연합국과 프랑스에서는 프랑스의 왕을 따로 구하자는 의견이 많았다. 그러나 영국의 웰링턴이 루이를 강력히 지지하였다. 웰링턴은 탈레랑과 푸셰를 설득하여 루이와 잘 협력하도록 하게 하였다. 루이는 이 세 사람의 도움으로 재빨리 행동하여, 자신을 폐위시키려는 연합국의 계획을 앞질러 6월 28일 프랑스 국경을 넘어 7월 8일 파리로 돌아왔다. 연합국은 이 기정사실을 수락할 수밖에 없었다. 워털루의 승리자는 웰링턴으로서 이제는 그와 영국의 발언권이 워털루 이전보다 훨씬 강해졌던 것이다. 연합국은 웰링턴의 지지를 받는 루이를 물리치기가 어려웠다.

그러나 연합국은 평화에 대한 프랑스의 어떤 위협도 막아야 한다는 결의가 매우 강하였다. 나폴레옹의 평화 교란에 뻔뻔스레 동조한 프랑스 국민은 거기에 상응하는 벌을 받아야 했다. 9월까지 100만 이상의 연합군이 프랑스 국토의 3분의 2를 점령하였다. 그리고 1815년 11월 20일 제2차 파리 조약이 체결되었다. 이것은 전년 5월 1일에 체결된 제1차 파리 조약과는 비교도 안 될 만큼 가혹하였다. 프로이센군이 라인 강 좌안 지방을 점령하고 이 지방의 필리프빌과 마리앙부르를 할양받았다. 프랑스는 스위스와의 접경인 위링그 지방의 군사시설들을 전부 파괴하였다. 그리고 몽블랑 도를 사르데냐 왕에게 반환하였다. 프랑스는 군사적·영토적으로 막대한 손실을 감수해야 할 뿐만 아니라 재정적으로도 7억 프랑의 배상금을 5년 이내에 연합국에게 지불해야 하고, 배상금이 완제될 때까지 15만의 연합군이 프랑스 동부 일대를 점령하게 되었다. 정치적으로도 프랑스 정부는 4대 연합국 대사들로 구성되는 관리 위원단Control Commission의 감시와 지시를 받아야 했다. 이 위원단은 정기적으로 회담하여 프랑스의 온갖 문제를 조사 검토하였다. 특히 러시아 대표 포초 디 보르고Carlo Andrea Pozzo di Borgo의 영향력이 가장 컸다. 루이 18세의 프랑스는 연합국의 피보호국의 지위로 전락하였다.

이상에서 본 바와 같이 나폴레옹의 백일천하는 프랑스의 운명을 매우 불행하게 만들었다. 1814년에 맞닥뜨렸던 문제들만 해도 프랑스로서는 극복하기 어려웠는데 이제 백일천하 사건은 프랑스의 문제를 몇 배나 더 어렵게 만들었다. 두 번이나 망명길에 올랐다가 다시 왕위에 오를 수 있었던 루이 18세의 복고 왕정이 몇 배나 더 어려워진 문제들을 어떻게 다루었으며, 결국 15년 후 어이없이 왕국이 무너지게 되는 원인이 무엇이었던가는 흥미 있는 문제가 아닐 수 없다.

4. 제2차 왕정복고

1815년 7월 8일 두 번째 망명길에서 다시 파리로 돌아온 루이 18세는 이튿날 탈레랑을 수상으로 하는 새 내각을 짰다. 탈레랑은 빈 열국 회의에서 패전국 프랑스의 이익을 위하여 눈부신 활약을 했을 뿐만 아니라 루이가 두 차례나 복위하는 데 힘을 쓴 숨은 공로자였다. 탈레랑은 새 내각에 극우의 왕당파를 기용하지 않았다. 나폴레옹의 백일천하는 왕당파가 얼마나 무력하고 부르봉 왕가가 얼마나 인기 없는가를 명백히 보여주었다. 탈레랑은 왕당파를 아예 무시했던 것이다. 루이의 제2차 복위를 강력히 지지한 영국의 웰링턴의 추천으로 나폴레옹의 경찰 장관이었던 푸셰가 탈레랑 내각에 입각하였다. 이러한 탈레랑 내각이 왕당파의 눈에 지극히 못마땅했으리라는 것은 당연하다.

그러나 다시 복위한 루이 18세가 직면한 문제는 혁명과 나폴레옹이 성취한 터 위에 안정된 입헌군주 국가를 건설하는 일이었다. 정부는 왕당파를 만족시키는 극우의 정부가 아니라 국민 전체의 생각과 이익을 도모하는 온건한 중도적인 정부가 아니면 안 되었다. 프랑스 국민은 1789년 혁명 초기에 온건한 입헌군주국가를 경험한 바 있었으나 몇 년 안 되어 비극적인 실패로 끝나고 말았다. 그후 20여 년의 격동기를 지난 이제야말로 지난날의 실패의 경험을 발판으로 입헌군주정치를 성공적으로 실현해야 했다. 다행히 1815년 프랑스에는 일시적으로 친영국 기풍이 유행하여 영국의 정치제도와 헌법을 모델로 추앙하는 여론이 컸다. 주권 군주와 양원제 의회를 규정한 1815년의 헌장은 외형상 영국을 본뜬 것이었다.

그러나 프랑스의 실제 정치는 영국과 많이 달랐다. 무엇보다도 군주가 의회의 다수파 가운데서 대신들을 선임할 의무가 없었다. 프랑스에서는 아직 정당다운 정당이 발달하지 못한 데에 주된 원인이 있기는 했지만, 어쨌든 왕이 의회의 의사와는 상관없이 대신들을 지명하여 내각을 구성하게 하는 절차는 정치적 안정에 기여하지 못하고 오히려 안정을 해치는 결과를 낳게 될 터였다. 루이와 탈레랑은 온건한 중도적인 정부 위에 안정된 입헌군주국가를 건설하려고 하였다. 탈레랑 내각에는 극단적인 인물들이 배제되었는데 그것이 왕당파의 눈에는 몹시 못마땅하였다.

그런데 새 내각이 수립된 다음 달 8월의 하원 선거에서 극우의 왕당파가 크게 이겼다. 루이는 제2차 복위 직후 칙령을 내려 하원 의원의 연령 자격을 종래의 40세에서 35세로 낮추고 의석 수를 258석에서 402석으로 늘렸다. 투표자의 자격은 종래와 마찬가지로 1년에 300프랑 이상의 직접세를 납부하는 30세 이상의 남자였다. 그 수효는 약 10만 정도로 30세 이상 남자 전체의 70분의 1, 국민 전체의 280분의 1에 해당하는 극히 제한적인 것이었다. 이 한정된 유권자들마저도 약 3분의 1이 기권하였다. 나머지 3분의 2는 혁명과 나폴레옹에 대한 복수심에 불타고 있었다. 이러한 상황에서 실시된 8월 선거의 결과는 열광적인 왕당파에게 다수 의석을 안겨주었다. 이 의회는 혁명을 지지한 자들의 공민권을 박탈하고 나폴레옹의 백일천하에 적극 협조한 자들의 처벌을 요구하여 네Michel Ney 원수를 포함한 18명을 처형하였다. 상원에서는 보나파르트파가 추방되었다. 곧이어 탈레랑도 수상을 사임하였다. 지방에는 도마다 특별재판소가 설치되어 신교도, 공화파, 보나파르트파에 대한 백색테러가 휩쓸었다. 루이 18세는 광적인 왕당파를 몹시 못마땅히 여겨 그들을 가리켜서 "왕 자신보다 더 왕에게 충성하는 자들"이라고 비꼬는 한편 그들이 다수를 차지한 광란의 의회를 "세상에 둘도 없는 의회Chambre introuvable"라고 불렀다.

이제 온건한 입헌군주국가를 건설하려는 희망에는 먹구름이 가렸다. 세상에 둘도 없는 광포한 의회는 국민 간의 위화감을 좁히기는커녕 오히려 상호 적대감을 더 깊게 하고 있었다. 루이 18세는 그것을 결코 바라지 않았다. 그는 진심으로 헌장에 충실하려고 하였고 프랑스 국민의 분열이 끝나기를 바랐고 엄격히 중도적인 정책을 고수하려고 하였다. 다시는 망명의 길을 걷지 않고 여생을 평온하게 살기를 원하였다. 왕은 탈레랑의 후임에 리슐리외 공Duc de Richelieu을 임명하고 드카즈Élie Decazes 백작과 루이 남작과 같은 유능하고도 온건한 인물들을 대신으로 기용하였다. 왕은 의회의 다수파 가운데서 대신들을 골라야 할 의무가 없었고 또 의회의 다수를 차지한 왕당파의 극단주의자들을 기피하였다. 왕이 왕당파를 기피한다는 것은 좀처럼 이해하기 힘든 일이었다. 도대체 그 왕당파가 어떤 성격의 것이었기에 왕이 눈살을 찌푸릴 정도였을까?

1815년 8월 선거에서 승리한 왕당파는 본질적으로 망명 귀족의 당파로서 대부분이 오랫동안 외국에 망명하여 혁명의 경험이 없었다. 그들은 1815년 헌장을 불가피한 악으로 생각하여 진지하게 받아들이지 않았고 따라서 준수하려는 생각도 없었다. 그들은 왕권신수설을 깊이 신봉했는데 그것이야말로 헌장에 대한 모욕이었다. 헌장은 그런 사상을 배척하고 있었다. 그들은 앙시앵레짐을 부활시킬 수 있다고는 생각지 않았으나 혁명에 의해 몰수된 자기들의 재산이 반환되기를 바랐고, 귀족의 사회적 우월을 다시 주장하고, 가톨릭 성직자의 정치적 영향과 종교 협약의 수정을 희망하였다. 그들의 정치적 이론과 종교적 사상을 대변한 보날Louis de Bonald 자작과 매스트르Joseph de Maistre 백작은 프랑스 혁명의 합리주의에 반대하고, 프랑스를 구원할 유일한 길은 군주정치와 가톨릭교의 긴밀한 연합이라고 주장하였다. 왕당파의 사상은 요컨대 교권주의였다.

　왕당파는 귀족과 성직자와 지방 부르주아의 이익을 대변하였고 또 그 지지를 받았다. 이 당에는 샤토브리앙 같은 저명한 작가나 빌레르Jean Baptiste de Villèle 같은 식견 있는 정치가도 있었으나, 대부분은 프랑스 혁명을 광적으로 증오하고 실질적인 반혁명을 노린 극우였던 것이다. 왕이 그들을 자기보다 더 왕에게 충성하는 자들이라고 꾸짖을 만큼 그들은 왕의 온건한 정책을 괴롭혔다. 특히 왕을 한결 더 괴롭힌 것은 그들의 사실상의 두목이 왕의 아우 아르투아 백작이었기 때문이다. 그는 루이 18세가 1824년에 서거하면 샤를 10세로서 즉위하게 될 사람인데, 그런 왕위 상속자가 헌장을 무시하는 백색테러의 선두에 서 있었으니 프랑스가 이제 실현해야 할 입헌군주정치의 희망에 먹구름이 드리웠다고 해도 결코 과언이 아니었다. 왕의 가장 가까이서 왕을 보필해야 할 사람들이 왕의 노선을 따르지 않았으니 왕국의 장래는 심히 걱정스러웠다. 왕족들이 좀 더 온건했더라면 복고 왕정의 기반은 한결 더 공고해질 수 있는 일이었다.

당시 프랑스에는 정당다운 정당이 아직 출현하지 않았으나, 왕당파를 우익이라고 한다면 좌익에 해당하는 정치 그룹에 독립파가 있었고, 왕당파와 독립파의 중간에 입헌파가 있었다. 독립파의 지도 원리는 국민의 의사였다. 그들은 모든 주권의 원리는 본질적으로 국민에게 있다고 천명한 인권선언의 정신을 믿고 있었다. 그들은 의회의 의석은 적었으나 프랑스 혁명의 원리와 정신을 굳게 지켜 왕당파에 정면으로 대결하였다. 그들은 헌장을 중시하였다. 그 까닭은 현실적으로 기본적인 여러 자유들을 최소한 보장해 주는 것이 그 헌장이기 때문이었다. 물론 그들이 헌장을 좋아한 것은 아니었다. 헌장이 국민주권의 원리에 의하여 국민의 손으로 제정된 것이 아니라 왕의 권위에 의하여 국민에게 하사된 것이었기 때문이다. 그들 가운데는 군주정치 자체를 배격하는 공화주의자도 있었으나 대체로 군주정치를 반드시 적대시하지는 않았다. 그러나 독립파는 복고 부르봉 왕정에는 호의를 갖지 않았다. 그들은 복고 왕정을 멸시하고 미워하고 불신했는데, 멸시한 이유는 적의 힘으로 복위했기 때문이고 미워한 이유는 삼색기를 철폐했기 때문이고 불신한 이유는 왕당파의 극단 분자들 때문이었다.

독립파를 지지하는 세력은 주로 망명 귀족의 오만과 횡포를 미워하는 도시 부르주아와 혁명정부에서 매입한 재산의 몰수를 두려워하는 지주들과 나폴레옹 제국의 군사적 영광을 사모하는 군인 출신들이었다. 그들의 특징적인 정치 이념은 보나파르티슴, 자유주의, 공화주의, 프리메이슨, 반교권주의로 요약될 수 있다. 이 독립파의 기수들로는 혁명 초기에 눈부신 활약을 하다가 혁명의 과격화로 외국으로 도망했던 라파예트와 나폴레옹의 백일천하에서 헌법의 기초를 맡았던 자유주의자 콩스탕이 있었고, 이론가 쿠리에Paul Louis Courier, 풍자시를 썼던 작가 베랑제Pierre Jean de Béranger가 있었다. 그리고 독립파의 대변지로는 처음에는 《미네르브Minerve》가, 후에는 《메르퀴르Mercure》와 《콩스티튀시오넬Constitutionnel》이 있었다.

독립파와 왕당파의 중간에 있었던 입헌파는 혁명에도 반혁명에도 반대하고 헌장의 기반 위에서 복고 왕정의 안정을 바랐다. 그 지지자들은 과거의 경력은 구구했으나 새 질서의 정착과 안정을 바라는 점에서 일치한 사람들이었다. 그들 중에는 조르당Camille Jordan, 루아예 콜라르Pierre Paul Royer-Collard, 기조François Guizor와 같은 저명한 인물들이 있었다. 루이 18세와 리슐리외 공이 가장 신뢰한 정파가 이 입헌파였다. 입헌파의 태도는 가장 현실적이고 건전하고 상식적이었다. 1824년 루이 18세가 죽고 샤를 10세가 즉위한 후 복고 왕정이 극우로 돌아서자 입헌파는 샤를 10세에 맞서는 반정부 세력이 되었다.

아무튼 이러한 정파들을 배경으로 하여 1815년 8월 선거 결과 세상에 둘도 없는 극우 왕당파 의회가 출현했는데, 루이 18세는 극우파에서 대신들을 고르지 않고 중도적인 인물들로 내각을 구성하였다. 그런데 의회와 내각의 관계에 대한 기이한 논쟁이 일어났다. 왕당파가 의회 주권론을 주장하고 나선 것이다. 그들은 왕이 의회의 다수파에게 내각 구성을 위임해야 한다고 주장했다. 이에 대하여 입헌파는 국왕은 헌장에 위배되지 않는 한 그의 마음대로 내각을 구성할 수 있다고 주장하였다. 어느 쪽이 왕당파이고 어느 쪽이 입헌파인지 분간하기가 어렵게 되었다. 왕당파의 주장이 오히려 더 '리버럴'했던 것이다. 그러나 그것은 당장의 당리를 위한 논리에 불과하였다. 왕당파는 결코 의회주의자가 아니었다. 의회의 다수를 발판으로 내각마저 점령하려는 당략에서 나온 가짜 의회 주권론이었다. 그런데 왕당파의 가짜 리버럴리즘은 의회 주권론에 머물지 않고 한 걸음 더 나아가서 유권자의 수적 확대와 지방분권을 지향하는 선거법 개정을 서두르기까지 했다. 그들은 유권자의 수효를 늘리면 지방의 이름 없는 귀족들과 그 지지자들의 의회 진출을 증대시킬 수 있을 것이라고 기대하였다. 그리고 지방분권이 실현되면 나폴레옹의 관료 출신들이 아직도 많이 차지하고 있는 도지사들을 눌러서 지방 귀족들의 정치 세력을 키울 수 있을 것으로 계산하였다. 그러므로 외관상의 리버럴리즘은 순전히 자기들의 당리당략을 위한 것이었다. 그들의 위선을 명백히 드러내 보인 것이 이른바 보상 법안이었다. 그들은 국채의 이자율을 낮추어서 남는 돈으로 혁명 중에 몰수된 재산의 보상을 받으려는 보상 법안을 의회에 제출하였다. 이 법안이 통과되면 국채를 산 국민의 이자 수입이 그만큼 줄어들었다. 왕당파의 진정한 의도가 리버럴리즘에서 얼마나 멀리 떨어져 있었던가는 더 말할 필요가 없었다. 그런데 왕당파의 반동 정책을 좌절시킨 주역은 기이하게도 상원이었다. 상원 의원은 왕이 임명했는데도 이상하게 옛 귀족보다는 나폴레옹의 옛 관료 출신이 다수를 차지하였다. 상원은 하원에서 통과된 선거법과 지방분권법 및 보상법 등을 부결하였다. 상원의 이 거부권 행사는 프랑스 정치의 극단주의를 억제하는 조정적 기관으로서의 양원제 의회의 정당성을 보여준 셈이었다.

왕당파의 타격은 거기에 멈추지 않았다. 왕은 1816년 4월 하원을 폐회시키고 9월에는 아예 해산시켰다. 11월에 선거가 실시되었다. 이번 선거는 입헌파에게 다수 의석을 안겨주고 왕당파를 소수파로 후퇴시켰다. 그리고 왕은 의석 수를 1814년 헌장이 규정했던 258석으로 다시 감소시켰다. 이제 비로소 왕과 리슐리외 정부는 의회와 잘 협조하여 화해와 타협의 정책을 추구하고 분열된 국민을 하나로 뭉치는 데 힘쓸 수 있게 되었다.

첫째, 리슐리외 정부는 건설적인 입법을 서둘러 재정의 확립에 성공했다. 회계 제도를 개혁하여 1818년부터는 각 부처의 회계 보고를 의무화하였다. 그리하여 프랑스 재정은 워털루 전투 이후 불과 3년 후에 벌써 연합국에 대한 전쟁배상금을 다 물 수 있을 만큼 건전하게 성장하였다. 배상금을 다 지불함으로써 연합국은 프랑스에 주둔하고 있던 군대를 1818년 11월까지 전부 철수시켰다. 프랑스가 그렇게도 신속히 배상금을 완불할 줄은 누구도 몰랐다. 정말 놀라운 일이었다. 프랑스 국민의 근검 절약의 기질과 숨어 있는 애국심이 잘 나타난 것이다.

둘째로, 리슐리외 정부는 앞으로 50년간 프랑스의 국방력을 좌우할 병역법을 제정하였다. 1814년 헌장은 징병제를 금하고 있었다. 더구나 나폴레옹의 군대가 완전히 해산된 후의 프랑스의 군사력은 매우 빈약하였다. 그런데 이제 1818년의 구비옹 생시르법Loi de Gouvion St. Cyr에 따라 매년 4만 명 이내의 징병을 할 수 있게 되었다. 징병은 제비로 뽑았고, 성직자와 교원은 면제되었다. 복무 기간은 보병이 6년이고 기타 병과가 8년이었는데, 이것은 직업군인을 양성하여 인원의 부족을 극복하려는 의도였다. 병력 규모는 평시 24만 이내로 제한되어 있었는데, 1820년 40만으로 늘리는 데 성공하고 한 해의 징집 인원도 4만에서 6만으로 늘렸다. 이렇게 하여 루이 18세의 복고 왕정은 유럽 최강의 육군국으로서의 프랑스의 빛나는 전통을 점차 회복하고 있었다

리슐리외 정부의 셋째 공적은 선거제도의 개정이다. 왕당파는 귀족의 정치 세력을 키우려고 유권자의 수적인 확대를 획책하였는데, 의회는 1817년 2월 5일법과 1818년 3월 25일법으로 현행 유권자 및

피선거권자의 자격을 재확인하는 한편 1793년 이래 처음으로 비례대표제scrutin de liste에 의한 직접선거제를 채택하였다. 종래의 선거제는 소선거구에서 한 명씩 대의원을 간접선거에 의하여 선출하는 방식scrutin d'arrondissment, scrutin uninominal으로서 지방 유지인 귀족에게 매우 유리하였다. 그러므로 이 선거제가 폐지되고 비례대표제가 채택됨으로써 왕당파는 큰 타격을 받았다. 앞으로 100년간 프랑스 정치에서는 이 두 가지 선거제도가 몇 차례나 바뀐다.

넷째로 특기해야 할 것은 리버럴한 신문지법의 제정이었다. 헌장은 언론과 출판의 자유를 허락했으나 자유의 남용을 법률로 제한할 수 있게 하였다. 그런데 1819년까지도 아직 그 법률이 제정되지 않았다. 당시 프랑스에서는 다른 나라와 마찬가지로 정치 신문은 위험한 존재로 생각되어 정부의 엄중한 감시를 받았다. 일간지는 구독료가 매우 비쌌고 종류도 발행 부수도 적었으나, 독자는 대체로 유식한 유권자로서 정치에 미치는 영향이 매우 컸다. 신문에 대한 정부의 반응은 신경과민에 가까웠는데, 그러면 그럴수록 신문의 힘과 특권이 더 커져 갔다. 1819년에 제정된 신문지법은 파리의 일간지의 경우 1만 프랑을 예치해야 신문을 발행할 수 있게 하여 큰 부자가 아니면 신문을 발행할 수 없었다. 그러나 검열제를 폐지하고 신문 재판은 배심제에 의하도록 규정하였다. 이것은 당시 가장 리버럴했던 영국의 언론법을 본뜬 것이었다.

5. 중도 정책의 파탄과 샤를 10세

이상에서 고찰한 바와 같이 1816년 입헌파 다수 의회의 성립과 함께 복고 왕정은 안정을 다져가고 있었다. 그러나 매년 의석의 5분의 1씩 개선하는 하원에서 해마다 보나파르트파와 자유주의자의 의석이 늘어갔다. 1817년에 25석, 1818년에 45석, 1819년에 90석이 늘었다. 좌익의 대거 진출은 중도파의 힘을 약화시켰다. 정부는 이제 우익의 왕당파와 좌익의 독립파의 양면 공격을 받게 되었다. 1818년 12월 리슐리외가 드디어 물러났다. 그러나 왕은 중도를 걷기 위하여 드카즈와 드 세르De Serre 같은 온건한 인물로 새 내각을 구성하였다. 그런데 이번에는 상원이 그 반동성을 드러내어 새 내각을 반대하였다. 거기서 루이 18세는 상원의 의석 수를 208에서 270으로 늘려 새 의석에 보나파르트파를 임명하여 반대세력을 눌렀다.

　독립파의 세력 증대에 따라 정부에 대한 좌우 양쪽의 공격도 더욱 강해졌다. 국민을 하나로 뭉치게 하려는 루이의 중도 정책은 중대한 시련에 봉착하였다. 국민의 분열이 아직도 존속하고 있음이 명백해졌다. 지난 30년간의 역사를 지켜본 사람들은 이제 복고 왕정의 안정을 의심하기 시작하였다. 왕은 왕당파로부터 개각의 압력을 받았다. 이러한 때에 공교롭게도 1820년 2월 13일 아르투아 백작의 둘째 아들 베리 공작Charles Ferdinand d'Artois, Duc de Berry이 암살되었다. 이 사건은 당시 유럽의 몇몇 나라에서 일어난 자유주의 혁명운동의 여파로 간주되었다. 따라서 왕당파와 입헌파의 눈에는 왕정을 전복하려는 자유파의 음모의 증거로 비쳤다. 왕은 우익의 압력에 양보하지 않을 수 없었다. 드카즈와 그의 중도적인 내각이 물러나고 리슐리외가 다시 등용되었다.

　리슐리외는 그의 제1차 내각에서와는 달리 이번에는 왕당파의 영향을 많이 받지 않을 수 없었다. 이제 왕당파는 지금까지의 정부 업적을 모두 무효화하려고 안간힘을 다하였다. 우선 신문 검열을 재개하고 신문과 일체의 출판물 발행을 정부의 인가제로 강화하고 드디어 1822년에는 언론 재판의 배심제를 폐지하였다. 왕당파는 언론의 탄압과 함께 선거법도 개악하였다. 비례대표 직접선거제를 없애고 소선거구 간접선거제를 재도입하는 동시에 이중 투표제라는 것을 새로 만들었다. 이것은 소선거구 제도에 의하여 선출된 258명의 대의원 이외에 또다시 1,000프랑 이상의 직접세를 납부하는 약 1만 6,000명의 부자들만이 도 단위로 전국에서 172명의 대의원을 더 뽑는 제도이다. 따라서 하원의 의석 수가 430석으로 늘었다. 이 새 선거법에 의한 1821년의 선거 결과는 두말할 나위도 없이 극우파의 대거 진출을 가져왔다. 리슐리외는 빌레르에게 정권을 물려주고 물러났다. 왕당파는 기뻐 날뛰었다. 그들의 기쁨은 거기에 그치지 않았다. 앞서 암살된 베리 공작의 유복자가 탄생하여 왕위를 계승할 자가 생겼다. 루이 18세는 아들이 없었고, 늙은 아르투아 백작에게는 두 아들이 있었으나 그들에게도 둘 다 아들이 없었는데, 암살된 차남에게서 유복자가 태어났던 것이다. 사람들은 이 아기를 '기적의 아기'라고 불렀다. 이 아기가 보르도 공작Duc de Bordeaux으로서 1830년 7월혁명 이후 정통파의 왕위 상속을 주장한 샹보르 백작 Comte de Chambord이다.

 빌레르 내각은 왕당파 다수의 의회와 함께 자유파를 탄압하는 엄격한 반동 정책을 강화하였다. 반정부 세력은 필연적으로 음모를 획책하여 폭동을 일으키거나 지하로 잠적하거나 하였다. 샤르보네리 Charbonnerie라는 비밀결사는 복고 왕정의 타도를 그 명백한 목적으로 세우고 1822년에 몇몇 도시에서 혁명적 폭동을 일으켰다. 이런 폭동들은 어렵지 않게 진압되었다. 프랑스 군대는 이제 국내의 폭동 진압쯤은 문제가 안 될 만큼 막강한 힘으로 성장했던 것이다. 그리고 혁명을 목적으로 하는 비밀결사들은 앞으로 수십 년 동안 프랑스 정치의 특색이 되고 정부의 공포의 대상이 되는 동시에 탄압의 대상이 된다. 평화적인 민주적 절차에 의한 개혁의 길이 막힐 때는 어느 곳에서나 개혁의 세력은 지하의 폭력주의로 화하는 법이다. 더구나 프랑스에서는 그 폭력주의가 상퀼로트의 혁명적 전통에 이어져서 도덕적 정당성을 주장하는 경우가 많았다. 1820년대의 개혁 운동도 그러하였다. 이 운동은 1830년의 7월혁명으로 이어져 갔다.

　1820년대의 프랑스 군대의 힘은 국내의 폭력 진압쯤은 문제가 안 될 만큼 막강하게 성장했을 뿐만 아니라 이제 유럽의 보수 반동 체제를 교란하는 다른 나라의 폭동이나 혁명도 진압하러 나설 만큼 강해졌다. 앞에서 언급한 바와 같이 프랑스는 1818년에 이르러 전쟁배상금을 다 물고 외국군이 전부 물러갔는데, 동시에 프랑스는 완전한 동등 자격으로 4대 연합국 동맹에 가입하여 5국 동맹Quintuple Alliance의 일원으로서 유럽 협조European Concert의 일익을 분담하게 되었다. 이는 프랑스의 재정 안정과 군사력에 대한 연합국의 평가를 의미하는 동시에 프랑스의 보수적인 정치적 안정에 대한 연합국의 신임을 의미하기도 하였다. 바꾸어 말하면 프랑스는 이제는 4대 전승국들과 함께 빈 보수 반동 체제의 수호를 위하여 앞장 설 수 있게 된 것이다. 이것은 프랑스의 국제적 지위의 향상을 뜻했으나 자유주의의 입장에서는 반갑지 않은 배역이었다. 거기 국내의 정치적·사상적 충돌의 위험성이 숨어 있었다. 그 위험성이 현실로 화하는 것이 7월혁명이었다.

　어쨌든 1820년대의 프랑스는 5국 동맹의 일원으로서 7월혁명을 일으킬 방향으로 내디디고 있었다. 그러한 때에 마침 1820년 스페인에서 자유주의 혁명이 일어나 부르봉 가문의 페르디난드 7세

Ferdinand VII는 1812년 헌법을 부활시키지 않을 수 없었다. 이것은 빈 체제에 대한 중대한 도전이었다. 열국은 1822년 스페인 혁명 진압을 논의하기 위하여 베로나에서 회의를 열었다. 프랑스는 군사적·외교적 승리에 의하여, 복고 왕정의 위신을 높이고 혁명의 위험 앞에 떨고 있는 유럽 열강에게 프랑스의 실력을 과시할 기회가 왔다고 생각하여 스페인 혁명의 진압을 자원하였다. 영국만이 반대하였다. 영국은 나폴레옹 시대 이래 스페인에 대해 영향력을 유지하고 있었기 때문에 프랑스의 개입을 반대했던 것이다. 이때부터 5국 동맹에 금이 가기 시작한다. 각국의 국가이익과 유럽 협조 체제 사이에 충돌이 일어난 것이다.

프랑스는 이듬해 아르투아 백작의 장남 앙굴렘 공작 Duc d'Angoulême이 지휘하는 원정군을 스페인으로 보냈다. 프랑스 원정군과 스페인 혁명군 사이에는 상당히 치열한 싸움이 벌어졌으나 혁명군이 결국 항복하고 말았다. 앙굴렘군은 나폴레옹도 극히 어려웠던 스페인 정복에 성공하였다. 프랑스 정부와 그 군대의 위신이 국제적으로 크게 드높아졌고, 국내적으로도 복고 왕정 선전의 효과가 매우 컸다. 그러나 스페인 원정의 소득은 그것뿐이었다. 이 원정에 소모된 엄청난 군사비는 국가재정에 압박을 가하였고, 프랑스 자유파의 맹렬한 반전운동은 국론을 분열시켰다. 더구나 그들 중에는 의용군으로서 스페인 혁명군에 가담한 자들이 있어 프랑스인은 동족상잔의 추태를 벌이기까지 하였다. 그런데 페르디난드 7세는 프랑스군의 원정을 감사히 생각하지 않았고, 또 혁명 세력에 대한 그의 가혹한 탄압 정책은 스페인에서는 물론이고 국제적으로도 프랑스의 군사행동을 크게 비난하게 만들었다.

스페인 원정은 프랑스 정치의 극단적인 우경화를 뜻했다. 1823년에는 의회를 해산하고 새 선거를 실시하였다. 대의원의 임기를 5년에서 7년으로 늘리고, 종래 해마다 5분의 1씩 새로 선출하던 제도를 없앴다. 그리고 정부는 공공연히 선거에 간섭했다. 그 결과 1824년 초에 개원된 새 하원은 극우 왕당파가 압도적 다수를 차지하였다. 그래서 사람들은 그전의 "세상에 둘도 없는 의회"가 다시 나타났다고 하여 1824년 의회를 "다시 만난 의회la chambre retrouvée"라고 빈정댔다. 이 의회는 앞으로 7년간 의석의 변화 없이 존속하도록 보장되어 있었다. 프랑스 정치의 경색이 제도화된 셈이다. 이렇게 숨막히는 상황을 더욱 굳어지게 한 것은 루이 18세의 와병이었다. 그만이 왕당파의 극단주의를 억제할 수 있었는데, 왕당파의 두목인 아르투아 백작의 영향은 한결 더 커질 수밖에 없었다. 극단적 우경화의 길을 가고 있을 때 루이가 1824년 9월에 죽고 아르투아 백작이 샤를 10세로서 프랑스 왕위에 즉위하였다.

샤를도 형 루이처럼 67세의 홀아비였으나 형과는 여러 면에서 달랐다. 활동적이고 정열적이고 명쾌한 성격만이 형과 다른 것이 아니라 정치적 경력과 사상도 매우 달랐다. 샤를은 왕당파의 두목으로서 헌장을 우습게 여기고, 프랑스 혁명을 악마의 장난으로 믿고, 왕권신수설을 진심으로 확신하고 있었다. 이런 사상을 가진 사람이 이제 왕권신수설을 부정한 헌장을 준수해야 하는 입헌군주가 되었으니 과연 그가 얼마나 헌장에 충실할 것이며 정당정치의 군주로서의 임무에 성실할 것인가는 매우 의심스러웠다.

왕당파가 압도적으로 지배하는 '다시 만난 의회'는 왕당파의 두목이 왕위에 오르게 됨으로써, 이제야말로 1815년에 하려다 못 한 제반 계획을 쉽게 해낼 수 있다고 생각하였다. 그들의 계획이란, 교육과 호적 및 혼인 사무를 교회에 위임하는 일, 혁명 기간에 국가가 몰수한 망명 귀족의 재산을 배상해 주는 일, 민법을 개정하여 세습적인 귀족 제도를 다시 부활시키는 일 등이었다. 이런 일들은 이제 아무 방해도 받지 않고 순조롭게 실현시킬 수 있을 것만 같았다. 그러나 실은 그렇지 않았다. 반정부 세력은 원내에서는 약할지 모르지만 원외에서는 매우 강했기 때문이다. 사소한 의견차로 외무대신에서 밀려난 샤토브리앙은 《주르날 데 데바Journal des Débats》라는 신문을 창간하여, 또 하나의 반정부지《콩스티튀시오넬》에서 활약하는 티에르와 함께 날카로운 정부 비판의 필봉을 들었다. 당시 이들 야당지는 약 4만 명의 독자를 가지고 있었는데 여당지들은 1만 5,000 정도의 독자밖에 없었다. 이와 같이 원외의 반정부 세력이 대단히 강했으므로 왕당파의 계획이 그리 쉽게 실현될 수는 없었다.

그렇다고 해서 왕당파의 계획이 전혀 실현되지 않았던 것은 아니다. 샤를은 그의 즉위식에서 앙시앵레짐의 종교의식을 많이 부활시켰다. 그것은 그가 혁명을 부정하고 앙시앵레짐을 복구시키려는 의지의 표현으로 간주되었다. 프레시누Denis de Frayssinous 주교가 문교 대신에 임명되면서 교육이 사실상 교회에 위임된 셈이었고, 사범학교école normale를 불온사상의 온상이라고 하여 폐쇄했고, 여러 가지 공공 행사에 종교의식을 다시 도입했고, 부르봉 왕정의 회복을 목적으로 나폴레옹 제국 시대에 조직된 비밀결사 신앙 기사단Chevaliers de la foi이 교권주의의 부활을 공공연히 제창하였다. 요컨대 교권주의가 사실상 부활된 셈이었다. 베랑제, 쿠리에, 기조 등 합리주의자들이 투옥되기도 하고 대학 강단에서 쫓겨나기도 하고, 그들의 저작물 출판이 박해받고, 또 최고 사형에 처할 수 있는 신성모독죄가 제정되었다. 그리고 1825년에는 망명 귀족의 몰수 재산을 보상해 주는 법안이 드디어 의회에서 통과되었다. 국채 이자율 5퍼센트를 3퍼센트로 내림으로써 생기는 6억 5,000만 프랑을 보상금의 재원으로 확보했다. 그러나 이것은 국채 소유자들에게 응당 지불되어야 할 돈을 정부가 가로채서 망명 귀족들에게 보상해 주는 셈이었다. 이 처사가 국채를 소유한 부르주아에게는 물론 일반 국민에게도 납득되지 않았음은 말할 필요조차 없다.

이제 반정부 세력은 자유파와 보나파르트파에 그치지 않았다. 현대 세속국가의 종교적 중립성과 시민적 평등의 필요성을 인식한 가톨릭 신자들과 갈리카니슴을 지지하는 온건한 왕당파에 이르기까지 반정부 세력이 광범하게 형성되었다. 반정부 신문들은 물론이고 살롱과 클럽 및 각종 팸플릿이 정부의 교권주의 정책을 명렬히 비판하고, 심지어 프랑스 학술원Académie française까지도 정부의 종교 정책을 공격하였다. 그러나 정부의 답은 언론 탄압법의 제정이었다. 언론 탄압 법안이 하원에서 통과되었다. 그러나 다행히도 상원이 이 법안을 거부하였다. 상원은 1815년에서처럼 다시 한 번 더 하원의 지나친 반동에 제동을 걸었던 것이다. 빌레르 내각은 1827년 11월 하원을 더 강화하고 상원의 의석을 늘려서 강경 정책을 추구하려고 3개조의 칙령을 발포하였다. 첫째, 하원을 해산하고 총선거를 실시한다. 둘째, 상원의 의석을 76석 더 늘린다. 셋째, 최근 강화한 언론 검열을 철회한다. 이 셋째 것은 타협적인 제스처에 불과한 것으로서 별 의미가 없었다. 어쨌든, 정부의 선거 간섭에도 불구하고 총선거의 결과는 정부의 기대를 완전히 뒤엎고 야당이 60석 이상의 다수당이 되었다. 빌레르는 참패의 책임을 지고 1828년 1월 수상직을 사임하였다.

샤를 10세도 이제는 무언가 양보하는 제스처라도 쓰지 않을 수 없었다. 그는 새 내각을 다소 온건한 마르티냐크Jean Baptiste Gay

Martignac 자작에게 위촉하였다. 마르티냐크 정부는 대체로 중도 우파의 타협 정책을 추구하여 신문의 검열제를 없애고, 가톨릭교회의 교육에 대한 규제를 강화하고, 기조와 같은 해직 교수를 다시 강단에 서게 하였다. 그런데 1829년 4월에 샤를 10세는 반부르봉 세력이 가장 강한 동부 지방을 순찰하고 돌아와서 자기는 국민의 광범한 지지를 받고 있다고 착각하여 8월에 개각을 단행하였다. 새 수상에 망명 귀족이며 극우파인 샤를의 가까운 친구 폴리냐크Prince de Polignac를 임명하였다. 뿐만 아니라 새 내각에는 국민 사이에 악명 높은 부르몽Louis Auguste Victor, Comte de Ghaisnes de Bourmont 장군과 라 부르도나예François Régis de La Bourdonnaye 등이 포함되었다. 이 내각이 얼마나 반동적인 성격의 것이었는가는 오스트리아의 재상 메테르니히마저 그 조각을 반혁명에 해당하는 행위라고 평한 사실에서 알 수 있다. 메테르니히야말로 당시 유럽 전체의 보수 반동 체제의 중심인물이었다.

야당지들은 일제히 개각의 불법성을 공격하고 쿠데타의 전조라고 극론하였다. 1830년 1월에는 탈레랑이 지지하는 새 야당지 《르 나시오날Le national》이 창간되었다. 티에르나 미녜François Auguste Marie Mignet와 같은 저명한 젊은 역사가들이 이 신문에서 1688년의 영국 명예혁명을 찬양하면서, 국민이 원하지 않는 군주는 동일한 왕가의 다른 사람으로 교체시킬 수 있다는 것을 강력히 암시하였다. 일체의 반정부 세력이 하나로 뭉쳤다.

1830년 3월 의회가 열리자 의회는 내각을 명렬히 비난하였다. 왕은 무력을 써서라도 야당을 누르겠다는 뜻을 노골적으로 표명하였다. 의회는 위협에 굴하지 않고 내각 불신임을 결의하였다. 이 결의는 복고 왕정 시대를 통하여 내내 잠복해 있었던 헌법상의 문제를 드디어 제기하였다. 국왕은 의회의 다수의 의사와는 상관없이 제 마음대로 내각을 구성할 것이냐, 아니면 의회의 다수의 동의를 얻어서 구성할 것이냐, 그리고 내각은 의회의 다수의 불신임을 받으면 사임해야 하느냐, 아니면 국왕의 뜻에 따라 사임하지 않아도 되느냐. 폴리냐크는 의회정치의 원리를 무시하고 의회의 불신임 결의에 대항하여 오히려 의회를 해산시키려고 하였다. 왕도 같은 생각이었다. 왕은 의회를 해산시키고, 폴리냐크 내각을 그대로 존속시켰다.

7월에 새 하원 의원 선거가 실시되었다. 정부는 온갖 불법과 부정을 동원하여 선거에 간섭하였다. 그러나 7월 선거의 결과는 야당 의석을 221석에서 270석으로 크게 늘려주었다.

이제 국민의 희망과 여론의 방향이 무엇인가가 너무나 명백히 나타났다. 그럼에도 불구하고 샤를 10세는 아직도 눈을 바로 뜨지 못했다. 그는 헌장 제14조의 긴급 명령권을 악용하여 7월 26일 이른바 4개조의 긴급 칙령을 발포하였다. (1) 막 끝난 선거에 의하여 소집될 의회를 소집하지 않은 채 해산하고 (2) 새 선거법을 제정하고 (3) 새 선거법에 의하여 선거를 다시 실시하고 (4) 언론 규제를 강화한다는 내용이었다.

새 선거법은 자유주의적인 도시 부르주아를 제거하고 주로 농촌 지주 계층에게만 투표권을 주어 유권자의 수를 약 2만 5,000명 정도로 크게 줄이려는 것이었다. 아무튼 이 7월 칙령은 쿠데타에 해당하는 중대한 조처였다. 반정부 세력은 일제히 일어섰다. 신문들은 합헌성을 잃은 정부에 대한 복종을 거부하고 혁명을 시사하는 과격한 논진을 펴고, 의원들은 납세 거부를 선언하였다. 그러나 폴리냐크 내각의 퇴진 요구가 혁명으로까지 돌진할 만큼 사태는 그리 험악하지 않았다. 만일 샤를이 사태의 진정한 의의를 잘 파악하여 폴리냐

들라크루아Ferdinand Victor Eugène Delacroix의 〈민중을 이끄는 자유의 여신〉. 삼색기를 든 자유의 여신 뒤를 병사와 민중들이 시체의 산을 넘어 진격하고 있다.

크 내각을 후퇴시키고 사태 수습에 성실했더라면 결코 혁명으로까지 치닫지는 않았을 것이다. 샤를의 어리석음과 방심이 결국 사태를 악화시켰다.

그는 긴급 칙령에 서명한 후 남쪽 랑부이에로 사냥을 떠났다. 얼마나 경솔한 짓이었던가? 긴급 명령을 발포한 당사자가 사태의 긴급성을 인식하지 못했던 것이다. 그렇다면 긴급 조처를 취해야 할 이유가 없었다는 말이 아닐까? 그는 야당 세력이 힘을 조직하여 혁명으로 이끌어가는 데에 대하여 거의 무방비 상태였다. 만일의 사태에 대비하여 수도의 경비를 강화하지도 않았고, 또 많은 병력을 북부 아프리카의 알제로 원정을 보내 프랑스에는 군대가 없었다. 3만 8,000의 장병과 4,500필의 군마, 103척의 군함과 469척의 상선이 알제 원정에 동원되어 있었다. 그가 사태의 긴박성을 깨닫고 군대를 움직이려 했을 때는 수중에 그럴 만한 군대가 없었다.

7월 27일부터 파리 시민은 시내 요소요소에 바리케이드를 쌓기 시작했다. 국민 방위대는 1827년에 해산되었으나 대원들은 아직도 무기를 가지고 있었다. 그들이 무기를 들고 나섰다. 왕정을 타도하고 공화정을 수립해야 한다는 과격한 노동자, 학생, 시민이 이제 모두 반정부 운동에 한데 뭉쳤다. 낭만적인 혁명의 물결이 순식간에 전 시가를 휩쓸었다. 당시 파리의 수도 사령관은 마르몽Auguste Frederic Louis Viesse de Marmont 장군이었는데 그는 나폴레옹을 배신한 군인으로서 파리 시민이 몹시 싫어하였다. 마르몽의 군대는 비좁은 골목에서 행동의 자유를 잃고 사상자만 더 냈다. 7월 29일 두 연대가 폭동 쪽에 가담하였다. 그렇잖아도 병력이 모자란 마르몽은 결정타를 맞았다. 완미한 샤를도 이제는 사태의 진상을 깨달았던지 30일 폴리냐크을 파면하고 4개조로 이루어진 칙령을 철회했다. 그러나 때는 이미 늦었다. 사냥터에서 왕이 긴급히 파견한 사절이 파리에 도착했을 때는 이미 의회가 샤를의 퇴위와 루이 필리프Louis Philippe의 즉위를 가결한 뒤였다. 이제 샤를이 할 수 있는 유일한 행동은 군대의 힘으로 의회를 항복시키는 것이었는데, 위에서 말한 바와 같이 그에게는 그럴 만한 군대가 없었다. 그는 센 강을 건너지도 못하고, 왕의 목숨을 노리는 폭도들을 피하여 생애 세 번째 망명길에 올랐다. 부르봉 복고 왕정은 워털루 이후 15년 만에 무너지고 말았다.

제7장

7월왕정

1. 동요의 전반기

7월 30일 의회는 루이 필리프에게 프랑스 왕국 육군 중장liertenant-général이라는 지위를 제공하였다. 루이 필리프는 그 지위를 받아들여 이튿날 파리 시청으로 가서 국민 방위대장 라파예트를 만나 삼색기를 게양하고 환희에 날뛰는 군중 앞에서 서로를 껴안았다. 8월 2일 샤를 10세는 손자 보르도 공작을 상속자로 선언했으나 그는 외국으로 망명하고 없었다. 의회는 8월 7일 프랑스 왕의 궐위를 선언하고 루이 필리프를 프랑스 국민의 왕으로 추대하였다. 그럼 루이 필리프란 어떤 사람일까? 그는 프랑스 대혁명 초기 왕족으로 루이 16세에 반대한 오를레앙 공 루이 필리프 조세프의 아들이었다. 조세프는 루이 16세의 사형에 찬성한 시해파로서 '평등공 필리프Philippe Égalité'라는 별명까지 얻었으나 1793년에 자코뱅파에게 처형되었다.

열병식을 끝내고 베르사유 궁전을 등지고 서 있는 루이 필리프와 그의 다섯 아들.

샤를 10세를 몰아낸 프랑스 국민은 대혁명을 지지한 왕족의 후예 가운데서 루이 필리프를 새 왕의 최적임자로 생각했던 것이다.

티에르 일파는 7월혁명을 영국의 명예혁명으로 간주하여 다음과 같이 간결한 필치로 오를레앙 공을 새 왕으로 추대할 것을 역설하였다.

샤를 10세는 결코 파리로 돌아오지 못하리라. 그는 자기 동포의 피를 흘리게 하였다. 공화정은 우리를 위험스런 분열에 직면케 할 것이고 우리를 유럽 여러 나라의 적으로 만들 것이다.

오를레앙 공은 혁명의 대의에 몸바친 왕족이다.

오를레앙 공은 우리를 적대하여 싸운 일이 없다.

오를레앙 공은 제마프 전투(1792년 11월 6일 프랑스군이 승리한 전투)에 종군하였다.

오를레앙 공은 시민의 왕이다.

오를레앙 공은 적의 포화 아래서 삼색기를 휘날렸다. 오를레앙 공만이 그 삼색기를 다시 휘날리리라. 우리는 어느 다른 깃발도 모두 거부한다.

오를레앙 공은 스스로 설치고 나서지 않고 있다. 그는 우리 뜻의 표시를 기다리고 있다. 자, 이제 우리의 뜻을 선포하자. 그러면 그는 우리가 항상 바랐던 헌장을 수락할 것이다. 그가 받아 쓸 왕관은 프랑스 국민으로부터 나온 것이다.

복고 왕정의 샤를 10세를 몰아내고 프랑스 혁명을 승인하는 오를레앙 공을 새 왕으로 추대하는 7월혁명은 별 저항 없이 쉽게 성공하였다. 새 왕은 부르봉의 왕들과는 달리 "신의 은총에 의한 프랑스 왕 필리프 7세"가 아니라 "신의 은총과 국민의 의사에 의한 프랑스 국민의 왕 루이 필리프"였다. 필리프 7세가 아닌 루이 필리프라는 왕호는 그의 7월왕정이 자유주의적·시민적 왕국임을 분명히 말해 준 것이었다. 새 왕은 바로 국민의 왕이었다. 새 왕은 국민의 의사에 의하여 국민의 대표자로 추대된 것이다. 주권은 왕에게 있지 않고 국민에게 있었다. 따라서 국가 생활의 요강이 되는 헌법도 1814년 헌장처럼 왕이 왕의 권위로써 국민에게 하사한 것이 아니라 의회가 1814년 헌장을 대폭 수정하여 왕에게 무조건 승인하게 한 것이었다. 그것은 국민의 대표자들이 왕의 통치 원칙을 왕에게 명시한 것이었다.

　개정된 헌장은 더 많은 자유를 보장했을 뿐만 아니라 프랑스 혁명의 원리와 정신을 적극적으로 받아들여 국기를 삼색기로 바꾸었다. 프랑스 현대사에서 국기를 삼색기로 하느냐 백색기로 하느냐는 것은 그저 국기에 국한된 문제가 아니라 프랑스 혁명을 용인하느냐 부정하느냐 하는 중대한 의의를 지니는 것이었다. 7월왕정이 삼색기를 국기로 제정한 이래 오늘에 이르기까지 삼색기는 어떠한 정치체제 아래에서도 계속 프랑스 국기로 남아 있다. 이 사실은 7월혁명 이래 여러 번 국가 체제에 변화가 있었지만 어떤 체제도 기본적으로는 프랑스 혁명을 부정한 일이 없음을 말한다.

　1830년의 헌장은 유권자와 피선거권자의 자격을 완화하여, 최하 연령을 각각 25세와 30세로 낮추고 납세 자격도 각각 200프랑 및 300프랑으로 낮추었다. 여기서 참정권을 가진 자들의 수가 두 배쯤 늘었다. 그만큼 부르주아의 정치적 자유와 함께 그 지배권이 커졌다. 사실 7월혁명은 부르주아가 내세운 민권 사상의 승리였으며, 대혁명과 나폴레옹 제국을 통하여 이미 수립된 바 있었던 부르주아의 정치적·사회적 우월권이 재확립된 사건이었다. 이 혁명으로 이제는 앞으로 망명 귀족이 부르주아의 토지 소유를 위협할지도 모른다는 공포는 영원히 사라졌다. 부르주아는 그들의 손으로 새 왕국을 만들어 세웠다. 7월왕정은 부르주아의 왕국이었다. 루이 필리프는 부르주아의 왕이었다. 그리고 그는 앞으로 증권업자의 왕roi des agioteurs이라는 별명을 얻게 될 터였다.

　7월혁명은 국민주권의 원리에 따라 왕권을 여러 모로 축소했는데 왕의 연금도 4,000만 프랑에서 1,200만 프랑으로 삭감하였다. 그리고 상원 의원의 세습제를 종신제로 고치고, 귀족의 전통적 특권을 아주 없앴다. 특별재판소의 설립을 일체 금하고, 언론의 검열제도를 영구히 폐지하고, 국민 방위대를 재건하고, 군 복무 기간을 1년 줄였다. 새 정부는 지방장관, 군부의 장성, 고급 관료, 대학 총장 등을 모두 자유주의 인사로 바꾸어 국가 생활의 온갖 구석에 시민적 특성을 강화하였다. 7월왕정은 언론 재판을 배심제로 다시 고치고, 지방의회conseils généraux를 다시 구성하여 지방자치제의 기초를 놓았고, 1833년에는 국가의 재정 보조에 의하여 초등교육을 개혁하고 확장하였다.

　7월혁명은 새로운 개혁과 진보를 약속한 동시에 지금까지 숨어 있던 모든 불만과 불평을 폭발시켰다. 변화를 바라는 많은 사람들이 변화에서 어떤 이득을 얻으려는 과격한 행동을 취하였다. 자유의 새 시대가 도래했다는 신념은 모든 일에 새 사람, 새 방법, 새 생각을 소리 높이 요구하게 하였다. 많은 정치 클럽과 단체가 우후죽순처럼 쏟아져 나왔다. 온갖 종류의 정치적·사회적 개혁을 요구하고 선전하는 가두시위가 매일같이 벌어졌다. 보나파르트파, 공화주의자, 생시몽주의Saint-Simonisme 같은 사회 개혁가들은 각자 저마다의 입장에서 자신들의 시대가 이제 왔다고 믿었다. 혁명이란 언제 어디서나 정치적 변혁과 함께 일시 사회적 불안정을 낳게 마련이고 따라서 경제적 침체가 뒤따르게 마련이다. 7월혁명도 예외가 아니었다. 경제적 침체의 영향을 곧바로 받는 계층은 부유층이 아니라 노동자 계층이다. 그들은 당장의 끼니가 문제였다. 7월혁명도 빵을 요구하는 노동자들의 시위를 만들어냈다. 혁명 후 얼마 동안 프랑스는 매우 소란스러웠다.

　그 소란의 밑바닥을 살펴보면 혁명에 대한 두 견해의 대립을 발견할 수 있다. 하나는 혁명은 왕조의 변경과 기본적 자유의 보장으로써 그 목적을 달성했다는 견해였고, 다른 하나는 그러한 개혁은 혁명의 일차적인 성과이고 더 큰 개혁의 출발에 불과하다는 견해였다. 전자는 7월혁명을 정치혁명으로 이해하고, 후자는 7월혁명을 사회혁명으로까지 발전시켜야 한다는 태도였다. 이 양자의 대립은 7월혁명에 대한 태도의 차이에 그치지 않고 실은 프랑스 혁명을 받아들이는 자세의 차이에 근거하고 있었다. 전자는 프랑스 혁명을 받아들이기는 하나 그것이 공화정으로까지 과격하게 변한 것을 잘못으로 생각했고, 후자는 공화정과 자코뱅의 공포정치야말로 프랑스 혁명의 당연한 결론이었다고 생각했다.

어쨌든 7월혁명을 정치혁명에서 그치게 하여 더 큰 변화를 막으려는 저항파parti de la résistance와 계속 더 전진시키려는 운동파parti de mouvement가 7월왕정에서 서로 대결하고 있었다. 그런데 루이 필리프의 첫 내각에는 이 두 파의 대표자들이 자리를 함께하고 있었다. 카시미르 페리에August Casimir-Périer, 브로글리Achille-Charles Léonce Victor Broglie, 기조 같은 인물들은 저항파의 대표자들이고, 라피트 Jacques Laffitte, 뒤퐁 드 뢰르Jacques Charles Dupont de l'Eure 같은 인물들은 운동파를 대표하였다. 혁명 이후 왕궁 앞에서는 매일같이 시위 행렬이 소란을 피웠다. 특히 과격파들은 샤를 10세의 전직 대신들을 사형에 처할 것을 요구하였다. 왕은 과격파의 행동을 무마하려고 11월 운동파의 라피트에게 새 내각을 위촉하였다. 이 개각은 과격파의 여론을 다소 누그러뜨리기는 했으나 사회적 무질서를 막지는 못하였다. 시위 군중은 전직 대신들에게 선고된 종신형 판결에 항의하여 사형을 요구하고, 1831년 2월에는 파리의 대주교관과 교회를 약탈하기에 이르렀다. 라피트 내각은 재정의 위기와 실업자의 격증을 막지 못했고, 또 폴란드, 이탈리아 등지에서 일어난 자유주의 운동을 원조하라는 시위 군중의 요구에 못 이겨 결국 1831년 3월 물러나고 말았다. 거기서 저항파의 카시미르 페리에 내각이 들어서서 중도 정책을 추구하게 된다.

앞서 복고 왕정은 프랑스 국민의 분열을 막고 하나로 통합하려고 안간힘을 기울였으나 결국 실패했는데, 이제 7월왕정도 모든 프랑스 국민이 동의하는 국가체제를 건설하기란 매우 어려울 것 같았다. 왕당파는 7월왕정을 승인하지 않았다. 그들은 샤를 10세와 그의 손자 보르도 공작만이 프랑스의 정통 왕위의 승계자라고 주장하여 필리프를 왕위 찬탈자로 규정하였다. 그들을 정통파Légitimistes라고 칭하거니와, 7월혁명 당시 부르봉 왕가를 지지하고 나선 세력이 없었던 것을 보면 정통파의 정치세력은 보잘것 없었다는 것을 알 수 있다. 더구나 가톨릭교회 안에서 교황 지상주의와 교권주의를 반대하는 자유주의 가톨리시즘liberal Catholicism이 성장함에 따라 정통파의 힘은 한결 더 약화되어 갔다. 그럼에도 불구하고 정통파는 정부 전복 음모를 꾀하기도 하고, 샤를 10세가 1836년에 죽은 뒤부터는 보르도 공을 앙리 5세Henri V라고 칭하면서 그의 복위 운동을 일으키기도 하였다. 더구나 정부 전복 음모에서는 극좌인 공화파와의 협력마저 주저하지 않았다. 이런 종류의 음모와 소동이 1830년대에 자주 일어났다. 1836년에서 1846년까지 10년 사이에 왕의 암살 음모 사건이 여섯 번이나 있었다.

그러나 정통파의 반정부 운동은 공화파의 그것에 비하면 덜 심각하였다. 7월혁명을 계기로 왕정을 타도하고 공화정을 수립하려던 공화주의자들에게는 7월왕정이 아무리 자유주의적이라 하더라도 왕정이라는 이유만으로 충분히 타도의 대상이 되었다. 더구나 7월왕정

시대는 프랑스의 산업 혁명기로서 근대 공업 노동자계급이 급속히 성장하였다. 그들의 사회의식과 정치의식은 부르주아적 7월왕정에 불만을 품게 하고 공화국의 수립을 열망하게 하였다. 특히 7월왕정은 시의적절한 사회 입법과 참정권의 범위의 확대에 실패하여 산업 사회가 만들어내는 새 근로 계급의 사회적·정치적 불안을 해소해 주지 못하였다.

정통파와 공화파 이외에 보나파르트파도 심심치 않게 반정부 소란을 피웠다. 나폴레옹의 동생인 루이 보나파르트가 나폴레옹 제국 시대에 네덜란드의 왕이 되었다는 것은 앞서 말한 바 있다. 그에게는 샤를 루이 나폴레옹이라는 아들이 있었는데, 이자가 나폴레옹의 외아들이 1832년에 죽자 자기가 나폴레옹의 제위 상속권자라고 주장하고 나섰다. 그는 1836년 스트라스부르에서 보나파르티슴의 깃발을 들고 7월왕정 타도의 소란을 피웠다. 정부는 이 사건을 별로 중대시하지 않고 샤를 루이 나폴레옹을 해외로 추방하였다. 그러나 샤를 루이는 이듬해 국내로 잠입해 있다가 1840년에 또다시 불로뉴에서 소란을 피웠다. 정부는 이번에는 그를 종신형에 처하였다. 그러나 그는 1846년에 탈옥에 성공하여 영국으로 도망하였다. 1848년 2월에 혁명이 일어나자 프랑스로 다시 돌아와서 국회의원에 선출되고 다시 대통령에 당선된다. 그 3년 후에는 쿠데타에 의해 스스로 황제가 되어 나폴레옹 3세라고 칭하게 된다. 이 문제에 관해서는 다음 장에서 논하게 되거니와 여기서 지적해 두어야 할 것은 나폴레옹 제국의 이념이 아직도 사라지지 않고 살아 남아 있었다는 사실이다.

이렇게 하여 7월왕정 시대의 프랑스에서는 정치적·이념적으로 최소한 네 줄기가 뚜렷한 형태로 각축하기 시작하였다. 극우의 정통주의, 극좌에 공화주의, 그 중간에 입헌군주주의로서의 오를레앙주의, 그리고 현대 프랑스에 특이한 보나파르티슴. 이 넷은 1789년에 시작하여 나폴레옹이 실각할 때까지 이미 뚜렷한 형태로 나타난 일이 있었고, 프랑스 국민이 실컷 경험한 바였다. 그런데 프랑스 국민은 이제 1815년 이래 대혁명의 경험을 한 바퀴 더 되풀이 경험하기 시작하였다. 복고 왕정의 정통주의에서 오를레앙 왕국의 입헌군주주의를 거쳐 1848년의 공화주의에서 다시 나폴레옹 3세의 보나파르티슴으로.

　7월왕정도 프랑스 국민의 분열을 막고 하나로 뭉치게 하는 데 성공할 것 같지 않았다. 7월왕정을 타도하려는 세력은 오른편에서도 왼편에서도 거세게 몰아쳤다. 그러나 왕국에 대한 진정한 위협은 좌익 즉 공화파에 있었다. 산업화에 따라 급속히 성장한 공업 노동자 계급이 7월왕정에 불만을 품고 좌경하고 있었다. 프랑스의 근대 공업이 비약적 발전을 시작한 것은 1826년의 영불 통상협정이 체결된 이후부터이다. 선진 산업국가들 중에서 프랑스는 전통적으로 어느 나라보다도 중소기업이 가장 광범위하게 발전한 나라로서 1846년까지 대기업에 취업한 노동자 수가 아직 100만을 넘지 못하였다. 그러나 프랑스의 산업혁명은 그 나름대로 착실히 발전하였다. 특히 알자스와 노르망디 및 북부 지방의 면직 공업, 리옹 지방의 견직 공업, 로아르 분지와 로렌 지방의 금속공업이 비약적으로 발전하였다. 산업화와 도시화는 병행하는 법이다. 대표적인 공업도시 루베와 생테티엔의 경우, 1831~1841년의 10년 사이에 인구가 각각 8,000에서 3만 4,000, 1만 6,000에서 5만 4,000으로 급증하였다.

　그리고 산업혁명 초기에는 어디서나 일어나는 사회적·도덕적 문제들이 프랑스에서도 예외 없이 일어나고 있었다. 경제적으로는 1인당 국민소득도 노동자의 임금과 저축도 늘었으나 그것이 물가와 생활비 상승을 따르지 못하고, 따라서 노동자의 생활 조건이 개선되지 못하여 그 불만이 커갔다. 더구나 급속히 팽창하는 공업 도시의 인구 조밀과 비위생적인 노동환경, 부녀자 노동, 장시간 노동을 비롯한 열악한 노동조건, 이러한 것에서 비롯된 높은 발병률과 사망률. 1840년도에 징집된 공업지대의 장정 1만 명 중 9,000명이 신체검사에 불합격했다는 놀라운 통계가 바로 이를 입증한다.

어쨌든 산업혁명 초기의 프랑스에서 일어난 7월혁명은 공업노동자에게 큰 기대를 품게 했으나, 정치적 불안정은 오히려 물가고와 겹쳐서 실업의 위협마저 가중시키고 있었다. 파리와 기타 공업 도시에서는 일자리와 빵을 요구하는 노동자의 시위가 그칠 날이 없었다. 드디어 1831년 11월 리옹에서 노동문제로 말미암은 심각한 사태가 벌어지고 말았다. 당시 리옹의 견직물 공업은 그 수출액이 프랑스의 수출 총액의 30퍼센트를 차지할 만큼 막중한 지위를 차지하고 있었다. 그런데 노동임금은 물가의 상승을 따르지 못하였다. 노동자들이 노사 공동위원회를 구성하여 최저임금제를 책정하도록 요구하였다. 이 요구를 도지사의 행정 지도에 의하여 상공회의소가 수락하였다. 노동자의 단체교섭권과 노사 간의 평화적 타협 정신이 훌륭하게 발휘되는 것으로 생각되었다.

그런데 리옹 지방의 제조업자 약 1,400명 중 104명이 타협에 응하지 않았다. 이것이 불씨가 되어 드디어는 이 지방 전체 노동자가 들고 일어나서 한때는 리옹 시의 행정마저 완전히 장악하기에 이르렀다. 정부는 이 최악의 상태를 극복하기 위하여 무력의 무자비한 행사를 주저하지 않았다. 노동자들은 "일하면서 자유로이 살든가 아니면 싸우다가 죽자"라는 구호 밑에 결사적으로 항쟁하였다. 사태가 이 지경에 이르렀으니 그 결과는 지극히 불행할 수밖에 없었다. 폭동은 진압되었으나, 앞서 모처럼 합의에 도달했던 노사 협조의 타협이 수포로 돌아갔다. 정부가 단체교섭의 불법을 선언한 것이다.

산업혁명 초기에는 어디서나 노동문제가 일어나지만 그것이 어떻게 처리되느냐는 그 나라의 산업화의 방향에는 물론이고 정치적 민주화에도 중대한 영향을 미친다. 리옹 사건은 7월왕정이 노동자의 불우한 사정을 이해하고 보살피는 정부냐 그렇지 않은 정부냐를 판가름하게 하는 사건이었다. 7월왕정이 노동자와 불우한 국민의 사정을 잘 이해하고 보살피는 정부라면 노동자는 7월왕정에 기대를 걸고 열심히 일하겠지만, 그렇지 않을 경우 그들은 공화파로 기울어져서 7월왕정 타도의 전위부대로 화할 것이다. 리옹의 폭동은 동기와 목적 면에서 전혀 정치적인 것이 아니었지만, 정부의 무력 진압과 파리 기타 다른 도시에서 일어난 소규모의 노동쟁의에 대한 정부의 탄압 정책은 노동자로 하여금 7월왕정을 극도로 불신하게 하였다. 거기서 노동자들은 자기들의 이익을 위해서는 스스로 만든 강력한 노동조직에 의존해야 한다는 생각을 품게 되었다. 어떤 정치조직도 불신하는 프랑스 특유의 생디칼리슴Syndicalisme이라는 노동운동의 씨앗이 이때 배태하기 시작한 것이다. 그리고 언론의 자유가 제한되는 1835년까지 공화파의 맹렬한 선전에 힘입은 많은 노동자가 공화파로 기울어져서 정부 전복을 목적하는 비밀결사에 가입하게 되었다. 프랑스 노동자들은 본래 정치적이 아니었지만 정부의 잘못된 노동정책이 그들을 정치적으로 만들었고, 더구나 가장 과격한 공화주의자로 만들었다.

특히 당시 노동자들을 정치적으로 과격하게 만드는 데 크게 작용한 것은 마라Armand Marrast의 공화파 신문 《트리뷴Tribune》이었다. 7월혁명 후 프랑스의 신문들은 언론의 자유를 만끽하였다. 특히 《트리뷰》은 국왕과 정부를 마음대로 비난 야유하고 사회주의 공화국의 수립을 주장하고 반정부 폭동을 선동하는 데 주저하지 않았다. 여기서 정부는 사회의 질서와 안정을 해치는 자유에는 제한을 가해야 한다는 정신에서 1834년 4월 결사의 자유를 제한하는 법률을 제정하였다. 이 법률이 의회에 통과되었다는 소식이 퍼지자 리옹과 파리에서 거의 동시에 공화파 노동자의 폭동이 일어났다. 정부는 또 한 번 무자비한 총탄 세례로 진압하였다. 파리 폭동의 진압을 '트랑스노냉가의 학살'이라고 부른다. 이 학살은 1848년 6월 폭동과 1871년 파리 코뮌의 선례가 되었다.

 1831년 리옹 사건에서 평화적 방법에 의한 노사문제의 해결에 실패한 프랑스는 산업화가 진전하면 할수록 더욱더 무서운 사회적 대립과 충돌을 일으켰다. 이런 대립과 충돌이 평화적인 정치 발전에 극히 유해하다는 것은 말할 나위 없었다. 7월왕정의 전도는 낙관할 수 없었다. 1835년에도 국왕 암살 미수 사건이 일어났다. 정부는 이를 계기로 9월법Loi Septembre을 제정하여, 언론을 통제하고 국왕에 대한 모욕이나 정부 형태에 대한 비난 공격을 국가의 안정 보장에 대한 위협으로 간주하였다. 이로써 7월혁명 후 5년간 지나칠 정도로 자유를 누린 언론은 그 자유의 남용의 대가를 치르게 되고, 왕정 초기의 무질서가 차차 사라지고 사회는 안정을 찾아갔다. 그러나 정치적 안정을 찾으려면 앞으로 몇 해 더 걸렸다.

 1836년 2월 브로글리 내각이 물러나고 젊은 티에르 내각이 들어섰으나 스페인의 자유주의 운동에 대한 원조 문제로 국왕과 대립하여 반년 만에 무너졌다. 이어 몰레Louis-Mathieu Molé 내각이 1839년까지 존속하였으나 술트Jean de Dieu Soult를 수반으로 하는 연립내각에 밀려나고, 다시 술트의 뒤를 티에르가 이었으나 이집트 문제로 영국에 대한 유화 정책을 주장하는 왕과 대립하여 제2차 티에르 내각도 1840년 10월 다시 무너졌다. 이제 제2차 티에르 내각을 이은 것이 제2차 술트 내각인데 그 실권자는 외무대신 기조였다. 기조는 1847년 9월에는 수상이 되지만 이듬해 2월혁명으로 쫓겨난다.

2. 기조의 보수 정책

7월왕정이 나름대로의 안정과 번영을 되찾은 것은 1840년 이후 8년간 기조의 집권 시기이다. 7월왕정은 1835년경부터 사회적 안정으로 향하기는 했으나 그것은 정부의 탄압 정책의 결과이고, 정치적으로는 아직 안정을 찾지 못하고, 정권은 운동파와 저항파 사이를 자주 왔다 갔다 하였다. 운동파는 7월 헌장을 의회 개혁과 선거 개혁의 출발로 이해하고 거기에 필요하다면 민중운동도 이용하려는 경향을 보였는데, 저항파는 이 운동 방향에 저항하여 헌장을 움직일 수 없는 독트린으로 이해하고 현존 질서를 절대적인 것으로 지키려는 입장을 취하였다. 7월왕정의 내각에는 1830년대 후반 이래 이 두 파의 대표자 격으로 내정과 외교에서 치열한 경쟁을 벌인 두 인물이 있었다. 바로 티에르와 기조였다. 티에르는 운동 편이었고 기조는 저항 편이었다.

두 차례의 티에르의 내각은 두 번 다 단명했는데, 퇴진의 이유는 두 번 모두 외교 문제였다. 1836년에는 스페인의 자유주의 운동을 원조하려다가 루이 필리프의 반대에 부딪쳐 물러났고, 1840년에는 터키와 이집트 사이에 충돌이 일어났을 때, 이집트와 동맹을 맺고 영-러-터와 일전을 불사하려다가 역시 왕의 반대에 부딪쳐서 물러다. 티에르가 영국과의 전쟁도 불사하려 한 것은 성장하고 있는 프랑스의 산업 부르주아의 해외 진출을 위해서였다. 1836년에 스페인의 자유주의 운동을 도우려는 것도 그의 자유주의적 신념에서만이 아니라 스페인에 미치고 있는 영국의 영향에 대항하려는 정책적 배려가 숨어 있기 때문이었다. 그것 역시 프랑스 산업 부르주아지의 이익에 일치하는 배려였다.

이렇듯 티에르가 펼친 외교정책은 산업 부르주아지의 이익을 대변하는 것이었는데 이것이 어찌하여 성공하지 못했을까? 1830년대 프랑스의 산업자본주의는 아직 농업적 이익과 금융 부르주아지의 이해관계를 누를 수 있을 만큼 성장하지 못한 시기였다. 그런데 후자의 이익을 대표하는 것이 기조의 정치 이념과 외교정책이었다. 기조는 1830년대에 여러 번 입각하다가 드디어 1840년 10월 티에르의 실각 이후 1848년까지 정권을 쥐었다. 기조의 보수적인 내정과 외교는 어떤 방법으로도 왕좌를 안전하게 지키려는 루이 필리프의 정책에 현실적으로 일치할 수 있었다.

기조는 소르본의 역사학 교수로서 샤를 10세의 반동 정책을 비판하다가 교단에서 쫓겨난 반골파 학자였다. 그러나 7월혁명 후 7월왕정에 입각하여 철저한 오를레앙주의자로서 일단 수립된 체제를 고수하려는 완고한 보수주의자가 되었다. 그는 내무 대신으로서 1830년 10월 4일 하원에서 단체 활동에 대한 형법 291조의 적용 문제를 논의하면서 이렇게 말한 바 있다.

> ……무질서는 운동이 아니다. 혼란은 진보가 아니다. 혁명적 상태는 사회가 진정으로 진보하는 상태가 아니다. 나는 되풀이하여 말하거니와, 많은 대중 단체가 프랑스를 이끌고 가려는 상태는 진정한 운동이

아니라 질서 파괴의 운동이다. 그것은 진보가 아니라 목표를 상실한 동요이다.

기조에게 7월혁명은 샤를 10세에 의해 침해되었던 자유를 회복하고 그 자유를 수호하는 법적 질서를 확립하는 혁명이었다. 그런데 사회질서를 문란케 하는 대중 시위, 새 정부를 전복하려는 비밀결사와 음모 등은 회복된 자유를 그르치고 법적 질서를 파괴하는 행동으로서, 낡은 프랑스의 대표자들이 펼치는 반동 정책과 마찬가지로 응징되어야 할 대상이었다. 기조는 자기의 정책을 중정 정책politique du juste milieu이라고 불렀는데, 그것은 요컨대 회복된 자유와 질서를 유지하는 정책이었다. 그리고 그 자유와 질서는 7월 헌장에 규정된 제한선거제에 의한 정치적 자유와 중간계급의 특권과 이익을 보호하는 질서였다. 그의 자유와 질서는 정치적·사회적 변화를 전제로 하는 것이 아니라 7월왕정의 헌장에 확정된 자유와 질서를 영구불변의 것으로 굳히는 자유와 질서였다. 그는 "이제야말로 이 나라의 희망은 획득한 체제에 만족하여 무엇보다도 이 체제를 보수하고, 공고히 하는 것이라"고 주장하였다. 이는 정권의 유지와 왕실의 보전 이상의 것을 의미하는 것이 아니었다. 1840년 11월 17일에 기조는 이렇게 말했다.

더 이상 우리나라가 영토를 정복해야 한다느니 전쟁을 일으켜야 한다느니 대담한 보복 행위를 취해야 한다느니 하는 따위의 말을 하지 맙시다. 프랑스가 번영하고 계속하여 자유롭고 부유하고 평화롭고 현명하면 그만이지, 불평할 필요가 어디 있습니까?

이는 티에르의 강경한 동방 정책에 반대하여 그를 실각시키고 술트 내각의 외무대신으로 입각한 지 한 달이 안 되어 한 말이었다. 당시 프랑스는 과연 번영하고 평화로운 것 같았다. 영국과의 우호 관계가 재수립되고 상공업의 호경기가 계속되고 철도 건설도 막 시작되려는 참이었다. 그러나 토크빌Alexis Tocqueville은 기조 시대의 프랑스 정치를 이윤을 목적으로 하는 주주들이 활동하는 주식회사 같다고 평하였다. 기조의 정책은 철저히 상층 부르주아의 이익을 위주로 하였고, 또 의회의 다수를 자기편으로 유지하기 위하여 영리한 뇌물 정책을 추구하였다. 거기서 외관상 경제적 번영과 정치적 안정과 사회적 평화가 실현된 것처럼 보였다. 그러나 기조 자신이 자랑했던 것처럼 프랑스가 과연 자유롭고 현명했던가는 매우 의심스럽다.

　그는 보통선거제를 자유와 질서를 파괴하는 제도로 규정하고, 보통선거제를 주장하는 사람들을 자유와 민주주의와 역사 발전이 무엇인가를 모르는 철없는 파괴 분자들로 몰아세웠다. 뿐만 아니라 선거권의 확대에도 반대하였다. 정치적 자유의 확대를 번영과 질서와 평화에 대한 위협으로 간주하고 있었다. 투표권자의 재산 자격을 낮추어 더 많은 국민을 정치에 참여시키려는 요구가 보통선거제에 대한 요구와 함께 날이 갈수록 커져 갔지만, 기조는 선거 주민pays légal의 확대를 사회적 혼란의 원인이 된다며 극력 반대하였다. 그러나 그러한 완고한 반대가 오히려 그가 회피하려는 바로 그 사회적 소란을 야기하게 될 것이라는 점을 그는 깨닫지 못하였다. 그는 선거 주민 확대의 요구에 대하여 "일해서 부자가 되라, 그러면 유권자가 될 수 있다"라는 유명한 말로 화답했다. 그는 또 1840년대 후반기에 의회와 선거제도에 대한 개혁의 요구가 크게 일어났을 때 "나는 선거 개혁을 하느니 차라리 100번 사임하겠다"고 말하였다. 극히 완고한 보수주의 정치가의 면모와 신념이 이 이상 더 명확히 표명될 수 있는 없을 것이다.

　기조의 정책은 철저한 현상 고수 정책이었다. 산업혁명의 전진과 함께 프랑스의 전통 사회가 어느 때보다도 신속히 변화하고 있는 시대에 현상 고수 정책을 펼쳤던 것이다. 기조의 역사적·정치적 감각은 본인을 위해서만이 아니라 7월왕정과 프랑스를 위하여 실로 비극적이었다. 그런데 역사를 공부하는 사람들에게 깊이 생각하게 하는 재미있는 일은 그렇게 완고한 현상 유지주의자인 기조도 젊었을 때는 정반대의 진보주의 사상을 주창했다는 사실이다. 1821년 어떤 청년이 당시의 왕당파를 공격하는 팸플릿에 다음과 같은 글을 실었다.

　　현재 프랑스는 번영하고, 시끄러운 일이 없다. …… 대신들은 아마 거기 만족하고 있겠지. 그들은 두려워할 일도 없고 아무것도 할 일이 없으니 말이다. 그런데 만일 그들의 기대와는 달리 어떤 불행한 일이 일어난다면 그야말로 큰일인데…… 국민의 물질적 행복보다 더 큰 허위는 없으니까.

　이 글은 계속하여 반혁명이 무엇보다도 두려워하는 것은 '운동'이라고 지적하면서 복고 왕정의 현상 유지 정책에 불평을 토로하고 있다. 이 청년의 말은 그 후 20년 뒤의 기조의 프랑스에 꼭 들어맞는 말인데, 이 말의 주인공이 실은 바로 청년 시절의 기조 자신이었다.

　1840년대의 프랑스야말로 상공업의 번영을 구가하고 시끄러운 일이 없이 조용했고, 또 기조의 정부야말로 거기 만족하고 어떤 변화도 거부하는 철저한 현상 유지 정책에 몰두하고 있었다. 그런데 그 번영과 안정은 표피적인 것에 불과하였다. "국민의 물질적 행복보다 더 큰 허위는 없으니까" 말이다. 그러므로 외관상의 안정에도 불구하고 7월왕정의 지배자들의 기대와는 달리 어떤 불행한 일이 일어날 수 있었던 것이다. 그것은 결국 1848년 2월에 명백히 입증되고 만다. 마치 청년 기조의 경고가 1830년에 입증되었듯이.

1840년대의 프랑스는 외관상의 번영과 안정 밑에 노동자의 비참한 생활과 불안이 숨어 있었다. 노동자의 자유는 허위였던 것이다. 노동문제는 정부가 조속히 정당한 조치를 취하지 않는다면 조만간 심각한 사태를 낳을 만큼 나날이 그 심각성을 더해 가고 있었다.

무릇 산업혁명은 산업자본주의를 급속히 발전시키고 산업자본주의의 발달은 산업자본가 계급을 크게 성장시키는 동시에 근대 공업 노동자계급을 급속히 만들어내는 법이다. 이 산업화 과정에서 불가피하게 그리고 부수적으로 일어나는 현상이 새로 창조된 부의 불평등한 분배였다. 생산기술이 미약한 전산업주의시대보다 생산기술이 고도로 발달한 산업주의시대에서 빈부의 격차 현상이 더욱 현저한 이유는, 산업주의시대에는 사회적인 부의 창조가 월등히 많아지기 때문이다. 그런데 월등히 많아진 새 물질적 생산물을 사회적으로 평등하게 분배하지 않는다면 그것이 생산수단을 소유하고 있는 소수의 자본가들에게 집중될 것은 명약관화했다.

그런데 인류 역사상 처음으로 산업혁명을 경험한 선진 산업국가들은 빈부의 격차가 생기는 원인을 미처 이해할 수 없었다. 그렇지만 누구의 눈에도 명백히 나타난 빈부의 격차를 어떤 방법으로든지 줄이긴 해야 했다. 이런 생각을 이론적으로 체계화하여 실천에 옮기려는 운동들이 여기저기서 일어났는데, 이를 사회주의라고 하고 그 운동을 사회주의운동이라 한다. 사회주의와 사회주의 운동은 갖가지 이론과 형태로 19세기 선진 산업국가들의 역사를 색칠한다. 특히

19세기 프랑스의 역사가 그렇다. 일찍이 1819년에 벌써 시스몽디 Jean Charles Léonard Simonde de Sismondi는 《정치경제의 원리Principes d'économie politique》에서 스미스Adam Smith의 자유방임 정책을 공격한 바 있었는데, 1825년에 죽은 생시몽Claude Henri de Rouvroy Saint-Simon은 개량주의적인 사회주의 이론을 체계화하여 7월왕정 시대에는 물론 그 후에도 계속 프랑스 사회주의 운동의 선구자가 되었다. 7월왕정에서 루이 블랑Jean Joseph Charles Louis Blanc의 《노동조직Organization du travail》, 트리스탕Flora Tristan의 《노동조합Union ouvrière》, 라므네 Felicité Lamennais의 《신자의 말Paroles d'un croyant》, 프루동Pierre Joseph Proudhon의 《재산이란 무엇인가?Qu'est ce que la propriété》 등은 모두 각자의 입장에서 저술된 사회주의 이론들이다. 이런 책들은 그 이론이 얼마나 잘 되었느냐와는 상관없이 프랑스 국민의 사회적 양심을 일깨워서 결국 7월왕정에 대한 비판을 강화하게 하였다.

더구나 1833년에 실시된 초등교육법은 글을 읽을 줄 아는 국민의 수효를 늘렸고, 또 인쇄술과 제지법의 발달은 책과 신문 등을 훨씬 염가로 제작할 수 있게 하여 더 많은 국민에게 현실에 대한 비판력을 갖게 하였다. 1846년 당시 파리의 일간지는 26개에 이르렀고 독자는 18만 명이었다. 이는 20년 전의 세 배였다. 지방지들도 1835~1845년의 10년 사이 배로 늘었다. 특히 1840년에 창간된 《라틀리에 L'Atelier》는 노동자를 상대로 사회개혁을 고취하였다. 이렇게 하여 이제는 입헌군주정이 아닌 공화정밖에는 구원의 길이 없다는 생각이 날로 깊어가고 있었다.

거기에다가 샤를 루이 나폴레옹이 1839년에 《나폴레옹의 이념》을 출판하여 보나파르티슴을 생시몽주의에 접근시키는 요술을 피우고 있었다. 이듬해 1840년에는 나폴레옹의 유해가 세인트헬레나에서

《지롱드당의 역사》를
저술한 라마르틴.

파리로 이장되어 나폴레옹의 자유주의 황제 전설이 순진한 국민 사이에 그럴싸하게 퍼져 나갔다. 나폴레옹 유해의 이장은 7월왕정의 실책 중 하나였는데, 샤를 루이 나폴레옹과 그 일당은 그 실책을 적극적으로 이용하고 있었다. 나폴레옹은 이제 세기의 영웅으로 숭배될 뿐만 아니라 자유와 평등을 실현한 리버럴한 황제로 숭배되었다. 이런 나폴레옹에 비하면 늙고 소심한 루이 필리프는 초라하기 짝이 없었고, 보나파르티슴에 비하면 기조의 정책은 너무나 보수적이고 거의 반동적이었다. 사람들의 마음은 날로 7월왕정에서 떨어져 갔다.

다른 한편 이러한 상황에서 사람들의 관심을 다시 프랑스 혁명으로 돌리게 하는 훌륭한 역사 연구들이 나왔다. 미슐레Jules Michelet의 《민중Le peuple》과 《프랑스 혁명사Histoire de la Révolution française》, 라마르틴의 《지롱드당의 역사Histoire des Girondins》를 비롯하여 루이 블랑의 열두 권짜리 《프랑스 혁명사》도 나오기 시작하였다. 이런 역사 연구들은 사람들에게 기조의 현상 유지 정책이 얼마나 반역사적인가를 날카롭게 비판하도록 만들었다. 그리고 1840년대의 파리에는 외국의 망명자들이 득실거리면서 온갖 혁명적인 사회사상과 정치사상을 퍼뜨리고 또 갖가지 비밀결사들이 판을 치고 있었다.

이상에서 본 바와 같이 1840년대의 프랑스는 외관상 평온하고 번창하고, 사람들은 현실에 만족하고 있는 것처럼 보였을지 모르나, 그 평온의 밑바닥에는 실은 정치적·사회적 불만이 날로 커가고 있었다. 정부는 1841년에 20명 이상의 종업원을 가진 기업체에 미성년자 취업을 제한하는 제1차 공장법을 제정했으나 실효를 거두지 못했고, 또 1830년대에 시작하여 1840년대에 한결 더 줄기차게 일고 있는 선거법 개정에 대해서는 전혀 마이동풍이었다.

3. 왕국 말기의 위기

기조 시대의 위기는 1848년에 나타나기 시작하였다. 이해에 경제적 위기와 외교정책의 실책이 한데 겹치면서 정부 비판의 목소리가 날카롭게 일어났다. 7월왕정은 복고 왕정의 말년처럼 국민들이 쏟아내는 악평의 도가니에 빠져 들어가고 있었다. 1846년과 1847년에 북부 유럽 및 서부 유럽 일대는 곡물과 감자가 대흉작이었다. 곡가가

1844년의 배로 폭등하였다. 이것은 필연적으로 다른 물자에 대한 수요의 감퇴를 초래하여 큰 불황이 엄습하였다. 노동임금이 저하되었을 뿐만 아니라 실업자가 많이 생겼다. 게다가 주가가 폭락하였다. 정부는 재정 위기에 직면하여 1846년 후반기에는 영국 은행으로부터 100만 파운드를 차관하지 않으면 안 되었다. 이 경제 불황은 1815년 이래 최악의 것으로서 정부는 불황 극복에 전력을 다했으나 별 성과를 얻지 못하였다. 사태는 더욱 악화되어 드디어 1848년의 혁명을 맞게 된다.

  기조의 대외 정책도 대내 정책을 그대로 반영하여 현상 유지책을 추구하고 있었다. 루이 필리프와 기조의 보수적인 외교정책은 프랑스의 자유주의 세력에 늘 불만을 안겨주었다. 그 까닭은 7월혁명에 자극을 받아 일어난 벨기에, 폴란드, 이탈리아의 자유주의 독립운동들이 프랑스에 원조를 간청하는데도 프랑스 정부가 일절 거기 간섭하지 않았기 때문이다. 물론 벨기에 독립운동에는 불간섭의 원칙 밑에서 교묘히 간섭하였고, 이탈리아 문제에서도 오스트리아의 출병에 대항하여 1832년 앙코나를 점령하여 삼색기를 휘날리기도 하였다. 그러나 기조의 외교정책은 유럽의 보수적인 국제 질서가 흔들려서 그것이 7월왕정의 토대를 조금이라도 약화시켜서는 안 된다는 것이었다. 불안한 국내 정세의 안정을 기하기 위해서는 국제 질서의 현상 유지를 바라는 유럽 열강의 신임을 얻어야 한다는 것이 기조 정부의 기본 정책이었기 때문이다. 앞서 언급한 바와 같이 1840년 가을 동방 정책에서도 기조는 영국과 일전을 불사하려는 티에르 내각을 무너뜨리고 영국의 비위를 맞추었던 것이다.

  기조의 외교정책은 1846년에 그 맹목성의 마각을 드러냈다. 스페인 여왕 이사벨 2세Isabell II와 그녀의 여동생인 루이사 페르난다Luisa

Fernanda는 둘 다 미혼이었다. 이들의 남편이 누가 되느냐는 국제관계에 깊은 영향을 미치지 않을 수 없었다. 1843년에 기조와 영국 외무대신 에버딘Aberdeen 사이에 밀약이 맺어졌는데, 그것은 루이 필리프의 막내아들 몽팡시에 공 앙투안Antoine, Duc de Montpensier과 독일의 작센 코부르크 공은 이사벨의 신랑 후보에서 제외할 것과, 루이사는 이사벨이 결혼하여 아이를 낳은 뒤에야 결혼한다는 것이었다. 이 밀약은 스페인에 대한 프랑스와 영국의 이해관계가 얼마나 날카로웠던가를 반영한 것이었다. 그리고 기조가 노리고 있었던 것은 몽팡시에 공과 루이사의 결혼이었다. 프랑스는 앞서 벨기에의 독립에 즈음하여 작센 코부르크 가의 레오폴Leopold George Christian Frederick 공을 벨기에의 왕으로 추대하고, 그에게 루이 필리프의 장녀 루이즈 Louise of Orléans를 출가시켜 벨기에에 대한 프랑스의 영향력을 강화한 바가 있었는데, 이제 또 왕실의 혼인 관계에 의하여 스페인에도 영향력을 미치려고 하였다. 그리고 작센 코부르크 가는 영국 빅토리아Victoria 여왕의 외가이고 벨기에의 왕 레오폴은 빅토리아 여왕의 외숙이었다. 그리고 1840년에는 여왕이 같은 집안의 작센 코부르크 고타의 앨버트Prince Albert of Saxe-Coburg Gotha 공과 결혼하였다. 이렇게 혼인 관계가 복잡하게 얽혀 있었으므로 스페인의 미혼 여왕과 그 동생의 결혼 문제가 중대한 외교적 대상으로 등장한 것은 당연하였다.

　그런데 1846년 6월 영국에 러셀John Russell 내각이 들어서서 파머스턴Palmerston이 외무대신이 되면서 기조와의 밀약을 무시하고 이사벨과 작센 코부르크 공과의 혼담을 꺼냈다. 그러나 이사벨이 결국 스페인의 카디스Cadiz 공작 프란시스코Francisco(프란시스코 데 아시스 데 부르봉Francisco de Asis de Bourbon)와 결혼하게 되었으므로 영불 밀약이 파기된 것이 아니었다. 그런데도 기조는 몽팡시에 공작과 루이 사와의 약혼을 발표했다. 이것은 이사벨이 결혼하여 아이를 낳은 후에야 루이사가 결혼한다는 밀약의 위반이었다. 여기서 영불의 화친 관계는 깨졌다.

프랑스는 국제적 고립을 면하려고 동유럽의 전제 국가들에 접근했는데, 그러한 외교정책은 7월왕정의 성격상 자기 모순이었다. 따라서 기조는 국내의 빗발치는 반대 여론에 직면하게 되었다. 기조의 외교정책의 맹목성이 드러났다. 이탈리아와 스위스에서 자유주의적 입헌 운동이 일어났을 때에도 그들은 원조의 손을 프랑스에 기대하지 않고 오히려 영국에 기대하는 형편이었다. 이처럼 기조의 외교정책은 결코 현명하지 못하였다. 7월왕정의 자유주의적인 국가 체제에 모순되는 외교정책이 오래갈 리가 없었다. 결국 1848년 2월혁명으로 그 외교정책도 함께 사라지게 된다.

이렇게 기조의 7월왕정은 1846년을 고비로 내정과 외교에 모두 실정의 내리막길을 달리고 있었는데, 가장 치명적인 실정은 유권자의 범위를 제한한 정책이었다. 사실 투표권자의 재산 자격은 1814년에도 1830년에도 엄격한 객관적 기준에서 설정된 것이 아니라 집권층의 자의로 설정된 것이었다. 그러므로 산업혁명이 한창 진행되는 1840년대에 유권자의 재산 자격을 낮추지 못할 이유가 전혀 없었다. 그리고 재산 자격을 낮추는 동시에 교육 수준이 높은 층과 국민 방위대로까지 참정 범위를 넓히면 7월왕정의 정치적 기반이 그만큼 더 넓어져서 왕국의 기초가 더 공고해질 수 있었다. 그러나 기조는 참정권 범위의 확대에 극력 반대하였다. 그리하여 극히 한정된 20여만의 유권자가 정부의 온갖 실정과 스캔들의 책임을 지고 모든 비판의 화살을 맞아야 했다. 7월왕정의 참정 제한이 얼마나 시대착오적이었던가는 영국 및 벨기에와 비교해 보면 더 잘 알 수 있다. 영국은 1832년 선거법 개정으로 전체 국민의 26분의 1이 유권자였고, 벨기에는 86분의 1이 유권자인 데 대하여, 프랑스 유권자는 1839년 선거에서 전체 인구의 170분의 1에 해당하는 20만뿐이었다. 프랑스대혁명을 경험한 바로 그 프랑스에서 이 시대착오가 과연 얼마나 더 계속할 수 있을까?

 1846년을 고비로 잇달아 일어나는 경제적 불황과 외교적 실패에 더하여 선거제도의 개혁을 요구하는 소리가 높아졌을 때, 고관들과 대기업가들 사이에서 일어난 독직 사건과 사회적 스캔들이 심심치 않게 세상을 놀라게 하였다. 전직 대신 두 사람이 현역 장군 및 광산업자와 결탁한 독직 사건으로 공민권 박탈을 선고받는가 하면, 군용빵 제조업자가 공금을 횡령하여 곡물에 투기한 사건이 발각되어 파리의 빵값이 폭등하고, 또 정부 기관지 《레포크 L'Epoque》의 주간이 10만 프랑의 뇌물을 받은 사건도 일어났다. 그러한 독직 사건들만이 아니라 상원 의원인 어느 공작이 젊은 가정교사와의 치정 관계에서 아내를 모살하는 끔찍한 사건도 일어났다. 국민의 갖가지 불만이 사회의 밑바닥에 가득할 때는 그와 같은 부패와 독직 사건들은 개혁가들과 반정부 운동가들에게 다시 없이 좋은 기회를 제공하는 법이다.

 프랑스의 반정부 세력은 영국의 활발한 곡물법 반대 운동을 본받아 1847년 7월부터 개혁 연회 banquet de réforme의 방식으로 선거법 개정 운동을 전국적으로 전개하였다. 이 연회 방식은 적어도 세 가지 유리한 점이 있었다. 첫째, 신문광고에 비해 비용이 덜 들고 법의 규제를 받지 않았고, 둘째, 유력한 정예 분자들을 끌어모을 수 있었고, 셋째, 반정부 세력이 유력한 전국 각지를 차례로 선동할 수 있었다. 이 개혁 연회는 그것을 발기한 사람들의 기대 이상의 성과를 거두고 있었다. 전국에 70회나 개혁 연회를 개최하는 가운데 횟수를 거듭할수록 그 반향이 널리 번져갔을 뿐만 아니라, 드디어는 자유주의적 개혁에 머물지 않고 궁극적 혁명 즉 1793년 헌법으로의 복귀를 요구하기에 이르렀다. 흥분한 군중이 "국민공회 만세"나 "로베스피에르 만세"를 부르기도 하였다.

파리 제12구의 개혁 연회가 1848년 1월 19일로 예정되어 있었다. 그러나 정부는 집회 금지령을 내렸다. 이 금지령은 불법이라는 항의가 야당에서 빗발쳤으나 기조 내각은 끄떡하지 않았다. 개혁파는 연회의 개최를 한 달 뒤 2월 22일에 열기로 결정했다. 이때부터 혁명적 행동이 시작되었다. 연회 참석을 신청하는 반정부 세력이 쇄도하였다. 특히 주목되는 것은 공화주의자들의 신청이었다. 공화파는 날로 그 세력을 강화하여, 이제 시가행진 계획까지 수립하였다. 22일이 가까워질수록 광범한 개혁 운동이 폭발할 것이 분명해졌다. 21일 정부는 시가행진은 물론 집회의 금지령을 내렸다. 개혁가들 중 온건파는 후퇴했으나 공화파는 후퇴하지 않았다. 공화파 가운데는 무력 항쟁을 주장하는 자마저 있었다. 22일 파리는 "개혁 만세! 기조 타도!"를 외치는 시위가 거리를 메웠다. 그러나 정부군은 한 사람의 희생자도 내지 않고 시위 군중을 제지하는 데 성공하였다. 정부 쪽은 아무도 사태가 더 악화되리라고는 생각하지 않았다. 그 정도의 시위는 지난 10년간 늘 있지 않았느냐는 것이 그들의 견해였다. 그러나 그날 밤 과격파의 지도자들은 무력 봉기를 조직하고 있었다.

밤이 밝자 요소요소에 배치된 군대와 밤 사이에 조직된 무력시위대가 충돌하기 시작하였다. 시위대는 시시각각 격증하였다. 그런데 국민 방위대의 일부가 시위대에 합류하기 시작하였다. 이 소식은 루이 필리프를 당황하게 하였다. 정규군과 경찰도 신뢰할 수 없다는 보고를 접한 왕은 드디어 오후 2시 기조를 파면하고 몰레에게 내각을 조직할 것을 위촉하였다. 기조의 실각 소식은 일반 시민을 기뻐 날뛰게 하였다. 그러나 과격파 공화주의자들은 몰레가 기조의 자리를 대치했다고 하여 결코 만족하지 않았다. 그들은 1830년 때처럼 또다시 기만당하고 있다고 생각하였다. 그들은 무장 시위를 풀려고 하지 않았다. 그러나 혼란에 빠졌던 파리의 거리도 기조의 실각으로 잘 수습될 것 같았다. 그런데 23일 밤 외무부와 수상 관저 앞에서 일어난 뜻밖의 총격전이 사태를 급전직하로 악화시켰다. 그 총격전은 순식간에 50명 정도의 사망자를 냈다. 환희는 분노로 돌변하고 기대와 희망은 증오로 바뀌었다. 공화파에게 절호의 기회가 제공된 셈이었다. 국민 방위대는 전원 혁명파에 가담하였다. 24일 몰레는 조각 組閣을 포기한다고 왕에게 보고하였다. 왕은 티에르에게 조각을 위촉하였다. 그 사이 거리의 사태는 극악 상태로 빠져 들어갔다. 국민 방위대와 정규군이 정면 충돌하였다. 정규군의 지휘권이 마비되어 갔다. 시위 군중에 포위된 정규군이 무장해제를 당하고 그중 일부가 시위 군중에 합류했다. 아침 10시경에는 시청이 포위되고 11시경에는 국왕의 퇴위와 공화국을 요구하는 포스터가 나붙었다. 오후 1시 75세의 늙은 왕은 마지막 힘을 다하여 육군 중장의 정복으로 갈아입고 왕궁에 주둔하고 있는 2개 대대의 방위대를 열병했다. 방위대는 "공화국 만세!"의 함성으로 왕을 맞았다. 왕은 별 반항도 하지 않고 돌아서서 군복을 벗었다. 그는 모든 것이 끝났다는 것을 확인하고 왕위를 열 살 난 장손 파리 백작Comte de Paris(필리프 7세Phillipe VII 또는 루이 필리프 2세Louis Phillipe II)에게 양위한다는 성명을 남기고 18년간 군림한 왕국을 떠나 망명길에 올랐다.

1848년 2월 국민 방위대가 시위대에 합류하면서 2월혁명의 불길은 더욱 높아졌다.

    7월혁명에 의하여 왕위에 오른 루이 필리프는 2월혁명에 의하여 왕위에서 쫓겨났다. 두 혁명은 사흘 동안의 시위와 소규모 시가전에 의해 민중의 힘으로 혁명을 실현한 점에서 외관상 유사해 보인다. 그러나 양자는 근본적으로 다른 혁명이다. 7월혁명은 샤를 10세가 사태에 대비하지 않은 방심이 초래한 혁명이었지만, 2월혁명은 루이 필리프가 재빨리 기조를 파면하고 개혁파의 요구를 약속했는데도 막을 길이 없었다. 2월혁명은 왕의 방심이나 태만 때문이 아니라, 온건한 정치개혁에 만족하지 않고 기어이 공화국을 수립하고야 말겠다는 공화파의 투철한 의지와 치밀한 계획 덕분에 성공한 것이다. 의회의 다수는 파리 백작에게 왕위를 계승시키려고 했으나 의사당

1848년 2월혁명 당시 루브르 궁에 난입한 시민들.

에 난입한 시위 군중의 폭력 앞에서 합법적 절차란 통하지 않았다. 공화파는 어떤 형태의 군주 국가도 거부하고 기어이 공화국을 수립하려고 하였다.

2월 24일 의회에서는 환성과 소란, 흥분과 파괴가 교차하는 가운데 밤이 되어서야 겨우 최소한의 의견 일치에 도달한 문서가 기초되었다.

> 퇴보적이고 과두적인 정부는 소멸했다. …… 국민이 피를 흘렸다. …… 국민과 대의원의 환호 속에 탄생한 임시정부는 잠정적으로 국민적 승리의 확보와 조직의 임무를 위임받는다. 이 임시정부는 국민에 의한 비준이 있을 때까지 공화제를 희망한다. 이 문제에 관하여 국민은 곧 자문을 받을 것이다.

이제 이들 국민은 공화정을 확정할 것이었다. 이렇게 하여 프랑스는 1815년 이래 한번은 보수적인 또 한번은 자유주의적인 입헌군주정을 시도했으나 두 번 다 실패하고 말았다. 전자는 프랑스 혁명 자체를 부정하려다가 실패하고, 후자는 프랑스 혁명은 인정하였으나 상층 및 중층 부르주아의 이익에 지나치게 집착하다가 실패하였다. 오를레앙 왕가는 프랑스 혁명이 내세운 국민주권의 원리를 시인하면서도 신흥 부르주아에 의한 권력 독점을 위해 지나친 제한선거를 고집하다가 무너졌다. 복고 왕정은 정통파를 만들어내고, 7월왕정은 오를레앙파를 만들어내어 19세기 후반의 프랑스 정치를 매우 복잡하게 만들지만, 그들이 프랑스의 정치 무대를 차지하는 일은 영원히 다시 오지 않는다.

제8장

제2공화국과 제2제국

1. 공화정과 그 좌절

1848년 2월 25일 아침 임시정부는 공화국을 선포하였다. 공화국의 선포는 프랑스 안팎에 갖가지 반응을 불러일으켰다—깊은 걱정과 놀라움에서부터 무한한 희망과 열광에 이르기까지. 당시 로마 주재 프랑스 외교관이었던 브로글리 공은 공화국 선포 소식을 듣고 매우 놀란 사람 중의 하나인데, 회고록에 다음과 같이 쓰고 있다.

> 국가, 가족, 명예, 희망, 이익, 개인적 안전, 이 모든 것이 일시에 위협을 받고 하루아침에 무너지는 듯하였다. 사람들은 1793년을 기억하고 있었다. 공화정이란 유혈, 재산 몰수, 공포정치, 전쟁을 의미하였다.

공화국이 선포되자 부자들은 재산을 팔고 은행 예금을 인출하였다. 은행은 잔고가 바닥이 났다. 프랑스에 와 있던 영국인은 일주일 안에 1,300명 이상이 본국으로 총총히 돌아갔다.

그러나 이와는 정반대로 낭만적인 희망과 낙관이 여러 모양으로 폭발하였다. 파리만 해도 한 달 사이에 450종의 클럽이 생기고 프랑스 대혁명을 찬양하는 무도회가 곳곳에서 열렸다. 1835년의 신문지법이 철폐되면서 갖가지 사회적·정치적 프로그램을 선전하는 신문과 팸플릿이 범람하였다. 2월혁명과 새 공화국은 새 시대의 새벽으로 찬양되었다.

7월혁명의 경우에도 그랬거니와 2월혁명에서도 혁명의 해석에 두 의견이 대립하였다. 하나는 신문 《르 나시오날》이 대표하는 의견이고 또 하나는 《라 레포름La réforme》이 대표하는 의견으로서, 2월혁명을 전자는 정치혁명으로 해석하고 후자는 사회혁명으로 해석하였다. 전자는 제한선거에 바탕을 둔 왕정의 자리에 보통선거에 바탕을 둔 공화정을 수립함으로써 혁명의 목적이 완전히 달성되었다고 생각했으나, 후자는 그러한 정치적 변혁에 머물지 않고 산업주의가 낳은 사회적 폐해와 노동조건의 급진적 개혁으로 사회문제까지도 해결하려고 하였다. 그러나 전자는 그러한 급진적 사회개혁은 오히려 혼란과 무질서만을 낳고 정치적 개혁의 성과마저 위태롭게 한다고 주장하여 후자에 맞섰다. 7월혁명의 결정적 승자는 부르주아지였으나 2월혁명의 승자는 노동자계급과 중소 부르주아지의 연합이었다. 사실 1830년 혁명과 1848년 혁명의 본질적 차이가 여기 있었다. 따라서 1848년에는 부르주아지가 수세에 몰리고 있었다.

두 의견의 대립으로 양 파는 타협에 의해 임시정부를 구성할 수밖에 없었다. 임시정부의 각료를 보면, 《르 나시오날》파에 아라고François Arago, 크레미외Adolphe Crémieux, 마리Alexandre Marie, 가르니에 파제스Louis Antoine Garnier-Pagès, 라마르틴이 있고, 《라 레포름》파에 루이 블랑, 플로콩Ferdinand Flocon, '노동자' 알베르Albert(본명 알렉상드르 마르탱Alexandre Martin), 르드뤼 롤랭Alexandre Auguste Ledru-Rollin이 있었다.

2월 25일 아침 파리는 적색으로 꽉 찼다. 빨간 띠, 빨간 모자, 빨간 리봉. 소총과 칼로 무장한 민중이 사람들에게 빨간 휘장을 나눠주고 있었다. 집집마다 빨간 깃발을 꽂았다. 시청에도 앙리 4세의 동상에도 붉은 기가 꽂혀 있었다. 이는 파리에는 2월혁명을 사회혁명으로 해석하는 급진파가 우세하다는 것을 말하는 것이었다. 그러나 라마르틴의 웅변의 요술은 붉은 기를 내리고 삼색기를 달게 하였다. 라마르틴은 군중 앞에서 "붉은 기는 1791년과 1793년에 민중이 흘린 피 속에서 샹 드 마르스를 한 바퀴 돈 일밖에 없다. 그러나 삼색기는 조국의 명예와 영광과 자유를 짊어지고 온 세계를 두루 뛰어다니지 않았던가?"라고 연설했다. 파리 시민은 흥분 속에 내걸었던 붉은 기를 내리고 삼색기를 국기로 결정하는 데 동의하였다. 이것은 《르 나시오날》파의 큰 승리였다. 27일 정부 기관지 《모니퇴르》는 다음과 같이 포고문을 실었다.

> 임시정부는 삼색기를 국기로 선포한다. 이 삼색기는 프랑스 공화국이 수립한 새 질서 속에 계속 계양될 것이다. 삼색기에는 프랑스 공화국, 자유, 평등, 우애라는 낱말들이 쒸어 있다. 이 낱말들은, 이 깃발이 상징하는 동시에 삼색이 그 전통을 지속하는, 가장 뜻깊은 민주주의 이념을 설명하고 있다.

한편 《라 레포름》파도 노동자의 권익을 획득하였다. 임시정부는 국민의 노동권을 선언하고 노동자의 단결권도 승인하였다. 그리고 정부는 "민중에 의해 수행된 혁명은 민중을 위한 혁명이 되어야 하므로 노동자의 오랜 부당한 고통에 종지부를 찍을 때가 왔다고 생각하여 노동자 대책 정부 위원회를 창설한다"고 공포하였다. 루이 블랑과 알베르가 각각 의장과 부의장에 취임한 그 위원회는 노동문제를 조사 연구하는 상설 기관이었다. 또 정부는 실업자 구제를 위한 재정 부담을 선언한 동시에 국립 작업장(아틀리에나시오노Ateliers nationaux)의 즉각적인 설립을 결정하였다. 국립 작업장에서 일하는 모든 노동자에게 하루 2프랑의 임금을 일률적으로 지불하기로 하였다. 3월 4일에 벌써 3만 명의 실업자가 국립 작업장 취업을 신청하였다. 그런데 신청자 수는 날마다 늘고 있었으나 그들에게 줄 만한 일거리도 자금도 넉넉지 않았다. 그리고 지방의 대도시들도 파리의 본을 받아 국립 작업장을 만들었다.

한편 3월 1일 노동위원회가 업무를 시작하였다. 231명의 자본가 대표와 242명의 노동자 대표로 전문 위원회가 구성되었다. 이튿날 노동위원회는 노동시간을 파리에서는 하루 열 시간, 지방에서는 열한 시간으로 단축했다. 많은 노동쟁의를 조정하고 파업을 정지시키고 또 노동조합 결성을 원조했다. 이 모든 것은 7월왕정의 자유방임 정책과는 격세의 감을 주었다. 분명히 커다란 변화였다. 그것은 노동자들의 열광적 희망을 부풀리기에 충분하였다. 그들은 이 변화를 사회의 전반적 변혁의 서곡으로 생각하였다.

또 다른 한편에서는 시민적 평등의 원리에 따라 3월 5일 보통선거제가 결정되었다. 21세 이상의 모든 남자에게 선거권이 부여된 것이다. 유권자는 1846년 8월 선거 당시의 24만 8,000에서 일약 960만 명으로 늘게 되었다. 선거일은 4월 9일로 공고되었다. 보통선거와 함께 검열도 보증금도 필요 없는 출판의 자유, 노예제의 폐지, 사형과 신체의 구속 및 체형의 폐지 등 일주일 사이에 평등주의의 포고가 꼬리를 물고 잇달았다. 170개의 신문이 발간되고, 국민 방위대가 5만에서 20만으로 급증하였다. 이제는 모든 사람이 일주일 사이에 공화주의자가 되고 값싼 자유와 우애의 정열에 도취하였다.

그러나 그 보편적인 우애의 물결에 몸을 내맡기는 체하면서 실은 정열이 환멸로 바뀌는 때를 기다려서 혁명에 반격을 가할 기회를 노리는 자들이 있었다. 꼬리를 물고 연이어 공포된 그 많은 개혁 가운데는 무장 시위의 압력에 강요된 것들도 있었는데, 그런 것은 정부 내외의 온건파에게 공포와 증오를 불러일으키기에 충분하였다. 이들은 이제 곧 다가오는 선거에서 일대 정치적 투쟁을 감행할 터였다. 온건파는 과격파에 대결하기 위하여 반정부 세력을 조직하기 시작하였다. 벌써 3월 13일에는 정통파가 '선거의 자유를 위한 공화 클럽'이라는 위장 장치를 창립하였다. 그리고 기관지 《국민의회》라는, 역시 그럴 듯하게 위장된 이름의 신문에서 오로지 사회질서와 종교의 옹호만을 외치고 있었다. 이는 마치 공화국이 사회질서를 교란하고 종교를 박해하거나 하는 것 같은 인상마저 풍겼다.

선거일을 4월 9일로 공고한 것은 임시정부의 큰 실수였다. 반혁명 세력은 유권자가 24만에서 갑자기 960만으로 늘게 되는 사실에서 승산의 요인을 발견하고 있었다. 1833년의 초등교육법이 실시되어 문맹률이 많이 낮아지고 대중용 출판물이 크게 성장했음에도 불구하고 새 유권자는 아직 대부분 문맹이었다. 그리고 대부분이 농민이었는데 그들의 정치적 견해와 사회적 의식을 좌우하는 것은 교구 신부들이었다. 그러한 유권자들로 공화국이 수립될 수 있으리라고는 좀처럼 믿어지지 않았다. 공화파가 선거에 이기려면 무식한 농민을 교육하고 공화주의를 선전할 시간이 필요하였다. 그러므로 조기 선거는 공화파에게 불리하고 보수파에게 유리하였다. 그러므로 파리 시민은 선거일을 연기하라고 정부에 압력을 가하였다. 그러나 겨우 2주일이 연기되었을 뿐이었다.

이제는 차차 보수파의 반격 태세가 표면화되기 시작하였다. 그 첫 표시가 3월 16일에 나타났다. 국민 방위대 가운데는 파리의 부유한 시민으로 이루어진 '선발 중대'가 있었는데, 이들은 《라 레포름》, 상설 노동위원회, 국립 작업장, 기타 일체의 사회개혁을 과격한 공산주의와 구별할 줄 모르는 보수적 공화파로서 다가오는 선거에 영향을 미치기로 굳게 결심하고 있었다. 내무 장관 르드뤼 롤랭은 그 '선발 중대'를 해산시켰다. 3월 16일 해산에 반대하는 시위가 공화파 지도자들을 빨갱이라고 매도하였다. 공화파는 깜짝 놀랐다. 이튿날 선발 중대에 반대하는 민중의 시위가 벌어지고, 21일에는 극좌파의 블랑키Louis Auguste Blanqui가 '클럽의 클럽Club des Clubs'을 창설하여 로베스피에르의 이념을 선전하면서 선거의 무기한 연기를 요구하였다. 4월 9일에는 블랑키보다 더 과격한 바르베스Armand Barbès의 '혁명 클럽Club de Revolution'이 임시정부를 향하여 프랑스 은행, 보험회사, 철도, 광산, 염광 및 운하 일체의 즉각 국유화를 요구하였다. 이 요구는 정부 안의 사회개혁파를 포함한 모든 공화파를 깜짝 놀라게 하였다. 블랑키도 큰일 났다고 생각하였다. 4월 16일은 국민 방위대의 장교 선거일이었는데, 이날 노동자의 시위대가 총선거의 연기를 다시 요구하고 나섰다.

농민의 눈에는 공화국이란 소란 자체였다. 프랑스 농민은 대혁명의 결과 비록 경작 면적은 영세하더라도 대체로 토지 소유자가 되어 있었다. 그리고 그때나 지금이나 프랑스 농민은 근검 질박의 특성을 지니고 자기 소유지에 대한 애착이 극히 강했다. 그들은 파리의 사회개혁의 소식을 듣고 놀랐다. 그리고 혁명정부가 새 농지법을 제정하여 개인의 토지를 재분배하거나 국유화할 것이라는 소문에 기절초풍하였다. 프랑스 농민의 보수성은 보통선거제의 도입과 함께 오늘에 이르기까지 프랑스 정치의 보수적 경향에 지대한 역할을 담당해 왔다. 그리하여 프랑스 민주주의의 특성을 농촌 민주주의로 규정하기도 한다. 그러한 농민이 1848년 4월 하순 총선거의 960만 유권자의 대부분을 차지했으니 그 총선거가 파리의 혁명을 후퇴시켰다고 하여 하등 이상할 것이 없었다.

총선거의 결과는 정통파 등 우익 왕정파가 차지한 약 150석과 좌익의 사회주의자가 얻은 약 100석을 제외한 나머지 600석 이상이 중도파에게 돌아갔다. 파리에서조차 급진적 사회주의자들은 인기가 없었다. 노동위원회 의장 루이 블랑은 12만 표밖에 얻지 못하였는데 라마르틴은 26만 표를 얻었다. 이 비교는 파리에 사는 일반 시민의 정치적 성향을 말해 주고 있다.

5월 4일 제헌의회가 열렸다. 876석 중 700석이 신인이었다. 1792년 9월의 입법의회를 연상시켰다. 정치에 경험이 없는 이 의회는 "마지막 지롱드 당원"이라고 불리는 라마르틴의 웅변에 호응하여 최고 행정권을 누구에게도 책임을 지지 않는 다섯 명의 집행위원회에 위임하기로 하였다. 이 위원회에 종속하는 장관들도 위원회에 대해서만 책임을 지도록 되어 있었다. 의회에 책임을 지지 않는 이런 행정권은 로베스피에르의 실각 후 탄생했던 총재정부의 권력 구조를 닮은 것이었다. 그리고 의회는 10일과 11일에 5인 집행위원에 아라고, 가르니에 파제스, 마리, 라마르틴 및 르드뤼 롤랭을 선출하였다. 《라 레포름》파는 르드뤼 롤랭 한 사람이 끼어 있을 뿐이고 이제 루이 블랑도 알베르도 없었다. 의회는 그 졸렬함과 보수적 경향을 개회 벽두부터 노출한 것이다.

이에 의회 해산을 외치는 시위가 12일부터 시작하더니 15일에는 드디어 경찰의 저지를 뚫고 의사당에 난입하였다. 데모대는 경비대의 무장을 해제하고 의회를 점령하였다. 그리고 "의회에 기만당한 국민의 이름으로" 의회의 해산을 선언하였다. 보통선거의 침해에 대하여 무언의 항의밖에 할 수 없었던 의원들도 드디어 의사당에서 쫓겨났다. 시위대는 새 임시정부를 선언하기 위하여 시청도 점령하였다. 시청에는 알베르와 바르베스가 선언문의 기초와 새 각료 명단을 작성하고 있었다. 그러나 정부를 지지하는 국민 방위대의 반격이 의회와 시청을 탈환하는 데 성공하였다. 제2의 혁명을 노린 극좌파의 시위 주동자들은 모조리 체포되었다. 진심으로 제2공화국을 무너뜨리려는 사람은 거의 없었다. 따라서 그 공화국의 구출도 그만큼 용이하였다. 사회공화국을 꿈꾼 자들은 정치적 실책을 범했을 뿐만 아니라 도덕적 과오를 저질렀다.

이 5월 15일의 좌익 쿠데타의 실패는 국립 작업장의 해산을 결정적인 데로 몰고 갔다. 국립 작업장 취업 신청자는 4월 말에 11만 5,000명을 넘었는데, 그들의 일거리는 나흘에 하루밖에 없었다. 그들은 노는 날에도 1프랑의 수당을 받았는데 국가재정은 이를 감당할 수가 없었다. 더구나 공짜 수당을 받는 쪽은 굴욕감을 느끼고 납세자 쪽은 국고의 낭비를 비난하였다. 노동자들은 노동권의 보장이란 한낱 허수아비에 불과하다고 불만을 터뜨렸고, 일반 국민은 놀고 먹을 수 있다는 생각의 부도덕함을 꾸짖었다. 거기에다 정부 재정의 낭비는 경제 부흥을 저해하고, 많은 노동자의 집단 수용은 사회질서에 대한 위협을 내포하고 있었다. 이러한 상황 속에서 5월 15일 쿠데타에 국립 공장 노동자가 많이 가담했으니, 보수파는 이제야말로 국립 작업장을 폐쇄할 기회가 왔다고 생각하였다.

　5월 17일 의회는 국립 작업장의 운명을 결정할 전문 위원회를 구성하기로 결의한다. 이 위원회 설치안의 입안자는 철저한 보수파 가톨릭의 팔루 자작Vicomte de Fallou이었다. 24일 그 전문 위원회의 결정은, 18세에서 25세까지의 독신 노동자는 군에 입대하거나 아니면 즉시 해고되고, 6개월 이상 파리에 거주하고 있다는 증명을 제시하지 못하는 노동자도 해고되고, 나머지 노동자는 일급제에 의해서가 아니라 청부제에 의하여 공장주에게 징집되고, 만일 징집을 거부하면 즉시 아무 보상도 받지 않고 작업장 명단에서 제명된다는 것이었다. 그러나 이 결정이 너무 가혹하다고 판단한 정부는 5월 30일 군 입대 조항을 취소하고 파리 거주 기간도 3개월로 낮추었다.

　이러한 완화 조처에도 불구하고 노동자들의 움직임은 날로 불온해 갔다. 더구나 6월 4일의 보궐선거에서 11석 중 4석을 얻는 데 성공한 극좌파는 한층 더 혁명적인 기세를 보였다. 매일 밤 노동자의 시위가 일어났다. 정부는 5월 30일 법령의 실시를 보류하고 있었다. 그러나 팔루 일파는 의회에서 노동자를 자극하는 선동과 함께 정부를 궁지에 몰아넣을 공작에 열중하였다. 그들의 은밀한 계획은 첫째 노동자의 폭동을 유발하고, 둘째 폭동 진압의 필요성을 강조하여 군사독재를 수립하고, 셋째 폭동 진압의 혼란 속에서 최고 행정위원회를 전복하고, 넷째 의회의 승인을 얻어서 쿠데타를 완성시키는 동시에 합법화시키는 것이었다. 이 프로그램은 계획대로 진행되어 갔다.

　우선 첫째로 의회로 하여금 "국립 작업장 명단에 등록된 18세에서 25세까지의 노동자는 병역의무에 복무해야 하고, 나머지는 지정된 도에서 토지 정리 작업에 종사하게 할 것"을 결의하게 하여 21일 이 결의를 공포하게 하였다. 이것은 최악의 사태를 유발하려는 팔루 일파가 꾸민 음모의 첫 성과였다. 아니나 다를까, 21일 밤 천 수백 명의 노동자가 삼색기를 앞세우고 항의 시위를 일으켰다. 이것을 시발로 가두시위 군중이 시시각각 불었다. 23일은 아침부터 사태가 매우 험악하였다. 정부는 국민 방위대를 소집하였다. 그런데 팔루는 다음 날 하기로 되어 있는 국립 작업장 폐쇄에 관한 보고를 하루 앞당겨 "여자 작업장 이외의 모든 작업장을 사흘 이내에 해산하고 간부에게만 3개월간의 휴직 급료를 주고, 나머지 노동자의 보상을 위하여 300만 프랑의 예산을 책정하고, 소요에 가담하여 체포된 자에게는 보상을 하지 않는다"고 제안하였다. 보고를 하루 앞당긴 것도, 노동자들을 격분시킬 만한 내용의 제안도, 모두가 폭동을 과격하게 만들려는 팔루 일파가 꾸민 음모였다. 팔루의 보고가 노동자들에게 전해지자 그들의 감정은 격앙하고 행동은 거칠어졌다. 그들은 요소요소에 바리케이드를 설치하였다. 그러나 이들의 행동은 제지되지 않았다. 그것이 팔루의 계략이었다.

 의회는 사태의 악화에 당황하였다. 의회는 육군 장관 카베냐크 Louis Eugène Cavaignac 장군에게 전권을 위임하고 계엄령을 선포하였다. 팔루가 짠 프로그램의 제2단계였다. 카베냐크는 약 5만의 정부군을 수도에 배치하고 지방 각 도에 방위대의 파견을 요청하였다. 23일 오후 군대는 일제히 총공격을 개시하였다. 쌍방에서 사상자가 속출했다. 그것은 1830년 7월이나 1848년 2월의 시가전과는 전혀 다른 하나의 전쟁이었다. 전쟁은 밤새도록 계속되었다. 24일 아침 이 놀라운 사태에 직면한 의회는 이미 사실상 전권을 장악하고 있는 카베냐크에게 군사적 독재권을 부여하는 동시에 그를 행정 장관에 임명하였다. 최고 행정위원회는 소리 없이 전복되고 말았다. 이리하여 팔루의 프로그램의 셋째 단계가 실현되었다.

전투는 계속되었다. 처참한 유혈전이 26일 아침까지 계속되었다. 사망자의 정확한 수는 알 길이 없다. 정확한 것은 약 1,000명의 군인이 죽었다는 것뿐이었다. 푸타스C. H.Pouthas는 "며칠간 파리의 동부 지구들은 공동묘지와 같았다"고 기록하고 있다. 뷔리J.P.T. Bury는 기술하기를, 이 6월 폭동은 "구호도 주모자도 깃발도 없는 10만의 반란이었다. 그것은 국민의 일부가 다른 일부에 대해 봉기한 반항이었다. 정치적 투쟁이 아니라 계급적 투쟁이었으며 일종의 노예 전쟁이었다"고 했다. 따라서 그것은 무자비한 싸움이었다. 체포된 자 약 1만 1,000명 중 주동자들은 군사재판에 회부되고 4,000명쯤이 알제리아로 유배되고 약 6,400명이 석방되었다.

폭동의 와중에서 탄생한 카베냐크의 새 정부는 내각의 형태를 취했는데, 새 정부는 이제 위험한 요인을 일체 단호히 제거하였다. 국립 작업장의 폐지, 온갖 종류의 클럽의 폐쇄, 폭동 진압에 응하지 않는 공화적인 국민 방위대의 무장해제 또는 해산, 신문지법의 부활에 의한 언론 탄압, 하루 열두 시간으로의 노동시간 연장, 온갖 빛깔의 사회주의자에 대한 탄압과 감시 등 공화국은 이제 이름뿐이고 반동이 완전히 지배하였다. 루이 블랑과 같은 온건한 사회주의자도 총총히 영국으로 망명하지 않으면 그 생명이 위태로왔다. 카베냐크가 폭동을 다 진압하고 그 사실을 의회에 보고하고 나서 "공화국 만세"를 불렀을 때 라마르틴은 "공화국은 죽었다"고 외쳤는데, 과연 6월 폭동과 함께 프랑스 제2공화국은 죽었던 것이다. 2월혁명을 승리로 이끈 세력은 이제 실망과 좌절에 빠지고, 수개월간의 꿈과 낙관은 내란의 공포 속에서 무산되고 말았다. 공화국이라는 이름은 몇 년 더 존속하지만, 그것은 이미 공화국이 아니었다. 혁명에는 승리했으나 결국 패배한 자들은 비참한 패배의 기억을 결코 잊지 않을 것이고, 공화국에 대한 불신을 오랫도록 씻지 않을 터였다. 그리고 6월 폭동 이후의 의회는 노련한 정통파와 오를레앙파에게 이끌려 공화국 헌법을 제정하기는 하나 그 헌법에 의해 선출된 대통령은 결국 이 기묘한 공화국에 일격을 가하여 공화국이라는 이름마저 지워버리고 말 터였다.

2. 샤를 루이 나폴레옹

제헌의회가 6개월의 작업 끝에 마련한 새 헌법은 노동권의 보장이 없었고 삼권분립의 원칙에 의하기는 했으나 권력 사이의 조화를 결여하고 있었다. 예컨대 입법부도 대통령도 둘 다 보통선거에 의하여 선출되는데, 광범한 집행권을 가지고 있는 대통령이 만일 입법부와 충돌하게 되면 어떻게 할 것인지 길이 없었다. 그리고 공화국의 운영상 어려운 일들이 발견되면 헌법을 수정해야 하는데, 단원제 의회의 3분의 2 이상의 찬성이 있어야 헌법을 수정할 수 있다는 것은, 수정의 길을 막아버린 것이나 다름이 없었다.

그러나 헌법이란, 그 자체가 아무리 이상적으로 제정되어 있더라도 잘 준수하지 못하면 아무 소용이 없다는 것을 프랑스 국민은 뼈저린 역사적 경험을 통하여 잘 알고 있었다. 동시에 헌법이란, 이론상 다소 문제가 있고 미비점이 있더라도 실제 운영에서 그 결함을 보완할 수 있다면 별 어려움이 생기지 않는 법이다. 그러므로 프랑스 제2공화국 헌법에, 일찍이 약속한 노동권의 보장이 없다든지 권력 구조에 이론상 모순이 있더라도, 그 헌법을 민주주의와 공화주의 정신에 입각하여 운영만 잘 한다면 문제 될 것이 없었다.

그런 점에서 제2공화국의 대통령이 누가 되느냐는 매우 중대한 문제였다. 대통령 선거는 12월 10일에 실시되었다. 지난 10개월간 눈부시게 활약한 카베냐크, 라마르틴, 르드뤼 롤랭이 각각 공화주의의 강온파를 대표하여 서로 대통령 자리를 놓고 경쟁했으나 모두 어이없이 낙선하였다. 당선자는 난데없는 제4의 후보자 샤를 루이 나폴레옹(나폴레옹 3세)이었다. 앞에서 우리는 그가 7월왕정에서 반란을 일으킨 사실에 언급한 바 있는데, 그는 영국에 망명해 있다가 2월혁명 후 파리로 돌아와서 정치적 기회를 기다리고 있었다. 6월 4일 보궐선거에 출마하여 대의원에 당선되었으나 자격 심사에서 떨어졌다. 그는 다시 영국으로 돌아가서 사태의 추이를 면밀히 지켜보고 있었는데, 6월 폭동이 프랑스 국민을 갈기갈기 분열시키고 노동자들 마음에 공화국에 대한 깊은 불신을 심어놓은 사실에 주목하였다. 거기서 9월 17일 보궐선거에 다시 출마하여 당선되었다. 6월 폭동 후의 의회는 그 이전의 의회와는 전혀 달랐다. 팔루 일파의 왕당파가 이끄는 대로 끌려가는 무력한 의회는 샤를 루이 나폴레옹의 의원 자격을 따지지 않았다. 9월 26일 의회는 그의 당선을 유효로 인정하였다.

그는 여러 해 동안 해외에서 망명 생활을 했기 때문에 프랑스어를 독일어 악센트로 말하고, 교양이 없고 우유부단했으며, 외모도 인상도 좋지 않았다. 대의원으로 나서서 한 처녀 연설도 낙제점이었다. 그리하여 그를 주목하고 있었던 원로 정치가들은 그를 대수롭지 않은 인물로 제쳐놓고 있었다. 그러므로 샤를 루이 나폴레옹이라는 사람이 어떤 위인인가를 잘 알고 있는 사람들은 그가 대통령에 당선되었을때 모두 깜짝 놀라지 않을 수 없었다. 그렇다면 무엇이 그를 제2

공화국의 대통령에 당선하게 만들었을까?

첫째는, 영웅 나폴레옹의 전설과 이름의 힘이었다. 나폴레옹의 전설이 어떻게 형성되어 그럴 듯하게 유포되었는가는 이미 앞서 살펴보았다. 나폴레옹의 이름은 농민과 군인에게는 질서와 영광을 의미하였고, 상공업자에게는 경제적 번영을 의미하였다. 또한 많은 노동자에게는 사회주의와 대혁명의 계승자로 보였다. 샤를 루이 나폴레옹은 1844년에 《빈곤의 절멸L'extinction du paupérisme》이라는 에세이를 발표하여 사회주의적인 냄새를 풍기고 있었는데, 노동자들에게 읽히지는 않았지만 선전 재료로서는 훌륭하였다. 게다가 샤를 루이 나폴레옹 이외의 다른 후보자들의 이름은 파리나 대도시에는 갑자기 알려졌지만 농촌에는 전혀 알려져 있지 않았다.

둘째로, 이들의 이름이 설사 알려질 기회가 있었더라도 선거민의 압도적 다수인 농민은 이들을 택하지 않았을 것이다. 그 이유는 이 후보자들은 공화주의자이기 때문이다. 농민과 대다수 국민에게 공화정이란 무질서와 불안정과 중세를 의미했던 것이다. 그러나 보나파르티슴은 질서와 영광과 번영을 의미하였다.

셋째로, 6월 폭동 후 프랑스의 공업 노동자도 공화주의자를 깊이 불신하게 되었다. 그들은 카베냐크를 '사람 백정'이라고 매도하였고, 라마르틴도 결국은 카베냐크의 한 부류라고 생각하였다. 그러므로 이들에게 투표하느니 차라리 《빈곤의 절멸》의 저자를 골랐다.

넷째로, 정통파와 오를레앙파의 경우 보나파르티슴은 변종이기는 하나 군주주의라는 점에서 공화주의보다는 자신들에게 가깝다고 생각하였다. 일단 샤를 루이 나폴레옹을 대통령에 앉혀놓고 시간을 벌어서 왕정을 회복하려고 생각했던 것이다.

어쨌든 나폴레옹의 조카 샤를 루이는 이제 이름뿐만인 공화국의 대통령이 되었다. 백부가 쿠데타로 껍데기 공화국의 제1통령이 되었다가 공화국의 간판마저 내리고 황제가 되었듯이 그 조카도 이제 공화국의 이름을 지워버리고 황제가 될 길을 열심히 찾기 시작하였다. 그는 됨됨이 자체가 범상했지만, 자기는 보나파르트 황실을 재흥시킬 운명을 지니고 있다는 신념만은 매우 강하였다. 그는 측근들과 함께 은밀히 궁극적 목표를 향하여 한 걸음씩 전진하고 있었는데, 되어가는 일들이 대체로 그에게 유리하게 펼쳐졌다.

때마침 1849년 5월에는 제헌의회의 1년의 임기가 끝나고 임기 3년의 새 입법부의 선거가 있었다. 선거 결과는 제헌의회보다도 더 공화정에 대한 불신을 나타냈다. 총 의석의 3분의 2에 가까운 수가 오를레앙파와 정통파였다. 온건 공화파는 80석밖에 되지 않았다. 공화국 의회는 공화주의자들에 의해서가 아니라 군주주의자들에 의해 지배하게 되었다. 이들은 생각만 있다면 언제든지 합헌적으로 공화국을 무너뜨리고 왕정을 수립할 수 있었다. 그런데도 그렇게 하지 못한 것은 참으로 기이한 일이다.

왕정파 다수의 공화국을 수호하는 것은 정말 어려운 일이 아닐 수 없었다. 여기서 르드뤼 롤랭 등의 공화파가 6월에 반의회 폭동을 일으켰다. 그러나 그것은 아주 쉽게 진압되었다. 르드뤼 롤랭은 1년 전의 루이 블랑을 뒤따라 영국으로 도망하였다. 이 폭동은 오히려 대통령의 권력 강화에 이바지하였다. 정부는 언론통제를 더 강화하고 정치적 성격의 집회를 철저히 단속하였다.

샤를 루이 나폴레옹은 자신의 궁극적인 목표 달성을 위하여 왕정파의 힘을 빌리지 않고 가톨릭교회의 힘을 빌리기로 결심하였다. 왜냐하면 정통파와 오를레앙파는 둘 다 왕정의 회복을 꿈꾸고 있었으나 그들이 임금으로 추대하려는 사람은 자기가 아니라 각각 다른 사람이었기 때문이다. 정통파는 샤를 10세의 손자 샹보르 백작(보르도 공)이고 오를레앙파는 루이 필리프의 장손 파리 백작이었다. 그러므로 양 파의 눈에는 샤를 루이 나폴레옹은 자기들의 목적에 이르는 임시방편에 불과하였다. 따라서 샤를 루이 나폴레옹의 입장에서 그들은 믿을 수 없는 존재였다. 그가 그들의 힘을 빌려 황제가 되는 것은 어림없는 일이었다. 그가 가톨릭의 힘을 빌리려는 이유가 거기 있었다. 그러나 보나파르티슴은 무신론이었다. 더구나 역사적으로 프랑스의 가톨릭은 보나파르티슴을 항상 의심하거나 적대시해 왔다. 샤를 루이 나폴레옹이 프랑스의 가톨릭을 자기의 지지 세력으로 돌아서게 하려면 가톨릭에 대하여 스스로 적극적인 호의를 보여주어야 했다. 그는 1849년 3월에 그런 기회를 포착하였다.

2월혁명은 유럽 일대에 자유주의와 민주주의에 불을 붙여 프로이센과 오스트리아에서는 각각 3월혁명을 낳았고 헝가리의 부다페스트에서도 독립운동을 일으켰다. 프랑스의 공화파는 그 혁명운동들을 돕기 위한 파병을 주장하였다. 그런데 이탈리아에서도 교회령에 혁명이 일어났다. 마치니Giuseppe Mazzini가 로마 공화국을 수립하자 교황은 남부 이탈리아의 가에타로 도망하였다. 이때 3월혁명을 분쇄한 오스트리아가 이탈리아 문제에 간섭하려고 하였다. 프랑스 의회는 이탈리아에 대한 전통적인 이해관계에 입각하여 오스트리아의 간섭을 배제하고 마치니의 로마 공화국을 수호하기 위해 파병하기로 결의하였다. 이 결의에 따라 대통령 샤를 루이 나폴레옹은 군대를 로마에 파견했는데, 그는 그 군대를 의회의 결의와는 반대로 마치니의 공화국을 타도하고 교황을 로마로 귀임시키는 데 역용하였다. 그는 프랑스의 가톨릭교회와 신도들이 교황령의 회복을 원하고 있음을 잘 알고 있었던 것이다. 샤를 루이 나폴레옹의 이 엄청난 불법적 처사는 프랑스의 가톨릭교회를 그의 지지자로 만드는 결정적인 계기가 되었다.

샤를 루이 나폴레옹은 대외 정책에서만이 아니라 대내 정책에서도 가톨릭교회의 환심을 얻는 데 부심하였다. 프랑스에서는 1803년 이래 반교권주의가 유력하여 교육의 세속화 즉 교육의 국가 독점이 크게 성공하고 있었다. 그만큼 가톨릭교회는 교육 활동의 영역이 축소되었다. 교회는 이것을 불만으로 여겨 교육의 국가 독점을 늘 반대해 왔는데, 1850년 샤를 루이 나폴레옹은 팔루의 입안에 따르는 팔루법Loi Falloux을 제정하였다. 이 법은 면, 군, 도와 국가가 설립하여 경영하는 공립학교와 개인이나 민간단체가 설립하여 경영하는 사립학교의 두 가지 종류의 학교를 공인한 것으로서 얼핏 볼 때 너무나 당연한 규정인 것같이 보인다. 그러나 이 법의 근본 동기는 가톨릭교회에 광범한 교육 활동을 제공하려는 데 있었다. 당시 프랑스의 제반 사정에서 가톨릭교회 이외에는 어느 개인도 민간 기관도 학교를 경영할 만한 역량이 없었기 때문이다.

그러므로 팔루법은 공화파의 눈에는 교권주의의 새로운 반동적 징후로밖에는 보이지 않았다. 공화파는 반격의 기회를 찾고 있었다. 그런데 마치 그해 파리의 세 보궐선거에서 공화파가 압승하였다. 공화파의 승리는 샤를 루이 나폴레옹과 보수 진영을 크게 놀라게 하였다. 그들은 서둘러 노동자의 투표권을 대폭 감축시키는 방법을 강구하였다. 같은 선거구에 3년 이상 거주한 자에게만 투표권을 주도록 선거법을 고쳤다. 노동자들이 일자리를 찾아 자주 이사하는 약점을 악용한 것이다. 여기서 약 300만의 노동자가 투표권을 잃었다. 팔루법과 선거법 개악은 가톨릭교회와 보수파를 샤를 루이 나폴레옹의 지지자로 만드는 데 크게 기여하였다. 샤를 루이 나폴레옹은 자기의 정치 기반을 가톨릭교회에 굳히는 한편, 자신이 의회의 도구에 불과한 존재가 아니라는 것을 차츰 보이기 시작하였다.

독자적인 정책을 추구할 능력에 대한 자신감이 늘면 늘수록 그는 입법부와 충돌하였다. 1851년 2월에는 대통령실 예산의 증액안이 의회에 제안되었으나 부결되었고, 7월에는 대통령의 임기 4년 담임제를 고쳐서 재선으로의 길을 열려는 개헌안이 역시 의회에서 부결되었다. 그리고 노동자 300만의 투표권을 박탈한 개악 선거법을 다시 환원하여 노동자의 인기를 회복하려는 계획도 묵살되고 말았다.

그런데 1852년은 정치적으로 중대한 해였다. 5월에는 입법부의 총선거가 있고 12월에는 대통령 임기가 끝나는 때였다. 5월 선거에서 보나파르트파가 다수를 얻는다면 새 의회를 통하여 대통령의 재선 개헌을 시도해 볼 수 있으련만 그것은 도저히 기대할 수 없는 일이었다. 거기서 그는 백부의 예를 따라 쿠데타의 방법으로 자신의 집권을 연장하기로 하였다.

1851년 12월 1일과 2일 사이의 야음을 이용하여 쿠데타를 감행하였다. 군대가 의사당을 점령하고 정당 지도자들을 체포 감금하고 국가 변란을 음모하고 있었다는 이유로 의회를 해산시켰다. 샤를 루이 나폴레옹은 의회 해산을 선언하면서 "나의 의무는 유일한 주권자인 국민의 숭고한 판단에 따라 공화국을 유지하는 것이다"라고 덧붙였다. 그러나 그는 국민주권을 믿지도 않았고 더구나 공화국을 수호할 생각은 꿈에도 없었다. 그는 헌법을 대폭 수정하여 대통령의 임기를 10년으로 연장하고 선거법을 자기에게 유리하게 고치고 노동자에게 투표권을 도로 회복시켜주었다. 새 헌법은 공화국도 민주주의도 부정한 대통령 독재의 권위주의 체제Authoritarian regime를 규정한 것으로서 1년 뒤의 제정을 실질적으로 마련한 것이었다.

샤를 루이 나폴레옹은 쿠데타를 빈틈없이 수행하였다. 그러나 국민의 무서운 저항이 지방과 파리에서 일어났다. 이 저항은 무자비하게 진압되었다. 진압이 용이했던 중요한 이유는 노동자들이 별로 저항운동에 가담하지 않았기 때문이다. 노동자의 소극적 태도는 그들의 공화주의 정신이 약화되어서가 아니라 제2의 6월 폭동이 일어나는 사태를 꺼렸기 때문이었다. 쿠데타에 반대하여 무기를 들고 일어섰던 사람들은 모두 체포되었다. 근 2만 7,000명이 체포되고 그중 1만 5,000명이 재판에 회부되고 9,000명이 알제리아로 유형되었다.

샤를 루이 나폴레옹의 새 헌법은 국민투표에 부쳐져 국민의 찬성을 얻도록 되어 있었다. 그는 국민에게 "헌법은 국민이 선출한 국가원수는 국민에게 책임을 진다고 제시하고 있다. 그러므로 국가원수는 중대한 문제에 관하여 주권자인 국민의 판단에 호소할 권리가 있다. 국민은 국가원수에 대한 신임을 계속할 수도 있고 철회할 수도 있다"라고 말했다. 이러한 논리로 그는 국민투표라는 방식을 이용하여, 국민대표 기관인 의회를 누르고 내각이 의회에 책임을 지지 않게 하여 1인 독재 체제를 구축하였다. 국민투표란 근대 민주주의의 중요한 특색인 간접민주주의를 짓밟는 제도로서, 이것은 보나파르티슴의 창작 중 최고의 걸작이었다.

1851년 12월 국민투표는 찬성이 748만 1,000표였고 반대가 64만 7,000표였다. 프랑스의 주권자인 국민은 압도적으로 샤를 루이 나폴레옹의 쿠데타를 승인하였다. 그의 쿠데타와 권위주의 체제는 합법성을 갖추게 된 것이다. 그러나 불과 60여 만 명의 반대자는 샤를 루이 나폴레옹을 "12월 2일 놈"이라고 부르면서 헌법 유린의 죄를 결코 용서하지 않고 끊임없이 비난하였다. 그들은 비록 소수였으나 정예분자들이었다. 사실 샤를 루이 나폴레옹의 가장 큰 약점이 헌법

유린이라는 범죄였다.

　샤를 루이 나폴레옹은 공화국의 유지가 자기 의무라고 선언했지만 공화국은 이름뿐이고 그 이름마저도 앞으로 1년밖에 더 연명하지 못한다. 두 번째의 나폴레옹 제국의 부활은 시간문제에 불과하였다. 그러므로 1851년 12월 2일의 쿠데타는 비틀거리는 제2공화국에 대한 최후의 일격이었다. 제2공화국의 실험은 심각한 환상으로 끝났다. 새 사회와 새 역사의 탄생에 대한 국민의 부푼 희망은 아침 이슬처럼 사라져갔다. 사람들은 경제적 불황과 정치적 불안정 및 내란을 모두 공화정이라는 정치제도의 탓으로 착각하고 있었다. 샤를 루이 나폴레옹은 국민의 그러한 착각을 악용하여, 자기에게 권력을 집중시켜주기만 하면 정치적 안정도 경제적 번영도 틀림없이 실현할 수 있다고 선동하는 데 주저하지 않았다. 그러므로 그가 이듬해 12월 2일 다시 쿠데타로 공화국이라는 간판을 내리고 프랑스 제국을 선포했을 때 국민은 아무도 놀라지 않았다. 2일 새벽 일찍이 공장으로 출근하던 한 노동자가 제국을 선포하는 플래카드를 보고 "나폴레옹의 조카가 틀림없군"이라고 중얼거렸다는 일화는 프랑스인에게 각인된 보나파르트 가문의 근본 정서를 잘 드러내주는 것이었다. 게다가 당시 사람들 사이에서는 샤를 루이의 어머니가 행실이 정숙하지 못했다면서, 샤를 루이가 나폴레옹의 진짜 조카가 아닐지도 모른다는 소문까지 나돌고 있었다. 샤를 루이가 나폴레옹의 진짜 조카인지 아닌지는 아무도 정확히 알 길이 없으나, 1789년 이래 갈기갈기 찢어진 프랑스 국민을 하나로 통합하는 데 가장 성공한 통치자가 '나폴레옹'이라는 사실은 모두가 공감하는 바였다. 이제 그의 조카라는 사람이 과연 삼촌의 솜씨를 발휘할 수 있는지가 초미의 관심사였다.

3. 제2제국

제국은 질서와 안정을 의미하고 동시에 자유의 유보를 의미하였다. 1789년 이래로 프랑스의 역사는 질서와 자유의 조화를 찾아 헤맸으나 신통한 처방을 찾지 못한 셈이었다. 제2공화국은 자유의 과잉 속에서 질서를 잃었다가 이제 나폴레옹 3세의 권위주의 제국 l'Empire authoritaire의 출현과 함께 질서의 체제 안에서 자유가 유보되었다. 그렇다면 질서 안의 자유, 자유 안의 질서는 프랑스에서 하나의 헛된 꿈에 지나지 않을까? 질서와 자유 어느 하나도 희생시키지 않고 둘을 동시에 실현할 수는 없을까? 현대 프랑스에서 이 문제를 가장 심각하게 생각한 시기가 바로 제2제국 시대였다. 그 이유는 1789년 이래의 온갖 시도가 다 좌절되고, 사람들은 그 문제를 관념적·추상적으로가 아니라 실제적·현실적으로 숙고하지 않을 수 없는 역사적 위치에 놓이게 되었기 때문이다. 그리하여 제2제국은 1860년대에 국민의 자유를 점차 확대해 가다가 1870년에 이르면 이른바 자유 제국으로 발전하게 된다. 드디어 질서와 자유의 조화가 실현된 듯하였다. 그러나 그 자유 제국은 몇 달 뒤에 망하고 제3공화국이 탄생하였다. 프랑스는 다시 자유의 과잉 속에 질서를 상실할 것 같았다. 그러나 그것은 기우였다. 제3공화국은 여러 번 위태로운 고비를 극복하면서 자유와 질서를 동시에 확보하는 데 드디어 성공한다. 이 성공의 지혜가 1789년 이래 열망과 좌절의 반복을 통한 역사적 경험에서 얻어진 것이었다면, 그런 지혜를 프랑스 국민에게 결정結晶시키는 시기가 제2제국 시대였는지도 모른다.

1852년 12월의 제국 헌법은 1년 전에 이미 골격이 다 완성되어 있었다. 공화국 대신에 제국, 대통령 대신에 황제라는 명사만을 바꾸어 넣으면 그만이었다. 또 그 헌법은 하원Corps legislatif을 보통선거에 의하여 선출하는 것 이외에는 1800년 나폴레옹의 통령정부 헌법 그대로였다. 보통선거제는 1793년 헌법이 사상 초유로 제정한 바 있었으나 한 번도 실시해 본 일이 없다가 제2공화국이 처음으로 실시하게 된 제도인데, 그 후 어떤 체제의 정부도 보통선거제만은 거부하지 못하였다. 그러나 나폴레옹 3세의 하원은 보통선거에 의하여 구성되기는 했으나 기능은 국민주권의 원리를 무시한 것이었다. 우선 의원 수가 700여 명에서 260명으로 대폭 감소되고, 회기도 1년에 석 달 이내로 제한되고, 의회는 법률의 발의권이 없고 참의원Conseil d'État이 발의한 법안에 대한 표결권만이 있고, 의장의 선출권도 의사록의 공개권도 없었다. 의장은 황제가 임명하고 새 선거구도 황제에게 유리하게 책정하고 정부의 선거 간섭이 공공연하였다. 그러므로 하원 의원들 자체가 거의 전부 제국 지지파였다.

상원Senatus consultum은 전직 고관들 중에서 황제가 임명하고, 임기는 종신이고, 중요한 임무는 개헌권이었다. 상원이 개헌을 공고하면 국민투표로 확정하기로 하였다. 나폴레옹은 헌법에 관한 것은 황제와 국민 사이의 문제라고 굳게 믿고 있었다. 그는 국민대표 기관인 하원을 국민 의지의 대표로 보지 않았다. 국민 의지는 국민투표에만 나타난다는 것이었다. 그는 헌법에 관한 사항이 하원에서 논의된다면, 하원은 언젠가 반드시 제국을 전복하는 혁명을 일으킬 것으로 생각하고 있었다. 그의 생각은 1789년 이래의 역사에서 얻은 정확한 판단이었다. 그래서 그는 개헌권을 상원과 국민투표에만 부여했던 것이다.

황제는 대신들을 비롯한 모든 관리의 임면권, 군 통수권, 선전과 강화의 외교권을 다 장악하였다. 거기에다가 자기는 공화국의 대통령으로서 공화국 헌법 준수의 서약을 파기했음에도 불구하고, 입법부 의원, 대신들과 모든 관리에게 황제에 대한 충성 서약을 요구하였다. 양심적인 공화파 의원들은 서약을 거부하고 의원직을 사임하였다. 그들은 비록 소수였으나 그 영향력은 컸다. 그러나 그들이 사임함으로써 나폴레옹은 더욱더 제 맘대로 하원을 움직일 수 있었다.

1인 독재의 권위주의 제국은 두말할 나위도 없이 자유를 탄압하였다. 경찰을 강화하고 모든 클럽과 정치 활동을 탄압하고 국민 방위대를 해산하고 언론을 극도로 통제하고 교육을 엄격히 규제하였다. 이러한 상황하에서 활발한 정치 활동과 언론이 있을 수 없음은 당연하였다. 일간지가 1853년 말에는 14종으로 격감하였다. 이제는 정치를 간접적으로 비판하는 문학이나 철학에 관한 출판물들이 늘었다.

정치와 언론은 크게 위축되었으나 다른 분야의 활동은 그렇지 않았다. 1860년까지의 제2제국은 1851년 말과 1852년 말의 국민투표에 찬성한 사람들의 기대를 능가할 만큼 경제적 번영과 외교적 성공을 거두었다. 1853~1855년의 콜레라의 유행과 흉작, 1854년의 세계적 불황 등의 불리한 조건에도 불구하고 프랑스의 경제는 토건사업에 자극된 상대적 번영을 1860년까지 계속하였다. 1855년엔 대박람회를 파리에서 열어 프랑스의 산업발전과 제2제국의 안정을 세계에 과시하였다. 이러한 안정과 번영은 7월왕정 말기 및 제2공화국 시대의 불황과 불안정에 대조가 되었다. 더구나 사람들은 보통선거와 국민투표를 통하여 자기들은 국민주권을 향유하고 있다는 착각에 도취해 있었다.

내치의 성공은 외교에도 나타났다. 영국과의 우호 관계가 다시 수립되었다. 황제는 삼촌 나폴레옹 1세의 가장 큰 실책이 반反영 정책

제정 러시아가 흑해로 진출하는 것을 막기 위해 프랑스와 영국은 연합군을 형성해 러시아와 크림 전쟁을 치렀다.

이었다고 믿었기 때문에 삼촌의 전철을 밟지 않으려고 영국과의 우호 관계를 외교정책의 기본으로 세웠다. 이것은 제2제국 외교의 '리버럴'한 일면을 나타내는 것이기도 하였다. 그리하여 나폴레옹 3세는 크림 전쟁에 영국과 함께 참전하여 전제주의의 나라 러시아를 항복시키고 1856년에 파리에서 열국 평화회담을 열었다. 유럽 열강이 파리에서 회담을 갖기는 1822년 이래 처음 있는 일인데, 그때의 프랑스는 떳떳치 못한 위치에 있었으나 이번에는 당당한 전승 국가의 하나였다. 1856년의 프랑스의 국제적 위신은 나폴레옹 1세의 제1제국 이래 절정에 달하였다. 국민이 보나파르티슴이라는 요괴에 홀리는 것도 무리는 아니었다. 나폴레옹 3세의 권력은 두 차례의 쿠데타에 힘입은 것이었으므로 국민의 자유 박탈에 대한 보상을 지불하지 않으면 안 되었다. 그 보상은 경제적 번영과 외교의 성공이었다. 쿠데타에 의한 권력이란 어디서나 합헌성과 정통성이 없기 때문에 언제 전복될지 알 수 없는 위험성을 지니고 있다. 그러므로 그 존립을 위해서는 항상 뭔가 잘 하고 있다는 갈채를 국민으로부터 계속 받지 않으면 안 된다. 만일 그런 갈채가 그치는 날이면 권력은 불안해진다. 그리고 국민은 그 권력을 지지할 이유를 발견하지 못하게 된다. 나폴레옹 3세는 경제적 번영과 외교의 성공에서 그런 갈채를 받고 있었다. 특히 외교적 성공이란 군사적 승리와 함께 일반 국민의 눈에 잘 띄는 현란한 것이다. 여기서 나폴레옹 3세는 크림 전쟁 후에도 계속 외교적 성공을 추구하지 않으면 안 되었다.

크림 전쟁 다음으로 그가 추구한 외교적 목표는 이탈리아의 통일 문제였다. 보나파르트 가문은 본래 이탈리아 영토였던 코르시카 출신이고, 황제는 젊었을 때 이탈리아의 카르보나리Carbonari당에 관계하여 1831년에는 로마냐의 폭동에도 가담한 일이 있었고, 또 그의 사상 가운데에는 민족주의란 좋은 것이라는 일종의 신비스러운 이상주의가 항상 꿈틀거리고 있었다. 이러한 요인들이 작용하여 그는 결국 이탈리아의 통일을 위하여 뭔가 돕고 싶다는 생각을 굳혔다. 1853년에 결혼한 황후 외제니 드 몽티조Eugénie de Montijo가 만년에 황제의 생애를 회고하면서, 황제가 겪은 불행의 원인은 그가 항상 지나치게 내셔널리즘에 기울어져 내셔널리즘의 기치를 너무 분명히 한 데 있었다고 말한 일이 있다.

1858년 1월에 이탈리아의 민족주의자 오르시니Felice Orsini의 황제 암살 미수사건이 일어났다. 그 후 사형수 오르시니가 황제에게 이탈리아의 독립과 자유를 위하여 헌신해 줄 것을 애절하게 호소하는 상소문을 올렸는데, 나폴레옹 3세는 그 상소문을 프랑스와 이탈리아에서 공개하게 하였다. 그 상소문은 세상에 큰 충격을 주고 이탈리아 청년들의 민족주의에 불을 붙였다. 상소문을 공개하게 한 황제의 조처는 틀림없이 이탈리아의 민족운동을 도우려는 사려 깊은 표현으로 해석되고 있다. 그 일이 있은 지 몇 달 뒤인 1858년 7월 황제는 카보우르Camillo Benso Cavour와 플롱비에르의 비밀조약을 맺어, 사르데냐 왕국에 의한 북부 이탈리아의 통합과 교황을 원수로 하는 이탈리아 연방의 수립을 약속하고, 그 대가로 이탈리아의 사보이와 니스를 프랑스가 얻기로 하였다. 이탈리아의 민족주의 운동에 가장 큰 장애물은 오스트리아였다. 그러므로 프랑스와 사르데냐 왕국은 동맹을 맺고 오스트리아에 선전하였다.

전쟁이 일어나자 북부 이탈리아의 나라들만이 아니라 중부 이탈리아의 나라들까지도 사르데냐 왕국으로의 합병을 국민투표로 결정하였다. 이것은 나폴레옹 3세의 계획과는 전혀 다른 것이었다. 사르데냐 왕국이 중부 이탈리아까지 합병할 경우 프랑스의 동남쪽에 너무나 강대한 왕국이 출현하게 된다. 그리고 교황을 정상으로 하는 이탈리아 연방안이 무산되고 교황은 사르데냐 왕국의 영향을 받게 된다. 이것은 교황과 세계 모든 나라의 가톨릭을 격분하게 할 것이다. 프랑스의 가톨릭은 이탈리아 전쟁에 크게 반발하였다. 더구나 프로이센군이 라인란트 지방으로 진주할 움직임이 보였다. 여기서 나폴레옹 3세는 사르데냐와의 플롱비에르 조약을 무시하고 단독으로 오스트리아와 빌라프란카 강화조약을 맺었다. 프랑스는 롬바르디아 지방을 오스트리아로부터 할양받아 그것을 사르데냐 왕국에 주기로 하였다. 빌라프란카의 휴전은 나폴레옹 3세의 명백한 배신행위였다. 따라서 그것은 오히려 더 이탈리아 사람들에게 통일에 대한 열망을 부채질하였다.

   그런데 나폴레옹 3세는 이탈리아 전쟁에서 아무것도 얻은 것이 없었다. 그의 국내외의 인기만 하락했을 뿐이었다. 그는 매우 불안하여 어떤 방법으로든지 사보이와 니스를 얻어야겠다고 결심하였다. 여기서 그는 중부 이탈리아의 토스카나와 모데나의 사르데냐 왕국으로의 합병을 승인하는 대가로 사보이와 니스를 얻기로 하였다. 거기서 1860년 봄 사르데냐 왕국은 북부 및 중부 이탈리아의 통일을 성취하였다. 이제 남은 일은 남부 이탈리아와 교회령의 합병이었는데 이것도 가리발디Giuseppe Garibaldi의 헌신적 노력의 결과 이듬해 완성을 보았다. 이제는 이탈리아 왕국에 아직 편입되지 않은 땅은 로마 시와 베네치아뿐이었다.

   사르데냐 왕국 중심의 이탈리아 통일 왕국의 탄생은 나폴레옹도 어찌할 도리가 없었다. 그러나 이탈리아 통일은 따지고 보면 그의 실책에 의해 촉진된 것이었다. 사보이와 니스의 획득은 나폴레옹 1세의 실각 이래 최초의 영토 획득으로서 프랑스 국민의 국민주의적 허영심을 일시 만족시킬지는 몰라도, 이탈리아의 통일이 프랑스의 이익에 얼마나 배치되는가를 그는 미처 알지 못했던 것 같다. 독일도 이탈리아도 계속 분열시켜 그들의 힘의 약화를 유지하는 것이 프랑스의 외교정책의 오랜 전통이었다. 1829년에 폴리냐크는 그의 메모에 독일이 하나 또는 두 나라로 통일되는 날에는 그것이 프랑스의 강력한 적대 세력으로 변하여 프랑스의 상대적 힘이 심각하게 약화될 것이라고 기록한 바 있는데, 그의 견해는 독일에 관해서만이 아니라 이탈리아에 관해서도 들어맞는 말이었다. 앞으로 이탈리아 통일은 유럽의 세력균형에 큰 변화를 일으키고 프랑스의 상대적인 힘에 영향을 미치게 될 터였다.

그뿐만 아니라 이탈리아 통일은 나폴레옹 3세와 교황의 관계를 악화시켰다. 이는 프랑스의 가톨릭에게 황제에 대한 정치적 지지를 철회토록 하였다. 황제는 모처럼 쌓아올린 자신의 지지 세력을 잃게 되었다. 그리고 또 이탈리아 국민은 나폴레옹 3세에게 감사하기는커녕 오히려 교황을 지키기 위해 로마 시에 주둔하고 있는 프랑스군에 불만을 품고 있었다. 그들은 로마 시를 통일 왕국의 당연한 수도로 여기고 있었는데, 그것이 아직 교황령으로 남아 있는 것은 프랑스의 방해 때문이라고 불평했던 것이다.

이제 나폴레옹 3세는 정책의 전환이 불가피하게 되었다. 리버럴한 대외 정책은 결국 '리버럴'한 대내 정책을 불가피하게 했던 것이다. 그는 1853년에 "자유가 항구적인 건설의 기초를 닦는 데에 도움이 된 일은 한 번도 없었다. 때가 되어 건물이 든든해지면 자유의 관을 그 위에 씌우게 될 것이다"라고 말한 일이 있다. 7년 후 이제 그는 프랑스의 정치에 자유의 관을 씌울 수 있을 만큼 그 건물이 든든해졌다고 판단했는지 모르겠다.

그는 1860년에 영국과 통상협정을 맺고, 이듬해에는 벨기에·이탈리아·스위스와, 1862년에는 프로이센과 각각 상업 협정을 맺어 프랑스의 전통적인 보호 정책에서 자유무역 정책으로 전환하였다. 무역정책의 전환은 지주와 제조업자의 반대를 받았으나 영국과의 우호 증진에 크게 이바지하였다. 뿐만 아니라 경제적으로도 외국 제품과의 경쟁에 이기기 위한 기업의 집중, 시설의 근대화, 경영의 합리화, 노동조건의 개선 등에 의하여 프랑스 산업의 건전한 발전과 수출의 증대를 초래하였다.

동시에 황제는 가톨릭의 지지 상실을 메우기 위하여 좌익과 타협하였다. 1859년에 정치범에 대한 특사와 언론통제의 완화를 시도하

정무를 보고 있는
나폴레옹 3세.

고, 1860년 11월에는 의회의 권한 확대 조처를 취하였다. 11월 24일 칙령의 내용은 이러했다.

> 상하 양원의 의사록은 전문 출판 공개할 수 있고, 매년 황제의 연두 교서에 대하여 의회가 토론과 답신을 할 수 있고, 정부는 의회를 대표하는 무임소 장관을 임명하고, 의회의 법안 수정권을 증대한다.

이듬해 1861년에는 의회의 국가재정 관할권을 넓혀주었다. 그러나 이러한 자유주의 개혁은 나폴레옹의 지지 세력을 증대시키지 못하고 오히려 그 반대 세력에게 더 많은 자유를 안겨줄 뿐이었다.
1857년 선거에서 공화파의 일부가 황제에 대한 충성 서약을 하나의 형식으로 간주하고 의회로 진출하기로 하여 다섯 명의 공화주의자가 의석을 차지하였다. 이들은 황제의 이탈리아 정책과 자유무역

정책을 환영했으나, 제정에 대한 반대를 포기한 것은 아니었다. 오히려 공화파는 증대 일로의 노동자의 지지를 얻어 그 힘을 키워가고 있었다. 한편 우익의 왕정파와 가톨릭의 교권주의도 제국을 위협하였다. 이들은 1863년 선거에서 공화파와 연합하여 자유 연합Union libéral이라는 야당 세력의 공동전선을 펼쳐 35석의 의석을 얻었다. 의석 수는 많지 않으나 자유 연합이 얻은 득표 수는 무려 200만에 이르렀다. 더구나 파리, 리옹, 마르세유 등의 대도시에서는 거의 전부 공화파에 투표하였다. 자유주의 개혁은 프랑스 제2제국의 적의 힘을 더 길러주고 있었던 것이다.

한편, 여당 안에서도 자유주의 개혁을 둘러싸고 의견이 충돌하여 분열이 일어나고 있었다. 더구나 황제는 노쇠해 가고 병환으로 정력적인 활동을 하지 못하고 있었다. 황제는 자기의 지지 세력을 노동자에게서 얻으려고 1863년에는 노동자의 '60인 선언'을 승인하고 노동자의 결사법을 제정하게 했다. '60인 선언'은 노동자의 이익을 위하여 노동자 자신들이 그 대표자를 의회에 보내야 한다는 선언이었다. 이러한 일련의 노동 입법은 그 자체로서 중요한 의의를 지니는 것이었으나 나폴레옹의 정치적 목적에 얼마나 기여했는가는 매우 의심스럽다.

제2제정의 위세가 이렇게 약화되어 가면 갈수록 나폴레옹 3세는 한결 더 초조하게 어떤 외교적 승리를 찾아야 했다. 그는 이탈리아 통일의 대가로 사보이와 니스를 얻었듯이, 독일통일 문제에 개입함으로써 라인란트 지방이나 벨기에의 일부를 얻을 수 있을 것으로 생각하였다. 그렇게만 되면 국내문제에서 야당에 양보하지 않고도 견딜 수 있었다.

프로이센의 비스마르크Otto Eduard Leopold von Bismarck는 1863년 폴

란드에서 독립운동이 일어나자 러시아를 도와 그 운동을 탄압하여 러시아의 우호적인 중립을 확보한 후, 1864년에는 덴마크의 슐레스비히-홀슈타인 문제에 개입하여 1865년 가슈타인 협정을 맺고 오스트리아와의 전쟁을 준비하고 있었다. 오스트리아와의 전쟁에 이기면 독일연방의 주도권을 쥐고 독일통일을 성취할 계획이었다.

그러나 오스트리아와의 전쟁에서 프랑스가 개입하면 큰일이었다. 비스마르크는 1865년 10월 나폴레옹 3세와 비아리츠에서 회견하여 프랑스의 중립을 약속받았다. 이때 나폴레옹은 비스마르크에게 이탈리아와의 동맹도 무방하다고 언명하여 오스트리아와의 전쟁에 바싹 다가섰다. 그런데 나폴레옹 3세는 비스마르크와의 약속에도 불구하고 비아리츠 회담 몇 달 뒤 오스트리아와 조약을 맺고 비스마르크는 1866년 4월 이탈리아와 동맹을 맺고 이탈리아의 중립을 보장하였다. 나폴레옹의 이러한 이중 행동의 동기는, 프로이센-오스트리아 전쟁이 속히 일어나지 않을 것으로 판단하여, 그동안 독일과 오스트리아 양쪽 사이를 왕래하면서 프랑스의 이익을 추구하려는 데 있었다.

그러나 그의 판단은 완전히 빗나갔다. 프로이센과 이탈리아의 동맹군은 1866년 6월 오스트리아와 싸워 불과 7주 만에 결정적 승리를 거두었다. 그 신속하고도 결정적인 승리에 놀라지 않은 사람은 없었지만 누구보다도 놀란 것은 나폴레옹 3세였다. 이때 만일 그가 라인란트를 신속히 점령했더라면 라인란트를 얻을 수 있으련만 우물쭈물하는 사이에 프로이센-오스트리아 전쟁은 끝났다. 그는 오스트리아의 요청에 응하여 휴전을 중재하였다. 그는 오스트리아에게 베네치아를 얻어 그것을 이탈리아에 할양해 주고 프로이센의 팽창을 마인 강 북안까지로 한정시켰다. 프로이센은 북부 독일연방을 창설하여 그 맹주가 되었다. 프로이센의 다음 목표가 프랑스를 친 후 남부 독일을 합병하여 독일통일을 완성하는 일이라는 것은 이제 누구의 눈에도 명백하였다.

프랑스의 동쪽에는 이제 강대한 통일 제국이 모습을 나타내기 시작하였다. 앞에서 언급한 폴리냐크의 메모대로, 그 변화는 프랑스의 상대적 힘에 중대한 영향을 미칠 것이 틀림없었다. 이 변화의 결과 프랑스가 얻은 것이란 아무것도 없었다. 비스마르크는 프로이센-오스트리아 전쟁에 승리하자 벨기에의 현상 유지를 주장하여, 나폴레옹이 비밀 제의한 벨기에 합병안을 단호히 거절하였다. 나폴레옹 3세는 독일 문제에서 비스마르크의 외교 수완에 거의 농락당하다시피 한 셈이었다. 나폴레옹 외교의 참패였다. 나폴레옹의 인기는 이제 떨어질 수밖에 없었는데, 그의 인기를 한층 더 악화시킨 것은 멕시코 원정의 실패였다.

새로 수립된 멕시코 공화국에 채무의 지불을 강요하기 위하여 1861년 말 프랑스는 영국 및 스페인과 공동으로 멕시코에 출병하였다. 얼마 후 1862년 4월 영국과 스페인은 철군했으나, 나폴레옹 3세는 신대륙에 라틴 가톨릭 제국을 수립함으로써 식민적 이익을 추구하는 동시에 교황 및 프랑스 가톨릭교회와의 관계를 개선하려는 엉뚱한 계획을 세웠다. 그는 멕시코 시를 점령하여 오스트리아 황제의 아우 막시밀리안Ferdinand Maximilian 대공을 라틴 제국 황제에 즉위시켰다. 그러나 남북전쟁의 종결과 함께 미국이 먼로주의Monroe Doctrine의 원칙에 따라 프랑스군의 철수를 강력히 요구하고, 또 멕시코 공화파의 저항이 매우 완강하고, 그리고 독일 문제를 중심으로 하여 유럽의 국제 정세가 긴박해지자, 나폴레옹 3세는 프랑스군을 철수시켰다. 멕시코에 파견된 3만 8,000명의 프랑스군은 6,000명을 잃고 빈손으로 돌아왔다. 이듬해 1867년 6월 막시밀리안도 멕시코에서 붙잡혀 처형되었다.

독일 문제에 잇달은 멕시코 원정의 실패로 프랑스의 위신은 땅에 떨어졌다. 실망의 밑바닥에서 국민의 여론을 다소나마 유화하려고 나폴레옹 3세는 부득이 야당의 요구에 양보하지 않을 수 없었다. 1867년 초 그는 의회가 대신들을 불러 국정에 관한 질의를 할 수 있는 질의권interpellation을 의회에 부여하였다. 1860년 11월의 의회의 권한 확대 이래 수차에 걸친 자유주의 개혁의 하나였다. 그리고 이듬해 1868년 5월에는 신문지법을 개정하여 언론에 더 많은 자유를 주었다. 이 새 신문지법으로 150개의 신문이 새로 발행되었는데 그 중 120개가 반정부지였다. 1851년 12월의 쿠데타 반대의 폭동에 연루되어 망명 중이던 위고Victor Marie Hugo가 귀국하여 발간한《르 라펠Le Rappel(나팔)》과 극좌 과격파의 들레클뤼즈Louis Charles Delescluze가 발행한《르 레베이유Le Réveil(각성)》가 가장 맹렬한 반정부 신문이었다. 온건 공화파 계통의《르 시에클Le Siècle(세기)》이 발행 부수 4만 4,000으로 최고의 부수를 자랑했는데, 로슈포르Victor Henri Rochefort의《라 랑테른La Lanterm(등)》의 창간호는 기대했던 1만 5,000부를 훨씬 넘은 12만 부가 팔렸다. 정부는 여러 모양으로 반정부지를 탄압하고 재판에 회부했으나 언론재판은 오히려 반정부 세력을 더 강화하는 결과를 낳았다. 1868년에 보댕에서 있었던 젊은 변호사 강베타에 대한 재판이 가장 좋은 예로서, 이 재판을 통하여 강베타의 명성이 일약 전국적으로 퍼졌다.

한편 1867년의 의회 개혁과 함께 의회가 점차 독립적인 경향을 보이기 시작하였다. 한 예를 들면, 프로이센-오스트리아 전쟁에서 프로이센의 결정적인 승리에 놀란 황제가 닐Niel 원수를 국방상에 임명하여 국민 방위대의 훈련 기간을 한 해 넉 달로 늘리고 전시에 정규군으로 동원하려는 이른바 '닐 법안'을 의회에 제출했는데 우익은 예산의 과다 지출을 이유로 좌익은 군비 증강 자체를 기피하는 경향에서 원안의 넉 달을 15일로 대폭 수정하였다. 이 닐 법안의 대폭 수정이 앞으로 프로이센과의 전쟁에서 참패하게 되는 주요 원인의 하나가 되거니와 어쨌든 1860년 말엽의 프랑스 의회는 황제와 그 정부의 말을 잘 듣지 않게 되었다. 그만큼 정부의 권위가 추락한 것이다. 이러한 경향은 1869년 선거에서 더욱 명백해졌다.

1869년 선거에서는 종래의 선거와는 달리 여당 후보가 별로 위력이 없고 지방에 따라서는 오히려 당선에 지장이 되었다. 파리를 비롯한 많은 도시에서는 아예 여당 후보의 출마가 없었다. 파리에서는 27명의 야당 후보가 모두 여당 후보와의 경쟁 없이 당선되었다. 젤딘Theodore Zeldin의 분석에 의하면 1869년의 투표에서 여당 후보자의 득표가 약 435만, 명백한 야당이 약 290만, 제정에 호의적인 야당이 약 75만이었다고 한다. 그 결과 내각책임제를 주장하는 야당이 292석 중 116석을 얻었고, 이 116석 중 명백한 야당이 88석이고, 그 중 공화파가 30석이었다. 이러한 선거 결과는 나폴레옹에게 권력 구조의 획기적인 개혁을 독촉하는 것이었다. 그는 1870년 1월, 1858년 이래 공화파로서 의석을 지켜오고 있던 올리비에Emile Ollivier에게 조각을 위촉하고 의회와 황제에 이중으로 책임을 지는 헌법의 개정을 의뢰하였다. 새 헌법이 5월 8일 국민투표에 부쳐졌다. 찬성이 735만이고 반대가 157만이었는데, 전년 선거에서의 야당 표 365만에 비하면 이 국민투표의 결과는 주목할 만한 변화였다. 즉 자유 제국에 기대를 걸어보려는 국민이 많이 늘었다고 볼 수 있었다. 국민이 어떤 자유를 얼마나 향유할 수 있느냐가 문제이지, 국가 체제가 공화정이냐 왕정이냐 혹은 제정이냐는 본질적으로 중요하지 않다는 생각을 가진 국민이 많아진 것이다. 국가 체제는 비록 제국이지만 그 제국이 자유를 주는 제국이라면 구태여 반대할 이유가 어디 있느냐는 생각을 가진 국민이 늘고 있었다.

그런데 올리비에 내각에는 좌우 두 파가 있었다. 우파는 자유 제국으로 만족하는 데 반하여 좌파는 의회적 제국l'Empire parlementaire을 고집하였다 이 좌우 두 파의 협동이 언제까지 지속될 수 있을는지 퍽 의심스러웠다. 사실 따지고 보면 자유 제국의 이론에는 심각한 모순이 있는 것 같았다. 자유 제국의 새 헌법은 황제도 내각도 책임을 진다고 선포하고 있지만, 내각이 황제에 대하여 책임을 지면서 어떻게 동시에 의회에도 책임을 질 수 있는지, 그리고 황제의 국민에 대한 책임이란 도대체 무엇인지 하는 문제가 심각하게 헌법 이론으로 제기되게 마련이었다.

그러나 그것은 실제에서는 모순이 아니었다. 1870년의 자유 제국은 의회 정치를 수립한 것이 아니었기 때문이다. 제국의 자유 헌법은 19세기의 영국 헌법에 비교될 것이 아니라 17세기의 영국 헌법에 비교되어야 한다. 17세기 영국에서는 국왕은 군림하는 동시에 통치하였고, 대신들은 국왕에 대해서도 의회에 대해서도 신임을 얻어야 했다. 의회는 국왕에게 대신들의 진퇴를 강요할 수 없었고 국왕은 의회가 불신임한 대신을 그대로 유임시킬 수 없었다. 정부는 국왕의 정부이고 국왕은 언제든지 의회를 해산하여 국민에게 직접 호소할 수 있는 우월한 위치에 있었다.

1870년의 제2제국의 자유 헌법은 "국왕은 군림하지만 통치하지 않는다"는 원리를 긍정한 헌법이 아니었다. 황제는 의회의 신임을 받은 의원들 가운데서 대신을 선임하게 되어 있지만 황제권의 고삐를 대신들에게 이양하지는 않았다. 각료 회의 의장직을 황제 자신이

집행함으로써, 나폴레옹은 황제권의 고삐를 내각에 이양하지 않고 종전과 마찬가지로 직접 통치를 계속한다는 사실을 명백히 하였다. 대신들은 황제의 정책을 수행하기 위한 황제의 대신들이었다. 그러나 황제는, 의회의 다수에 의해 채택된 것이면 무엇이든지 황제 자신의 정책으로 받아들이는 것이 현명하다는 사실을 명백히 알고 있었다. 그러므로 대신들은 황제에 대해서도 의회에 대해서도 신임을 얻고 있어야 했던 것이다. 그들은 종전에는 최고급 관료로서 개별적으로 황제에 대해서만 책임을 지고 있었지만, 새 헌법하에서는 의회의 다수파의 대표자들로서 의회에 대해서도 집단적으로 책임을 지게 되었다.

그리고 황제의 책임은 의회도 내각도 초월한 것이었다. 황제는 국민이 선출하기 때문에 그 책임은 국민에 대해서만 지게 된다. 국민에 대해서만 책임을 진다는 표현은 매우 막연한 것이기는 했으나, 만일 나폴레옹이 국민에 대한 책임을 포기했더라면 그는 의회의 의지에 의한 황제가 되었을 것인데, 그렇게 되면 제위는 의회에 의하여 좌우되는 존재가 되었을 것이다. 그것은 왕조의 교체와 혁명에 길을 열어주는 것을 의미하였다. 그런데 보나파르티슴은 혁명 없이 자유를 확대하려고 했으므로 그것을 용납하지 않았던 것이다. 그러므로 새 헌법은 왕조의 문제는 의회의 권한 밖으로, 즉 국민과 황제와의 사이의 문제로 만들었던 것이다. 이렇게 볼 때 혁명 없이도 자유를 누릴 수 있게 한 자유 제국은 1789년 이래의 현대 프랑스의 가장 중요한 역사적 과제를, 즉 질서와 자유의 조화를 어떻게 실현하느냐 하는 과제에 하나의 건설적인 해결을 제시했다고 볼 수 있다.

그러나 자유 제국의 수명은 너무나 짧았다. 자유 헌법이 국민투표로 확정된 지 불과 70일 만에 프로이센과 전쟁을 하게 되었고, 전쟁이 시작된 지 불과 45일 만에 제2제국은 무너졌다. 프로이센-프랑스 전쟁이 일어나지 않았더라면 자유 제국의 수명이 그렇게 짧지는 않았을 것이다. 전쟁이 없었더라도 제국은 조만간 무너졌을 것이라는 주장도 있다. 이 주장은 대개가 공화파 계통의 역사가들의 주장으로서 제2제국에 대한 적의가 그 밑에 깔려 있음은 물론이다. 이들 주장에 대한 당부는 어떻든 간에, 제2제정 말기의 프랑스의 제반 사정이 그들의 주장을 뒷받침해 주기에 충분할 만큼 어지러웠던 것은 사실이다.

황제의 건강은 날로 더 쇠약해 가고, 그의 측근들 사이에는 의견의 분열이 더 커지고, 황제의 통솔이 느슨해지는 만큼 일반 관기官氣가 해이해지고, 권력층의 부정부패 현상이 일반에게까지 폭로되고 있었다. 파리 시가의 재건에 공로가 컸던 황제의 측근 오스만Georges-Eugène Haussmann이 독직 사건으로 센 도지사의 자리에서 물러나야 했던 일이나, 공화파의 언론인 누아르Victor Noir가 황제의 사촌 피에르 공작에게 저격당해 사망한 사건 등은 당시의 사회 풍조를 반영하는 대표적인 스캔들이다. 언론통제의 완화에 따라 반정부 세력이 강화되고, 혁명 단체들과 비밀 조직들이 정부의 눈을 피하여 여기저기 생기고, 노동운동도 상당히 활발해져서 1870년에는 파업 진압을 위하여 군대가 동원되어야 할 정도였다. 노동문제의 해결을 위해 군대가 동원된 일은 제2제국에서는 처음 있는 일이었다. 이런 사회 풍조 속에서 각계의 유능한 젊은이들이 반체제 진영으로 몰렸다는 것은 너무나 당연하였다. 이들은 프로이센-프랑스 전쟁의 패배 소식 속에 제정의 소멸과 공화정의 수립을 알리는 정변에 찬성했을 뿐만 아니라 적극적으로 공화정의 건설에 앞장섰다.

제9장

프로이센-프랑스 전쟁과 파리 코뮌

1. 혁명과 패전

1870년 7월 3일 파리에는 프로이센의 호엔촐레른Hohenzollern 왕가의 레오폴트Leopold 공이 스페인 왕에 즉위한다는 소문이 퍼졌다. 스페인에서는 1868년에 혁명이 일어난 후 왕위가 비어 있었는데, 이제 그 자리에 프로이센 왕가의 친척이 즉위한다면 프랑스는 프로이센과 스페인의 중간에 끼이게 된다. 앞에서 얘기한 바와 같이, 프로이센은 1866년의 프로이센-오스트리아 전쟁에서 승리한 후 북부 독일 연방의 맹주로서 중부 유럽의 최강국으로 등장하였다. 거기서 프로이센은 전통적으로 프랑스의 영향을 받고 있는 남부 독일을 점령하여 독일통일을 완성하려고 프랑스를 호시탐탐 노려보고 있는 터였다. 그러한 프로이센의 호엔촐레른 왕가가 프랑스의 남서쪽 스페인에까지 세력을 미치게 된다니, 프랑스로서는 정말 중대한 일이 아닐 수 없었다. 이는 16세기에 합스부르크 왕가가 독일 황제와 스페인 왕을 겸함으로써 일어났던 사태의 재현이었다.

프랑스 정부는 즉각 프로이센에 레오폴트의 즉위 철회를 요청하였다. 다행히도 프로이센은 이 요청에 응하였다. 7월 12일 레오폴트 자신이 사의를 표명하였다. 프랑스 외교의 큰 성공이었다. 그런데 올리비에 내각의 외상 그라몽Gramont은 베를린 주재 베네데티Vincent Benedetti 공사에게 훈령을 보내어 앞으로도 호엔촐레른 왕족이 스페인 왕위에 오르지 않는다는 약속을 받으라고 지시하였다. 이것은 외교적으로 매우 졸렬한 일이었다. 베네데티는 엠스 온천에 휴양 중인 프로이센 왕을 알현하고 그라몽의 훈령대로 왕의 약속을 요청하였다. 왕은 매우 격분하였다. 레오폴트의 사의면 충분할 뿐 그 이상의 보장이란 있을 수 없다고 단호히 거절하였다. 한편 왕은 프랑스 공사와의 일을 베를린의 비스마르크에게 전보로 알렸다. 비스마르크는 전쟁의 좋은 구실을 잡았다고 기뻐하면서 프랑스와의 전쟁 준비 상황을 군부에 확인한 후, 독일과 프랑스의 두 국민이 모두 격분하여 전쟁은 불가피하다고 생각하게끔 전보문을 고쳐서 신문에 공표하였다. 즉 독일 국민에게는 프랑스 공사가 프로이센 왕에게 매우 무례한 언동을 했다고 하여 격분케 만들고, 프랑스 국민에게는 프로이센 왕이 공사에게 모욕을 주었다고 하여 격분케 하도록 전보문을 고친 것이다. 비스마르크의 계략은 신통하게 적중하였다.

흥분하기 잘하는 프랑스 국민이 먼저 폭발하였다. 프랑스 의회는 흥분 속에 7월 15일과 16일 이틀간에 전시 채무를 가결하고 19일 독일에 선전을 포고하였다. 프랑스 의회의 성급한 행동은 결코 잘한 일이 아니었다. 당시 티에르 같은 노련한 정치가들은 그라몽의 지나친 외교 행동을 나무라고 의회의 성급한 행동을 경고하였다. 프랑스는 이제 유럽 대륙의 최강국을 적으로 싸우게 되었지만 실은 그만한 준비가 되어 있지 않았다. 우선 외교적으로 프랑스는 아무 동맹국도 없었다. 프로이센의 침략에 대비하여 이탈리아나 오스트리아와의 동맹을 추진한 일이 있기는 했으나 결국 결실을 보지 못하고 있었다. 외교상의 불비不備보다 더 중대한 실책은 군사적 준비가 되어 있지 않은 것이다. 앞서 얘기한 닐 법안의 부결로 결국 프랑스는 군비 증강의 기회를 놓치고 말았는데, 그 불행의 중요한 원인은 이상하게도 프랑스 군대에 대한 과대 평가와 프로이센 군대에 대한 과소평가에 있었다.

나폴레옹 3세는 1870년 초에 보름만 주어지면 40만의 병력을 국경까지 동원할 수 있다고 장담한 일이 있는데, 이제 막상 실전에 임하자 보름간 동원한 병력은 25만뿐이었다. 이것은 그가 프랑스의 군사력을 얼마나 크게 오산하고 있었는가를 말해 주는 하나의 방증이었다. 이에 반하여 당시 프랑스의 선각자적인 정치가 프레보스트 파라돌Lucien Anatole Prévost-Paradol은 프랑스의 군사력을 정확히 판단하고 있었다. 그는 "전에는 대륙 국가들의 군사력을 논하게 되면 프랑스가 유럽 동맹군에 대항할 수 있을까가 유일한 문제였는데, 이제는 프랑스가 프로이센에 이길 수 있을까가 문제이다"라고 말한 바 있다. 이렇게 그는 프랑스의 군사력을 결코 과신하지 않고 있었으나 프랑스 국민은 그렇지 않았다. 그들은 프랑스의 군사력은 예나 다름없이 막강한 줄로만 알고 있었다.

이제 전선의 소식은 패전만을 잇달아 전해 왔다. 독일군은 훈련과 장비와 기동성 면에서만이 프랑스군에 우월한 것이 아니라 병력과 군비에서도 우월하였다. 프랑스군은 용감히 싸웠으나 독일군을 막아낼 길이 없었다. 이 전황의 불리함은 파리 시민에게 제정에 대한 불신을 자극하였다. 8월 7일 파리에는 반정부 시위가 일어났다. 8월 9일 입법원의 임시 회의에서 공화파 의원들이 행정권을 15명의 의원으로 구성되는 위원회에 위임할 것을 요구하는 법안을 제안하였다. 그러나 의회는 이 안을 190 대 53으로 부결하고, 패전의 책임을 올리비에 내각에 전가시켜서 그를 파면하고, 보나파르트파의 팔리카오 백작Comte de Palikao에게 조각을 명하였다. 그러나 새 내각은 비상사태에 대처하기에는 너무 우유부단하였고 또 정세 판단도 정확하지 못하였다. 파리 시민의 동향은 날로 제정 반대로 기울어졌다. 의회에서도 공화파 의원들의 발언권이 강해졌다. 파리 주재 영국 대사는 본국 정부에 "제정은 날로 쇠퇴해 가고 새 외상 투르 도베르뉴Tour d'Auvergne 공만이 아직도 제정에 충성스런 발언을 할 뿐이다"라고 보고하고 있다. 제국은 종말에 이르렀다는 신념이 갑자기 사람들의 마음속에 자리 잡았다.

8월 20일에는 가장 중요한 요새 메츠에서 바젠François Achille Bazaine 원수 휘하의 군대가 적에게 포위되었다는 소식이 전해졌다. 프랑스군의 주력부대인 마크마옹Marie Edmé Patrice Maurice de MacMahon 원수의 부대가 바젠 부대를 구출하려고 이동하다가 8월 31일과 9월 1일 벨기에의 국경 근처 세당에서 독일군과 일대 격전을 펼쳤다. 9월 2일 마크마옹 원수 휘하의 전 부대는 황제 나폴레옹 3세와 함께 독일군의 포로가 되었다. 장군 39, 장교 2,700, 사병 8만 4,000명이 황제와 함께 고스란히 포로가 된 것이다. 프랑스의 긴 역사에서 일찍이 없었던 굴욕적 참패였다. 파리 시민은 이런 참패를 가져온 제정을 더 존속시킬 수 없다고 다짐하였다. 9월 4일 드디어 혁명이 일어났다.

헤일Richard Hale, Jr.은, 당시의 파리 주재 미국 대사 워시번E.

Washburne이 목격한 바에 따라, 1870년 9월 4일에 프랑스 제2제정이 무너지고 제3공화국이 선포되는 경과를 흥미 있게 전해 주고 있다. 나폴레옹 3세가 세당에서 패하고 포로가 되었다는 소식이 극비리에 황비 외제니 드 몽티조에게 전해진 것은 9월 3일 저녁 6시였다. 섭정의 자격으로 외제니 드 몽티조의 주제하에 각의가 열렸으나 아무것도 결정하지 못하였다. 이어 심야에 입법의회가 소집되었을 때 공화파의 두목 파브르Jules Fabre가 제정의 종결과 초당적인 임시 국방정부의 구성을 동의하였다. 이 동의에 대한 표결은 보류되었다. 그날 밤 파브르의 동지이며 공화파의 젊은 투사 강베타는, 의사당 주변의 불온한 공기 속에 웅성거리는 군중에게 공화국 수립을 위한 투쟁의 의사를 표명하였다. 9월 4일 일요일 아침 공화파의 한 조간신문은 국민 방위대에게 무장은 하지 않더라도 정복 차림으로 입법의회 의사당으로 집합했으면 하는 뜻을 암시하였다. 가두의 폭력에 의한 혁명의 쟁취는 1789년 7월 14일 이래 프랑스의 혁명적 전통이었다. 공화파는 이제 또 그 방법을 계획하고 있었던 것이다. 파리 시가에 숨가쁜 흥분의 순간들이 흘러가고 있는 9월 4일에 리옹 시가 공화정을 선포했다는 소식이 퍼졌다. 황비는 총총히 영국을 향해 도망했다. 입법의회와 파리 시는 군중의 손아귀에 들어갔다. 1789년 7월과 1848년 2월이 반복된 것이다.

의회는 공화국 만세를 외치는 군중의 환호 속에서 샤를 루이 나폴레옹 보나파르트와 그 일가가 이제는 더 이상 프랑스를 통치하지 않는다는 사실을 선포했으나, 흥분한 군중은 공화국의 수립을 선포하라고 요구하였다. 파브르는 군중에게 "공화국의 선포는 여기서 할 것이 아니라 시청에서 해야 합니다. 우리 다 거기로 갑시다"라고 하였다. 파브르와 강베타는 군중의 선두에 서서 시청으로 향했다. 그

곳에서 그들은 공화국을 선포하는 동시에 파리 시 출신 의원들로 구성되는 임시정부의 조직을 발표하였다. 이 모든 것은 군중의 압력과 환호 속에서 진행되었다. 의회는 시청에서 발표한 임시정부를 추인하지 않을 수 없었다. 인준에 반대하는 의원도 있었으나 티에르는 기정사실에 따를 수밖에 없다고 타일렀다. 강베타는 내무부로 가서 전국의 모든 도지사에게 공화국의 수립과 임시 국방정부의 성립을 알리는 동시에 정부 수반에 파리 시 군정 장관 트로쉬Louis Jules Trochu 장군이, 내상에 강베타 자신이 취임했음을 통첩하는 전보를 쳤다. 이와 같이 불과 몇 시간 사이에 제국은 무너지고 공화국이 탄생하였다. 그것은 혁명이었다.

뷔리가 지적한 대로 이 혁명은 1848년 2월혁명과 흡사했다. 두 혁명 모두 공화주의자들이 민첩하게 행동하면서 갑작스레 집권했고, 집권 과정이 두 번 다 합법적인 절차를 따르지 않았으며 군중이 의사당에 진입해 정상적인 의사 진행이 불가능한 가운데서 입법부의 기능과 권위를 군중에게 빼앗겼고, 또 혁명의 성취와 공화국의 선포가 두 번 다 선례에 따라 시청에서 야당 의원들에 의해 하나의 의식처럼 행해졌다. 이리하여 혁명의 전통이 하나의 의식으로 바뀌었다. 1792년의 공화주의 혁명의 전통은 이제 19세기 프랑스의 혁명적 전통으로 변해 있었던 것이다. 그리하여 자코뱅파와 바뵈프의 혁명적 전통은 결국 프로이센-프랑스 전쟁이 프랑스의 패배로 끝나자 파리 코뮌을 일으키게 한다. 그것은 마치 1848년 혁명이 6월폭동을 일으켰던 것과 흡사했다.

여기서 1871년 9월의 혁명은 1792년과 1848년을 연상케 하였다. 특히 독일과 치른 전쟁은 1792년을 방불케 했는데, 임시 국방정부의 다음과 같은 첫 선언은 1792년을 그대로 연상케 하였다.

공화정은 1792년의 침략에 대항하여 승리하였다. 이제 공화정이 선포되었다. 공화정은 언제나 민중의 안전과 권리의 이름으로 만들어졌다.

이 선언은 1792년 때처럼 프랑스 국민을 분기시켰고 국민 총동원에 의한 궁극적 승리를 확신하게 하였다. 이러한 확신은 각의의 인준을 거쳐 외무 장관 파브르가 해외 공관장들에게 보낸 유시에 잘 명시되어 있다.

우리는 국토의 1인치도 요새의 돌 하나도 양보하지 않는다. …… 파리는 석 달은 견딜 수 있다. 만일 파리가 함락된다 해도 프랑스는 언제든지 파리의 부름에 응하여 그 보복을 하리라. 프랑스는 싸움을 계속하고 침략자는 망할 것이다.

이렇게 1870년 9월의 혁명은 그 진전 과정만을 보면 공화주의의 전통에 따라 혁명적이고 매우 과격한 것같이 보인다. 그러나 실은 그렇지 않았다. 1870년 9월에 구성된 임시 국방정부는 1792년의 공화국처럼 과격하지도 않았고 1848년의 공화국처럼 분열되어 있지도 않았다. 이 새 정부는 출발부터 대체로 온건한 공화주의자들로 구성되어 있었다. 파리 출신 입법 의원들은 오를레앙파의 티에르를 제외하면 모두 공화주의자였으나, 그들 공화주의자 가운데서 출판법 위반으로 복역 중에 있다가 풀려나온 블랑키파의 로슈포르를 제외하면 모두 온건파에 속하였다. 그리고 그들 온건 공화파 사이에는 날카로운 의견의 대립도 분열도 없었다. 이 사실은 다음 해 1871년 2월 8일 총선거의 결과로 출현하게 될 보르도 의회의 보수성과 함께

1870년 9월에 선포된 새 공화국의 보수적인 방향 설정에 중요한 요인이 되었다. 그러나 이것이 파리 민중에게는 못마땅하여 파리 코뮌의 원인이 된다.

9월 9일 정부는 10월 중에 총선거를 실시할 것을 공포하였다. 국방정부가 비록 국민의 대표자인 파리 출신 의원들로 구성되어 있기는 했으나, 그것은 제2제정의 입법의회 의원으로서의 대표자였고 또 공화국의 선포는 합법적 절차에 의한 것이 아니었다. 그리고 새 공화국 정부는 의당 국민의 대표 기관에 의하여 승인된 것이라야 한다는 것이 바로 새로 집권한 공화주의자 자신의 민주주의적 기본 원리였다. 또 독일과 끝까지 항전하기 위해서는 국민의 신임에 의한 합법 정부의 수립이 긴급히 요청되었다. 따라서 외무 장관 파브르는 페리에르에서 비스마르크와 회견하고 총선거를 위한 임시 휴전을 제의했으나 거절당하고 만다.

한편 공화주의의 강력한 중심지 파리는 공화정을 선포함으로써 사기가 크게 올랐다. 파리 시민은, 비록 세당에서 근 10만이 포로가 되고 또 메츠에서 바젠의 군대가 적에게 포위되어 있더라도, 전체 국민의 무장 항쟁으로 능히 적을 물리칠 수 있다고 믿었다. 그런 신념은 파브르가 해외 공관장들에게 보낸 공한에도 잘 나타나 있었다. 그런데 독일군은 파리를 향하여 물밀듯이 쳐들어오고 있었다. 파리가 곧 적에게 포위될 위험이 눈 앞에 다가왔다. 적에게 포위되더라도 정부는 철수하지 않고 파리에 머물 것인가, 아니면 철수할 것인가? 머물 경우 누가 어떻게 국민의 사기를 높이고 전쟁에 필요한 인적·물적 자원을 동원할 것인가? 또 철수할 경우, 수도의 정치는 극좌파의 손아귀에 들어갈 위험이 크고 사회적 무질서와 시민의 사기 저하를 막을 길이 없을 것이었다. 여기서 정부는 궁여지책으로 정부는 수도에 남되 가장 나이 많은 법무 장관 크레미외와 국방 장관 푸리숑Fourichon 제독 등 3인을 정부 대표로 투르에 자리잡게 하였다. 이들이 투르로 떠난 지 이틀 뒤 파리는 적군에게 완전히 포위되었다. 당시 유럽 대륙 최대의 도시이며 유럽 문화의 중심이고 세계 굴지의 강대국의 수도가 그 정부와 함께 그 시민이 외부 세계로부터 완전히 차단되었다. 당시 세계의 어느 누구도 파리가 포위된 상태를 4주일 이상 견딜 수 있으리라고 믿지 않았다.

파리 정부의 힘은 파리 이외의 지역에는 미치지 못했고 투르의 3인 대표의 권위는 국민의 전폭적 지지를 얻기 전에는 법적으로나 정치적으로나 너무나 미약하였다. 투르의 정부 대표는 강화되어야 하고 국민 총동원은 실시되어야 하는데, 그러자면 파리 정부의 누군가가 투르로 파견되어야 했다. 파리 정부는 가장 왕성하고 정열적이며 또 지방의 동원에 책임이 있는 내무 장관 강베타를 파견하기로 결정하였다. 그러나 적의 포위를 뚫을 길이 없었으므로 기구를 타고 적의 위를 날기로 하였다. 그것은 당시의 항공 기술로는 극히 위험한 모험이었다. 그러나 강베타는 그 모험을 맡고 나섰다. 그리하여 강베타는 10월 10일 기구를 타고 파리를 빠져나와 투르로 가는 데 성공하였다. 그는 노약한 국방 장관 푸리숑의 뒤를 이어 스스로 국방 장관을 겸하고 프리시네Charles de Freycinet를 국방 차관에 임명하여 밀려오는 독일군에 완강히 저항하였다.

그러나 전세는 불리하기만 하였다. 이때 국민의 전폭적 지지를 얻기 위한 총선거의 필요성이 다시 주장되었으나 강베타는 그런 의견에 반대하고, 오로지 끝까지 항전에서의 궁극적 승리를 확신하고 전쟁 수행에만 전념하였다. 강베타는 많은 청년을 동원하여 전투 태세를 다시 갖추고 새로 루아르군을 창설하였다. 그의 불철주야의 분투와 정력은 많은 국민을 분기시켰다. 그러나 파리를 포위한 독일군의 포위망을 뚫으려는 작전을 수차 시도했으나 성공하지 못하고 또 10월 말에는 바젠 원수의 17만 9,000 병력이 메츠에서 항복하였다. 메츠의 항복과 함께 독일군의 파리 포위는 한층 더 강화되었다. 그리고 일시 반격에 성공했던 루아르군도 후퇴하기 시작하고, 투르의 '3인 대표'도 보르도로 이동하지 않을 수 없었다. 새로 동부군을 편성하여 벨포르를 탈환하려고 하였으나 오히려 격퇴되었다. 파리는 독일군에게 포위되었으나 용감한 저항을 늦추지 않았다. 파리는 시 전체가 약 10미터 높이의 성벽으로 방비되어 있었다. 그리고 성벽 앞에는 3미터 높이의 호가 파여져 있고, 호에서 1.5킬로미터 내지 5킬로미터 전방에는 사방에 열여섯 군데에 견고한 요새가 구축되어 있었다. 요새마다 50문 내지 70문의 대포가 적을 겨냥하고 있었다.

일찍이 나폴레옹 3세는 낡은 파리 시가를 철저히 정비하여 도시 중심에 사는 노동자들을 변두리로 이주시켜 1870년 당시 파리는 부자구와 빈민구가 확연히 구별되어 있었는데, 그는 빈민구에는 국민 방위대를 조직하지 않았다. 프로이센-프랑스 전쟁이 일어났을 때 파리의 국민 방위대는 부자구의 2만 4,000뿐이었다. 그러나 9월에 공화국이 선포되고 임시 국방정부가 수립되자 파리의 모든 구에 국민 방위대가 조직되어, 병력이 일약 9만으로 늘고 다시 9월 말까지는 36만으로 팽창하였다. 그리고 파리 시내에는 갖가지 화포가 약 3,000문이 있었고 갑자기 증원된 국민 방위대도 무장을 서두르고 있었다. 그리하여 9월 중순이 되면 파리는 이미 완전히 하나의 큰 요새로 바뀌어 있었다.

그리고 파리가 포위되기 전에 정부는 독일군의 포위에 대비하여 파리 주변에서 적군의 식량과 연료가 될 만한 것은 무엇이든지 파리 시내로 들이게 하였다. 그 결과 양이 25만 마리, 소가 4만 마리나 파리 시내에 몰려들었다. 이것은 정부 당국이 미처 계산하지 못했던 귀중한 식량이 되었다. 그리고 파리 교외의 모든 숲의 날짐승을 철저히 사냥하였다. 적군의 밥이 되지 못하게 하기 위해서였다. 그러나 파리 시의 인구도 예상 밖으로 늘었다. 전쟁이 나자 주변의 주민이 파리가 안전하다고 피신해 왔기 때문이다. 그리하여 포위 당시의 파리 인구는 200만이나 되었다. 파리가 적의 포위에 견딜 수 있는 기간을 정부는 최대한 80일로 잡았다. 그러나 실제로는 넉 달이나 견뎠다.

외부와의 모든 접촉이 끊긴 파리는 고독과 전의가 뒤섞인 야릇한 열기로 들끓고 있었는데, 국민 방위대의 유력한 지도자이며 로슈포르의 친구인 플루랭스Gustave Flourens를 선두로 하는 공화 좌파의 움직임이 9월 초 이래의 혁명 열기를 한층 가열시키고 있었다. 플루랭스는 10월 5일 약 1만 명의 방위대의 선두에서 시청으로 행진하여 정부 수반 트로쉬에게, 어째서 파리의 포위를 뚫는 출격을 하지 않으며 방대한 방위대의 병력을 썩히고 있는지, 또 전국에 총동원령을 내리지 않는지를 물었다. 동시에 국민 방위대에 의한 즉각적인 출격과 방위대에 대한 새 제복과 새 무기의 지급 및 파리의 즉각적인 선거를 요구하였다. 정부는 투르 정부에게 지방의 동원을 재촉하고 있다는 것과 시 선거를 곧 실시할 것을 약속했으나, 그럴 듯한 이유를 들어 즉각적인 출격이나 신식 무기의 공급은 거절하였다. 국민 방위대 사이에는 자신들의 군사적 가치에 대한 좌절감이 감돌기 시작하였다. 이들은 혁명과 전쟁의 열기와 함께 좌절감과 고독을 술집에서 폭발시켰다. 술집은 그들의 토론장으로 바뀌었다. 한편 과격파들의 클럽은 혁명의 선전장이 되었다. 저녁이면 토론과 선전의 열기가 클럽을 메웠다.

이러한 분위기의 파리에 메츠의 바젠 군이 항복했다는 소식이 들려왔던 것이다. 6,000명의 장교와 17만 3,000명의 사병이 고스란히 독일군의 포로가 되었는데, 항복의 이유가 바젠 원수의 반역 행위 때문이라는 소문이 파다하게 퍼지는가 하면 파리 정부가 바젠 원수의 항복 교섭에 은밀히 응했다는 소문도 퍼졌다. 동시에 정부의 진정한 의도는 '끝까지 항전'에 있지 않고 조기 휴전에 있다는 비난의 소리가 점차로 높아갔다. 그리고 정부의 휴전 조건에는 알자스의 할양과 막대한 배상금이 걸려 있다는 소문도 나돌았다. 거기서 파리 시민은 10월 31일 굴욕적인 휴전에는 결코 응하지 않겠다는 명백한 의사를 분명히 밝혔다. 앞서 9월 15일에 파리의 20개구 대표자들이 구성한 20구 중앙위원회는 이날 정부에 48시간 이내에 파리 코뮌 선거를 실시할 것을 요구하고, 플루랭스는 국민 방위대를 이끌고 와서 공안위원회의 설치를 일방적으로 선언하였다. 그리고 수만의 군중이 파리 시 청사를 둘러쌌다. 청사 안에는 갖가지 과격파들이 제각기 새 정부의 구성을 발표했는데, 종류가 스물여섯 가지나 되었다고 하니, 그 혼란상을 가히 짐작할 수 있다. 오후 4시경에는 시 청사가 완전히 시위 군중에게 제압되고 붉은 기가 게양되는 형편이었다.

이 혼란에서 탈출한 정부 수반 트로쉬는 국민 방위대를 소집하여 밤 1시에 시 청사를 포위하는 데 성공하였다. 정부 측을 지지하는 대대들과 반대하는 대대들 사이에 유혈의 충돌이 일어날 가능성이 컸다. 이윽고 과격파와 정부 사이에 타협이 성립되었다. 코뮌의 즉각적인 선거와 정부 내각의 선거가 약속된 것이다. 그러나 정부는 그 약속을 교묘히 어겼다. 코뮌 선거는 파리 구장 및 부구장 선거로 탈바꿈하고 정부 선거는 주민 투표로 탈바꿈하였다. 11월 3일 "파리 주민은 국방정부의 권력을 지지하는가 아닌가"의 형식으로 국방정부에 대한 신임을 묻는 주민 투표가 실시되었다. 56만의 찬성과 5만 3,000의 반대로 신임이 확보되었다. 그리고 5일에서 8일 사이에는 구장 및 부구장의 선거가 실시되었는데, 이 선거는 정부의 완벽한 승리가 아니었다. 당선자 가운데는 10월 31일의 주동자들이 꽤 섞여 있었던 것이다. 이들이 계속하여 파리의 과격화에 앞장서게 된다.

11월의 파리는 추위가 시작되는 시기였다. 파리 시민의 생활은 나날이 궁핍해져갔다. 국민 방위대와 시민은 독일군의 포위망을 뚫는 출격전을 정부에 촉구하였다. 11월 29일부터 드디어 대출격전이 전개되었다. 비장한 각오를 시민에게 알리는 뒤크로Auguste Alexandre Ducrot 장군의 격문과 함께 파리 시 전체는 뛰는 가슴을 안고 출격군의 승리를 빌었다. 이날만큼 파리 200만 시민의 생각이 한군데로 모아진 일은 일찍이 없었다. 온건파와 과격파의 차이가 있을 까닭이 없었다. 그러나 200만 시민의 간절한 소원은 사흘 뒤 무산되었다. 출격전은 1만 2,000의 장병을 잃고 실패하고 말았다. 12월 5일에는 강베타의 증원군이 오를레앙 시를 다시 독일군에게 빼앗겼다는 소식이 전해졌다. 파리는 절망의 밑바닥으로 가라앉았다. 전쟁은 언제 끝날지 암담할 뿐이었다. 게다가 추위와 물자의 궁핍이 파리 시민을 더욱 괴롭혔다. 물가는 매일같이 치솟았다. 개, 고양이, 쥐 고기까지 매매되었다. 다음의 표는 9월 말과 12월 중순의 물가를 비교하고 있는데, 물가 폭등은 대출격의 실패 이후 특히 격화되었다. 주부들은 가족의 입에 풀칠이라도 해주려고 아침 일찍부터 종일 얼어붙은 거리의 정육점, 빵집, 장작 가게 앞에서 줄을 지었다.

생활 물자의 궁핍은 나날이 극심해졌다. 12월 27일부터 독일군이 파리를 폭격하기 시작하자 가게 앞에 줄을 짓는 것조차 생명의 위협

	9월 하순(프랑)	12월 10~24일(프랑)
버터	4.00(1파운드)	35.00
달걀	1.80(12개)	24.00
닭	6.00	26.00
토끼	8.00	40.00
치즈	2.00(1파운드)	30.00
돼지고기	1.10(1파운드)	품절
고양이	—	6.00(1파운드)
쥐	—	0.50
감자	2.75(1부셸)	15.00
당근	1.20(한 상자)	2.80(1파운드)
배추	0.75(한 포기)	4.00

을 받았다. 장정들은 모두 참호 안에서 총대를 들고, 가족들은 모두 추운 방 안에서 굶주림을 참고 있어야 했다. 파리 시민이 경험한 그 전쟁은 인류 역사상 좀처럼 찾기 어려웠다. 전쟁에서 가장 직접적인 영향을 받는 층은 노약자와 유아들이다. 파리의 포위 기간에 유아 사망이 4,800명이었는데 원인은 모두 영양 부족이었다.

 12월 27일부터 독일군은 매일 3,000 내지 4,000발의 포탄을 파리로 퍼부었다. 중요한 요새들이 하나씩 둘씩 함락되었다. 파리 정부가 항복의 가능성을 비친 것은 1월 15일에 있었던 회합에서였다. 그러나 파리의 과격파가 항복에 응할 것인지가 문제였다. 뒤크로 장군이 회고담에서 말하고 있듯이, 파리의 포위 기간 중 항상 직면하고 있었던 적은 둘인데, 하나는 군사적으로 독일군이고 또 하나는 정치적으로 시청 점령을 순간순간 노리고 있는 파리의 과격파였다. 사실 정부는 독일군 못지않게 파리의 반란을 두려워하였다. 10월 31일 사건의 주동자들은 숨가쁜 사태의 추이를 한순간도 놓치지 않고 지켜보고 있었다. 반란의 주모자 플루랭스는 마자스 감옥에서 봉기의 결정적인 시기를 기다리고 있었다.

 아니나 다를까, 과격파는 항복에 반대하였다. 소녀 합창대를 선두로 전 시민이 40만의 국민 방위대와 함께 독일군 포위선을 향해 돌격하자는 격문이 나붙는가 하면, 20구 대표자 회의는 다시 코뮌 선거에 의한 정부의 개편을 요구하고 나섰다. 사실 국민 방위대와 일반 시민은 대부분 끝까지 항전을 주장하고 진심으로 독일군의 박멸을 열망하고 있었다. 그러나 부르주아 사이에는 "블랑키보다는 차라리 비스마르크"라는 구호가 점점 퍼져 나갔다. 이 구호는 보수적인 정부의 생각이기도 하였다. 이들은 과격파의 혁명보다 독일로의 항복을 택하려고 하였다. 이런 태도가 과격파의 눈에 반역으로 보였음은 말할 나위 없다. 이제 파리는 크게 두 진영으로 분열되었다.

 정부 안에서도 두 의견이 대립하였다. 트로쉬는 휴전을 반대하고 파브르는 휴전을 제의하였다. 그러나 결국 트로쉬의 사임으로 휴전파가 이겼다. 트로쉬는 파리가 포위된 날부터 불철주야 분투하였으나 사태의 변화는 그를 몰아냈다. 비누아Joseph Vinoy가 그의 뒤를 이었다. 그러나 사람이 바뀌었다고 해서 사태가 바뀔 것 같지는 않았다. 파브르는 휴전 교섭의 임무를 위임받았다. 트로쉬의 사임 소식이 파리에 전해지자 파리의 공기는 일시에 험악해졌다. 1월 22일 밤 1시 일단의 무장 폭도가 마자스 감옥 앞에 나타나서 플루랭스를 비롯한 10월 31일 사건의 연루자들의 석방을 요구하였다. 마자스 감옥의 문이 열리고 죄수들이 석방되었다. 이들은 제20구 구청을 점령한 후 이어 시청을 향하여 행진하였다. 오후 3시 제101대대 국민 방위대 2,300명이 시청에서 합류하였다. 시위 대표자들이 청사 안에서 당국과 교섭하고 있을 때 시위대와 수비대 사이에서 갑자기 총격전이 벌어졌다. 이 총격전은 거의 우발적인 것으로 생각되는데, 어쨌든 15분간의 충격전은 부녀자를 포함한 약 50명의 사상자를 냈다. 시위 군중은 흩어졌다. 파리의 포위 기간 중 프랑스 국민이 서로 쏘아 죽이는 일은 여태 없었는데, 이제 그런 불상사가 일어난 것이다.

이는 앞으로 올 무서운 동족상잔의 전조였다. 파리 포위와 패전이 가까워짐에 따라 새로운 국면이 그 그림자를 드러내기 시작한 것이다. 여태까지는 폭력 행사에 반대해 온 국민 방위대가 1월 22일 사건 이후 태도가 돌변하였다. 10월 31일 사건에서는 정부의 명령을 따랐던 부자 지구 국민 방위대도 이제는 정부의 명령에 잘 응하지 않게 되었다. 1월 23일 정부는 전날 사건을 중대시하여 약 100명의 과격파를 체포하고 파리의 모든 클럽을 폐쇄시키고 《르 콩바Le Combat(전투)》와 《르 레베이》를 비롯한 좌익 신문 17개를 발금 조처하였다. 파브르는 그의 회고록에서, 1월 22일 이후 "내란은 몇 야드 앞에 다가오고 기아는 몇 시간 앞에 와 있었다"고 기록하고 있는데, 기아보다 내란의 위험이 훨씬 더 긴박하였다. 1월 22일 폭동을 본 정부와 부르주아는 혁명이 불붙기 전에 어서 휴전을 서둘러야겠다고 결심하였다. 그러나 파리의 민중은 휴전을 굴욕적인 매국이라며 이에 극력 반대하였다. 파리는 도저히 타협할 수 없는 두 진영으로 분열하고 있었다.

23일 파브르는 아무도 모르게 극비리에 데리송d'Hérisson 대위를 독일 쪽에 파견하여 휴전을 교섭하게 하였다. 그날 저녁 돌아온 데리송 대위는 파브르를 데리고 다시 독일 쪽으로 향하였다. 파브르와 비스마르크의 휴전회담이 27일까지 계속되었다. 가장 어려웠던 국민 방위대의 무장해제 문제가 드디어 합의에 이르렀다. 프랑스 정규군을 1개 사단으로 제한하는 대가로 국민 방위대의 무장을 해제하지 않기로 한 것이다. 비스마르크는 국내 치안을 위해서는 최소한 3개 사단의 정규군이 필요하다는 것과 국민 방위대의 무장해제를 요구했으나, 파브르는 국민 방위대의 무장을 해제하려고 할 때 일어날 사태를 충분히 알고 있었기 때문에, 정규군을 최소한으로 줄이는 한이 있더라도 방위대의 무장을 해제하지 않기로 결정했던 것이다.

파리로 돌아온 파브르는 열다섯 살 난 딸을 데리고 외무부 발코니에 서서 28일의 자정의 종소리와 함께 먼 데서 아스라이 사라져가는 대포 소리를 들었다. 그리고 어린 딸의 두 팔에 안겨 한없이 울었다.

휴전의 소식은 파리 시민에게 항복의 굴욕감을 자극하였다. 그들 파리 시민은 누구도 휴전을 휴전으로 받아들이지 않았다. 사실 그 휴전은 파리의 항복이었고 프랑스의 항복이었다. 국방 전쟁은 이제 끝났다. 그것은 필사적이고 영웅적이었으나 즉흥적이었다. 프랑스는 준비 부족에 장비가 불충분했고 날씨의 혹한으로 더욱 고전하였다. 강베타를 선두로 한 프랑스 국민의 조직적이고 영웅적인 항쟁은 나폴레옹에 항쟁한 스페인 전쟁 이래 유럽에서는 처음이었다. 더구나 결코 4주일 이상 견디지 못하리라던 파리가 4개월이나 굶주림과 추위를 무릅쓰고 독일군의 포위에 대항한 사실은 전 세계를 놀라게 하였다. 프랑스는 전쟁에서는 졌으나 국민의 저력과 단결을 세계에 과시하였다.

세계는 프랑스 국민을 다시 보았다.

그러나 이번 전쟁에서 프랑스는 너무나 많은 것을 잃었다. 전사자와 부상자가 각각 15만 명에 이르렀다. 독일은 기껏 전사 2만 8,000명, 부상 9만 명이 다였다. 프랑스는 파리 포위전에서만도 4,000명의 전사와 2만 5,000명의 부상자를 냈다. 이 밖에도 비전투원 6,251명이 사망했는데 특히 유아 사망이 4,800에 이르렀다.

그러나 파리는 진짜 살육의 비극의 막이 아직 오르지 않고 있었다. 그것은 파리 코뮌의 대드라마와 함께 시작될 비극이었다.

2. 파리의 분노

휴전은 파리 민중에게 실망과 분노를 안겼다. 사실 휴전 교섭은 파리 민중의 눈에 띄지 않게 극비리에 진행되었다. 그것이 가능했던 것은, 바로 며칠 전의 22일 사건으로 과격파의 두목들이 체포되고 클럽과 신문들이 억압되어 있었기 때문이다. 따라서 휴전협정을 반대하려고 해도 앞장설 지도자도 신문도 클럽도 없었다. 이러한 상황에서 이루어진 휴전은 하나의 기정사실로서 파리 민중의 마음을 무겁게 내리누르게 되었다. 파리는 휴전에 동의한 일이 없었다. 파리는 이제 분노와 굴욕과 실망과 체념의 눈초리로 사태의 추이를 지켜보게 될 터였다.

파리의 임시 국방정부는 비스마르크와 더불어 3주일간의 임시 휴전에 합의하고, 2월 8일에 총선거를 실시하고 2월 12일에 의회를 보르도에서 소집하기로 하였다. 이 소식이 강베타에게 전해지자 그는 파리 정부로부터 정식 통고를 받기 전에 총선거에서 공화파의 승리를 확보하기 위하여 나폴레옹 3세 치하의 대신, 원로원 의원들, 행정재판소의 재판관들, 여당 의원들의 피선거권 박탈을 내무 장관의 이름으로 선포하였다. 그러나 파리 정부와 독일의 임시 휴전 조약은 자유선거를 약속하고 있었기 때문에 강베타의 포고는 효력을 발생하지 못하였다. 여기 2월 8일 총선거의 결과가 왕정파에게 유리하게 된 중요한 원인의 하나가 있다. 강베타는 스스로 정부에서 물러났다. 강베타는 끝까지 항전파로서 파브르의 휴전 자체를 반대한 사람이다. 파브르가 파리 정부를 대표했다면 강베타는 보르도의 3인 정부를 대표했다고 볼 수 있었다. 국방정부 안에서 전자는 평화를 교섭한 화평파 온건파였고 후자는 끝까지 항전파 과격파였다. 이제 이 둘 가운데서 후자가 후퇴함으로써 국방정부는 한결 더 온건한 성격의 것이 되었다.

2월 8일의 총선거는 프랑스 선거 역사상 가장 특이한 선거였다. 그것은 첫째 독일의 침략군이 43개 도를 점령하고 있는 가운데서 실시되었다. 둘째 그것은 프랑스 선거사상 가장 조급한 선거로서 선거 공고 후 불과 11일 만에 실시되었다. 셋째로 그것은 전쟁의 혼란 속에 지방과의 교통이 거의 끊긴 가운데서 실시되어 지방이 도시의 영향을 별로 받지 않았다. 이 둘째와 셋째 조건에 의해 공화주의의 정치의식을 지방에 선전할 수 없어 지방 정치의 전통적 성격인 정치에 대한 무관심과 보수적 경향이 선거 결과에 그대로 나타났다. 그리고 넷째로 이 선거는 전쟁을 계속할 것이냐, 적군의 막대한 침략을 받은 그대로 휴전할 것이냐, 즉 끝까지의 항전이냐, 항복 강화냐를 국민에게 묻는 특수한 선거였다. 전쟁이냐 평화냐 말고는 어떤 정파의 선거 공약도 슬로건도 없었다. 그러므로 국민은 상식적 판단력을 가진 믿음직한 인물들을 대의원으로 뽑았다. 따라서 선거에서 선출된 대의원들은 새 프랑스의 국가 체제나 정치체제에 명백한 의식을 가진 사람이 별로 없었다.

이상과 같은 특이한 환경과 동기에서 2월 8일에 실시된 선거에는 1849년의 선거법을 그대로 작용하여 21세 이상의 모든 남자가 투표하였다. 제2제국의 선거법을 적용하지 않고 1849년의 선거법을 적용한 것은 9월 4일에 선포한 공화정의 합법적 정통성을 강조하려는 의도의 표현이었다. 선거의 결과는 앞에서 얘기한 특수한 사정의 영향으로 온건하고 보수적인 평화파가 대거 진출하게 되었는데 그들은 거의 대부분 왕정의 재현을 바라는 인물들이었다. 총 의석 768석 가운데에서 약 400석이 군주정치를 지지하는 왕정파였고 순수한 공화파는 150석을 넘지 않았다. 150명 정도의 순수 공화파도 파브르를 지지하는 온건파와 로슈포르를 지지하는 과격파로 갈라져 있었는데 과격파는 20여 명밖에 안 되었다. 이 과격파 의원들은 거의 전부가 파리 출신이었다.

이러한 선거 결과는 휴전 자체를 반대해 온 파리 시민에게는 하나의 청천벽력이었다. 지난 9월 4일에 선포된 공화국의 운명이 새 국민대표들에 의하여 뒤집어질 위험성이 눈앞에 나타났다. 이 꼴을 만들려고 지난 반년간 피투성이 항전을 해야 했으며, 지난 4개월간 파리의 포위를 추위와 굶주림으로 견뎌야 했단 말인가! 파리는 한층 더 분노하였다. 더구나 총 의석 768석 중 파리에 할당한 의석이 43석밖에 안 되다니! 일찍이 당통이 말한 바와 같이 파리는 곧 프랑스였다. 프랑스의 운명은 파리가 결정했다. 이런 파리에 43석밖에 배당하지 않은 것은 보수파의 장난이고 파리에 대한 모욕이며 4개월간의 포위에 대한 평가절하였다. 파리의 43석이 전부 공화파에 돌아가기는 했으나 과격파의 지도자는 몇 명밖에 당선되지 못하였다. 파리 출신 중에서도 들레클뤼즈, 피아Félox Pyat, 밀리에르Jean Baptiste Millière가 가장 과격하였다. 강베타, 가리발디, 로슈포르, 클레망소, 위고가 덜 과격했는데 이들은 앞으로 올 파리 코뮌에 적극적으로 가담하지 않는다. 어쨌든 이러한 선거 결과는 파리 민중에게 실망과 분노를 안겨주었다. 그들은 보르도 의회를 불신하게 된다.

보르도 의회가 행한 첫 결의는 휴전 찬성이었다. 이것은 너무나 명백히 예견된 일이었다. 그 다음으로 파리 민중의 불만 요인은 티에르를 임시정부의 수반으로 선출한 것이었다.

티에르는 샤를 10세 시대 이래의 노숙한 정치가로서 7월혁명에서는 샤를 10세에 반대하였다. 오를레앙파인 그는 루이 필리프의 장관으로서 대내적으로는 기조의 정적이고 대외적으로는 영국의 파머스턴의 적수였다. 1863년 이래로는 나폴레옹 3세에 반대하는 야당 영수로서 특히 황제의 외교정책에 대한 가장 신랄한 비판자였고, 독일에 대해서는 강경론자였다. 더구나 그는 1870년 9월 임시 국방정부에 입각하는 것을 거부함으로써 패전과 휴전의 책임에서 해방되어 있었다. 그러므로 1871년 2월 현재에는 정통파까지도 티에르만 한 군주주의자를 달리 발견할 수 없어 그를 새 헌법이 개정될 때까지 우선 임시정부의 수반으로 추대하는 데 반대하지 않았다. 2월 27일 보르도 의회는 임시 국방정부의 사임을 승인하는 동시에 티에르를 프랑스 공화국 행정수반Chéf du Pouvoir Exécutif de la Répubique Française으로 임명하였다. 그러나 파리 민중의 눈에는 티에르는 왕정파이고 항상 노동자에게 적대적인 반동 정치가로밖에는 비치지 않았다. 더구나 그들은 1834년 내무 대신으로서 리옹 폭동의 불똥을 파리에 튀게끔 유도하여 트랑스노냉 가의 학살을 감행한 자가 바로 티에르라고 믿고 있었다. 파리 민중은 그를 정부 수반으로 선출한 보르도 의회와 함께 그와 그의 새 정부도 철저히 불신하였다.

티에르에 대한 파리 민중의 불신은 그가 독일과 강화조약을 맺자 분개와 혐오로 폭발하게 된다. 임시정부 수반으로서 티에르의 가장 긴급한 일은 독일과 평화조약을 체결하는 것이었다. 휴전협정에 의한 휴전 기간은 2월 19일로 끝났다. 티에르는 우선 휴전 기간을 24일까지 그 다음에는 26일까지 연장해 가면서 비스마르크와 회담을 진행하였다. 티에르는 파브르보다 훨씬 강한 비스마르크의 상대였다. 회담은 비스마르크의 요구대로 척척 진행되지 않았다. 26일 두 번째로 연장된 휴전 기간이 끝나는 날, 비스마르크는 티에르에게 이 이상 더 휴전을 연기할 수 없고 평화조약이 체결되지 않는 한 독일군은 전쟁을 계속할 수밖에 없다고 공갈을 놓았다. 티에르도 지지 않고 만일 그렇게 된다면 그것은 전 유럽을 격분하게 할 것이라고 응수하였다. 이날 밤 드디어 평화조약이 조인되었다. 그것은 프랑스에 굴욕적인 것이었다. 알자스 지방 전체와 로렌 지방 대부분을 독일에 할양하고, 50억 프랑의 배상금을 지불하되 완전히 지불될 때까지 독일군의 프랑스 주둔을 허락하고, 그리고 독일군이 승리의 상징으로 만 이틀 동안 파리에 진주하는 것을 허용해야 했다. 파리로 돌아오는 마차 안에서 티에르는 흐느껴 울었다.

　28일 이 평화조약이 인준을 받기 위해 보르도 의회에 보고되었을 때 의회는 경악하였다. 알자스와 로렌의 할양은 평화의 가면 밑에 전쟁을 항구화하는 것 이외에 아무것도 아니라는 고함이 터져나왔다. 티에르가 몇 번이고 비스마르크에게 강조한 것도 그 점이었다. 의회뿐만 아니라 프랑스 전국에서 평화조약 반대, 심지어 즉각적인 전쟁 재개를 외치는 소리가 울려 퍼졌다. 그러나 의회는 평화조약을 546 대 107, 기권 23으로 인준할 수밖에 없었다. 알자스-로렌 출신의 의원들과 파리 출신의 로슈포르, 피아, 강베타 등 여섯 명이 당장 의원직에서 물러났다. 3월 8일에 위고도 의원직을 사임했다. 의회는 이런 과격파의 사임에 만족하였다. 그러나 그것은 파리의 격분을 한층 더 자극하였다.

　보르도 의회는 파리의 오랜 생리도, 4개월의 포위와 패전에 실망한 수도의 심리도 좀처럼 이해하지 못했고 또 이해하려고도 하지 않았다. 어느 초선 대의원은 "우리 시골 사람들은 파리 사람들을 도저히 이해할 수 없다. 그들은 우리와 같은 말을 하는 것 같지 않고 뭔가 병에 걸려 있는 것 같다"고 하였다. 보르드 의회 대의원들은 그 병이 과연 어떤 병인지 깊이 알아보려고 하지 않았다. 그들은 낡은 껍데기 안에 처박혀서, 세 번이나 공화국을 수립하고 낡은 우상을 때려부순 혁명의 도시 파리를, 낡은 색안경으로 이방시하고 적대시하였다. 그 보르도 의회는 처음부터 사사건건 파리의 상처를 건드리고 파리의 배알을 뒤틀게 하였다.

티에르는 파리 국민 방위대 사령관 토마Clément Thomas를 파면하고 도렐 드 팔라딘Louis Jean Baptiste D'Aurelle de Paladines 장군을 후임으로 임명하였다. 도렐 장군은 본래 보나파르티스트이고 악명 높은 반동 군인이었다. 도렐의 임명은 티에르의 파리 국민 방위대의 힘을 누르려는 의도임이 분명하였다. 도렐이 파리에 부임한 것은 3월 3일이었는데, 파리 방위대의 260개 대대장 중 그의 소집에 응한 자는 30명뿐이었다. 도렐과 그를 임명한 자에 대하여 파리의 감정을 정직하게 표시했던 것이다.

보르도 의회는 첫 회기 막판에 파리 각계 각층의 비위를 건드리는 일련의 입법을 서둘렀다. 첫째, 소급법을 제정하여 지난 10월 31일 폭동에 참가한 블랑키, 플루랭스 등 네 명을 사형에 처하고, 여섯 개의 좌익 잡지를 폐간시켰다. 그리고 한층 더 드넓은 분노를 일으키기에 알맞은 채무 만기법을 제정했다. 이 법은 전쟁 중 지불이 유예되었던 모든 채무를 48시간 이내에 물어야 하고, 그동안 밀린 집세를 전부 집주인에게 지불해야 한다는 것이었다. 이는 지난 4개월간 상공업이 완전히 마비 상태에 빠져 있었던 파리 주민을 우롱하는 가혹한 법이었다. 또한 동시에 매우 어리석은 법이었다. 왜냐하면 집세를 물어야 하는 파리 주민은 노동자만이 아니라 소상인, 소규모의 공장주, 하급 관리, 기타 봉급생활자 등의 광범한 소시민층도 포함되어 있었는데 이 법을 제정함으로써 소시민층을 무산 노동자와 한 패로 만들었기 때문이다. 또한 이 법은 국민 방위대의 힘을 약화시킬 목적으로 그들에게 지급해 온 일당 1.5프랑의 지급을 정지시켰는데, 이 조처는 보르도 의회의 무모한 실책이었다. 파리 방위대는 스스로를 영웅으로 자처했는데 일당의 지급 정지는 그들의 자존심을 크게 손상시켰다. 그리고 일당 이외에는 달리 생계의 수입이 없는 자들이 많았다. 그들에게 일당의 지급 정지는 채무를 갚거나 집세를 물어야 하는 것보다 더 직접적인 생활의 위협이 되었다. 당시 파리는 휴전과 평화조약과 티에르 정부 반대 시위의 열기 속에서 일종의 반란 상태에 있었는데, 치안을 유지하고 있는 유일한 힘은 무장을 해제하지 않은 국민 방위대였다. 실제로 치안의 실권을 쥔 자들은 방위대의 대대장들이었다. 국민 방위대의 향배야말로 정국의 방향을 결정할 열쇠였다고 해도 과언이 아니었다. 그런데 보르도 의회는 그들의 자존심과 생활권에 타격을 가하는 입법을 주저하지 않았다. 그것은 한마디로 막대한 실책이었다.

  시골뜨기들의 회합이었던 보르도 의회가 내놓은 마지막 결의는 3월 10일에 일단 휴회를 하고 3월 20일에 베르사유에서 속회를 한다는 것이었다(427 대 154). 지난 10월 31일과 1월 22일의 경험에 비추어 소란스럽고 무질서한 파리 말고 다른 곳으로 의회를 옮기고 싶다는 동기를 납득할 수 없는 것은 아니나, 베르사유로의 이전은 파리에 대한 불신의 표시였을 뿐만 아니라 파리를 얕잡아보는 태도였다. 보르도 의회와 티에르 정부의 모욕과 악의에 대해서만도 참기 어려운 파리에 마지막으로 가해진 능욕은 독일군의 파리 입성이었다. 벨포르 시를 독일에 할양하지 않는 대가로 독일군이 3월 1일에 파리에 입성하여 48시간 머물게 한 것은 독일과의 강화조약에 들어 있는 한 조항이었다. 파리 방위대는 2월 24일 독일 입성군에 무력으로 저항할 것을 결의한 바 있었으나, 27일 그 결의를 철회하고 다만 시민의 반항 의사만 표시하기로 결정하였다.

집집마다 축 늘어진 조기, 인적 없는 도로, 문 닫은 가게들, 물을 뿜지 않는 분수, 덮개를 뒤집어쓴 콩코르드 광장의 동상, 밤에도 불이 켜지지 않는 가스등. 이 모든 것은 정복되지 않은 도시라는 것을 보여주었다. 나폴레옹군을 맞은 모스코바도 아마 이러했겠지 …… 센 강과 루브르 궁과 바리케이드 선 사이에 갇힌 독일군은 덫에 걸린 것 같았다.

이는 파리 코뮌의 연구자 리사가레Prosper Olivier Lissagaray가 당시 파리를 묘사한 글이다.

파리의 분노는 이제 절정에 이르렀다. 그들은 독일군에게 당하는 능욕을 이를 악물고 참고 견뎠다. 누구를 위하여? 프랑스를 위하여. 그런데 그 프랑스를 대표한 자들과 그들이 선출한 정부는 독일군에 못지않게 파리를 모욕하고 업신여기고 있었다.

3. 코뮌 혁명의 발발

지난 1월 28일 휴전 이래 파리의 분위기는 그 이전보다 훨씬 더 과격해졌다. 그 주요한 이유는 위에 열거한 일련의 사건들이 파리를 격분케 했기 때문이지만, 그 밖에도 몇 가지 더 다른 이유가 있었다.

첫째, 파리의 함락 이래 약 15만 주민이 파리를 빠져나갔다. 그들은 주로 부유한 사람들이었다. 따라서 훨씬 빈곤한 주민만 남아 있는 파리는 그만큼 더 과격해지고 전보다 더 좌경화할 수밖에 없었다. 둘째, 파리 주변의 요새에 배치되었던 군인들이 휴전 기간에 일단 파리 시내로 철수했는데, 이들은 패잔병의 일반적 특성인 실망과 불만에 가득 차 있었다. 이들이 정부를 불신하고 휴전을 타기하는 정신적 태도는 파리의 과격파의 그것과 상통하였다. 셋째, 파리 국민 방위대의 과격화이다. 약 15만의 부유한 시민이 파리를 빠져나감으로써 부자구의 방위군 대대들은 거의 자연 소멸하고 말았다. 온건한 부르주아 대대들이 줄어든 만큼 파리 전체의 방위대의 성격이 더 과격해진 것은 당연하였다.

2월 8일 선거의 결과와 보르도 의회의 보수성이 명백해진 2월 15일에 벌써 무장한 파리 국민 방위대 약 3,000명이 독일에 대한 강화 반대와 파리 방위대의 연합체 구성을 결의한 바 있었다. 국민 방위대는 본래 자치적 민병대로서 파리의 경우 각 구마다 독립적 편대였는데, 이제 파리 전체를 하나의 조직체로 연합하자는 것이었다. 2월 15일의 결의에 따라 24일에는 연맹fédération을 결성하고 중앙위원 66명을 선출했다. 이 국민 방위대 중앙위원회Comité Cental de la Garde Nationale는 3월 15일에 정식으로 성립되지만 실은 2월 24일부터 벌써 크게 활약하였다. 24일은 마침 2월혁명 기념일로서 바스티유 광장에 모였던 국민 방위대는, 방위대를 약화시키고 무장을 해제시키려는 정부의 의도를 규탄하고 독일군의 파리 입성을 반대하는 시위를 벌였다. 이 시위는 다음 날 한결 좌익적 색채를 띠었다. 26일에는 아침 10시부터 저녁 6시까지 국민 방위대가 대대별로 밴드에 발맞추어 검은 리본을 단 깃발들을 들고 당당한 행진을 펼쳤다. 그것은 위풍이 당당했을 뿐만 아니라 장엄하기까지 하였다.

　이날의 시위에는 약 30만의 일반 시민이 방위대에 합세하였다. 그들은 파리 시를 온통 흥분과 혼란 속에 몰아넣고 있었다. 시위 군중은, 브뤼넬Paul Antoine Brunel 중위를 비롯한 1월 22일 사건 주동자들이 갇혀 있는 생트펠라기 감옥으로 몰려가서, 그들을 석방시키는 데 성공했다. 동시에 국민 방위대의 한 무리는 파리 시내에 산재해 있는 대포 170문을 몽마르트르 언덕 위로 옮기는 데 성공하였다. 그것은 3월 1일에 독일군이 입성하면 대포를 독일군에게 빼앗기지 않기 위해서였다. 사실 그 대포들은 파리 포위 기간 중 파리 시민의 모금에 의하여 제조된 것이었으므로 정부의 것이 아니라 파리 시민의 것이었고 국민 방위대의 것이었다.

　그러나 대포의 몽마르트르 집결은 그 동기가 아무리 애국적이고 또 소유권에 대한 주장이 아무리 논리적이라 하더라도 현실적 의의와 결과는 중대한 것이 아닐 수 없었다. 특히 정부의 눈에는 더욱 그러했다. 정부는 독일과의 협정에 따라 무장 정규군은 이제 1사단밖에 갖고 있지 않았는데, 파리의 40만 방위대는 무장을 해제하지 않고 있을 뿐만 아니라 170문의 대포를 가지게 되었다. 파리 군사령관 비누아의 4만 병력이 과연 40만 방위대에 대항할 수 있을는지 누구나 의심하지 않을 수 없었다. 3월 3일 새로 임명된 방위대 사령관 도렐 드 팔라딘이 파리에 부임하여 대대장 회의를 소집했을 때 260명 중 30명밖에 소집에 응하지 않았을 뿐더러, 이 30명도 도렐 드 팔라딘에게 방위대 중앙위원회에 도전하는 것은 이미 때가 늦었다고 경고할 정도였다. 더구나 바로 그 3월 3일에는 방위대 중앙위원회에 과격파들이 새로 임명되었다. 그리고 10일에는 연맹 규약이 최종 결정되고 15일에는 260개 대대 중 215개 대대의 대표자들로 구성된 총회에서 연맹 중앙위원회의 정식 성립이 선포되었다. 이 중앙위원회는 앞으로 파리 코뮌의 중추적 기능을 담당하게 된다.

정부는 몽마르트르의 대포 반환을 국민 방위대에 교섭했으나 소용이 없었다. 3월 8일 정부는 비누아의 정규군에게 대포 탈환을 명령했으나 정규군이 오히려 격퇴되고 말았다. 정부군의 취약함을 목격한 연맹 중앙위원회의 한 사람인 뒤발Emile Victor Duval은 이날 늦게 그르넬 거리의 병사에 불을 질렀다. 비누아와 티에르의 분노는 이제 극에 달하였다.

티에르는 무력에 의한 진압 이외에는 다른 길이 없다고 결심하였다. 그러나 그는 파리 주둔 정규군도 믿을 수 없었다. 그들은 패잔병의 좌절감에 사로잡혀 사기를 잃고 있을 뿐만 아니라 파리 민중에 감염되고 있었다. 티에르는 그들을 다른 데로 이동시키고 지방 출신 병사로 대체하여 약 2만의 정규군과 경찰로 파리를 기습할 작전을 세웠다. 그는 의회가 20일에 베르사유에서 속회하기 전에, 파리 문제를 깨끗이 처리하지 않으면 안 된다고 주장하여 정부 내의 일부 반대를 물리치고 3월 18일 새벽에 군사행동을 개시하였다.

그의 작전 계획은, 밤 2시에 출동을 개시하여 새벽 5시에 시내 요소요소의 대포 진지들을 기습하고, 주력 부대가 몽마르트르와 벨빌 구로 향하여 그곳을 완전히 제압하여 대포를 탈환하는 것이었다. 한편 경찰은 연맹 중앙위원회를 비롯한 과격파의 지도자들을 일제히 검거, 체포하여 그 조직을 완전 소탕한다는 것이었다. 티에르의 이 작전은 그 자체가 잘못된 것이 아니었다. 군대는 계획대로 움직였고 예정된 시간에 예정된 장소를 점령하는 데 성공하였다.

몽마르트르는 새벽 4시에 점령되었다. 그러나 그들은 큰 실수를 저질렀다. 대포를 언덕 위에서 시내로 끌어내릴 말들을 준비해 오지 않았던 것이다. 말이 도착하기를 기다리는 사이에 국민 방위대와 시민이 정부의 기습을 알아차렸다. 파리 코뮌의 여걸 미셸Louise Michel은 총을 어깨에 메고 달리면서 "반역, 반역" 하고 외쳤다. 새벽잠에서 깨어난 방위군과 민중이 경종을 난타하였다. 정부군이 점령한 대포 진지들이 순식간에 인산인해의 군중에게 포위되었다.

몽마르트르도 아침 7시 45분에 폭도들에게 포위되었다. 정부군 르콩트Claude Lecomte의 88연대 사병들은 폭도들과 어울렸다. 폭도들은 온갖 선동을 주저하지 않았다. 갑자기 사병들 중에서 총을 거꾸로 들고 "비누아, 타도!" "티에르, 타도!"를 외치는 소리가 터졌다. 르콩트는 부하들에게 발포를 명하였다. 그러나 명령 소리는 누구의 귀에도 들리지 않았다. 이윽고 르콩트는 폭도의 포로가 되었다. 그리고 그의 군대는 방위대와 함께 군중을 규합하여 시내로 행진하였다. 오후 2시 30분 비누아 장군은 작전 정지와 함께 군대의 철수를 명령하였다. 로지에 가 6번지에서는 르콩트에 대한 신문이 시작되었다. 오후 4시 또 하나의 포로가 잡혀 왔다. 비누아의 전임자 토마 장군이었다. 르콩트와 토마는 피에 굶주린 폭도들에게 그 자리에서 처형되었다. 비누아와 트로쉬도 거의 같은 운명에 떨어질 뻔하였다. 비누아가 죽었다는 풍문이 한참 동안 나돌기도 하였다.

국방 장관 르 플로Adolphe Le Flô 장군은 바스티유 광장에서 간신히 도망쳐 나왔다. 그는 40만의 방위대 중 정부에 충성하는 자는 6,000명도 안 될 것이라고 티에르에게 보고하였다. 티에르의 작전은 이제 완전 실패였다. 그의 정규군에 대한 평가도 방위대에 대한 평가와 마찬가지로 모두 오산이었다. 티에르는 일부 장관들의 반대를 무릅쓰고 곧바로 정부를 파리에서 베르사유로 옮기기로 결정하였다. 그날 밤 사이에 정부와 그 군대는 전부 파리를 버리고 베르사유로 철수하였다.

지난 26일 생트펠라기 감옥에서 석방된 브뤼넬은 스스로 방위대를 이끌고 120연대를 습격하여 장교들을 잡아 가두고 병사들의 무장을 해제하고, 이어 다른 방위대 대대들과 합세하여 시청을 포위하였다. 저녁 8시 30분, 시청을 지키고 있던 경찰과 헌병들이 비밀 지하도를 통해 모두 다 도망치고 말았다. 시청은 브뤼넬과 국민 방위대가 차지하였다.

3월 18일에 파리에서 파노라마처럼 일어난 이 극적인 사건들은 모두 즉흥적인 것이었다. 티에르의 작전 계획 이외에는 미리 준비된 것이란 하나도 없었다. 그의 작전 계획도 오래전부터 치밀하게 짜여진 것이 아니라 다분히 즉흥적인 것이었다. 그러기에 그 계획은 오류투성이였다. 새벽의 기습은 파리 시민에게는 청천벽력처럼 너무나 의외의 사건이었다. 거기에 대응한 모든 행동도 순간순간의 상황에 따라 취해진 즉흥적인 행동이었다. 르콩트와 토마의 처형도, 브뤼넬의 병영 습격도, 비누아의 철군도, 티에르의 정부 철수 결정도 모두 순간순간 전혀 예기치 못한 사태의 돌발 앞에서 취해진 일들이었다. 3월 18일 사건은 본래의 의미의 봉기가 아니었다. 파리의 주민과 방위대의 폭동은 정부의 도전에 대한 피동적인 자연발생적 행동이었다.

어쨌든 현대 프랑스에서만이 아니라 현대 세계사에서 가장 끔찍하고 가장 논란이 많은 파리 코뮌이라는 미완성 혁명의 불길이 이제 가눌 수 없이 드높이 솟았다.

3월 19일 청명한 봄 날씨의 일요일, 파리 시민은 어제 있었던 일을 까맣게 잊은 듯이 명랑한 휴일을 즐기고 있었다. 아니, 어제 일을 잊은 것이 아니라 지난 9월 이래 쌓이고 쌓였던 울적함이 어제 일시에 다 풀리고 이제야 정말 해방되었다는 해방감에 취해 있었는지도 모른다. 1793년 이래 처음으로 혁명 세력이 파리의 주인공이 되었다. 이것이야말로 지난 한 세기 동안 파리가 바라고 기다렸던 것이 아닌가? 그러나 파리가 과연 우월한 군사력으로 프랑스 전체를 호령할 수 있을까?

시가의 평온함과는 대조적으로 시청 안에서는 각양각색의 혁명가들이 갑작스런 사태에 어떻게 대처할 것인지 열띤 논쟁을 벌이고 있었다. 어제 사건이 어느 조직에 의하여 계획된 것이었다면 새 사태에 대한 대비책도 마련되어 있겠지만, 우발적·자연발생적인 것이었던 만큼 모두 신통한 묘안을 가지고 있지 않았다. 브뤼넬은 곧바로 군사행동을 일으켜 베르사유를 점령하여 정부를 뒤엎자고 주장하고, 미셸은 티에르의 암살을 열심히 설득하였다. 방위대 중앙위원회의 한 사람은 시골뜨기 대의원들의 독재를 비난하면서 의회의 해산을 주장하였다. 이에 대해 오랜 망명 생활에서 갓 돌아온 노련한 사회주의자 루이 블랑은 "당신들은 가장 자유로이 선출된 국회에 반란을 일으키고 있다"고 꾸짖었다. 이견이 백출한 토론의 결론은 결국 파리를 통치할 수 있는 유일한 조직으로서 방위대 중앙위원회의 우월적 지위를 승인한 것이었다. 제1인터내셔널 파리 지부의 이름 없는 회원인 아시Adolphe-Alphonse Assi가 의장에 선출된 방위대 중앙위원회가 이제 파리의 지배권을 장악하게 되었다.

그러나 파리에는 티에르 정부의 기관들이 아직 남아 있었다. 그것은 구장들과 파리 출신 국회의원들이었다. 베르사유로 철수한 티에르는 구장들과 국회의원들을 사이에 넣어 중앙위원회와의 타협을 교섭했다. 몽마르트르 언덕이 있는 파리 제18구의 구장 클레망소는 국회의원을 겸하고 있었다. 그는 3월 8일부터 몽마르트르의 대포 문제로 정부와 방위대 사이의 조정을 맡아왔는데, 이제 또다시 중재역을 맡았다. 19일 밤 2시에 시작된 첫 회합에서 클레망소는 중앙 위원회를 향해 이렇게 말했다.

> 파리가 하는 요구의 정당성을 인정하고 또 정부가 파리를 분노하게 한 잘못을 유감으로 생각하지만, 파리가 프랑스에 대하여 반란을 일으킬 권리는 없다. 파리는 의회의 권위를 절대적으로 승인해야 한다. 중앙위원회가 이 막다른 골목에서 빠져나갈 유일한 길은 파리의 요구를 의회에서 얻어내려고 결심하고 있는 대의원들과 구장들에게 모든 것을 위임하는 것이다.

이 발언에 대하여 중앙위원회의 바를랭Eugène Varlin은 아주 온건한 요구들을 제의하였다.

> 우리가 바라는 것은 시 의회의 선거만이 아니라 진정한 자치적인 자유, 경찰국의 폐지, 국민 방위대의 간부 임명권과 재편성권, 그리고 합법적 정부로서의 공화국의 선포, 집세 지불의 무조건 연기 즉 공정한 채무 만기법…… 등이다.

이런 요구들은 결코 무리한 것이 아니었다.

조정 회담은 20일 새벽 4시까지 계속되었는데 부자구의 제2구 구장 티라르Pierre Tirard의 입에서 "반란자들"이라는 말이 나오자 중앙위원회의 주르드Jourde는 핏대를 올리며 "반란이라니 무슨 소린가? 내란을 일으켜서 공격해 온 것은 도대체 누군데. 야음의 습격에 대항하여 제 돈으로 만든 대포를 도로 찾은 것 외에 방위대가 무엇을 했단 말인가? 그리고 민중을 따라 텅 빈 시 청사에 자리를 잡은 것 말고 중앙위원회가 무엇을 했단 말인가"라고 소리 질렀다. 계속하여 주르드는 "파리만이 아니라 프랑스 전체가 불바다가 될 것이다. 그리고 피바다가 될 것이다. 분명히 경고해 두거니와 만일 너희들이 우리를 정복할 경우 우리는 파리를 태워버리고 프랑스를 제2의 폴란드로 만들어버릴 것이다"라며 예언 비슷한 말을 내뱉었다. 양쪽의 대립을 겨우 조정하여 드디어 합의에 도달했는데, 그것은 구장들이 중앙위원회의 요구를 국회가 수락하도록 힘쓰겠다는 것과 22일에 시행하기로 계획되어 있는 파리 시의회 선거를 베르사유 의회가 파리 자치법을 가결할 때까지 연기한다는 것이었다. 그런데 다음 날 방위대 중앙위원회는 파리 20구 공화주의 중앙위원회 감시 위원회로부터 맹렬한 공격을 받고 클레망소에게 어제의 합의를 취소한다고 전하였다.

그렇다면 '20구 공화주의 중앙위원회 감시 위원회'란 무엇일까? 이것은 국민 방위대 중앙위원회와는 전혀 다른 정치적인 조직으로서, 지난해 9월 4일 공화국이 선포되자 프랑스 혁명 때의 파리 코뮌을 본떠서 비교적 과격한 공화주의자들이 구마다 감시 위원회를 구성하여 임시 국방정부에 정치적·군사적 압력을 가하기로 하고, 각 구 감시 위원회는 대표 네 명씩을 선출하여 20구의 대표 80명으로 '파리 20구 공화주의 중앙위원회'를 9월 11일에 결성한 것이었다. 이 기구는 순수한 자치 조직이었다. 그런데 문제는 왜 그런 것을 만들어야 했던가에 있다. 다시 말하면 왜 임시 국방정부에 정치적·군사적 압력을 가할 필요가 있었는가를 살펴야 하는 것이다.

이 물음에 대한 답은 제2제정 시대에 파리에 조성된 사회주의 분위기에서 찾아야 할 것이다. 앞에서 본 바와 같이 1848년 2월혁명으로 출현한 제2공화국은 6월 폭동에 대한 무자비한 진압과 함께 사실상 죽고 말았는데, 이런 역사적 경험은 프랑스 노동자와 파리 민중의 마음속에 부르주아적 공화주의에 대한 불신감과 증오심을 깊이 깃들게 하였다. 그런데 나폴레옹 3세의 제2제정은 이 불신감과 증오심을 완화시키지 못하였다. 1864년의 '60인 선언'은 노동자의 사회적 권리를 부르주아의 은혜에 절대로 기대지 않고 노동자 자신의 힘으로 쟁취하겠다는 선언이었다. 그런데 이듬해 1865년에는 제1인터내셔널의 프랑스 지부가 파리에 설치되고 그 후 차차 지방에도 그 분극이 설치되었다. 그리고 동시에 프랑스 사회주의운동의 특이성을 만들어내는 프루동과 블랑키의 영향이 노동자 사이에 널리 번져 갔다. 제2제국의 자유화의 경향에 따라 1860년대 말에는 과격한 정치적·사회적 혁명 세력이 매우 강대해졌던 것이다.

　이러한 사회적 잠재 요인을 안고 프로이센-프랑스 전쟁이 일어난 데다가 나폴레옹 3세의 장군들은 패전에 패전을 거듭했으니, 파리의 사회주의자와 노동자의 혁명적 기운은 하루하루 열기를 더해 갈 수밖에 없었다. 그들은 프로이센-프랑스 전쟁 자체를 반대했고 더구나 프랑스의 패퇴를 조금도 유감으로 여기지 않았다. 패전은 제국을 멸망시키고 공화국을 세울 것이라 믿었기 때문이다. 세당의 항복과 함께 9월 4일에 공화국이 선포되자 프랑스의 노동자는 공화국을 방어하기 위해 독일과의 싸움에 적극 참여하게 되었다. 마르크스Karl Marx는 이 노동자의 애국심을 쇼비니즘Chauvinism이라고 개탄했지만 그는 프랑스 공화주의의 역사적 전통을 몰랐던 것이다. 프랑스의 공화국들은 자코뱅 이래 항상 애국심과 일체가 되어 있었다. 자코뱅주의의 3대 목표는 조국 방위, 혁명 수호, 민주주의의 실현이었던 것이다.

그런데 이 애국심은 공화주의와 일체가 된 애국심이었다. 이러한 애국심에 불타는 파리 민중의 눈에는 임시 국방정부가 조국 방위에 열성적이지도 않고 끝까지 항쟁할 생각도 없으며 조기 휴전을 서두르는 것으로만 비쳤다. 정부는 적보다도 파리 노동자의 혁명을 더 두려워하는 것으로 비쳤던 것이다. 이 의구심은 파리 민중의 가슴속에 깊이 깃들어 있는 부르주아에 대한 불신과 증오에 연결되었다. 그 의구심은 역사적인 뿌리를 갖고 있었던 것이다. 거기서 그들은 임시 국방정부에 군사적·정치적 압력을 넣어 조국을 방위하고 공화정을 수호할 것을 결심했던 것이다.

이 결심이 위에서 말한 파리 각 구의 감시 위원회와 그 대표자 80명으로 구성된 20구 공화주의 중앙위원회의 결성으로 구체화된 것이다. 20구 중앙위원회는 명칭과는 달리 위로부터의 통제 기관이 아니라 일종의 연합적 원리에 의한 것이었으나 10월 하순에 가서 중앙집권적으로 방향을 전환하고 위원의 수도 160명으로 늘렸다. 20구 공화주의 중앙위원회는 자치 조직으로서 정부와는 전혀 관계가 없음에도 불구하고 정부를 넘어서서 정치적 힘을 발휘하였다. 이 기이한 조직체는 그 역사적 정당성을 프랑스 혁명 시대의 파리 코뮌에 뿌리박고, 국가란 코뮌의 연합체에 불과하다는 이론에 뒷받침되고 있었다. 다시 말해 조국을 방위하려는 민중의 애국심이 국토 방위에 불성실한 정부를 넘어서서 자치권을 요구하는 민중 의지의 표현으로 표출된 것이라 할 수 있었다.

20구 중앙위원회가 9월 15일에 발표한 첫 성명을 보면, 그것이 어떤 목적을 가지고 있었던가를 좀 더 구체적으로 알 수 있다. 성명은 옛 경찰 기구의 해체, 식량의 배급제, 파리 시민 전체의 무장화, 전

국민 총동원령과 군수품의 징발 등을 요구하였다. 이들의 궁극적 목표는 조국 방위에 있었던 것이다. 20구 중앙위원회는 처음에는 온건한 편이었는데, 10월 후반에 이르면 위원 수를 배가하고 중앙집권적으로 변화했을 뿐만 아니라 한결 더 사회주의적이 되고, 10월 31일 사건에서는 국방정부의 사퇴와 48시간 이내의 코뮌 선거 실시를 요구하여 임시정부 위원 명단을 발표하는 등 적극적인 활동을 벌였다. 이 시기부터 블랑키파의 영향이 커져 파리에 산재하고 있는 민중 클럽들을 장악하고 1871년 1월에 이르면 명칭을 '20구 공화주의 대표단'으로 고치고, 1월 6일 제2의 성명을 발표하였다.

이 성명에 서명한 140명은, 정부가 관리하는 선거를 기다릴 필요 없이 1792년의 파리 코뮌처럼 민중 봉기의 방식으로 코뮌 정부를 구성하자는 사람들이었다. 정부는 이 성명을 무장 봉기의 신호로 간주하였다. 정부와 20구 대표단의 대립이 극에 달하게 되었다. 이러한 때에 1871년 1월 22일 사건이 일어났으므로 정부는 20구 대표단의 주요 인물들을 체포하고 이들의 손발인 민중 클럽과 신문을 철저히 탄압하고 휴전 교섭을 서둘렀던 것이다.

20구 대표단은 총선거 후 2월 29일에 원칙 선언을 채택하여 앞으로 나아갈 방향을 밝혔는데, 거기서 이제는 사회주의혁명 목표를 분명히 하고 있었다.

감시 위원회의 전원은, 혁명적 사회주의당에 속함을 선언한다. 따라서 우리는 온갖 가능한 방법으로 부르주아의 특권을 폐지할 것과 그 지배적 계급의 권력을 상실할 것과 그리고 노동자의 정치적 성장, 요컨대 사회적 평등을 요구하고 획득하려고 노력한다. 이제는 고용자 계급도 없고 프롤레타리아 계급도 없고 계급이라는 자체가 없다. 사회 구성의 유일한 기초는 노동이다. 그리고 노동의 성과는 전부 노동자에게 돌아가야 한다.

정치적 영역에서는 공화제를 다수결의 원리에 우선시킨다. 따라서 우리는 다수파가 국민투표라는 직접적 수단에 의해서든 의회라는 간접적 수단에 의해서든, 인민주권의 원칙을 부정하는 권리를 인정하지 않는다. 그러므로 우리는 현 사회 구성의 기초가 정치적·사회적 혁명의 방법으로 깨끗이 변혁될 때까지는 어떠한 제헌의회나 국민의회의 소집에도 필요하다면 실력으로 반대할 것이다. 결정적 혁명이 성취될 때까지는 파리 시의 혁명 사회주의 집단의 대표들로 구성된 혁명적 코뮌 이외에는 정부로 인정하지 않는다.

이렇게 20구 대표단은 강고한 혁명 목표를 내걸고 코뮌 정부의 수립을 위한 조직의 재편성을 추구하였다. 그러나 그 성급한 의도에도 불구하고 실제로는 별로 큰 성과를 올리지 못하고, 새로 나타난 국민 방위대 중앙위원회라는 민중 조직 앞에 눌리기 시작했다. 3월 18일에도 20구 대표단은 아무 활동도 하지 못하고 있었는데, 방위대 중앙위원회와 베르사유 정부의 무서운 대결이 불가피한 긴박한 정세의 급변과 함께 갑자기 그 혁명적 이론과 조직으로 정치의 전면에 나서게 되었다. 이때에는 그 명칭을 20구 대표단에서 본래의 20구 중앙위원회로 다시 고쳤는데 이 20구 중앙위원회가 3월 21일에 방위대 중앙위원회와 클레망소의 합의를 맹렬히 비난하고 나서는 바람에 방위대 중앙위원회는 그 전날의 합의를 취소한다고 클레망소에게 전했던 것이다.

22일 티에르는 파리의 국민 방위대를 지각 없는 범죄자로 규정하고, 이 지각 없는 범죄자들이 적군이 아직 점령지에서 철수도 하지 않은 어려운 형편에 파리를 무질서와 파괴와 치욕으로 몰고가고 있다는 비난의 포고문을 발표하였다. 이는 타협을 바라는 태도를 표명하는 것이 결코 아니었다. 티에르는 강경한 태도 표명과 함께 파리 방위대 사령관에 도렐 드 팔라딘 대신 새세Saisset 제독을 임명하였다. 그러나 새세 제독의 명령에 따르는 프랑스 방위대는 한 사람도 없었다. 새세는 변장을 하고 몰래 파리를 빠져나와 도보로 베르사유로 돌아와서, 티에르에게 파리의 폭도를 진압하려면 30만의 병력이 필요하다고 보고하였다. 진압이 불가능하다는 뜻이었다. 25일 티에르는 제2구 구장 티라르에게 쓸데없는 교섭은 이제 그만두라고 지시하면서 2~3주일 이내에 폭동 진압에 충분한 병력을 확보하게 될 것이라고 말하였다.

한편 파리의 방위대 중앙위원회는 3월 25일 드디어 베르사유의 동의 없이 코뮌 선거를 다음 날 실시하기로 결의했다. 파리의 구장, 부구장 및 파리 출신 의원들의 약 3분의 1이 이 결의에 동의하였다. 코뮌 선거는 반半합법성을 얻은 셈이다. 그러나 그 반합법성도 그리 중요한 의의를 지니는 것은 아니었다. 베르사유 정부가 그 반합법성을 조금이라도 인정하려고 하지 않는 마당에 그것이 무슨 소용이 있으며, 또 코뮌 선거의 정치적 목표의 성부는 결국 베르사유와의 군사적 대결의 승패가 결정할 것이기 때문이다.

코뮌 선거는 3월 18일 이후의 모호한 정치적 성격을 혁명적 방향으로 결정지었다. 이 명백한 방향 결정은 20구 중앙위원회의 혁명 목표에 일치했다. 20구 중앙위원회는 이제 그 혁명적 조직과 이론으로 방위대 중앙위원회를 누르고 선거를 지도할 수 있게 되었다. 더구나 방위대 중앙위원회는 25일 선거 실시 성명에서 "우리의 사명은 이제 끝났고, 시민 여러분이 선출할 새 정식 수임자들에게 우리의 권한을 이양할 것"이라고 했는데, 그 수임자들 가운데는 20구 중앙위원회의 구성원이 많이 선출되어 20구 중앙위원회는 새 코뮌에서 힘을 뻗게 된다. 26일의 코뮌 선거에는 등록 유권자 48만 5,000명 중 22만이 투표에 응했다. 티에르는 높은 기권율에 근거하여 정부 측의 승리라고 선언했으나 실은 그렇지 않았다. 왜냐하면 유권자 등록부는 1년 전의 것이었고, 또 앞에서 본 바와 같이 휴전 기간에 15만 명쯤의 부유한 시민이 지방으로 전출하였고, 특히 3월 18일 사건 이후에도 상당한 수가 파리를 탈출했기 때문이다. 티에르도 실은 이 사실을 뻔히 알고 있었다. 따라서 코뮌 선거의 투표율은 과거 어느 선거에서보다도 높은 편이었다. 그것은 그만큼 혁명 지지 세력이 컸다는 것을 의미한다.

따라서 선거 결과도 혁명파가 압도적으로 많이 당선되었다. 정원 90명 중 중복 당선자가 다섯 명이었으므로 실제는 85명이 당선되었는데, 온건한 공화파 20명 이외는 모두 사회주의 혁명파였다. 20구 중앙위원회의 추천 후보가 당선자 총수의 반이나 차지하고 방위대 중앙위원회의 구성원도 16명이 당선되었다. 온건 공화파 계통의 20명이 사임하고 또 다른 이유로 4석의 공석이 생겨서 4월 16일 보궐선거가 실시되었는데 혁명파만 당선되었다. 파리 코뮌의 특색은 시의회가 입법부의 기능만을 하는 것이 아니라 행정부의 업무를 겸하는 데 있었다. 시의회 의원들이 구장과 시장을 나눠 맡았다.

3월 28일 정식으로 파리 코뮌이 선포되었다. 약 2만 명의 방위대와 수만 명의 시민이 운집한 시청 광장에서 의원으로 선출된 방위대 중앙위원회의 랑비에Ranvier가 "인민의 이름으로 코뮌을 선언한다"고 외치자 "공화국 만세! 코뮌 만세!"의 함성이 하늘을 찔렀다.

방위대의 행렬이 프랑스 국가 '라마르세예즈'의 주악에 맞추어 의원들의 사열대 앞을 보무도 당당히 행진하면 민중의 미친 듯한 갈채가 우뢰처럼 터져 나왔다.

《인민의 외침Le cri du peuple》은 '축제La fête'라는 표제의 논설에서 이렇게 쓰고 있다.

> 코뮌이 선언되는 날, 그것은 혁명적이고 애국적인 축제의 날, 평화롭고 상쾌한 축제의 날, 도취와 장엄함 그리고 위대함과 환희가 넘치는 축제의 날이다. 그것은 1792년의 사람들을 우러러본 나날에 필적하는 축제의 하루이며, 제정 20년과 패전과 배반의 여섯 달을 위로해 준다. …… 코뮌이 선언된다.
> 오늘이야말로 사상과 혁명이 결혼하는 축전이다.
> 내일은 시민병 제군, 어젯밤 환호로 맞아들여 결혼한 코뮌이 아기를 낳도록, 항상 자랑스럽게 자유를 지키면서 공장과 가게의 일터로 돌아가야 한다.
> 승리의 시가 끝나고 노동의 산문이 시작되다.

분명히 파리의 민중은 이제 자신이 자신의 생활과 역사의 주인공이 되었다는 감동과 의욕에 넘쳐서 코뮌 선포의 날을 축제의 날로 지샜다. 민중의 소박하고 약동하는 해방감이 코뮌의 파리를 뒤덮었다.

그러나 당시 파리에 망명하고 있었던 러시아의 사회주의자 라블로프Ravlof는 벨기에 인터내셔널의 기관지 《랜터나시오날L'international》에 28일의 축전의 모습을 묘사하면서 이렇게 끝맺고 있다.

> 의심할 나위도 없이 상황은 아직 어려움에 가득 차 있다. 파리와 의회

와의 충돌은 계속되고 있고, 지방의 주요 도시들 상황은 불투명하고, 베르사유 정부는 적대적이다. 장래는 어둡다. 지금 파리는 분명히 모든 진보 세력, 특히 모든 나라의 사회주의자의 성실한 공감을 얻기에 충분하다. 그러나 소극적인 공감이 사태의 진전에 무슨 영향을 미칠 수 있겠는가? 그리고 어디서 적극적인 원조를 기대할 수 있겠는가? 나는 무어라고도 답할 수 없다. 때가 말하겠지.

4. 코뮌 내란과 그 의의

사실 파리 코뮌의 운명은 결국 험난했고 단명하였다. 72일의 단명 끝에 티에르의 군대에게 박살 나고 말 터였다.

3월 29일 코뮌 의회는 10개 위원회(집행, 재정, 군사, 사법, 식량, 건설, 노동-공업-교통, 교육, 안보, 외교)를 구성하여 의원들이 분담했다. 집행위원회 이외에는 정부 각 부처에 해당했다. 집행위원회에 최고의 권력을 주었으나, 그 결의는 낱낱이 코뮌 의회에 보고해야 했기 때문에 집행위원회는 실질적인 집행권을 쥔 것이 아니었다. 코뮌의 실권이 어디 있는지 애매모호하였다. 이러한 권력 구조였기 때문에 결국 코뮌 집행위원회는 1793년의 국민공회가 반란 코뮌의 간섭을 받았던 것처럼 방위대 중앙위원회의 간섭을 받게 된다. 1793년의 반란 코뮌의 기능을 1871년에는 '방위대 중앙위원회'가 맡게 된 것이다.

코뮌은 보르도 의회가 공포한 채무 만기법을 폐지하고 저당물의 경매 중지령을 내리는 한편 징병제의 폐지, 도박의 금지 등 파리 민중이 바라는 것들을 실현시켰다.

3월이 다 지나고 4월이 시작되면, 파리의 혁명정부는 지난 2주일 간 말할 수 없이 귀중한 날들을 얼마나 쓸데없이 낭비했는가를 홀연히 깨닫게 된다. 3월 18일 당시, 파리와 베르사유의 군사력은 비교가 안 될 만큼 파리가 우세했는데, 2주일 뒤에는 전세가 이미 역전되고 있었다. 티에르는 단 하루도 낭비하지 않고 타협 교섭을 벌이는 체하면서 뒤로는 군사적 진압 계획을 면밀히 추진하고 있었다. 본래 어떤 무장봉기도 방어는 죽음을 의미하고 적과의 교섭은 실패를 가져오는 법이다. 코뮌은 이 법칙을 알지 못하였다. 티에르는 파리에서 철수시킨 정규군도 그 사상을 믿을 수 없어 지방에서 징집한 6만 명을 베르사유로 집결시켰다. 이 6만 병력은 독일과의 평화협정에서 협약한 4만보다 훨씬 많은 수였다. 그리고 비스마르크에게 교섭하여 독일에 포로된 프랑스군 40만을 귀환시켜 그 병력으로 파리 탈환 작전을 짜고 있었다.

　티에르는 4월 1일 의회에 대해 "프랑스의 가장 훌륭한 군대 조직이 베르사유에서 완성되었다. 이제 선량한 시민들은 고통스럽기는 하나 곧 끝날 전투를 신뢰하고 그 전투에 종지부를 찍기를 바라고 있다"라고 선언하였다. 이 선언은 파리에 대한 선전포고나 다름이 없었다. 그 전투는 틀림없이 고통스러운 것이 될 터였다. 그런데 그 고통은 당시 누구도 상상할 수 없는 너무나 엄청난 고통이 될 것이었다.

　파리는 티에르의 선언에 곧 격렬한 반응을 일으켰다. 코뮌은 닷새 이내에 베르사유로 진격하기로 결정하였다. 그러나 코뮌보다 티에르가 훨씬 더 민첩하였다. 4월 2일 티에르군은 코뮌군이 지키고 있는 파리 서북쪽의 쿠르브부아를 먼저 공격하였다. 이날의 전투는 티에르의 승리였다. 피해는 양쪽이 다 적었으나 베르사유 측에서는 사기가 올랐음에 반하여 파리는 약점을 노출하였다. 이튿날 4월 3일 파리는 베르사유를 향하여 반격전을 감행하였다. 그러나 코뮌의 방위대는 훈련 부족과 기율 결핍에다가 3월 18일의 경험에서 얻은 지나친 자신감—이것은 새 상황에 대한 인식 부족에서 온 큰 착각이었다—으로 말미암아 결국 이날의 전투에서 참패하고 말았다. 참패의 중요한 원인은 몽마르트르에 묶어둔 대포를 전혀 이용하지 않은 데 있었다. 그 대포들을 앞세우고 진격했더라면 처참한 패배를 능히 피할 수 있었을 것이다. 그리고 이날 플루랭스와 뒤발을 비롯한 코뮌의 중요 지휘관들이 수천 명의 부하 장병들과 함께 전사하거나 학살당하거나 포로가 되었다. 티에르의 장군 갈리페Gaston Alexandre Auguste de Gaillifet는 코뮌군을 암살자로 규정하여 포로들을 그 자리에서 총살하였다. 4월 6일 티에르는 정부군 사령관으로 비누아의 자리에 세당의 패장 마크마옹 장군을 앉히고 독일에서 귀환한 병력으로 파리 포위를 본격적으로 강화하기 시작하였다.

파리는 독일군의 포위에서 풀린 지 두 달 만에 다시 동족의 군대에 포위되었다. 이번의 포위는 몇 가지 점에서 첫 번째 것과 그 양상이 달랐다. 앞서 독일군은 포위망을 강화하여 파리 시민이 외부와 접촉하는 것을 단절함으로써 기아와 추위에 못 견뎌 항복하게 하려는 작전을 썼으나 이번에는 그렇지 않았다. 이번 포위는 독일군이 파리의 동쪽과 북쪽에 주둔하여 파리 시민은 그곳을 통하여 식량과 땔감을 얻을 수 있었다. 티에르의 작전은 될 수 있으면 신속히 군사적으로 사태를 해결하려는 것이었다. 4월 15일 뇌이에 대한 포격으로 시작된 정부군의 포격은 독일군의 포격과는 비교가 안 될 만큼 격렬하였다. 그리고 싸움터는 독일군이 주둔하지 않은 파리의 서부와 남부에 한정되어 있었다. 서부의 격전지는 뇌이였고 남쪽은 이시 요새였다.

4월 3일의 패전에서 플루랭스와 뒤발을 잃은 코뮌은 클뤼즈레 Gustave Paul Cluseret를 군사 위원회 의장으로 뽑았다. 그는 당시 47세의 직업군인으로서 크림 전쟁과 미국 남북전쟁에도 참전한 경험이 있는 멋쟁이 장군이었다. 그러나 그가 군사 위원회 의장으로 재직한 4주일간은 코뮌군의 전쟁 상황이 가장 불리한 시기였다. 그는 파리 주변의 요새들을 장악한 코뮌군에게 방어 태세를 강화시키고 방위대의 개편과 훈련에 힘을 기울였으나, 방위대의 지휘와 명령 계통을 좀처럼 확립할 수 없었다. 클뤼즈레는 "나는 1871년의 국민 방위대처럼 무질서한 것을 일찍이 본 일이 없다"고 내뱉었는데, 그의 불평은 조금도 과장이 아니었다.

　국민 방위대는 각급 지휘관을 대원들이 선출하기로 되어 있었는데, 대원들은 비위에 맞지 않으면 언제라도 지휘관을 바꾸곤 하였다. 이러한 군대가 아무리 민병대라 하더라도 어찌 군대의 기능을 충분히 발휘할 수 있겠는가? 거기에다 코뮌군에 대한 명령 계통은 참으로 복잡하였다. 코뮌 의회의 집행위원회, 군사 위원회, 방위대 중앙위원회, 인터내셔널 파리 지부, 파리 각 구의 감시 위원회 등이 모두 제각기 명령을 내리는가 하면, 장교들과 사병들이 제멋대로 제 위치에서 이탈하는 일이 다반사이고, 이들은 무기, 장비, 탄약의 부족을 항의할 뿐만 아니라 상관에 대해 불평과 항의를 때와 곳을 가리지 않고 털어놓고 대들었다. 뿐만 아니라 방위대 안에 인기 있는 장군들이나 지휘관들 중심으로 사병私兵 조직과 유사한 것들이 탄생하였다. 그들은 제복도 휘장도 제멋대로였고, 방위대 전체의 통일에 타격을 주고 있었다.

　클뤼즈레는 이러한 난맥상을 개혁하여 코뮌군을 다소나마 군대다운 군대로 바꾸는 데 성공하였다. 이런 성공으로 얼마나 효과를 보았는지는 알 수 없으나 어쨌든 코뮌군은 4월 15일 이후의 정부군의 맹렬한 공격을 방어하는 데 성공하였다. 4월 30일 이시 요새가 한때 정부군의 수중에 떨어졌으나 코뮌군이 다시 탈환할 수 있었다. 그런데 불행하게도 그 사이에 이시가 정부군에게 함락되었다는 소식이 파리에 전해지자 코뮌 의회는 클뤼즈레를 해임하고 26세의 젊은 로셀Louis Rossel을 그 후임에 임명하였다. 이시 요새는 센 강을 건너 파리 시내로 통하는 교통의 요충지 푸앙 뒤 쥐르를 보호하는 요새로서 이시가 함락되면 파리의 방어는 무너지게 마련이었다.

로셀은 클뤼즈레의 참모장이었다. 그는 역시 클뤼즈레가 임명한 파리 사령관 돔브로프스키Jaroslaw Dombrowski와 함께 코뮌군의 가장 훌륭한 지휘관이었다. 그러나 로셀의 군사적 역량이 아무리 탁월하더라도 이제 압도적으로 우월해진 티에르군의 맹공 앞에서는 어찌 할 길이 없었다. 더구나 코뮌 의회의 분분한 이론들로 말미암아 신속하고도 단호한 군사행동을 취할 수 없었고, 정부군의 맹공 앞에 겁에 질린 방위군은 전의를 잃고 있었다. 5월 8일에 이르면 이시 요새가 드디어 함락되고 로셀은 군사 위원회 의장직을 사임하고 자취를 감추었다. 그의 사임서는 이렇게 말하고 있다.

> 코뮌 의원 동지들, 모두들 토론은 하나 아무도 따르지 않는 지휘의 책임을 나는 계속하여 질 수 없다고 생각한다. …… 코뮌은 토론은 하나 아무것도 해결하지 않는다. …… 중앙위원회는 토론은 하나 행동할 능력이 없다. 이렇게 지체하고 있는 사이에 적은 무모하고 맹렬한 공격으로 이시 요새를 포위하고 있다. 만일 내게 내 마음대로 쓸 수 있는 최소한의 군사력이 있다면 나는 적을 징계할 수 있다. …… 포병 위원회의 엉터리가 포병대 조직을 막았고, 중앙위원회의 머뭇거림이

집행을 천연시키고, 대장들의 사소한 선입견이 군대 동원을 마비시키고 있다. …… 나는 물러간다. 나에게 마자스 감옥에 수감될 영광을 다오.

로셀의 사임서는 코뮌의 혼란을 강하게 비판하고 있는데, 사실 코뮌은 성립 당초부터 분열과 혼란에 빠질 운명을 안고 있었다. 코뮌 의회 의원은 크게 블랑키파와 인터내셔널파와 자코뱅파로 구성되어 있었다. 그들의 분파 작용을 최소한으로 막고 힘을 하나로 집중시킬 수 있는 지도자가 있다면 그것은 블랑키였다. 그런데 티에르는 현명하게도 블랑키를 일찍 체포하여 베르사유로 이감시켰다. 역사가들은 만일 블랑키가 베르사유에 갇혀 있지 않고 파리에 있었더라면 파리 코뮌의 양상이 많이 달라졌을 것으로 보고 있다. 혁명은 언제 어디서나 의견과 세력의 대립과 분열을 동반하는 법이지만 혁명의 상황이 불리해질수록 그 분열은 한결 더 격화되는 법이다. 그리고 그 분열은 혁명의 이념이나 방법의 차이에서 오기보다도 반혁명에 대한 짙은 혐의가 만드는 동지 간의 불신에서 오는 경우가 더 많다. 로슈포르가 4월 하순에 코뮌 의회에서 외친 소리는 바로 저변의 소식을 전해 주고 있다.

코뮌의 심장을 물고 뜯는 것은 불신이었다. 코뮌 의회는 군사 위원회를 불신하고 군사 위원회는 해군부를 불신하고 방브 요새는 몽루즈 요새를 불신하고 몽루즈는 이시를 불신하였다. 리고Raoul Rigault는 로셀 대령을 불신하고 피아는 나를 불신하였다.

코뮌의 분열을 더욱 표면화시킨 것은 4월 말 공안위원회의 설치 문제였다. 4월 28일 자코뱅의 미오Jules Miot의 제안에 따라 로베스피에르의 독재를 모방한 공안위원회 설치 문제를 놓고 3일간 열띤 논쟁이 벌어졌다. 이 안은 결국 5월 1일 45 대 23으로 가결되었으나, 이때부터 코뮌 의회는 과격한 다수파와 온건한 소수파로 짝 갈라지기 시작하였다. 소수파는 5월 15일 이른바 소수파의 선언을 발표하고 코뮌 의회의 출석을 보이코트하였다. 한편 정부군의 군사적 압박이 날로 심해질수록 과격파는 더욱 극성을 부리게 되었다.

어쨌든 코뮌의 내분이 군사적 작전에 지대한 영향을 미치는 것에 분함을 참지 못한 로셀이 사표를 내던지고 자취를 감추자, 코뮌은 그의 후임으로 61세의 들레클뤼즈를 임명하였다. 들레클뤼즈는 당시 26세였던 로셀과는 대조적이었다. 로셀은 들레클뤼즈를 "말도 제대로 못하고 숨도 잘 못 쉬는 걸어다니는 송장"이라고 악평했지만, 그는 불랑키에 버금가는 역력한 투쟁 경력과 혁명적 권위를 지니고 누구도 그의 존엄을 감히 깔보지 못하는 노장이었다.

들레클뤼즈가 로셀의 뒤를 잇는 5월 8일, 베르사유에서는 티에르가 파리 시민에게 경고문을 선포했다. 그것은 파리 시민의 고통의 날이 이제 곧 끝날 터이니 참아 달라는 말과 함께 파리 진격이 곧 있을 것을 알리는 것이었다. 파리는 티에르의 경고문과 함께 로셀의 사임에 경악과 실망을 금치 못하였다. 사람들은 이제 코뮌은 죽었다고 속삭였다. 그러나 그 죽음은 매우 힘든 죽음이었다. 코뮌이 마지막 숨을 거두는 순간까지는 파리는 프랑스 역사상—아니 세계 근세 역사상—가장 무서운 고통을 겪지 않으면 안 되었다. 파리의 임종이 가까워질수록 코뮌 특히 과격파는 미쳐 날뛰었다. 공안위원회는 혁명재판소를 설치하여 정부 지지자들을 모조리 체포하였다. 검사장 리고는 파리의 임종기의 실질적인 최고 실권자였다. 5월 23일까지 그에게 체포된 자는 약 3,000명에 달하였다. 그중에는 파리 대주교 다르부아Georges Darboy, 주교 대리 라가르드Lagarde, 나폴레옹 3세의 황비 외제니 드 몽티조의 고해신부 드그리Deguerry 등이 포함되어 있었다. 다르부아와 블랑키의 교환이 교섭되기도 했으나 실현되지 못했고, 라가르드도 티에르 정부와의 조정역으로 베르사유로 파견되었으나 다시는 파리로 돌아오지 않았다.

이들 고위 성직자들의 뒤를 이어 많은 가톨릭 신부들이 체포되었는데, 리고와 어느 예수회원Jesuit 신부의 다음 일문일답은 너무나 유명한 이야기이다.

    리고: 직업은?
    신부: 하느님의 머슴입니다.
    리고: 주인의 주소는?
    신부: 어디서나 사십니다.
    리고: (서기를 향하여) 이렇게 적어. 하나님이라는 주소 부정자의 머슴이라고 자칭하는 X.

5월 11일 공안위원회는 티에르의 저택 파괴를 결의하였다. 절망과 분노에 충천한 코뮌파 민중은 티에르의 집을 파괴하고 그 기물을 불살라서 마음의 위로를 얻었을지도 모른다. 아니, 그러한 파괴 활동도 코뮌파 민중에게는 하나의 축제이고 혁명 의식이었을지도 모른다. 그들은 루이 18세의 속죄 성당도 파괴하고 단두대도 소각하고 또 방돔 광장의 나폴레옹 동상도 때려 부수었다.

5월 13일에는 이시 요새 동쪽의 방브 요새가 정부군에게 함락되었다. 정부군은 이제 그 병력을 푸앙 뒤 쥐르에 집중하고, 파리의 성벽은 여기저기 포탄으로 무너지기 시작하였다. 티에르는 파리 안에서 반란이 일어나거나 코뮌 안에서 같은 편끼리 싸우거나 코뮌이 항복해 오기를 기다렸다. 그러나 그 어느 것도 일어난 증거가 나타나지 않았다. 그는 파리의 총공격이 어떤 결과를 가져올 것이라는 것을 잘 알고 있었기 때문에 총공격의 시간을 될 수 있는 한 연기시키면서 피할 수만 있으면 피해 보려고 하였다. 일주일을 참고 기다리고 있던 중, 21일 척후병의 보고에 의하여 푸앙 뒤 쥐르가 거의 무방비 상태에 있다는 것을 확인하자, 그날 밤 2만 명의 돌격대로 하여금 시내로 돌입하게 하였다. 이로부터 28일 오후까지 이른바 '피의 주간 La Semaine Sanglante' 이 시작된다.

코뮌 의회가 정부군 선발대가 시내에 돌입했다는 보고를 받은 것은 오후 7시. 망연자실한 코뮌 의회는 정신없이 리고의 잔인한 제안들을 그대로 받아들였다. 그것은 센 강의 다리들을 모조리 폭파하고 건물들을 모조리 불태워버리면서 구시가로 후퇴하여 최후까지 항전하고, 인질들을 후송하여 자기들과 함께 죽게 하자는 것이었다.

22일 밤 3시에는 이미 정부군 7만 명이 무너진 성벽을 뚫고 시내에 돌입하여 방위대 1,500명의 항복을 받았다. 일반 시민들이 정부군의 입성을 알게 된 것은 아침 잠자리에서 일어난 후였다. 정부군은 서쪽에서 동쪽으로 파리 시가를 하나둘씩 점령하여 나갔다. 이날 저녁 티에르는 "정의, 질서, 휴머니티, 문명의 정신이 승리하였다. …… 파리에 돌입한 장군들은 위대한 전사들이다. …… 죄에 대한 보상은 철저할 것인즉, 그것은 법의 이름으로, 법에 의하여, 법의 범위 안에서 행해질 것이다"라고 베르사유 의회에 선언하였다. 그러나 파리 코뮌이 다 끝난 뒤에 판단하건대, 죄에 대한 보상은 철저하고 질서는 있었을지 몰라도 정의와 휴머니티와 문명은 거의 없었다.

코뮌의 죄에 대한 보상은 프랑스 혁명의 공포정치보다도 철저하였고, 심지어 1917년의 상트페테르부르크 혁명보다도 더 철저하였다. 몽마르트르의 바리케이드를 사수한 코뮌파 중에는 여자가 100명쯤 포함되어 있었다. 그들은 거의 다 전멸되었으나 포로로 잡힌 49명 중 여자가 셋 어린이가 넷이었는데, 23일 정부군은 이 부녀자들도 함께 현장에서 모조리 총살하였다.

코뮌군의 잔학함도 끔찍하였다. 그들의 저항은 매우 완강하였다. 그들은 저항에 방해가 되는 건물을 모조리 불살랐다. 아름답고 웅장한 역사적인 건물들이 잿더미로 변해 갔다. 튈르리 궁, 팔레 루아얄 궁, 법무부, 치안국, 회계원, 상훈국, 참의원 등의 유서 깊은 건물들이 다 타버렸다. 24일 오전 11시에는 시청이 화염에 싸였다. 이날 파리는 온통 불바다로 변하였다. 코뮌군은 불을 지르는 한편 감옥에 수감해 둔 인질들을 모조리 학살하였다. 다르부아 대주교와 드그리 신부도 예외는 아니었다. 인질 학살의 주범은 5월 14일 이후 보안국장에 임명된 페레Théophile Ferré와 방위대 제66대대였다. 이들은 24일 저녁 대주교가 수감된 라 로케트 감옥으로 몰려가서 다른 인질 다섯 명과 함께 대주교를 총살하였다. 리사가레에 의하면, 밤 11시 대주교의 학살 소식을 들은 늙은 자코뱅 들레클뤼즈는 "쓰던 붓을 멈추지 않고 듣다가……" 장교들이 떠난 후 함께 있던 동료들을 향하여 얼굴을 두 손을 가리고 "무슨 전쟁이! 무슨 전쟁이!" 하고 외쳤다고 한다. 그날 아침 코뮌 의회가 시청의 소각을 결의할 때 반대한 유일한 사람이 들레클뤼즈였다.

복수는 복수를 부르고, 피는 피로 씻는 법이다. 정부군의 진압이 철저하면 철저할수록 코뮌군의 파괴와 학살이 한결 더 잔인해지고 코뮌군의 파괴가 잔인해지면 질수록 정부군의 보복도 그만큼 철저해졌다.

25일은 정부군의 결정적 승리의 날이었다. 코뮌군의 지휘관들은 이제 거의 다 사라지고 없었다. 이날 늙은 자코뱅파 들레클뤼즈는 이 바리케이드에서 저 바리케이드로 종일 뛰었지만 코뮌군의 전멸은 이제 시간문제라고 판단하였다. 그는 자기 여동생에게 보내는 최후의 편지를 썼다.

나의 귀여운 동생, 나는 승리에서 반동의 희생물이나 장난감이 되기를 원치도 않고 또 그렇게 될 수도 없다. 나를 위하여 네 평생을 희생한 너. 너에게서 떠나는 나를 용서해 다오. 나는 패전에 패전을 거듭하고 이제 또 하나의 패전에 굴할 용기가 없다. 나는 나의 온갖 사랑으로 너를 천 번 포옹한다. 내가 이제 휴식에 들어가려고 할 때 나를 찾는 최후의 것은 너의 기억이다. …… 아듀, 아듀.

오후 7시가 되기 조금 전 들레클뤼즈는 2월혁명 때의 긴 모자를 쓰고 깨끗이 닦은 장화를 신고 검은 바지와 프록코트를 입고 허리에는 붉은 띠를 매고, 지팡이에 무거운 몸을 의지하고 천천히 볼테르 광장을 지나 이미 코뮌군이 철수해 버린 바리케이드 위로 간신히 올라갔다. 그의 모습이 저녁 햇빛에 선명히 나타나는 순간 얼굴이 아래로 떨어졌다. 뒤편에서 그의 최후를 지켜보던 약 50명의 부하들 중 네 명이 그의 시체를 찾으려고 돌진하다가 세 명도 함께 죽었다.

다음 날 26일은 쌍방의 소탕전의 날이었다. 독일군이 코뮌파의 도망을 막기 위해 동쪽으로 1만 명이 이동하였다. 코뮌파는 도망 갈 길이 막혔다. 티에르 정부는 도망 갈 길을 완전 봉쇄한 채 코뮌파를 몰았다. 코뮌파는 싸우다 죽는 길밖에 남지 않았다. 가장 처참한 전투

1871년 5월 28일 파리 코뮌이 붕괴하자 다음 날 코뮌 지지자들이 처형되었다.

는 27일의 페르-라세즈 묘지에서 전개된 백병전이었다. 28일 오후 2시 코뮌파의 최후의 총성이 멎었다. 29일에는 동쪽 교외의 고립된 뱅센 요새도 항복하였다.

'피의 주간'이 끝나는 동시에 파리 코뮌도 끝났다. '피의 주간'에 희생된 자는 얼마나 될까. 정부의 발표는 정부군의 전사자 877, 행방불명자 183명이다. 정부는 그 밖에는 일체 발표하지 않았다. 따라서 코뮌 측의 희생자는 추계에 의할 수밖에 없다. 1875년에 가서 군부가 의회에 보고한 통계에 따르면, 투옥된 자가 4만 3,522명이고 이중 7,213명이 예비심에서 석방되고 나머지 3만 6,309명이 기소되었다. 이중 기소 무효가 2만 3,727명, 무죄 판결이 2,445명이고 결국 유죄판결을 받은 수는 1만 137명이다. 이중 사형이 93명, 무기가

251명, 유형이 4,586명, 나머지는 전부 금고형이었다. 이들에 대한 재판은 26개 군사재판소에서 4년간 걸렸는데, 그들에 대한 조서가 남아 있는 것은 약 1만 5,000명에 대한 것뿐이고 나머지 3만 명에 대해서는 조서조차 없었다.

그리고 이 보고는 체포된 자에 한정된 것이므로 '피의 주간'에 사망한 코뮌파의 수효와는 상관이 없었다. 따라서 이 방면 연구가들의 연구 결과에 따르는 수밖에 없는데, 거기에는 상당한 차이가 있어 정확한 수효를 알 길이 없다. 그 연구들의 평균치에 따르면, 즉결재판에서 처형된 자의 수는 적게 잡아도 2만 이상이고 많이 잡으면 2만 5,000 이하였다. 그런데 이 즉결재판에 관해서는 처형자의 명단조차 남기지 않고 있다. 그리고 파리 코뮌에 희생된 자의 수는, 즉결재판에 회부되지 않고 전사한 자들과 '피의 주간' 이후에 마구 학살된 자들을 포함시켜야 하기 때문에, 그 수효는 엄청나게 더 늘게 마련이었다.

6월 2일자 《파리-쥐르날Paris-Journal》은 "이 이상 더 죽이지 말자! 비록 그들이 살인자이고 방화범이라 하더라도 이 이상 더 죽이지 말자!"고 호소하고 있다. 이것은 무엇을 의미할까? '피의 주간'이 끝난 후에도 불법 학살이 얼마나 극심했던가를 말해 주는 글이다.

파리 코뮌 기간 중 벌어진 공전의 참변은 프랑스만이 아니라 유럽 전체에 큰 충격을 주었다. 유럽 문화와 현대 문명의 중심지 파리에서 어떻게 하여 그런 끔찍하고 야만스런 일이 일어날 수 있단 말인가? 코뮌 직후부터 거기에 대한 갖가지 해석이 나온 것은 당연한 일이었다. 역사학의 생명은 해석에 있다고 하지만 파리 코뮌에 대한 해석만큼 오늘날까지 극심한 대립을 보이는 것도 그리 많지 않을 것이다. 이는 아마도 파리 코뮌의 해석이 처음부터 유달리 현저한 이

데올로기의 성격을 농후하게 띠고 있기 때문인 것 같다.

처음으로 불거진 논쟁은 파리 코뮌을 극악무도한 악한들의 범죄로 보느냐 정의의 투쟁으로 보느냐였다. 이러한 논쟁의 열기가 식은 다음부터는 파리 코뮌을 애국적 운동으로 보느냐 사회주의혁명으로 보느냐로 해석이 갈라졌고, 사회주의혁명으로 보는 파 안에서도 혁명의 권력을 둘러싸고 그것이 독재냐 연합주의냐를 놓고 대립했다.

근년에 와서는 루즈리Jacques Rougerie가 제기한 바와 같이 파리 코뮌을 상퀼로트적 성격을 띤 19세기 프랑스의 혁명적 전통의 종장終場으로 보느냐, 아니면 파리 코뮌 직후 이래 마르크스에 의해 주장되어 온 20세기 사회혁명의 모델로 보느냐 하는 논쟁이 일고 있다. 루즈리의 태도는 파리 코뮌 연구를 종래의 이데올로기적 해석에서 해방시켜서 더 과학적인 연구로 전진시키고 있다. 파리 코뮌을 경험한 지 한 세기 이상이 경과한 오늘날, 역사적으로 회고할 때 우리는 파리 코뮌을 프랑스의 혁명적 전통의 종장으로 이해하는 것이 훨씬 타당하다는 생각으로 기울게 된다.

톰슨David Thomson도 파리 코뮌을 장차의 프롤레타리아 혁명운동의 모범이라고 추켜올린 마르크스를 비판하면서, 역사적으로 볼 때 파리 코뮌은 장차 이루어질 행동의 희망 섞인 모델로서 간주될 것이 아니라 프랑스의 낡은 전통이 갖고 있던 일종의 절망적인 클라이맥스로 간주될 때에만 의의가 있고, 따라서 그것은 하나의 시발이 아니라 오히려 하나의 종말이었다고 확언한다. 그는 1871년의 파리 코뮌과 그해 봄 거의 동시에 지방 대도시에서 일어난 코뮌들은 1789년 이래로 이어져 온 프랑스의 혁명적 전통이 양산한 착잡한 분규들을 뒤돌아볼 때 이들을 매듭짓는 과정 중 최대의 것으로서, 그 후부터 프랑스는 혁명적 전통을 돌아볼 때면 코뮌의 쓰라린 경험을 통하여 보지 않을 수 없게 되었고 폭력에 대한 호소를 불신하게 되었다고 한다. 이렇게 톰슨은 파리 코뮌을 19세기 프랑스의 역사를 특정지었던 공화적·혁명적 전통에 종지부를 찍게 한 사건으로 이해하고, 파리 코뮌의 처절한 경험이 사람들로 하여금 폭력에 의한 혁명의 기도를 포기하게 하여 평화적 타결과 화해의 길을 열게 했다고 해석한다. 그리하여 제3공화국의 수립에 핵심적 역할을 한 세력은 혁명적인 공화주의 세력이 아니라 오히려 혁명적 전통에 반대해 온 보수적 세력이었는데, 그러한 의외의 현상을 일어나게 한 가장 중요한 사건이 파리 코뮌이었다는 것이다.

뷔리도 톰슨의 입장을 전제로 하여 파리 코뮌이 그 후의 프랑스 역사에 미친 영향을 다음 몇 가지로 요약하고 있다. 첫째, 파리 코뮌은 그때까지 반세기 동안 극심했던 자본과 노동, 수도와 지방 사이의 오해가 빚은 비극적인 클라이맥스로서, 1789년 이래 줄곧 프랑스 정치의 주도권을 쥐고 있었던 파리로 하여금 코뮌의 실패 이후 그 주도권을 상실하게 하였다. 둘째, 좌익 과격파를 거세함으로써 폭력과 불안정 및 사회적 위기를 늘 같은 것으로 생각해 오던 기존의 관념을 불식시켰다. 셋째, 1848년 6월 폭동 이후 벌어진 상황과 마찬가지로, 극좌파를 제거함으로써 조직화된 사회주의의 성장을 크게 지연시켰다. 넷째, 코뮌 발발의 직접 원인이 되었던 국민 방위대를 해체하게 되어 19세기를 통하여 내내 민중적 데모크라시의 힘이 되어 왔던 세력을 드디어 사라지게 하였다. 끝으로 코뮌은 제3공화국의 불행한 서장으로, 코뮌이 없었더라면 제3공화국의 탄생이 훨씬 더 어려웠을 것이라고 결론짓고 있다.

참고문헌

(세계적으로 널리 정평이 있는 영문 및 불문 책 100여 권에 한정하고, 아주 고전적인 것 몇 권 외에는 해방 후 발간된 것에 한정하였다)

1. 대혁명 이래의 19세기 내지 20세기에 관한 것

Armengaud, A., *La population Française au 19e siècle*, Paris, 1965.

Calm, E., *Politics and Society in Contemporary France, 1789~1971*, London, 1972.

Cameron, R., *La France et la développement économique de l'Europe au XIXe siècle*, Paris, 1971.

Campbell, P., *French Electoral Systems and Elections 1789~1957*, London, 1958.

Chevallier, J. J., *Histoire des institutions politiques de la France moderne 1789~1945*, Pars, 1958.

Cobban, A., *A History of Modern France*, 3 vols., New York, 1965. 3vol., New York, 1965.

Dickinson, G.L., *Revolution and Reaction in Modern France*, 2nd ed., London, 1950.

Dupeux, G., *La société française 1789~1970*, Paris, 1972.
　(영역) Wait, P., *Franch Society 1789~1871*, London, 1976.

Elton, G., *The Revolutionary Idea in France, 1789~1871*, 2nd ed., London, 1950.

Kemp, T., *Economic Forces in Franch History: An Essay on the Development of the Franch Economy 1760~1914*, London, 1971.

Lavisse, E. (ed.), *Histoire de la France contemporaine depuis la Révolution jusqu'à la paix de 1919*, Paris, 1921.

Reinhard, M. (ed), *Histoire de France*, Paris, 1954.

Siegfried, A., *Tableau des partis en France*, Paris, 1930.
Soltau, R., *French Political Thought in the Nineteenth Century*, London, 1931.
Thomson, D., *The Democratic Ideal in France and England*, Cambridge, 1940.

2. 앙시앵레짐에 관한 것

Behrens, C. B. A., *The Ancien Regime*, London, 1967.
Ford, F. L., *Robe and Sword, the Regrouping of the French Aristocracy after Louis XIV*, Cambridge, Mass., 1953.
Goubert, P., *L'Ancien Régime*, Paris, 1969.
Labrousse, C. E., *La crise de l'économie française à la fin de l'ancien régime*, Paris, 1944.
Lefebvre, G., *Quatre-Vingt-Neuf*, Paris, 1939.
Lough, J., *An Introduction to Eighteenth Century France*, London, 1960.
Mandrou, R., *La France aux XVIIe et XVIIIe siècles*, Paris, 1967.
Methivier, H., *L'Ancien Régime*, Paris, 1961.
Sagnac, P., La *Révolution des idées et des moeurs et le déclin de l'ancien régime(1715~1788)*, Paris, 1946.
_____, *La fin de l'ancien régime et la R?volution americaine(1763~1789)*, 3rd ed., Paris, 1963. (Halphen, L. et Sagnac, P.(ed.), *Peuples et Civilization: Histoire générale*, Vol. XII).

3. 프랑스 혁명 및 나폴레옹에 관한 것

Aulard, A., *Histoire politique de la R?volution française*, Paris, 1901.
Brinton, C., *The Jacobins*, New York, 1930.
Calvet, H., *Napléon*, Paris, 1948.
Cobban, A., *The Social Interpretation of French Revolution*, Cambridge, 1964.
Connelly, O., *Napleon's Satellite Kindoms*, New York, London, 1965.
Gershoy, L., *The French Revolution and Napleon*, New York, 1961.
Geyl, P., *Napleon: For and Against*, London, 1949.
Godechot, J., *Les institutions de la France sous la Révolution et l'Empire*, Paris, 1951.

_____, *La grande nation*, Paris, 1956.
_____, *La contre-révolution*, Paris, 1961.
Goodwin, A., *The French Revolution*, London, 1953.
Hampson, N., *A social History of the French Revolution*, London, 1964.
Harold, J. C. (ed. and trans.), *The Mind of Napleon: a selection from His Written and Spoken Words*, New York, 1955.
Jaurès, J., *Histoire socialiste de la Révolution française*, Paris, 1922~1924.
Lefebvre, G., *La Revolution Française*, 3rd ed., Paris, 1951. (*Peuples et Civilization*, Vol. XIII).
_____, *Napléon*, 5th ed., Paris, 1965, (*Peuples et Civilization*, Vol. XIV).
Mathiez, A., *La Révolution française*, 3 vols., Paris, 1922, 1924, 1927.
Nef, J. U., *War and Human Progress*, Cambridge, Mass., 1950.
Nicolle, P., *La Révolution française*, Paris, 1948.
Palmer, R. R., *Twelve Who Ruled: The Committee of Public Safety during the Terror*, rev. ed., Princeton, 1958.
Soboul, A., *La Révolution française(1789~1799)*, Paris, 1948.
Sydenham, M. J., *The French Revolution*, London, 1965.
Thompson, J. M., *The French Revolution*, New York, 1966.
_____, *Robespierre and the French Revolution*, London, 1952.

4. 1815년 이래의 19세기 내지 20세기에 관한 것

Brogan, D. W., *French Nation from Napoleon to Pétain, 1814~1940*, New York, 1963.
Bury, J. P. T., *France 1814~1940*, London, 1969.
Clapham, J. H., *The Economic Development of Frence and Germany, 1815~1914*, 4th ed., Cambridge, 1955.
Collins, I., *The Covernment and the Newspaper Press in France 1814~1881*, Oxford, 1959.
Daumard, A., *Les bourgeois de Paris au XIXe siècle*, Paris, 1970.
Girard, L., *La garde nationale, 1814~1871*, Paris, 1964.
Lough, J. and M., *An Introduction to Nineteenth Century France*, Lindon, 1978.
Manuel, F., *The Prophets of Paris*, Cambridge, Mass., 1962.
Mayer, J. P., *Political Thought in France from the Revolution to the Fourth Republic*, 3rd ed., London, 1961.

Palmade, G. P., *Capitalisme et capitalistes française au XIXe siècle*, Paris, 1961.
Plamenatz, J., *The Revolutionary Movement in France 1815~1871*, London, 1952.

5. 복고 왕정 및 7월왕정에 관한 것

Bastid, P., *Les institutions politiques de la monarchie parlementaire française(1814~1848)*, Paris, 1954.
Collins, I. (ed.), *Government and Society in Frence, 1814~1848*, London, 1970.
Johnson, D., *Guizot: Aspects of French History 1787~1874*, London, 1963.
Lhomme, J., *La grande bourgeoisie au pouvoir(1830~1880)*, Paris, 1960.
Nicolson, H., *The Congress of Vienna: A Study in Allied Unity, 1812~1822*, London, 1946.
Pinkney, D., *The French Revolution of 1830*, Princeton, 1973.
Porch, D., *Army and Revolution: France 1815~1848*, London, Boston, 1974.
Sauvigny, G. de B., *La Restauration*, Paris, 1955.
Vindalenc, J., *La Restauration(1814~1830)*, Paris, 1968.
Vigier, J., *La Monarchie de Juillet*, Paris, 1969.

6. 제2공화국 및 제2제국에 관한 것

Amann, P., *Revolution and Mass Democracy: the Paris Club Movement in 1848*, Princeton, 1975.
Bastid, P., *Doctrines et institutions politiques de la Seconde République*, Paris, 1945.
Blanchard, M., *Le Second Empire*, Paris, 1950.
Dansette, A., *Louis-Napoléon à la conquête du pouvoir*, Paris, 1961.
Duveau, G., *1848: The Making of a Revolution*, New York, 1968.
_____, *La vie ouvrière sous le Second Empire*, Paris, 1968.
Fejtö, F. (ed.), *The Opening of an Era, 1848: An Historical Symposium*, London, 1948.
Girar, U., *La IIe République*, Paris, 1968.

Luna, F. de, *The French Republic under Cavaignac*, Princeton, 1969.
Mckay, D. C., *The National Workshops: A Study in the French Revolution of 1848*, Cambridge, Mass., 1933.
Namier, U. B., *1848: The Revolution of the Intellectuals*, New York, 1964.
Osgood, S. M. (ed.), *Nopoleon III and the Second Empire*, 2nd ed., Lexington, Mass., 1973.
Payne, H. C., *The Police State of Louis Nopoleon Bonaparte 1851~1860*, Seattle, 1966.
Pradalié, G., *Le Second Empire*, Paris, 1969.
Price, R., *The French Second Republic: A Social History*, Ithaca, N.Y., 1972.
_____, (ed.), *Revolution and Reaction: 1848 and the Second French Republic*, London, 1975.
Robertson, P., *The Revolution of 1848: A Social History*, New York, 1952.
Simpson, F. A., *The Rise of Luis Napoleon*, 3rd ed., London, 1950.
_____, Louis *Napoleon and the Recovery of France, 1848~1856*, 3rd ed., London, 1951.
Vigier, J., *La Second République*, Paris, 1970.
Zeldin, T., France, *1848~1945: Ambition, Love and Politics*, Oxford, 1973.
_____, *The Political System of Napoleon III*, London, 1958.

7. 프로이센-프랑스 전쟁과 파리 코뮌에 관한 것

Bourgin, G., *La guerre de 1870~1871 et la Commune*, Paris, 1939.
_____, *La Commune*, Paris, 1953.
Bruhat, J., Dautry J. et Tersen E., *La Commune de 1871*, Paris, 1960.
Choury, M., *La Commune au coeur de Paris*, Paris, 1967.
_____, *Les origines de la Commune*, Paris, 1960.
Decouflé, A., *La Commune de Paris*, Paris, 1969.
Guillemin, H., *Cette curieuse guerre de soixante-dix*, Paris, 1956.
_____, *L'héroique défense de Paris*, Paris, 1959.
Horne, A., *The Fall of Paris: The Siege and the Commune 1870~1871*, London, 1965.
Howard, M., *The Franco-Prussian War*, London, 1961.
Joughin, J. T., *The Paris Commune in French Politics, 1870~1880*, 2 vols., Baltimore, 1955.
Kranbgerg, M., *The Siege of Paris, 1870~1871. A Political and Social*

History, Ithaca, N.Y., 1950.
Lefebvre, H., *La Proclamation de la Commune*, Paris, 1965.
Rihs, C., *La Commune de Paris, sa structure et ses doctrines*, Genève, 1955.
Rougerie, J., *Paris libre 1871*, Paris, 1971.
Spitzer, A. B., *The Revolutionary Theories of Louis Auguste Blanqui*, New York, 1957.

찾아보기

ㄱ

가르니에 파제스Garnier-Pagès, Louis Antoine 343, 344, 348
가리발디Giuseppe Garibaldi 368, 398
갈리페Galliffet, Gaston Alexandre Auguste de 421
강베타Gambetta, Léon Michel 177, 374, 383, 384, 387, 391, 395~398, 400
고댕Gaudin, Martin Michel Charles 214
고도이 Godoy, Manuel de 252
고르사Gorsas 81
고이에Gohier, Louis Jérôme 196, 203
괴테Goethe, Johann Wolfgang von 139
구르고Gourgaud, Gaspard 289
구비옹 생시르Gouvion Saint Cyr, Laurent 299
그라몽Gramont 380
그렌빌Grenville, William Wyndham 244
기조Guizot, François 297, 306, 308, 317, 324~329, 331~335, 337~339

ㄴ

나폴레옹 3세Napoléon III 319, 320, 362~374, 378, 381~383, 388, 396, 399, 412
나폴레옹 1세Napoléon I 363~365, 368
네Ney, Michel 294
네케르Necker, Jacques 28, 58~60, 63, 65, 70, 75, 77
넬슨Nelson, Horatio 201, 202, 242, 243
뇌프샤토 Neufchâteau, François de 195, 196
누아르Noir, Victor 378
닐Niel 374, 381

ㄷ

다르부아Darboy, Georges 426, 429
다비드David, Jacques-Louis 225
달랑베르d'Alembert, Jean le Roland 42, 43
당통Danton, Georges Jacques 101, 128, 129, 131, 132, 165, 166, 168, 172, 181, 398
데글랑틴d'Eglantine, Fabre 101, 165, 166
데리송 d'Hérisson 394
데물랭Desmoulins, Camille 101, 166
데카르트Descartesm, René 41
도렐 드 팔라딘D'Aurelle de Paladines, Louis Jean Baptiste 401, 405, 416
돔브로프스키Dombrowski, Jaroslaw 423
두에Douai, Merlin de 195, 196
뒤무리에Dumouriez, Charles Francois du Perier 129, 142, 148~150, 166
뒤발Duval, Emile Victor 406, 421, 422
뒤코스Ducos, Roger 196, 199, 203, 204, 207, 211
뒤크로Ducrot, Auguste Alexandre 391, 392
뒤포르Duport, Adrien Jean Francois 106

뒤퐁Dupont, Pierre 252, 253
뒤퐁 드 뤼르Dupont de l'Eure, Jacques Charles 317
드 세르De Serre 301
드그리Deguerry 426, 429
드루에Drouet, Jean 103
드제Desaix, Louis 217
드카즈Decazes, Élie 294, 301
들라크루아Delacroix, Jean François 166
들라크루아Delacroix, Ferdinand Victor Eugène 310
들레클뤼즈Delescluze, Louis Charles 374, 398, 425, 429
디드로Diderot, Denis 42, 43
디옹Dillon, Théobald 129

ㄹ

라 레블리에르La Révelliére, Louis-Marie de 190, 193, 196
라 모트la Motte, Jeanne Balois de 53~55
라 부르도나예La Bourdonnaye, François Régis de 308
라가드르Lagarde 426
라마르틴Lamartine, Alphonse de 119, 331, 332, 344, 348, 352, 354, 355
라메트Lameth, Alexandre Theodore Victor 106
라므네Lamennais, Felicité 330
라불레Laboulaye, Édouard René de 277
라블로프Ravlof 418
라스 카즈Las Cases, Emmanuel de 289
라파예트Lafayette, Marie Joseph Paul Yves Roch Gilbert du Motier 77, 90, 96~98, 100, 102, 121, 123, 124, 126, 142, 296, 312
라피트Laffitte, Jacques 317
랑비에Ranvier 417
러셀Russell, John 334
레오폴Leopold, George Christian Frederick 334
레오폴트Leopold공 379, 380
레오폴트 2세Leopold II 101, 107, 122
로베스피에르Robespierre, Maximilien François Marie Isidore de 105, 119, 120, 122~125, 129, 132, 134~136, 153, 155~157, 160, 161, 165, 166, 169~177, 180, 181, 207, 347, 348, 425
로셀Rossel, Louis 423~425,
로슈포르Rochefort, Victor Henri 374, 385, 389, 398, 400, 424
로앙 추기경Cardinal de Rohan 54, 55
롤랑Roland de La Platiere, Jean-Marie 127
뢰벨Reubell, Jean-Francois 190, 193, 196
루소Rousseau, Jean Jacques 42, 44~46, 90
루아예 콜라르Royer-Collard, Pierre Paul 297
루이 블랑Louis Blanc, Jean Joseph Charles 330, 332, 344, 345, 348, 349, 352, 356, 409
루이 14세Louis XIV 19~21, 26, 34, 36, 38, 43, 50, 51, 110
루이 15세Louis XV 19, 35, 40
루이 16세Louis XVI 26, 35, 40, 42, 48, 51~58, 62~64, 66, 69, 71, 73, 77, 91, 97, 98, 100~104, 107~110, 115, 121,

125, 141~145, 166, 229, 312
루이 18세Louis XVIII 27, 185, 216, 229, 267, 269, 279~286, 290~294, 297, 301, 302, 305
루이 필리프Louis Philippe(루이 필리프 1세) 311~315, 317, 318, 324, 325, 331, 333, 334, 338, 339, 357, 399
루이사 페르난다Luisa Fernanda 333~335
루이즈Louise of Orléans(루이 필리프의 장녀 루이즈 마리Louise Marie Thérèse Charlotte Isabelle) 334
루즈리Rougerie, Jacques 432
르 투르뇌르Le Tourneur 190, 193
르 플로Le Flô, Adolphe 407
르드뤼 롤랭Ledru-Rollin, Alexandre Auguste 344, 347, 348, 354, 356
르바Le Bas, Phillipe 174
르브룅Lebrun, Albert 128, 129, 211, 215
르콩트Lecomte, Claude 407, 408
리고Rigault, Raoul 425~427
리사가레Lissagaray, Prosper Olivier 403, 429
리슐리외Richelieu, Duc de 294, 297~299, 301, 302

◻

마라Marat, Jean-Paul 101, 129~132, 134, 136, 151, 152, 155, 183
마라Marrast, Armand 322
마르몽Marmont, Auguste Frederic Louis Viesse de 311
마르크스Marx, Karl 412, 432
마르티냐크Martignac, Jean Baptiste Gay 307, 308

마리Marie, Alexandre 343, 348
마리 루이즈Maria-Louise 257, 258, 264
마리 앙투아네트Marie Antoinette 53~55, 91, 97, 102, 145, 158
마리아 루이사Maria, Luisa de Parma(파르마의 마리아 루이사) 252
마세나Masséna 200
마치니Mazzini, Giuseppe 357
마크Mack 242
마크마옹MacMahon, Marie Edmé Patrice Maurice de 382, 421
마티에Mathiez, Albert 29, 131
막시밀리안Maximilian, Ferdinand 373
망다Mandat, Marquis de 126
메스트르Maistre, Joseph de 295
메테르니히Metternich, Klemens Wenzel Nepomuk Lothar von 264, 265, 308
메티비에Méthivier, Hubert 49, 80
멜라스Melas, Michael von 217
모로Moreau, Victor 200, 203, 219, 228
모모로Momoro, Antoine François 101
몰레Molé, Louis-Mathieu 322, 338
몽주Monge, Gaspard 128
몽테스키외Montesquieu 22, 42~45
몽톨롱Montholon, Charles Tristan de 289
몽팡시에 공 앙투안Antoine, Duc de Montpensier 334, 335
물랭Moulin, J, F, A, 196, 203
뮈라Murat, Joachim 219, 252, 264
미네Mignet, François Auguste Marie 308
미라보Mirabeau, Honoré Gabriel Riqueti 41, 68, 73, 74, 92, 98, 102, 142, 165

미셸Michel, Louise 407, 409
미슐레Michelet, Jules 332
미오Miot, Jules 425
밀리에르Millière, Jean Baptiste 398

ㅂ

바그라티온Bagration, Pyotr Ivanovich, Knyaz 262
바디에Vadier, Marc Guillaume Alexis 183
바라스Barras, Paul Francois Jean Nicolas 182, 189, 190, 193, 197, 200, 203, 204, 208, 216
바레르Barère, Bertrand 161, 162, 180, 183, 184
바르나브Barnave, Antoine 30, 105, 106
바르베스Barbès, Armand 347, 349
바를랭Varlin, Eugène 410
바뵈프Babeuf, François Noël (일명 그라쿠스Gracchus 바뵈프) 76, 79, 192, 193, 198, 384
바이이Bailly, Jean Sylvain 77
바젠Bazaine, François Achille 382, 388, 390
바클라이 드 톨리Barclay de Tolly, Mikhail Bogdanovich 262, 263
베네데티Bénedetti, Vincent 380
베랑제Béranger, Pierre Jean de 297, 306
베르나도트Bernadotte, Jean Baptiste Jules 200
베리 공작Berry, Charles Ferdinand d'Artois, Duc de 301, 302
베스테르만vestermann, François 165
베이컨Bacon, Francis 41
보나파르트, 나폴레옹Bonaparte, Napoléon (나폴레옹 1세) 122, 145, 186, 189, 194, 195, 197, 200~212, 214~219, 221~270, 281, 282, 284, 286~291, 330, 331, 355, 361
보나파르트, 루시앵Bonaparte, Lucien 199, 200, 205~207
보나파르트, 루이Bonaparte, Louis 243, 245, 258, 319
보나파르트, 샤를 루이 나폴레옹Bonaparte, Charles Louis Napoléon(나폴레옹 3세) 279, 289, 319, 330, 331, 353~361, 383
보나파르트, 제롬Bonaparte, Jérôme 246
보나파르트, 조세프Bonaparte, Joseph 243, 245, 252, 264, 265
보날Bonald, Louis de 295
보르도 공작Duc de Bordeaux 302, 312, 318
볼테르Voltaire 42~46
부르몽Comte de Ghaisnes Bourmont, Louis Auguste Victor 308
부아시 당글라 Boissy d'Anglas, François Antoine de 182
부이에Bouillé, François 100, 102~104
불랑제Boulanger, Georges Ernest Jean Marie 152
뷔리Bury, J, P, T, 352, 384, 433
브로글리Broglie, Achille-Charles-Léonce Victor 317, 323, 342
브롤리Broglie 272
브룬스비크Brunswick 125, 129
브뤼넬Brunel, Paul Antoine 405, 408, 409
브륀Brune, Guillaume Marie Anne 219
브리소Brissot, Jacques Pierre 119, 120,

122, 124, 132, 135, 136
브리엔Brienne, Étienne Charles de Loménie de 60, 61, 63
블랑키Blanqui, Louis Auguste 347, 401, 412, 424, 426
블뤼허Blücher, Gebhard Leberecht von 288
비누아Vinoy, Joseph 393, 405~408, 421
비스마르크Bismarck, Otto Eduard Leopold von 371~373, 380, 386, 394, 396, 399, 400, 420
비요 바렌Billaud-Varenne, Jean Nicolas 165, 173, 174, 183
빅토리아 여왕Queen Victoria 334
빌뇌브Villeneuve, Pierre Charles Jean Baptiste Silvestre de 242, 243
빌레르Villèle, Jean Baptiste de 295, 302, 307

ㅅ

상테르Santerre 126, 152
새세Saisset 416
생시몽Saint-Simon, Claude Henri de Rouvroy 330
생쥐스트Saint-Just, Louis Antoine Léon de 142, 162, 164~166, 168~170, 173~175
샤를 10세Charles X 295, 297, 305~314, 317, 318, 325, 326, 357, 399
샤를마뉴Charlemagne 229
샤보Chabot, François 136, 165, 166
샤토브리앙Chateaubriand, François Auguste René de 24, 64, 283, 295, 306
샹보르 백작 Comte de Chambord(보르도 공작, 앙리 5세) 302, 357
세르방Servan, Joseph 128
술트Soult, Jean de Dieu 323, 324
스미스Smith, Adam 330
시그프리드Siegfried, André 269
시스몽디Sismondi, Jean Charles Léonard Simonde de 330
시에예스Sieyès, Emmauel Joseph 68, 92, 182, 196, 199, 200, 203, 204, 207~211, 216

ㅇ

아라고Arago, François 343, 348
아르투아 백작Artois(샤를 10세) 27, 55, 99, 295, 301, 302, 304, 305
아시Assi, Adolphe-Alphonse 409
알렉산드르 1세Aleksandr I 241, 254, 261, 263, 266, 279, 283
알베르Albert ('노동자' 알베르, 본명 알렉상드르 마르탱Alexandre Martin) 344, 345, 349
앙갱 공작Duc d'Enghien 228
앙굴렘 공작 루이 앙투안Louis-Antoine duc d'Angouleme(루이 19세) 304
앙리 4세Henri IV 109, 344
앙리 5세Henri V 318
애딩턴Addington, Henry 220
앨버트Albert(작센 코부르크 고타의 앨버트Prince Albert of Saxe-Coburg Gotha) 334
에기용Aiguillon, Emmanuel Armand de Vignerot 80
에르크만과 샤트리앙Erckmann-Chatrian 387
에버딘Aberdeen 334
에베르Hébert, Jacques René 101, 134,

153, 160, 164, 172, 181
엘리자베트Elisabeth Philippe Marie Hèlène 102
오렌지 공 윌리엄3세William III of Orange 284
오르시니Orsini, Felice 366
오를레앙 공Duc d'Orléan(일명 '평등공平等公 필리프'인 루이 필리프 조세프 오를레앙Louis Philippe Joseph Orléans) 26, 55, 62, 74, 75, 98, 139, 144, 312~314
오슈Hoche, Lazare 186, 200
오스만Haussmann, Georges-Eugène 378
오주로Augereau, Pierre 195
올리비에Ollivier, Emile 375, 376, 380, 382
외제니 드 몽티조Eugénie de Montijo 366, 383, 426
외젠 드 보아르네Eugène Rose de Beauharnais 262
워시번E, Washburne 382
워싱턴Washington, George 115
웰링턴Wellington, Arthur Wellesley 264, 288, 290~292
위고Hugo, Victor Marie 374, 398, 400
이사벨 2세Isabel II 333~335

ㅈ

작센 코부르크 공작Duc de Sachsen Cobourg 149
잔 다르크Jeanne d'Arc 52
젤딘Zeldin, Theodore 375
조르당Jordan, Camille 297
조지 1세George I 284
조세핀 드 보아르네Joséphine de Beauharnais 230, 257
주르당Jourdan, Jean Baptiste 200
주르드Jourde 410, 411
주베르Joubert, Barthélemy Catherine 193, 195, 200
쥐노Junot, Jean Andoche 252, 254

ㅋ

카두달Cadoudal, Georges 228
카디스Cadiz 공작 프란시스코Francisco (프란시스코 데 아시스 데 부르봉 Francisco de Asis de Bourbon) 344
카르노Carnot, Lazare Nicolas Marguerite 190, 195
카를 대공Erzherzog Karl 242
카를로스 4세Karlos IV 252
카리에Carrier, Jean Baptiste 184
카베냐크Cavaignac, Louis Eugène 351, 352, 354, 355
카보우르Cavour, Camillo Benso 367
카시미르 페리에Casimir-Périer, August 317, 318
칸트Kant, Immanuel 222
칼론Calonne, Charles Alexandre de 58~60
캉바세레스Cambacérès, Jean Jacques Régis de 203, 211, 215
케네Quesnay, François 22
케랑갈Kerangal 80
켈레르만Kellermann, François Christophe 129
콜로 데르부아Collot d'Herbois, Jean-Marie 171, 183
콩도르세Condorcet, Marie Jean Antoine Nicolas de Caritat 119, 120
콩스탕Constant, Benjamin 287, 288,

297
쿠리에Courier, Paul Louis 297, 306
쿠통Couthon, Georges 119, 162, 169, 171, 173, 174
쿠투조프Kutuzov, Mikhail Illarionovich 263
크레미외Crémieux, Adolphe 343, 387
클라비에르Clavière, Étienne 128
클라우제비츠Clausewitz, Carl von 216
클레망소Clemenceau, Georges 178, 398, 409~411, 415
클레베르Kléber, Jean Baptiste 203
클뤼즈레Cluseret, Gustave Paul 422, 423

ㅌ

탈레랑Talleyrand, Charles Maurice de 92, 97, 142, 203, 204, 215, 221, 256, 258, 267, 279, 280, 290, 292~294, 308
탈리앵Tallien, Jean-Lambert 174, 182
토마Thomas, Clément 401, 407, 408
토크빌Tocqueville, Alexis 327
톰슨Thomson, David 432, 433
투르 도베르뉴Tour d'Auvergne 382
튀르고Turgot, Anne Robert Jacques 57
트레야르Treilhard, Jean Baptiste 196
트로쉬Trochu, Louis Jules 384, 389, 390, 393, 407
트리스탕Tristan, Flora 330
티라르Tirard, Pierre 410, 416
티보도Thibaudeau, Antoine Claire 182
티에르Thiers, Louis Adolphe 279, 306, 308, 313, 323~325, 327, 333, 338, 380, 384, 385, 399~402, 406~409, 415~417, 419~422, 424, 426, 428

ㅍ

파리 백작Comte de Paris (필리프 7세 Phillipe VII 또는 루이 필리프 2세 Louis Phillipe II) 338, 339, 357
파머스턴3rd Viscount Palmerston, Henry John Temple 334, 399
파브르Fabre, Jules 383, 385, 386, 393~395, 397, 398, 400
팔루 자작Vicomte de Fallou 350, 351, 354, 358
팔리카오 백작Comte de Palikao 382
페레Ferré, Théophile 429
페르디난드 7세Ferdinand VII 303, 304
페인Paine, Thomas 139
페티옹Pétion, Jérôme 106, 124, 125, 139
포초 디 보르고Pozzo di Borgo, Carlo Andrea 291
폴리냐크Polignac 공작 부인 97
폴리냐크Polignac, August Jules Armand Marie, Prince de 308, 309, 311, 368, 373
푸리숑Fourichon 387
푸셰Fouché, Joseph 200, 203, 215, 216, 219, 290, 292
푸타스Pouthas, C, H, 352
프란츠 1세Franz I 246
프란츠 2세Franz II 122, 244
프레롱Freron, Louis Marie Stanislas 182
프레보스트 파라돌Prévost-Paradol, Lucien Anatole 381
프레시누Frayssinous, Denis Antoine Luc 306
프로방스 백작Provence(루이 18세) 27, 55, 120, 185, 216, 218, 229, 267, 279

프루동 Proudhon, Pierre Joseph 330, 412
프리드리히 빌헬름 3세Friedrich Wilhelm III 266
프리드리히 빌헬름 2세Friedrich Wilhelm II 107, 121
프리시네Freycinet, Charles de 387
플로콩Flocon, Ferdinand 344
플루랭스Flourens, Gustave 389, 390, 392, 393, 401, 421, 422

피슈그뤼Pichegru, Charles 191, 193, 195, 228
피아Pyat, Félix 398, 400, 425
피우스 6세Pius VI 96
피우스 7세Pius VII 221, 224, 229, 230
피트Pitt, William 220, 244

ㅎ

하이든Haydn, Franz Joseph 219
헤일Richard Hale, Jr 382

프랑스 혁명에서 파리 코뮌까지, 1789~1871

1판 1쇄 2011년 6월 30일
1판 5쇄 2019년 2월 20일

지은이 | 노명식

펴낸이 | 류종필
편집 | 이정우, 최형욱
마케팅 | 김연일, 김유리
표지디자인 | 석운디자인
본문디자인 | 글빛

펴낸곳 | (주) 도서출판 책과함께
　　　주소 (04022) 서울시 마포구 동교로 70 소와소빌딩 2층
　　　전화 (02) 335-1982
　　　팩스 (02) 335-1316
　　　전자우편 prpub@hanmail.net
　　　블로그 blog.naver.com/prpub
　　　등록 2003년 4월 3일 제25100-2003-392호

ISBN 978-89-91221-83-3 03920

이 도서의 국립중앙도서관 출판예정도서목록(CIP)은
서지정보유통지원시스템 홈페이지(http://seoji.nl.go.kr)와 국가자료공동목록시스템
(http://www.nl.go.kr/kolisnet)에서 이용하실 수 있습니다.
(CIP제어번호: CIP2011002466)